# 2021

# 姑蘇年鑒

苏州市姑苏区地方志编纂委员会 编

古吴轩出版社

图书在版编目（CIP）数据

姑苏年鉴．2021 / 苏州市姑苏区地方志编纂委员会编．-- 苏州：古吴轩出版社，2021.12
ISBN 978-7-5546-1862-2

Ⅰ．①姑… Ⅱ．①苏… Ⅲ．①区（城市）－苏州－2021－年鉴 Ⅳ．①Z525.34

中国版本图书馆CIP数据核字（2021）第263499号

责任编辑：黄菲菲
责任校对：李爱华　周　娇
装帧设计：韩桂丽
责任照排：吴　静

书　　名：姑苏年鉴（2021）
编　　者：苏州市姑苏区地方志编纂委员会
出版发行：古吴轩出版社
地址：苏州市八达街118号苏州新闻大厦30F　　邮编：215123
电话：0512-65233679　　传真：0512-65220750
出 版 人：尹剑峰
印　　刷：苏州市越洋印刷有限公司
开　　本：889×1194　1/16
印　　张：23　　插页：40
字　　数：665千字
版　　次：2021年12月第1版　第1次印刷
书　　号：ISBN 978-7-5546-1862-2
定　　价：180.00元

## 姑苏区地方志编纂委员会组成人员

主　　任　沈志栋
副主任　谢　强　华　丽　欧阳睿
委　　员　叶映红　阙建良　华建文　许　顺　周　娴
黄　河　谢叶虎　黄依群　徐燕英　张　暋
谢　芳　沈婷艳　朱剑雯　王　佶　袁　伟
胡　洁　徐　露　沙亚萍　刘志明　万泰喜
朱明华　李　斌　宋　娟　张红兰　潘家栋
韩晓庆　张　卫　何　强　高　立　方　芳
单　巍　袁硕旻

## 《姑苏年鉴（2021）》编纂人员

主　　审　谢　强
主　　编　张红兰
副主编　郭志坚
编　　辑　朱晓燕　蒋永方　蔡　磊
校　　审（按姓氏笔画排序）
孙建中　陈云江　陶谋堂　曹玉达

**分目审稿**（按姓氏笔画排序）

王　力　王　琰　王洪斌　方　芳　邓　辉
石冬青　叶映红　朱剑雯　朱襄昆　华建文
刘志明　刘晓骊　刘德全　孙强生　杜金生
李　顺　李　斌　沈婷艳　宋　娟　宋　颖
张　玮　张卫新　张红兰　陈　希　陈付霜
金　云　周　亮　胡　洁　胡　群　胡月玲
饶　珠　姚建华　姚颖泉　贺　蒙　袁　伟
莫佳娴　顾景炎　徐　翔　徐　露　翁欢欢
郭明祥　黄　河　董徐行　蒋　飞　韩庆康
程晓峰　阙建良　潘　文　戴　悦

# 编辑说明

一、《姑苏年鉴》是苏州市姑苏区地方志编纂委员会编纂的年度综合性资料工具书，旨在全面、系统、翔实地记载全区自然、政治、经济、文化、社会等方面的基本面貌和发展情况，为社会各界了解姑苏、研究姑苏、建设姑苏提供服务。

二、《姑苏年鉴》以马克思列宁主义、毛泽东思想、邓小平理论、“三个代表”重要思想、科学发展观、习近平新时代中国特色社会主义思想为指导，坚持辩证唯物主义和历史唯物主义的立场、观点、方法，坚持正确方向，坚持存真求实，围绕中心，服务大局，充分发挥存史、宣教、资政作用。

三、《姑苏年鉴（2021）》采用分类编辑法，主体内容分为篇目、类目、分目、条目4个层次。《姑苏年鉴（2021）》设有特载、综览、大事记、政治、名城保护、经济、文化、社会、街道和附录10篇31个类目。

四、《姑苏年鉴（2021）》的条目内容原则上按《关于做好〈姑苏年鉴（2021）〉组稿工作的通知》要求，根据其框架设置，由全区各有关部门（单位）和各街道指定专人负责撰写并经主管领导审核。

五、《姑苏年鉴（2021）》记述起讫时间原则上为2020年1月1日至2020年12月31日，部分资料适当上溯或下延。编辑内容遵循来稿单位稿件的原始性和真实性，客观、公正地记载。

六、《姑苏年鉴（2021）》配备双重检索系统，书后备有内容分析索引。

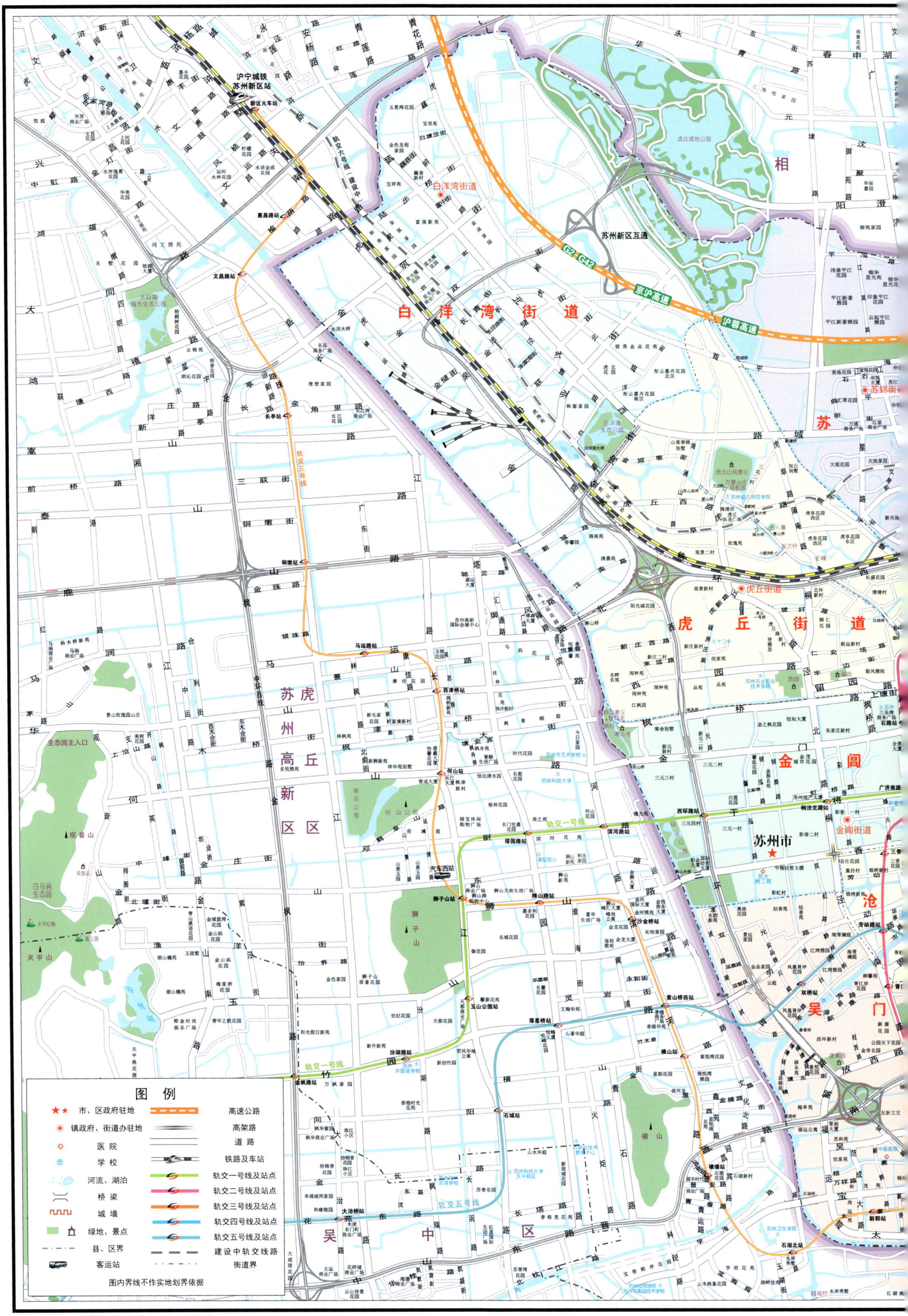


审图号：图苏 E 审（2021）094 号

# 2020年姑苏区行政区划图

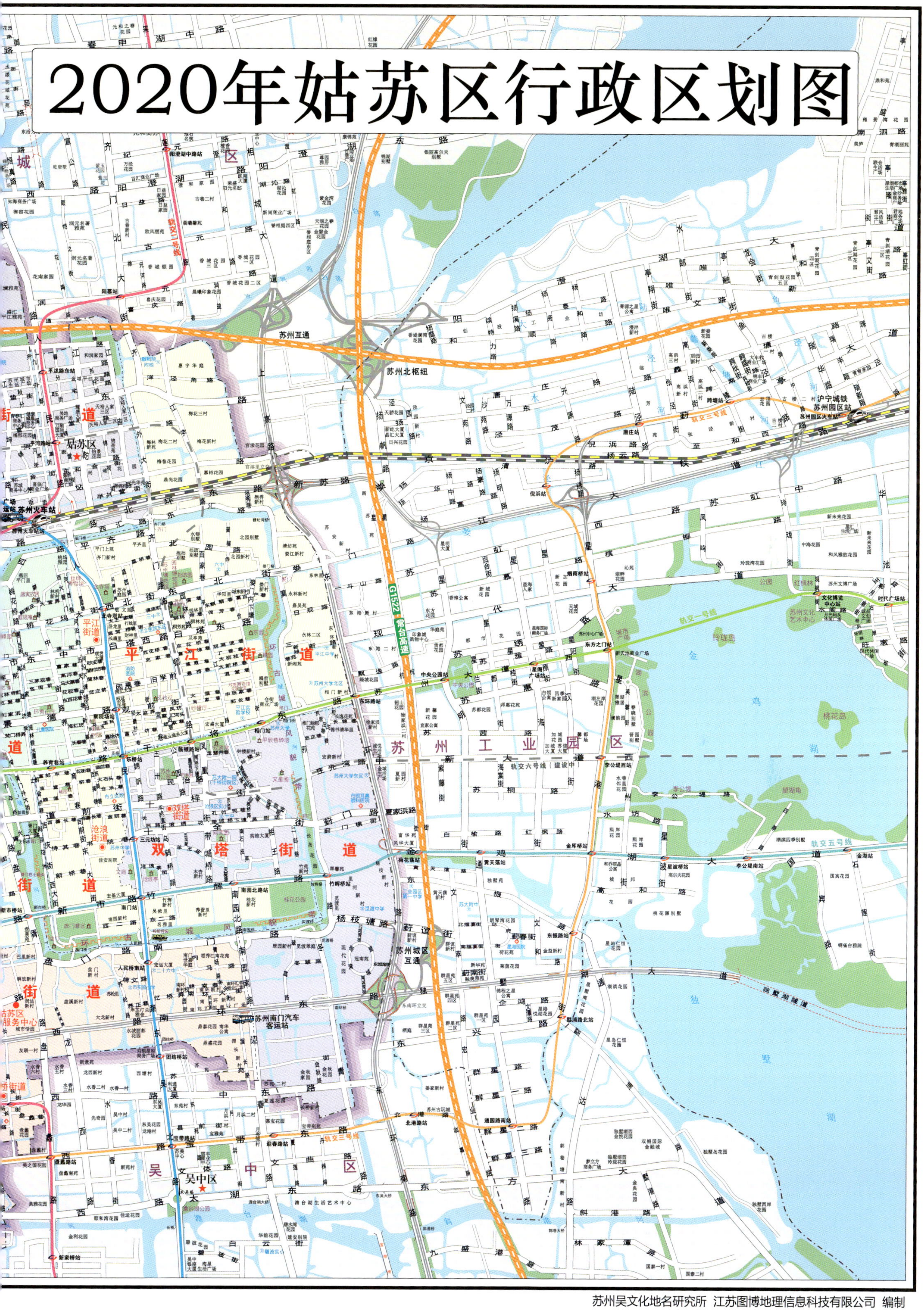


苏州吴文化地名研究所 江苏图博地理信息科技有限公司 编制

2020 年 1 月 10 日, 姑苏·古城保护与发展基金签约仪式举行

区新闻中心　供稿

2020 年 3 月 6 日，奋力夺取疫情防控和经济社会发展双胜利暨火红年代干事创业打造“硬核”姑苏誓师大会举行

区新闻中心　供稿

2020 年 12 月 21 日，姑苏区新时代文明实践中心和融媒体中心融合发展启动仪式举行

2020 年 12 月 24 日，苏州市建设工程设计施工图审查中心姑苏分中心揭牌仪式举行

区新闻中心　供稿

虎丘景色

范志明　摄

2020 年 3 月 24 日，《苏州历史文化名城保护专项规划》对接研讨会召开

2020 年 9 月 25 日，姑苏区迎接市人大常委会《苏州国家历史文化名城保护条例》执法检查

2020 年 3 月 23 日，中张家巷河“重生”通

区新闻中心　供稿

2020 年，姑苏区完成华阳花苑小区环境改善提升

▲ 2020 年，姑苏区完成劳动路 92 号小区环境改善提升

► 2020 年 1 月，姑苏区首批在粤海广场试点增设的 3 台电梯完工

区住建委　供稿

2020 年，姑苏区开展垃圾分类

2020 年 9 月，姑苏区开展“烟头不落地　姑苏更美丽”专题行动

2020 年，立面改造后的观前街

区城管委　供稿

2020 年 10 月 30 日，苏州国际设计周开幕式举行　　区新闻中心　供稿

2020 年 4 月 26 日，“姑苏八点半” 苏州夜经济启动

▲ 2020 年 7 月 25 日，观前街经过整修后重新开街亮相

► 2020 年 12 月 11 日，“双 12 苏州购物节” 姑苏会场开幕式举行

区新闻中心　供稿

2020 年 7 月 10 日，第十二届苏州国际精英创业周姑苏区分会场活动举行　　区新闻中心　供稿

2020 年 5 月 18 日，百盛长发汇项目签约仪式举行

2020 年 9 月 25 日，苏州智慧城市协同创新研究院成立大会举行

区新闻中心　供稿

留园光影

瞿金根　摄

2020 年 9 月 10 日，姑苏区庆祝第 36 个教师节大会召开　　区新闻中心　供稿

2020 年 9 月，《姑苏符号》文化读本出版下发，助力全区学生传承、发扬姑苏传统文化

区教体文旅委　供稿

2020 年，姑苏区成功申报成为全国青少年校园足球试点县（区）。图为 1 月姑苏区举办的“姑苏杯”全国青少年足球邀请赛现场

2020 年 10 月，福星幼儿园等五所幼儿园顺利通过苏州市优质幼儿园现场评估

2020 年 10 月，在苏州市第十五届运动会小学生田径比赛中，姑苏区代表队获团体总分第五名

区教体文旅委　供稿

2020 年 7 月 22 日，姑苏区网络文化季开幕式举行

区新闻中心　供稿

2020 年 9 月，白洋湾街道创建苏州市示范性社区教育中心通过验收

区教体文旅委　供稿

2020 年 10 月 2—4 日，“石湖串月”中秋民俗文化节系列活动举行

区新闻中心　供稿

2020 年，“姑苏八点半，百名网红探”夜游线路体验活动举办

2020 年 9 月 30 日，“健康走石湖　小康看姑苏”大运河千人健康跑活动举办

区教体文旅委　供稿

2020 年 8 月 21 日，姑苏区退役军人志愿服务活动启动　　区退役军人事务局　供稿

2020 年 9 月 1 日，姑苏区增强"六项能力"打造"美好社区"全面推进社区治理和服务创新工作会议召开
区新闻中心　供稿

2020 年 4 月 9 日，姑苏区举行“工惠聚力促发展”行动“十件实事”启动仪式

区总工会　供稿

2020 年 6 月 19 日，姑苏区创新创业大赛举行

区人社局　供稿

2020 年 6 月 24 日，姑苏区惠企服务直通车启动

区人社局　供稿

2020 年 2 月，虎阜社区卫生服务站投入使用
区民卫局　供稿

2020 年“世界急救日”前夕，姑苏区红十字会组织举行首届应急救护技能 PK 赛
区新闻中心　供稿

2020 年 3 月 9 日，疫情期间区机关工作人员无偿献血　区新闻中心　供稿

2020 年 8 月 8 日，“笔尖上的公益”首场爱心助残活动举办

区新闻中心　供稿

2020 年 12 月 3 日，“文明实践　志愿同行”12·5 国际志愿者日主题活动举行

区新闻中心　供稿

2020 年 12 月 23 日，姑苏区青年商会“勇担使命　筑梦前行”青商共建长三角经济一体化活动举行

姑苏团区委　供稿

寒山寺秋色

范志明　摄

2020年，突如其来的新冠肺炎疫情发生后，姑苏区迅速反应，第一时间成立应对新型冠状病毒感染的肺炎疫情工作领导小组和防控指挥部，布局应急指挥体系，明确“战时”工作制度，动员一切力量，筹集一切资源，全力保障人民群众生命安全和身体健康，最大限度防止新冠肺炎疫情传播。截至2020年12月31日，全区连续324天无新增病例报告，累计报告确诊病例6例、疑似病例1例、无症状感染者3例，均治愈出院。全区摸排登记涉及疫情重点地区和关注地区的人员21521人；累计集中隔离观察1906人次，累计居家隔离观察17113人次，累计预检分诊176万人次，累计核酸检测10893人次。

区档案馆（方志办）整理

2020年1月28日，区委主要领导视察防疫工作开展情况

2020年1月23日，区委主要领导春节期间部署新冠肺炎疫情防控工作

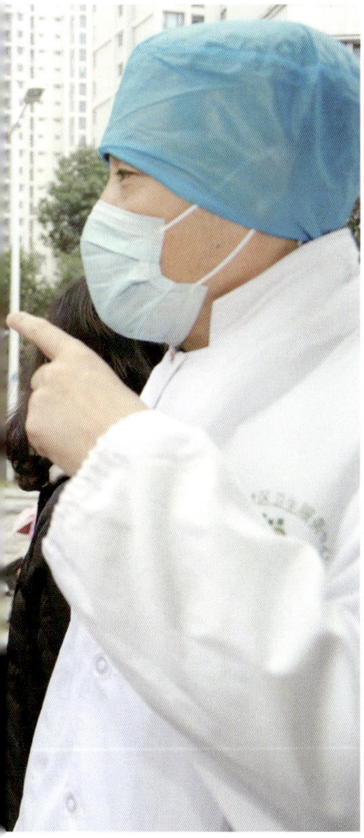

2020 年 2 月 25 日，区委副书记、区长徐刚调研重点建设项目复工工作

2020 年 1 月 25 日，姑苏区应对新型冠状病毒感染的肺炎疫情防控指挥部工作例会召开

2020年2月4日，疫情防控期间，街道红十字会工作人员第一时间将菜分送给社区困难居民

2020年2月6日，湖田社区对广济北路留园中心小学卡口进行防疫管控，登记外来人员和车辆信息

2020年2月9日，区环卫工人在现场消杀

2020 年 2 月 17 日，听取姑苏区重点建筑工程项目复（开）工情况会议召开

2020 年 12 月 2 日，姑苏区冬春季新冠肺炎疫情防控应急演练举行

璀璨城北

范志明　摄

# 要　目

# 目 录

## 特 载

### 聚焦姑苏



## 综 览

### 姑苏概况

# 大事记



# 政 治

## 中共姑苏区委员会、中共苏州国家历史文化名城保护区工作委员会

## 姑苏区人民代表大会



## 姑苏区人民政府、苏州国家历史文化名城保护区管委会

## 政协姑苏区委员会



## 中共姑苏区纪委、保护区纪工委、姑苏区监察委员会

## 群众团体

## 军　事



## 法　治

# 名城保护

## 古城保护与管理

## 城市规划与建设管理



## 城市管理

# 经 济

## 经济监督管理

## 财税审计

# 文化

## 教育



## 文化事业

## 体　育



## 旅　游



## 科学技术

# 社　会

## 人力资源和社会保障



## 民政和卫生健康

## 退役军人事务



# 街 道

## 街道概况

# 附　录

## 文　献



## 组织机构及负责人名录



## 荣誉和人物



## 媒体报道

## 统计资料



## 索　引

# 特载

# 聚焦姑苏

# 聚焦姑苏

## 北部经济区一体化创新发展

【概况】 2020年，北部经济区一体化创新发展是区委、区政府贯彻落实市委服务构建“双循环”新发展格局要求的重大部署，是姑苏面向“十四五”新征程，助力市域统筹协调发展的重要举措。北部经济区规划范围为姑苏古城以北区域，包括苏锦街道、白洋湾街道全域以及平江街道、虎丘街道部分区域，总占地面积约34.5平方千米。可开发利用土地约6800亩，其中规划住宅及配套用地4660亩，M0产业用地540亩、商办用地1000亩、物流用地600亩。区域内建成及在建商务楼宇共有25幢，商务总面积69万平方米，其中可招商面积28万平方米。在北部经济区范围内，通过积极谋划龙头企业的入驻、产业链的延伸，加快产业空间布局的重构和调整，构建“1+4+N”的发展模式，即北部经济区一体化创新发展领导小组指挥部（简称“北部经济区指挥部”）；以姑苏云谷及周边的450亩区域，重点发展电子信息、智能制造、数字医疗等都市工业形态的数字经济产业园；以金阊新城物流片区内2300亩区域，重点导入物流仓储、跨境电商、多式联运等产业的口岸经济产业园；重点发展金融科技、人工智能、数字医疗的总部经济产业园；以中国电子·苏州网安创新基地及周边340亩区域，发展智慧城市、大数据、网络安全产业的信创经济产业园；以及N处特色商务楼宇。北部经济区一体化创新发展领导小组指挥部被市委、市政府评为2020年度“‘激励干事创业、奉献火红年代’高质量发展工作”先进集体。

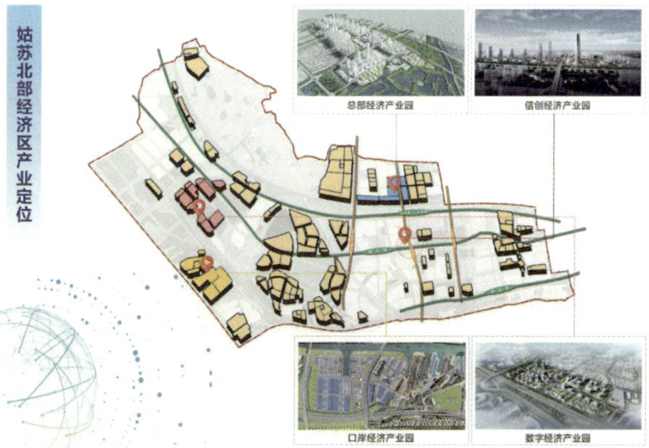

姑苏北部经济区产业定位

【北部经济区一体化创新发展领导小组指挥部揭牌】 2020年8月8日，“北部新高地　名城新硬核”姑苏区北部经济区一体化创新发展领导小组指挥部举行揭牌仪式，会上，对姑苏网安创新基地、中国（江苏）自由贸易试验区苏州片区姑苏联动创新区、苏州（姑苏）软件产业园3块牌子进行授牌。9

2020年8月8日,"北部新高地　名城新硬核"姑苏区北部经济区一体化创新发展领导小组指挥部正式揭牌,会上,姑苏网安创新基地、中国(江苏)自由贸易试验区苏州片区姑苏联动创新区、苏州(姑苏)软件产业园同时揭牌

区新闻中心　供稿

月13日,北部经济区一体化创新发展领导小组指挥部办公场所搬迁至平泷路251号城市生活广场A座8楼。

【体制机制创新】 2020年,北部经济区一体化创新发展领导小组指挥部创新沟通机制,建立了由区相关部门和苏锦街道、白洋湾街道共同组成的常态化联席会商机制,以一盘棋思维、一体化行动、一竿子到底的执行力,在宝能等重大项目落地及姑苏云谷等重要载体盘活问题上高效协同、聚合发力。加速资源排摸,会同多部门对辖区内的重要资源进行了全面摸排、深度研究,形成了姑苏北部经济区空间全域图,以及土地资源清单、载体利用清单、产业政策清单等材料。同步梳理摸排向上争取资源和政策的范畴,做到心中有数、手中有账、脑中有方。加快资源盘活,针对区内影响城市形象、困扰民生发展的烂尾工程,以华亚项目、吴地中心作为突破口,探索以创新资本运作、导入优质资源、完善空间布局的方式,逐步实现项目带动城市配套,产业提升城市能级的目标。

【区域经济创新发展】 2020年,北部经济区前瞻性布局优势赛道和未来产业,明确新经济发展方向,以人人奔跑、持续奋斗姿态实现了起步高、发展快。在项目招引上,北部经济区引进企业110家,总注册资本23.1亿元,其中注册资本500万元以上规模企业57家,注册资本1亿元以上企业6家,包括中建科工、上港物流科技、京东智联云、索信达等一批知名企业,使姑苏区的信创经济、平台经济、总部经济等产业新集群初具规模,产业实力后劲不断增强，加快形成了以新经济为主动能的新优势。在影响提升上，实现了姑苏网安创新基地、中国（江苏）自由贸易试验区苏州片区姑苏联动创新区、苏州（姑苏）软件产业园3块牌子的授牌。借助平台力量，多渠道、多形式积极宣传推介姑苏区、北部经济区。聚焦行业热点、产业前沿，策划指导举办综合影响力强的行业主题活动和专题招商推介活动，相继举办了姑苏云谷AI（人工智能）+医疗高峰论坛、营商环境生物医药企业专场、苏州市信息技术应用创新工作推进大会等多场行业峰会，吸引了500余名嘉宾、240多家企业参加；同时，在第四届中国电子“i+”现代数字城市创新创业大赛、苏州市产业园发展促进会一周年庆典等活动中对北部经济区做专门推介，集中展示北部经济区的定位与形象。

【产业用地开辟新空间】 2020年，北部经济区指挥部聚合政策引领创新，在破解土地约束的难题中开辟新空间。指挥部多次深入对接市资规、土储等部门，经过反复借鉴推演，立足姑苏实际，探索出以生产性研发为主的M0用地“姑苏路径”，使得M0地块的预评估价格大幅下降。争取政策支持，经过与市级部门充分沟通，将姑苏专项服务产业用地纳入全市产业服务用地规划范围，并享受相应的供地政策。面对西气东输管道的潜在影响，与相关部门充分沟通，对姑苏区涉及全域地块实施风险评价方案，采取各种风险消减和保护措施，为姑苏区900亩土地顺利释放扫清障碍。

【北部经济区系列规章制度出台】 2020年，北部经济区指挥部相继制定出台《姑苏北部经济区一体化创新发展领导小组指挥部基本工作制度》《姑苏北部经济区一体化创新发展领导小组指挥部考勤制度》《姑苏北部经济区一体化创新发展领导小组指挥部资金管理暂行办法》等一系列规章制度。同时，为加强部门联动、高效协同，指挥部形成了每周工作例会制度，全年召开了20次全体工作例会，每2周邀请苏锦街道、白洋湾街道主要负责人及区发改、经科、财政等部门分管负责人参加。12月31日，审议并通过《姑苏北部经济区政策扶持项目评审管理暂行办法》《姑苏北部经济区项目评审专家评估管理办法》《姑苏北部经济区项目评审专家库入库推荐表》，围绕北部重点发展的产业方向，建立新一代信息技术、智能制造、智慧物流、生命健康、特色商贸五大产业门类和综合类的专家库，其中确定10名左右专家成立常设咨询机构，推进招商工作科学化、规范化、精准化。（胡　涛）

## 新冠肺炎疫情防控

【概况】 新冠肺炎疫情发生后，姑苏区高度重视，迅速反应，深入贯彻落实习近平总书记重要指示精神，严格落实党中央国务院、省委省政府和市委市政府的部署要求，把人民群众生命安全和身体健康放在第一位，把疫情防控作为压倒一切的头等大事，按照坚定信心、同舟共济、科学防治、精准施策的总要求，以最高标准和最严要求突出重点、深入细致地开展各项防控工作。及时采取应急举措，坚持群防群控，坚持“四早”，坚决控制传染源，有效遏制疫情蔓延。根据疫情变化，适时推进常态化防控。针对境外疫情蔓延情况，及时构建外防输入体系。统筹推进疫情防控和经济社会发展，不失时机推进复工复产。截至2020年12月31日，全区连续324天无新增病例报告；累计报告确诊病例6例、疑似病例1例、无症状感染者3例，均治愈出院。全区摸排登记涉及疫情重点地区和关注地区的人员21521人；累计集中隔离观察1906人次，累计居家隔离观察17113人次，累计预检分诊176万人次，累计核酸检测10893人次。

【组织决策】 2020年初，在江苏省、苏州市先后启动重大突发事件I级响应后，姑苏区全面进入备战状态，第一时间成立领导小组和指挥部，布局应急指挥体系，明确“战时”工作制度，动员一切力量，筹集一切资源，同时落实督导检查，以确保各项决策部署落实落细落到位。

完善组织机制。1月25日，姑苏区召开专题会议，研究部署新型冠状病毒感染的肺炎疫情防控工作：立即建立集中医学观察点；迅速制定针对武汉来苏等重点人群的排摸、报告、隔离等一整套流程工作方案；加大物资储备力度，抓紧采购储备一批防护装备、消杀药品、检测试剂和抗病毒治疗药物；切实做好相关财政资金保障工作；重点加强对一线防控工作人员的关心爱护，确保工作人员健康安全。1月27日，姑苏区委、区政府成立应对新型冠状病毒感染的肺炎疫情工作领导小组，成立姑苏区应对新型冠状病毒感染的肺炎疫情防控指挥部，并下设综合协调、预防控制和医疗保障、组织保障、交通管控、社会防控、新闻宣传、物资保障、企业防控、市场监管、督导检查10个工作组，后又成立涉外防控协调、学校疫情防控2个工作组。

集结多方力量。自1月21日起，姑苏区疾控中心举办针对新型冠状病毒的各类普及和专业培训活动，不断强化一线人员各项基本技能，并同步对姑苏区范围内3个观察点开展预防性消杀工作，为一旦出现疫情就要投入使用的隔离观察场所提供安全保障。姑苏区民族宗教事务局迅速反应，明确宗教活动场所（包括民间信仰活动场所）自1月24日12时起一律暂停对外开放，取消春节期间“烧头香”“迎财神”等宗教民俗活动。姑苏区教体文旅委积极响应，向各级各类学校（含民工子弟学校）、幼儿园（含看护点）、少年宫、培训机构下发《紧急通知》，要求进行全面排摸，掌握该单位师生员工寒假期间行程动向，并制定相应疫情防控工作

2020年2月5日，姑苏区疫情防控工作会议召开　　区新闻中心　供稿

预案；根据《关于减少和取消大型公众聚集性活动的通告》，取消或推迟演艺性演出。各级图书馆、博物馆、文化馆（站）、美术馆等文博场馆闭馆25个，取消活动43场，延期12场；严格管控山塘街、平江路2家4A级旅游景区，暂停运行其他6家景区景点。120家游戏游艺和歌舞娱乐场所、150家互联网上网服务营业场所暂停营业。各街道通过居民微信群、宣传栏等向广大群众宣传普及疫情防控知识和防控要求，引导居民朋友在居家或外出时做好防控。

2020年2月5日，姑苏区成立疫情防控志愿服务队

区新闻中心　供稿

【疫情防控】 2020年，姑苏区全区总动员，全民参与，全线出击，通过统筹做好联防联治和群防群治，全力保障人民群众生命安全和身体健康，最大限度防止新冠肺炎疫情传播。

社区防控网格化。2月2日，《关于进一步实施和加强网格化管理工作的指导意见》《关于居民集中住宅区管理的办法》出台，各街道和有关部门全力统筹网格化管理、小区封闭管理、人员排查及信息归集三方面工作，发动街道、社区、网格、物业等多方力量，形成群防群治工作机制。至2月4日，防控工作重心全面转入社区防控，“全面布局、打好基础”，按照“以网格化管理为主要手段、以住宅区从严管控为核心任务、以地毯式普查为基本要求、以重点人员信息排查为重点工作、以信息化大数据为重要支撑”的原则和“小区严封闭、片区大包围”的思路开展社区防控工作。2月5日，片区大包围全面实施。至2月7日，区疫情防控指挥部已前期设计构建一整套相对健全的社会防控体系：关紧外面一道关，加强对火车站、高速公路西出入口已流入人员的查验分流，配合市里统筹做好管控；守牢里面一道卡，加强小区封闭管理和划片封闭管理，严格执行“一拦、二查、三测、四看、五核、六发、七转”的卡口管控标准；织密核心一张网，广泛发动人民群众参与疫情防控。（“小区严封闭、片区大包围”：全区有物业管理并具备封闭条件的464个小区全部封闭，每个小区只保留1个出入口，实现“封闭式管理”；封闭小区以外的区域，包含479个开放式小区、街坊、里弄和40个城中村划分成28个可实施大包围的片区，全面实现“物理隔离”，封闭238个出入口，在186个出入口设置24小时全天候的管控点位。在无法封闭的地区另行建立楼长、楼道长制度，采取楼道管理、组队巡逻，引入第三方服务等举措加强管理，最大限度减少人员流动。）

组织人员充实防控第一线。抽调区级机关干部，组成姑苏区党员干部防控行动突击队分赴8个街道，挂钩联系全区160余个社区，开展基层防疫工作；区城管、公安抽调大量人员共同参与疫情防控。全区共有1.2万余人投身防疫工作，包括街道、社区工作者近4000人，区级机关工作人员400余人，志愿者、居民骨干7000余人，第三方聘用700余人。区内另有304家物业企业共计7000余名物业从业人员奋战在社区防控第一线。利用多种渠道筹措保障物资，并在配发上注重向防控一线和民生保障单位倾斜。

预防控制和医疗保障全方位覆盖。疾病预防控制体系快速响应，落实流行病学调查、消杀、隔离点、物资准备等各项防控措施，社区卫生服务机构全部接诊。相继建成吴门桥和白洋湾2处集中医学观察点，在苏锦街道建成疫情重点地区来苏人员健康观测点。扩大密接者监测采样范围和频次，加大监测力度，前移关口，做到“早发现、早诊断、早治疗”。各级医疗卫生服务工作者奋战前线，与时间赛跑、与病毒较量，以专业、责任和担当筑起了内部“安全屏障”，辖区内实现医疗保障全覆盖。

信息科技助力防控。开发居家留观人员“隔离观察”平台系统，通过网格员专用手机终端采集核准、街道联动分中心归总上报、区联动中心研判分析，确保信息的准确性、一致性，有效避免了手写采集的低效率和交叉感染的风险。各街道普遍采取二维码快速登记卡口人员信息和核查途经省份，平江、金阊、双塔、吴门桥等街道利用语音机器人智能采集重点疫区人员信息，告知相关权利义务。完成重点疫区人员数据库和重点人员动态管理系统建设，确保数据统一明确、信息全面及时、管理体系健全完善。

重要交通站口管控扎实。在苏州火车站增设5台红外线体温测试仪；根据防疫实际和人流车流走向，在火车站城际和普速到达口设置2处测温防控点位，对所有入苏旅客进行体温检测和身份验证。在此基础上，由人员引导组将重点人群引至设置在火车站北广场上的咨询服务点，再由各大板块驻点人员进行分流。

疫情防控宣传。积极做好疫情防控正面宣传及相关舆情引导工作。重点收集和报道各类小区严防死守的有效举措、复工企业应对疫情的工作举措等。强化户外电子屏等公众载体宣传，录制“李刚有话对姑苏区居民说”疫情防控视频2条，在“互联姑苏”上循环播放。在全区各社区张贴宣传海报，并投放一批复工防控相关公益广告。各街道对外发布关于群防群控防范疫情有奖管控、有奖举报的通告，广泛发动居民群众开展监督，对举报属实的给予奖励。

【复工复业有序推进】 2020年，姑苏区坚持“民生优先、分批分次、安全有序”的原则，区市场监管局、经科局、住建委、发改局牵头，公安部门配合，以签订承诺书、责任书等形式，压实企业、市场的主体责任，做到防控机制、人员分类、防护措施、内控管理“四个到位”。优先抓好关系到居民日常生活的农贸市场、大型超市等的复工复业，开展农贸市场疫情防控专项整治行动，执行市场复业“8项标准”并保供稳价，实现31家农贸市场、10家大型超市正常营业。迅速落实专业市场推迟复市，明确没有区指挥部通知，专业市场一律不得擅自复市，落实落细专业市场运营方主体责任，及时通知、劝导外地经营户和相关从业人员暂缓返苏。随着疫情防控形势的好转，在严格落实各项管控举措、强化市场主体责任的前提下，2月27日白洋湾街道组织6大市场首先进入复工复业阶段，并逐步有序实现专业市场的商户（负面清单上的除外）全面复工复业复产。推进企业、个体工商户有序复工复业，制定《姑苏区企业复工疫情防控告知书》和《关于姑苏区疫情防控期间个体工商户复业的指导意见》等文件，细化企业、个体工商户复工申报流程和疫情防控要求，做好审批验收。发布“宴十条”“面六条”等行业自律文件，动态调整开放生日宴、满月宴餐饮店名单及逐步常态化经营面店名单。坚持需求导向，助力企业共渡难关、提振信心。第一时间制定《姑苏区贯彻落实支持中小企业共渡难关“苏‘惠’十条”实施办法》，启用姑苏区企业复工网上备案平台，实现复工复业不见面备案。稳妥有序开放景点景区运营。由区教体文旅委牵头，区民卫局、姑苏公安分局、属地街道和运营公司落实各自管控责任，并随着防控形势的向好动态调整管控举措，逐步放宽要求。迅速梳理允许开业的商户并形成清单，做好相关告知、培训、管理工作，摸清从业人员底数，加强日常核查。在做好前期充分准备后，平江路和山塘街于2月28日对外有序开放，人气日渐恢复。自3月12日起，两个街区全面开放。全力推进“姑苏八点半”落实疫情精准防控举措。结合活动实际，制定《“姑苏八点半”观前示范段疫情防控方案》和《“姑苏八点半”活动期间观前地区防控措施指南》，细化落实针对参与活动市民、活动区域公共场所、商场及商店、餐饮单位、重要节点（碧凤坊美食广场、小公园潮流市集）等的疫情防控措施，做到分类精准施策，确保活动安全有序。推动娱乐场所等经营单位有序复工。贯彻落实上级工作要求，多次细致研究网吧、娱乐场所等经营单位复工，分类制定复工工作指南，建立由区相关主管部门牵头、各街道具体操作执行的工作专班机制，有序推进复工相关工作。

【复课复学有条不紊】 2020年，姑苏区围绕“防控措施绝对精准，开学复课万无一失”的目标要求，以专班运作为机制，以“两案九制”为抓手，突出复学准备工作精准，确保防控举措落实落细，疫情防控做到一校（区）一案，校园管控做到一校（区）一策。同时持续实行学生和教职工健康状况“日报告”“零报告”制度，规范组织开学工作。全区47所小学、65所幼儿园、7个看护点和1所特殊教育学校有条不紊复学复课。推进非学科类培训机构复课。按照“谁发证、谁主管”的原则，对获得工商营业执照但不由教育行政部门主管的非学科类培训机构（如艺术类培训机构），明确由区市场监督管理局牵头，制定相关复课工作指导意见、工作指南等，并做好对各街道相关人员力量的统筹协调，在此基础上，各街道负责具体验收执行。做好属地高校复学对接协调工作。主动对接指导属地苏州大学、苏州农业职业技术学院、苏州卫生职业技术学院的复学准备和疫情防控工作，建立定期协调研商机制，配合高校做好校园外围交通管控、综合保障等属地管理工作，支持高校做好疫情防控相关工作，确保属地高校按照复学安排如期开学。

【疫情常态化防控】 2020年2月24日，江苏将疫情防控一级响应调整为二级响应，姑苏区防控工作的重心逐步向常态化防控转移。

疫情常态化精准防控举措。制定出台《姑苏区常态化开展疫情精准防控工作指导意见》，分类细化明确工作要求和防控举措，全力做好居民自身、重点人群、重点场所精准防控，其中重点人群分为4类：武汉来（返）苏人员、入境人员、无症状感染者、密切接触者及一般接触者；重点场所分为7类：社区、商场、餐饮单位、学校、建筑工地、企事业单位、养老机构。明确重点人群、重点场所落实常态化疫情精准防控措施的责任单位，确保落实措施到位、压实责任到位。

社区防控措施优化。随着姑苏区被列为疫情低风险地区，及时发布《关于居民住宅小区优化管理的通告》，继续严格执行住宅小区管理制度，分类对已办理住宅小区出入证人员、首次进入住宅小区人员、境内外重点地区和关注地区人员采取查验和管理措施，允许服务行业、房屋租赁、走亲访友等相关人员在符合查验手续后进入。出台优化社区防控相关举措，在加强社区防控的同时，重点围绕“管牢重点区域、管好重点人员、关注房屋租赁”三方面持续强化、优化、细化防控措施，以更加精准有效的疫情防控举措保障经济社会发展。

“苏城码”的应用。各管控点位及时张贴苏州市疫情防控第9号、第10号通告，发放宣传品，强化媒体报道，确保宣传告知到位。各街道通过电话、面对面等方式指导社区做好“苏城码”普及与查验工作，实现社区、管控点、商户、景区扫码全覆盖。重点针对新来（返）苏人员做好信息查验工作，在做好人员测温的前提下，按照查验“一码”（“苏城码”）、

"一证"（身份证或居住证）、"一轨迹"（行动轨迹）的流程进行核查。此外，做好"苏康码"推广应用及其与"苏城码"的互通互认，确保持"苏康码"或"苏城码"绿码者在全区一码通行。

重点人群和重点场所常态化防控。做好重点人群管理。坚决守好"外防输入"关口，对于来自高、中风险地区人员，全部实施集中医学观察，采样开展核酸和血清抗体检测，实现闭环管理；对于武汉来（返）人员，持续做好摸排、检测、隔离等措施。加强重点场所防控。精准强化《姑苏区常态化开展疫情精准防控工作指导意见》明确的7类重点场所疫情防控措施，责任单位要组织人员加强日常监督检查力度。同时，按照国务院关于做好新冠肺炎疫情常态化防控工作的20条指导意见，对前期已经开放的商场、超市、宾馆、餐饮、旅游景点、文化体育场所、公园广场等通过预约、分时、限流等措施严格控制人员密度。

【涉外疫情防控】 2020年3月境外疫情暴发后，姑苏区按照习近平总书记对疫情防控工作的重要指示要求，把严防境外疫情输入作为疫情防控工作的重中之重，清醒认识涉外疫情防控形势的严峻性和复杂性，坚决克服松懈麻痹心理，全力防止境外疫情输入蔓延。

加强组织领导，全力构建立体式防控体系。强化组织领导。全区第一时间成立涉外疫情防控协调组，统筹调度全区力量开展涉外疫情防控工作。根据省、市统一部署和安排，于2020年3月成立姑苏区涉外疫情防控昆山专班，抽调全区机关干部、公安、疾控等人员组成工作队伍，分别于2020年3月和8月两次赶赴昆山，全天候驻守昆山花桥接驳点开展转运接驳服务，有力地守住了姑苏涉外防疫的"大门"。完善工作机制。先后制定《关于进一步加强涉外疫情联防联控工作的通知》《姑苏区涉外防疫驻昆山工作组安全防疫工作细则》《姑苏区涉外防疫驻昆山工作组工作流程及注意事项》《姑苏区驻昆山防疫行动党员干部突击队工作细则》《姑苏区涉外防疫驻昆山工作组工作须知》等文件，明确和强调转运接驳最新工作要求，实现境外输入疫情防控工作有章可循，确保从昆山接驳点至集中隔离点的全过程闭环管理可追溯。突出党建引领。注重发挥机关党员干部的先锋模范带头作用，在昆山转运专班成立临时党支部，突击队全体党员干部带头冲在一线，发扬不怕苦、不怕累精神，做好长时间应对外部环境变化的思想准备和工作准备，科学配置涉外防控人员力量，保证整个转运接驳工作有序轮转，防止长时间高强度导致的思想麻痹和工作疲劳。截至2020年底，累计派出61批89人投身涉外疫情防控工作。

突出联防联控，严格落实全流程闭环管理。落实境外来苏人员核查、接送、转运、隔离、检测，实现"从国门到家门"的全流程闭环管理，构建了协调配合、快速反应、高效处置的联防联控工作格局。实施全程闭环信息排查，做到工作全程可知可控，措施落细落实。督促集中隔离点持续优化关怀服务，做好涉外隔离人员的生活保障、医疗服务、心理疏导等工作，尽最大努力确保每名留观人员安全、安心。强化协同配合。区党政办（外办）、区民卫局、姑苏公安分局、区联动中心、各街道加强联动，建立"大数据+网格化+铁脚板"的工作机制，综合运用大数据手段，依托人员管控信息系统，提前掌握境外来苏返苏人员信息，结合指令研判疫情防控形势，2020年累计开展精准排查1316人次。落实社区管理责任。进入冬春季疫情防控以后，根据市对解除14天集中医学隔离观察措施的入境人员需实施14天居家健康管理的工作要求，对解除集中医学观察的入境人员，采取由属地街道进行闭环转运至居所继续居家观察14天，由所在社区进行对接管理和服务。对于省外集中隔离入境人员，联合社会防控组、交通管控组在客运场站进行闭环转运，由社区接收后落实居家隔离措施。

【进口冷链食品监测】 2020年11月份，市委、市政府科学研判疫情防控形势，立足全市实际，做出在全省率先建成覆盖各区（市）的10个进口冷链食品集中监管仓的决策部署。姑苏区发扬连续作战、敢打硬仗的工作作风，深入贯彻落实苏州市疫情防控第21号通告要求，迅速开展实地调研，加班加点抢抓进度，仅用2天时间就完成了集中监管仓的选址及工作方案、流程的设置，用4天时间完成了集中监管仓建设改造任务并实体化运行。11月19日，全区进口冷链食品集中监管仓开仓运行。

截至2020年底，集中监管仓入库8批次，冻品来自巴西、乌拉圭、越南等国，品种涵盖牛肉、水产品等。采集完成核酸检测样品129批次，检测结果均为阴性。建立监管工作专班，并做好现场培训和指导。区民卫局、区市场监管局每周持续开展农贸市场、商超等重点场所冷链食品、环境及从业人员监测，累计采集生鲜食品及外包装样本845份、重点场所外环境样本793份、从业人员样本651份，核酸检测均为阴性。每周开展进口冷链食品从业人员全覆盖检测，累计检测4146份，检测结果均为阴性。进一步完善进口冷链食品追溯管理。深入贯彻落实国务院联防联控机制《关于进一步做好冷链食品追溯管理工作的通知》要求，指导督促进口冷链食品生产经营者通过“江苏冷链”系统实现从海关进口到贮存分销、生产加工、批发零售、餐饮服务全链条追溯。做到“四个应尽”，即涉及进口冷链食品主体应入尽入、企业信息应录尽录、食品信息应传尽传、冷库应备尽备。

【秋冬季疫情防控】 2020年秋冬季的疫情防控，姑苏区坚持“外防输入、内防反弹”的防控策略，持续压实“四方责任”，强化重点人群、重点时段、重点场所管控，在做好经济社会发展各项工作的同时注重疫情防控措施精准到位，为奋力夺取疫情防控和经济社会发展双胜利打下坚实的基础。

强化重点人群、重点时段、重点场所管控措施。密切关注全国疫情发展趋势，第一时间下发工作指引，落实集中隔离和核酸检测工作。制订《姑苏区秋冬季新冠肺炎疫情防控应急预案（试行）》《姑苏区新冠肺炎疫情秋冬季防控工作方案》《姑苏区冬春季会议活动新冠肺炎常态化防控工作指引》《关于2020年姑苏区两会期间疫情防控工作建议》，做好区委全会、区两会等重点会议及大型节日活动疫情防控指导。组织对区级医疗机构、养老机构、宗教场所等重点场所进行疫情防控督导检查，提高重点场所防控意识，规范防控措施。

强化基层应急防控能力提升。启用新冠肺炎病毒实验室。区疾控中心新冠肺炎病毒实验室通过省级验收，日检测能力720份，于12月正式接收区级集中隔离点和监管仓各类新冠病毒核酸检测样本，实验室运行完成近600份新冠病毒核酸样本检测，结果全部阴性，各项技术指标运行良好。开展疫情防控应急演练。由区预防控制和医疗保障组牵头，组织各街道依托区城市运行联动指挥中心信息化平台，开展了9次不同场景、不同内容的多角度疫情防控应急演练，各街道自行组织了69场，在街道层面实现新冠肺炎疫情防控应急演练全覆盖。场景包含开放式街区、开放式小区、封闭式小区、产业园、背街小巷，提升基层在突发状况下应对密切接触者排查、转运，确诊病例所在区域封闭管理及全员核酸检测能力。迅速开展疫苗接种。根据国家、省、市要求，开展2轮重点人群新冠病毒疫苗接种摸底，共摸排重点人员2259人，并于12月21日开展首批重点人群新冠病毒疫苗应急接种。区民政和卫生健康局、区市场监督管理局分别组织专项督查，确保接种工作安全有序推进。恢复火车站人员转运。按照市有关要求，11月23日起火车站恢复对中高风险地区来苏人员转运等工作，姑苏区连夜迅速在站区地下主通道设置人员信息自主申报点位1处，由苏州10个板块轮流派人进驻，对中高风险地区来苏人员进行识别，再由专车接驳转运。加强疫情防控健康宣教。进一步做好居民健康宣教，提升居民个人防护意识，养成科学规范佩戴口罩、勤洗手、常通风、保持安全社交距离的好习惯。加强火车站、汽车站、商超等重点场所疫情防控督导，确保体温检测、健康码查验等各项措施落实到位。进一步做好机关、事业单位全体工作人员（含外联合作单位人员）的健康管理，提倡公共区域佩戴口罩、食堂落实“一米线”、控制会议规模，落实电梯间、食堂、卫生间及会议室定期消杀等预防性管理措施。（吴　梦）

## “姑苏八点半”夜经济

【概况】“姑苏八点半”是苏州市重点打造的夜经济品牌，围绕夜show、夜游、夜食、夜购、夜娱、夜宿6个主题，突出“夜魔方”概念，以“姑苏八点半　舒心夜相伴”为宣传口号，推出一系列具有苏州特色的精品演出、夜游线路和消费活动，进一步凸显夜间经济集合效应。围绕夜经济的发展，苏州市先后出台了《关于加快苏州夜间经济发展的实施意见》《苏州市进一步激发文化和旅游消费潜力创建国家文化和旅游消费示范城市行动方案》《关于促进“姑苏八点半”苏州夜间经济发展的十条措施》等政策文件，强化顶层设计。姑苏区作为“姑苏八点半”的先行启动区，自2020年4月底启动以来，围绕“一极一环三板块多节点”的空间发展布局，以“观前街”产业整合与提升为重点，打造苏州夜间经济的先行极；以“环护城河”水上观光带打造水上夜游环；以“观前街—平江路”“山塘街—石路”“南门—盘门”为集中建设发展的核心板块；以南节点渔家村、北节点虎丘湿地、东节点相门仁恒、西节点枫桥夜泊为主体进行多节点布局。作为“姑苏八点半”先行极的观前商圈实现了人流量和销售

2020年4月3日，“姑苏八点半”夜经济全球招商云推介会举行　　区新闻中心　供稿

2020年7月25日，观前街经过整修后重新开街亮相

区经科局　供稿

额双双大幅增长。日均人流量达到26.1万人次，同比增长50.1%。

【夜经济系列活动】 2020年，姑苏区先后推出《浮生六记》、碧凤坊美食广场、潮流市集、“享·繁华山塘”夜游线路等52个项目，统筹推进设施提升、宣传营销、消费保障等各项工作，初步实现了吸引人气、集聚人流、拉动消费的目标。全年夜经济开展了四季系列活动：第一季，4月26日，全市旅游促进大会召开，省委常委、市委书记蓝绍敏作主旨演讲，李亚平市长推介文旅消费促进政策，当晚启动“姑苏八点半”苏州夜经济；第二季，6月6日，“姑苏八点半　舒心夜相伴”第二季“仲夏夜魔方”系列活动展开；第三季，7月25日晚，随着观前街天门重开、中轴点亮、玄妙开市，观前主街正式开街亮相，“姑苏八点半　舒心夜相伴”第三季拉开精彩大幕；第四季，9月27日，Q4文创消费季开幕，以“姑苏八点半　金秋更璀璨”为主题，以“四点联动、四大主题、四节狂欢、四手联弹”为内容，通过创意设计、活动导入、消费激励等形式，打造文化消费新场景。

（朱　颖）

## 姑苏区“十三五”经济社会发展成就

【概况】 “十三五”是姑苏区成立后第一个完整的五年规划周期，具有特殊意义。五年来，姑苏区紧紧围绕打造历史文化名城“硬核”这一目标，不断探索创新，形成了一批能够体现“硬核”姑苏特点的典型做法，各项工作都取得了显著成绩。

【古城保护深入推进】 顶层设计不断强化。出台《苏州国家历史文化名城保护条例》等地方性法规和配套技术导则，完成古城54个街坊控规修编和40个街坊城市设计，古城保护体系不断完善。工作体制机制进一步理顺，与古城保护相关的67项市级行政权力有序承接，机构改革和街道合并稳步开展，新设拙政园等5个历史文化片区管理办公室，古城保护和管理大数据中心正式建成，姑苏古城保护与发展基金创新设立。开展首次保护对象普查，形成《苏州国家历史文化名城保护区（姑苏区）首次保护对象普查名录》。平江片区重点功能区保护修缮等连片改造项目正式启动，虎丘综改、山塘街保护性修复等工程有力推进，名城保护示范工程（平江片区）有序实施，虎丘地区综合改造取得突破性进展，中张家巷河成为新中国成立以来古城内第一条恢复的河道。

文化品牌持续擦亮。加强文化资源的普查与梳理，深入挖掘古城文化内涵，“轧神仙”庙会、吴地端午等7个系列民俗节庆活动成为苏州家喻户晓的文化品牌。成功举办三届国际设计周，浸入式昆曲《浮生六记》、舞蹈《木刻春秋》等一批品牌文化产品享誉中外。沧浪亭、狮子林等8处园林和大运河5个核心点段列入世界文化遗产名录；苏绣、苏扇等106项传统手工技艺获评非物质文化遗产代表项目；18所学校被命名为“姑苏区非遗传承教育基地”。整合文化旅游精品资源，打造“姑苏好白相”全域旅游品牌。获评“中国商旅文产业发展示范区”“国家文化新经济开发标准试验区”“国家古城旅游示范区”和“江苏省全域旅游示范区”，观前街获评“首批江苏省老字号集聚街区”。

【经济质效稳步提升】 经济总量持续增长。2016—2020年，全区地区生产总值累计完成3656亿元，年均增长5.8%；一般公共预算收入年均增长1.5%；全社会固定资产投资累计完成1185亿元，比“十二五”增长35.1%；社会消费零售总额累计3782.7亿元，年均增长7.65%。

经济发展质量不断提高。产业结构不断优化，特色商贸、文化旅游、科技创意等重点产业发展良好，文化产业增加值占比提升到7.2%，服务业增加值占比93.1%。高技术产业规模不断扩大，国家高新技术企业数量超过80家，高新技术产业产值占规模以上工业总产值49.4%。接待国内游客、国内旅游收入、旅游总收入均排名全市第一。新业态、新产业、新模式不断发展，聚集总部企业74家。大项目带动发展取得成效，华贸中心、阅文集团、讯众通信等一批优质项目成功落地，12个市级重点项目和93个区级重点项目陆续开工建设。

经济发展平台不断升级。观前商圈完成提档升级，助力“姑苏八点半”夜经济品牌成为苏州新名片，观前地区获评省级夜间文旅消费集聚区；全面实施石路商圈改造升级，整合盘活周边历史建筑和闲置载体资源；北部经济区创新发展加快推进，苏州信创产业学院挂牌成立，大院大所合作迈出实质性步伐，发展潜力进一步释放。古城首个产业空间布局规划制定出台，蓝·芳华、联实大厦等一批特色产业园（楼宇）成功打造，新增亿元楼宇6幢。

经济发展环境持续提升。营商环境整体提升，进一步完善“1+X”产业扶持政策，制定《姑苏区优化营商环境创新行动2020》，打造“一三五”营商环境治理格局。招才引智取得新进展，出台“人才新政20条”等政策，高层次人才数量达到9922人。完成国有资产整合，41个区控股和参股国资公司归并重组，形成了五大国资集团。

【群众福祉日益增进】 富民增效成绩显著。2020年全区居民人均可支配收入6.6万元，2016—2020年年均增长7%；实施“乐业姑苏三惠工程”，“十三五”累计新增城镇就业32万多人次，拉瓦锡谷和橘树下等4家创业孵化载体成功获评市级创业孵化基地，2个街道和50个社区被评为省级创业型街道和社区。农村“三资”稳步发展，股份合作社管理制度不断完善。

民生实事项目深入推进。推行人大代表实事项目票选制度，五年共完成各类实事项目109项，近两年投资额达2.98亿元。完成171个老住宅小区与危旧房的综合整治，完成双塔等38个农贸市场提档升级，新建社区“智慧菜篮子”运营网点80处；新建、改扩建小学和幼儿园14所，获评全国义务教育发展基本均衡区。纵深推进分级诊疗和医养融合，实现社区卫生服务中心体系全覆盖；新冠疫情防控交出满意答卷。“虚拟养老”模式在全国推广，建成

姑苏区人民桥东侧　　区城管委　供稿

55个日间照料中心和153个助餐点，养老服务体系日趋完善，领跑全省、全市。城市社区文体活动设施实现全覆盖，“10分钟文化圈”和“10分钟体育圈”建成率达100%。军民融合发展深入推进，实现省“双拥模范区”七连冠。创新推出基于群众诉求视角的“美好社区美好指数”，让发展更“有感”。

【城市面貌焕然一新】 城市建设全方位推进。持续深入开展环境卫生综合整治、征收搬迁扫尾清零等专项行动，累计完成175个征收（拆迁）项目，腾退土地9125余亩，金阊医院、解放新村等难点工作取得突破，有力保障了轨道交通等市、区两级重点工程建设，为古城更新利用拓展了宝贵空间；完成201个老旧小区、200条背街小巷、77个城中村环境提优，辖区内露天烧烤等对环境影响大的行业全部取缔，城市品质大幅提升。

生态环境持续美化。完成智慧城管App（手机应用程序）主体开发，全面开展长效管理、“两扫”“两小”行动、“四类行业”综合整治、城市环境提升百日行动、“931”行动、“263”行动和“331”专项行动以及工地、校园、景区等各类专项整治，拆除违法建筑20000余处48.38万平方米。积极推进垃圾分类和减量工作，推动公共机构强制分类设施建设及农贸市场有机垃圾就地处置，垃圾分类“三定一督”完成率达86%。扩展公共绿化面积，建成中心公园、文化绿地公园、九曲港公园等生态公园。提升环境质量，完成25条河道清淤，全部消除黑臭河道；PM2.5指标值、优良空气达标率、水环境质量、主要污染物排放削减率等约束性指标全部达到省、市考核要求。

文明城市建设成效显著。“十三五”以来，大力推进新时代文明实践，开发文明城市创建智慧云平台，出台《姑苏区市民文明手册》等，加强宣传教育提升、小区环境提升、街巷(校园周边)环境提升、市场环境提升、交通秩序提升和台账资料整理,强化测评考核,文明城市建设顺利通过复评验收,助推苏州实现全国文明城市“五连冠”。白洋湾街道等4家新时代文明实践所(站、点)获评首批新时代文明实践示范所(站、点),姑苏区人民检察院获评“全国文明单位”。

【治理能力持续提高】 从严治党深入推进。搭建智慧党建平台,全面推行“行动支部”建设,推广“四化四有”模式,建成20个先锋社区。运行“姑苏360”履责监管平台,打造“姑苏廉石”宣教品牌。

法治建设不断加强。以法治苏州、法治姑苏创建引领和推进区域法治建设,构建“三位一体”法治建设先导区,协调制定完善一大批城乡建设与管理、环境保护、历史文化保护等地方性规章。城乡居民公共法律服务体系初步形成,实现村居法律顾问全覆盖,建成“半小时公共法律服务圈”。

网格化管理持续推进。加强网格、联动站、数据库、平台四项建设,制定网格事项清单,健全网格化管理制度,区城运中心和八个街道分中心投入运行,建设56个联动工作站、1358个基础网格,拥有5809名网格员,建立了区、街道、基础网格三级社会治理体系。开展社区治理与服务创新五大行动,建成33个社区“三社联动”综合体,获评全国社区治理和服务创新实验区。人民群众对法治建设满意度90%,公众安全感98.5%,和谐社区建设达标率100%,提前完成“十三五”目标。获评“全国和谐示范城区”和“国家信访工作‘三无’县(市、区)”。

安全责任体系健全完善。消防安全、企业生产安全、建设施工安全、道路交通安全、社会公共安全等领域安全监管得到加强。开展应急预案体系建设,搭建市、区、街道三级应急网络,应急管理制度进一步完善。

【改革创新多点突破】 行政管理体制改革稳步推进。街道行政区划进一步优化,实现区镇(街道)合一,各个板块的规模和实力得到提升。大部制改革顺利推行,设置28个党政职能机构,全区行政管理职能持续完善。古城保护和管理大数据中心启用,通过全区大数据和电子政务的一体化建设,实现政务数据的“聚、通、用”,为政府在古城保护、城市管理、社会治理、民生服务等方面提供决策依据。区域政务服务改革进一步深化,加快融入长三角政务服务“一网通办”和江苏政务服务“一张网”,“互联网+政务服务”向基层延伸。完成环卫管理体制改革,河长制、路长制、街长制、巷长制、市容环卫责任制等机制不断强化。社会体制改革不断深化。推进集团化办学,成立苏州市平江教育集团等10个教育集团,积极探索集团资源共享与利用、学校内部管理体制改革等工作。纵深推进卫生体制改革,创新推广“1+1+X”医联体模式。

经济体制改革不断深化。建立促进产业集聚升级的综合协同机制,完善重点项目产业招商协同机制,创新品牌示范项目引领机制,促进文旅融合深度发展。“放管服”改革稳步推进,65项审批事项统一划转到区行政审批局,提升行政服务效率;着力推进权力清单制度,基层管理能力持续增强。(姚　婷)

# 综 览

# 姑苏概况

# 姑苏概况

## 地情概要

【位置和面积】 姑苏区、保护区位于北纬31° 15′ 25″ ~ 31° 22′ 51″，东经120° 31′ 29″ ~120° 39′ 03″。地处苏州市中部，东与苏州工业园区相接，南与吴中区相邻，西与虎丘区隔京杭大运河相望，北与相城区相连。辖区东西最大距离11.5千米，南北最大距离13千米，面积83.42平方千米。

姑苏区地处长江三角洲太湖水网化平原，地势平坦，微向东倾，地面标高海拔2~4米，河网密布。境内最高点虎丘山（位于虎丘街道）海拔34.3米。

【气候】 辖区属亚热带湿润季风气候，四季分明，冬夏季长，春秋季短。夏季温暖潮湿多雨，冬季干燥寒冷。无霜期年平均220~240天。境内常年平均日照时数为1965小时，日照时数的季节分布是：春季（3—5月）454.9小时，夏季（6—8月）624.8小时，秋季（9—11月）486.7小时，冬季（12月至次年2月）398.6小时。年平均降水量1000~1100毫米，年平均降水日数122~133天。降雨集中在每年4—10月。

苏州季风更替明显，冬季受蒙古冷高压控制，西北风及东北风频率占一半以上；春季盛行风向为东南风，频率约占三分之一；夏季受副热带高压和印度热低压的共同作用，东南风的频率占五分之二以上；秋季盛行风向接近冬季的风向。

【自然灾害】 姑苏区地处长江三角洲地区，气候资源丰富，由于所处的地理位置和季风的不稳定性，气候变化剧烈，四季中常有多种类型的灾害性天气出现。既有时间较长的旱、涝、连阴雨，也有时间稍短的强烈天气现象，如热带风暴（台风）、暴雨、寒潮，还有一些破坏性很大的剧烈天气现象，如冰雹、龙卷风、雷雨、强风等。

【水系水文】 姑苏城自古就是一座著名的水城，有“东方水城”之称。伍子胥建城之初，就把水作为城市规划的一个重要主题，利用自然河道，开挖了城内纵横交错的河道和城外胥浦、胥溪等水道，贯通江湖河海，形成十分合理的太湖水网体系。楚国春申君黄歇治吴，又在原有基础上进一步疏浚开挖，形成以“四纵五横”为主的城内河道网络。城内河道从南宋绍定时以“七纵十四横”为主干的82千米，到明末的90千米左右，到清嘉庆时以“三横四直”为主干的57千米；后经清代、民国和20世纪50年代后期的填河及80年代以来的开挖，如今城内河道尚存35千米。现有河道全面疏浚，水环境治理初见成效。

境内河道主要有京杭大运河苏州段、胥江、十字洋河、上塘河、山塘河、葑门塘、相门塘、娄江、外城河等。境内地势由西向东南微微倾斜，河流、湖泊受上流来水、下游江海潮汐和人类活动的影响，水文情势比较复杂。梅雨和台风是造成洪涝灾害的主要原因。

## 历史沿革

【历代沿革】 秦（前221—前206）时，属会稽郡吴县。东汉永建四年（129），属吴郡吴县。隋开皇九年（589），属苏州吴县。唐武则天万岁通天元年（696），割吴县地置长洲县，今境分属吴县、长洲县2县。北宋政和三年（1113），以苏州为帝节镇，升为平江府，今境分属平江府吴县、长洲县。元时属平江路，境域属县不变。明时属苏州府，境域属县不变。清雍正二年（1724），析长洲县置元和县，县治在十郎巷（今元和路），今境分属苏州府元和县、长洲县、吴县3县。宣统三年（1911）11月，裁撤苏州府和元和县、长洲县、吴县3县，设苏州，属苏州。民国元年（1912），改苏州为吴县，属吴县。民国17年（1928），析吴县城厢设苏州市，属苏州市。民国19年（1930），撤苏州市，其辖区并入吴县，复属吴县。1949年4月27日，中国人民解放军解放吴县，划吴县城区及近郊为苏州市。

【新中国成立后沿革】 1951年10月18日，经苏南人民行政公署批准，苏州城区建立东、南、西、北、中5个区人民政府。1955年10月起，苏州市各区改名，东区改称平江区，北区改称北塔区，中区改称观前区，南区改为沧浪区，西区改称金阊区。1956年7月，撤销观前区。1958年7月，撤销北塔区、郊区，分属沧浪区、平江区、金阊区和吴县。1958年11月，成立沧浪区、平江区和金阊区人民公社。1960年8月，析沧浪区人民公社设胥江区人民公社，析平江区人民公社设北塔区人民公社，析金阊区人民公社设桃坞区人民公社。1962年6月，区人民公社改为区人民委员会建制。1963年3月，胥江区并入沧浪区，北塔区并入平江区，桃坞区并入金阊区。1966年11月，沧浪区更名为红旗区，平江区更名为东风区，金阊区更名为延安区。1979年6月，三区复名为平江区、沧浪区、金阊区。

2002年3月，娄门街道东环路以东区域划归苏州工业园区娄葑镇。

2002年7月，虎丘区横塘镇新郭、友联等6个村划归沧浪区，设友新街道；苏州市娄葑镇的南园、联青2个村划入沧浪区葑门街道；金阊区金门、桃坞2个街道和工业园区娄葑镇梅巷、梅花2个村划归平江区；虎丘区虎丘镇十字洋河以东7个村划归平江区，设苏锦街道；虎丘区虎丘镇十字洋河以西区域、白洋湾街道以及横塘镇虹桥、新兴2个村划归金阊区。

2003年4月，观前、皮市街2个街道合并为观前街道，并将北寺塔街道古城区内齐门河以西境域划归观前街道；平江路、东北街2个街道合并为平江路街道，同时将北寺塔街道齐门河以东境域划归平江路街道；北寺塔街道梅巷社区全部和齐门社区护城河以北、齐门河以东境域划归娄门街道，北寺塔街道其余区域改设为苏锦街道，原苏锦街道更名为城北街道。

2003年9月，桃坞、金门2个街道合并为桃花坞街道。

2003年12月，虎丘镇改设为虎丘街道；撤销石路街道，以原石路街道桐泾北路以东3个居委会区域、彩香街道桐泾北路以东5个居委会区域为基础设新的石路街道；撤销三元街道、彩香街道，以原三元街道管理区域、原彩香街道桐泾北路以西6个居委会区域及原石路街道毛家桥居委会区域为基础设新的彩香街道；撤销留园街道，以原留园街道管理区域和白洋湾街道路南村北环西路以南区域为基础设新的留园街道；撤销山塘街道、虎丘街道，以原山塘街道管理区域和原虎丘街道虎丘、茶花、路北、新益4个村为基础设新的虎丘街道；撤销白洋湾街道，以原白洋湾街道管理区域（除路南村北环西路以南区域外）、原虎丘街道长青居委会区域及新渔、张网、新城、富强、申庄5个村委会区域为基础设新的白洋湾街道。

2004年3月，将公园街道、双塔街道竹辉路以北区域合并设双塔街道；将府前街道、南门街道和双塔街道竹辉路以南区域合并设南门街道。

2010年7月，城北街道护城河以北、十字洋河以东、平川路以南、广济北路以西和平河路以北、平门塘以东、城北东路以南、元和塘以西两块区域划归苏锦街道。

2012年9月，撤销平江区、沧浪区、金阊区，设立苏州市姑苏区，以原平江区、沧浪区、金阊区的行政区域为姑苏区的行政区域。同年12月，平江路街道、南门街道、彩香街道分别更名为平江街道、沧浪街道、金阊街道。

2017年3月，撤销观前、平江、苏锦、娄门、桃花坞、城北、胥江、沧浪、吴门桥、葑门、双塔、友新、石路、留园、金阊、虎丘等16个街道办事处，分别合并设立新的平江、金阊、沧浪、双塔、虎丘、苏锦、吴门桥等7个街道办事处。原白洋湾街道建制不变。至此，全区设有8个街道办事处。同年4月，拙政园、阊门、盘门、葑门、山塘5个历史文化片区管理办公室和平江、沧浪、金阊3个新城与8个街道实行“区政合一”管理体制。

## 行政区划

【概况】 姑苏区人民政府驻苏锦街道平川路510号，邮政编码215031。2020年，下辖平江、金阊、沧浪、双塔、虎丘、苏锦、吴门桥、白洋湾等8个街道，设有169个社区居委会、3个村委会。

【社区调整】 2020年，姑苏区增加1个社区居委会，撤销了1个村民委员会建制。

新增1个社区居委会：11月2日，白洋湾街道新成立清嘉苑社区居民委员会。

撤销1个村民委员会：12月24日，撤销虎丘街道路北村村民委员会，原路北村撤并入山塘、虎丘、虎阜3个社区。

表2-1 姑苏区（保护区）各街道简况（2020）

| 街道名 | 辖区面积（平方千米） | 村委会（个） | 社区居委会（个） | 户籍人口（人） | 公共财政预算收入（亿元） |
|---|---|---|---|---|---|
| 平江街道（拙政园片区） | 8.68 | 0 | 23 | 116173 | 5.63 |
| 金阊街道（阊门片区） | 8.85 | 0 | 29 | 131578 | 7.44 |
| 沧浪街道（盘门片区） | 6.17 | 0 | 21 | 75874 | 5.65 |
| 双塔街道（葑门片区） | 7.95 | 0 | 21 | 92258 | 9.20 |
| 虎丘街道（山塘片区） | 12.42 | 0 | 19 | 73741 | 2.75 |
| 苏锦街道（平江新城） | 10.28 | 0 | 13 | 54760 | 8.34 |
| 吴门桥街道（沧浪新城） | 12.19 | 0 | 29 | 160048 | 7.13 |
| 白洋湾街道（金阊新城） | 18 | 3 | 14 | 43258 | 2.59 |

表2-2 姑苏区社区、村分布情况一览（2020）

| 序号 | 街道 | 社区 | 村 |
|---|---|---|---|
| 1 | 平江街道（23个社区） | 历史街区社区、大儒巷社区、拙政园社区、北园社区、东园社区、钮家巷社区、察院场社区、观前社区、旧学前社区、装驾桥社区、香花桥社区、北寺塔社区、西北街社区、齐门社区、娄江社区、永林社区、鼎尚社区、东环社区、相门社区、官渎社区、新湘苑社区、梅巷社区、惠宇华庭社区 | — |
| 2 | 金阊街道（29个社区） | 彩香二村南社区、彩香二村北社区、双虹社区、彩虹社区、虹桥社区、毛家桥社区、金夏社区、滨河社区、运河社区、三元四村社区、白莲社区、三元一村社区、金茂社区、西街社区、阊门社区、石幢社区、桃花坞社区、环秀社区、金门社区、中街路社区、养育巷社区、学士社区、三乐湾社区、信记社区、朱家庄社区、彩香一村南区社区、彩香一村三区社区、彩香一村四区社区、佳菱社区 | — |
| 3 | 沧浪街道（21个社区） | 玉兰社区、养蚕里第一社区、养蚕里第二社区、竹辉社区、瑞光社区、西大街社区、东大街社区、西美社区、道前社区、金狮社区、佳安社区、吉庆社区、桂花社区、万年社区、三香社区、泰南社区、胥江社区、潼泾一社区、潼泾二社区、胥虹社区、新沧社区 | — |
| 4 | 双塔街道（21个社区） | 二郎巷社区、百步街社区、定慧寺巷社区、钟楼社区、网师巷社区、唐家巷社区、锦帆路社区、滚绣坊社区、沧浪亭社区、大公园社区、葑溪社区、宏葑社区、横街社区、长岛社区、里河社区、觅渡社区、杨枝社区、杏秀社区、城湾社区、翠园社区、联青社区 | — |
| 5 | 虎丘街道（19个社区） | 山塘社区、桐星社区、清塘社区、红星社区、曹杨社区、茶花社区、虎丘社区、虎阜社区、新庄社区、留园社区、西园社区、湖田社区、仁安社区、玻纤路社区、虎丘路社区、硕房庄社区、观景社区、来运社区、嘉业阳光城社区 | — |
| 6 | 苏锦街道（13个社区） | 新天地家园南社区、新天地家园北社区、火车站社区、苏锦一社区、苏锦二社区、光华社区、万达社区、锦华社区、金光社区、金星社区、汇翠社区、大观名园社区、万达二社区 | — |
| 7 | 吴门桥街道（29个社区） | 南环第一社区、南环第二社区、南环第三社区、金塘社区、解放社区、盘溪第一社区、盘溪第二社区、内马路社区、润达社区、南华社区、湄长社区、兴隆桥社区、何家塔社区、大龙社区、龙港苑社区、梅亭社区、四季晶华社区、双桥社区、友联社区、新郭社区、友联一社区、友联三社区、友联二社区、福星社区、新康社区、姑香社区、象牙社区、新城社区、福运社区 | — |
| 8 | 白洋湾街道（14个社区，3个村） | 路南社区、富强社区、宝邻社区、南山社区、金筑社区、宝祥社区、金色里程社区、和美社区、玉景湾社区、长青社区、和泰社区、虎池苑社区、领秀金品社区、清嘉苑社区 | 张网村、新渔村、申庄村 |

（王 玲）

## 人口·语言

【人口】 2020年，姑苏区年末户籍人口74.769万人，出生总数3268人，死亡总数5302人，出生率4.43‰，死亡率7.19‰，自然增长率-2.76‰。

【方言】 苏州方言属吴语。吴语是重要的汉语方言之一，主要分布在苏南丹阳以东地区和上海全市、浙江全省。苏州方言历来在江南地区有重大影响，“吴”就是苏州的简称，苏州话被认为是吴语的代表。一般说的“苏州话”，指的是姑苏区的方言，姑苏区方言内部基本一致，其他各市、区方言跟姑苏区方言都有一定程度的差别，但跟外地方言相比，差别还是比较小的，它们都属于吴语太湖片苏嘉湖小片。

苏州方言的形成，最早源自周泰伯、仲雍奔吴之时。此前的吴地居民说的是古百越民族的语言，泰伯等带来了中原的华夏语，在百越语的影响下，经过3000年的逐渐演变，形成了现代苏州话。苏州话有一些重要特点：没有卷舌音声母，全部都是舌尖前音，“中”=“宗”；前后鼻音不分，“程”=“陈”；

分尖团，"箭"≠"剑"；"八"的读音特殊，跟"北"同音，这是全国各地都没有的；用"阿V"（V代表动词）表示是否问，"阿吃"意为"吃吗"。

改革开放以来，受普通话的影响，年轻人说的苏州话发生了变化，比如分尖团的特点消失了，变成了"箭"="剑"，一些变化使老年人觉得年轻人说的苏州话不像苏州话了。同时，年轻人说苏州话的范围越来越窄了。这种现象引起了各方面的关注，相关部门正在采取适当措施，保护苏州话。保护苏州话同时也是保护苏州的传统文化。（区方志办）

## 民族与宗教

【民族】 姑苏区是以汉族为主，少数民族散杂居的地区。区内有回族、满族、土家族、蒙古族、壮族等48个族别的少数民族，人口1.3万余人，其中户籍人口6900余人、流动人口6440余人，有少数民族经商集聚点1个。

【宗教】 姑苏区内有寒山寺、西园寺、石路清真寺、杨家桥天主堂、使徒堂、玄妙观、神仙庙等各类宗教场所22个，其中佛教9个、道教6个、基督教4个、天主教2个、伊斯兰教1个。区管宗教活动场所5个，配合服务市管宗教活动场所17个。各场所常驻宗教教职人员180余人，有宗教信众10万余人，全年各重要宗教节庆活动约8项。（钱　蓓）

## 经济建设和社会发展

【古城保护】 2020年，姑苏区、苏州国家历史文化名城保护区（简称"姑苏区、保护区"）首次开展分区规划暨城市更新规划，总体完成区历史文化名城保护"十四五"规划编制，制定出台历史城区保护补偿补助工作指导意见，启动修订观前地区管理办法。完成首次19类4000多个保护对象普查，梳理发布首份保护名录。推进平江片区重点功能区保护修缮，完成20处院落收储，一期搬迁率达87%；大成殿古城保护展示馆主体建设全部完成；中张家巷河道恢复及景观提升工程全面竣工。正式承接文物保护修缮审批，完成横塘驿站、中张家巷29号修缮保护，启动名人故居梳理，完成陶氏宅院、曹沧州祠等古建老宅保护修缮工程。创新设立姑苏古城保护与发展基金，首期募资14亿元。项目化推进大运河文化带建设，打造10条夜游、研学游等文旅融合精品线路，古城文化特色和魅力不断彰显。

【经济发展】 2020年，姑苏区、保护区积极融入长三角一体化发展国家战略，主动顺应"沪苏同城化"发展趋势，喜马拉雅等4个沪苏合作项目落地。5大类36个重点项目顺利实施，区级项目储备达220个。举办线上线下招商推介，中建科工、中信出版、腾讯文娱等企业和项目成功落地。先行启动"姑苏八点半"夜经济工作，精心推出碧凤坊美食广场、潮流市集等52个项目，全面推广"线下购物无理由退货"制度，持续推进"双12苏州购物节"，主要景点、街区人流量和主力商场营业额显著回升。文化产业布局加快，制定出台全区文化产业发展三年行动计划，蓝·SPORT、星辉1976等15个产业园完成改造升级。启动北部经济区创新一体化发展，累计引进数字经济、信创产业等领域企业110家，总注册资本23.1亿元，其中亿元以上企业6家。营商环境持续优化，出台实施《姑苏区优化营商环境创新行动2020》和《姑苏区规范政商交往"10+10"清单（试行）》，设立全市首个区级营商环境服务中心，举办4期企业家沙龙活动。构建姑苏高层次人才礼遇体系，入选市级人才计划163人。

【城市建设】 2020年，姑苏区、保护区以“一环三路两片区”沿线周边和全区重点工程项目为试点，大力开展“靓丽姑苏”违建专项治理，累计拆除违建10.3万平方米。完成里河片等5个老旧片区“优+”工程、十全河等5条河道综合整治。垃圾分类全面铺开，21个厨余垃圾处置点建成使用，“三定一督”（即垃圾分类“定时定点定人督导”）小区覆盖率达100%。全力攻坚征收扫尾，62个项目实现清零，其中西巴里北等5年以上项目清零35个，完成交地超3300亩，项目清零数量和交地亩数均创历史新高。以18个行业领域为重点，深入推进安全生产专项整治行动，集中消除德合水果市场、相王弄等114处重大隐患。全面打赢蓝天、碧水、净土保卫战，区域空气质量达到国家Ⅱ级标准，省考断面水质优Ⅲ比例和水功能区达标率均达100%，中央、省环保督察交办的信访件全部办结销号。

链接：

“一环三路两片区”含义

“一环三路两片区”指的是环古城河沿线风貌带，三香路、干将路、人民路道路两侧，平江片重点功能区、石路商圈片区。

【社会事业】 2020年，姑苏区、保护区坚持保就业、保基本民生、保市场主体，新增就业岗位5.8万个，其中大学生就业岗位1.6万个，援助困难弱势群体就业岗位3995个，支持成功自主创业2389人，退役军人就业率实现100%。积极落实稳岗减负政策，减免社会保险费33.1亿元，惠及企业3.6万余家、参保人员38万余人。江乾路小学等10所学校开工建设，建成劳动路实验小学、沧浪新城第四实验小学。新建、改扩建社区卫生服务机构5家和综合为老服务中心8家，新增日间照料中心8个、助餐点50个，构建完成“10分钟养老服务圈”。有序推进惠民实事项目，改造完成17个农贸市场，40处“智慧菜篮子”社区服务网点投入运营，全区23个农贸市场设置“平价菜摊”。打造省级食品示范城市，学校食堂等重点区域明厨亮灶率达100%。创新社会治理机制，启用区级城市运行联动指挥平台，建立民生小事快速处置机制，深入开展社区治理与服务创新发展5大行动，创新推出社区“美好指数”，完成建设2个先锋社区、26个规范化社区，规范有序开展社区“两委”换届。深化依法治区实践，推动全区信访维稳工作关口前移。平安姑苏建设成效显著，群众安全感达99%，位列全市第二。

（姑　鉴）

## 姑苏区实事项目

【概况】 2020年，姑苏区安排的实事项目有社会民生关爱、社区服务提升、人居环境改善、教育资源优化4个方面计18项，至当年底项目全部完成。

表2-3　2020年度实事项目

| 类别 | 实事项目情况 |
|---|---|
| 一、社会民生关爱类（7项） | 1.儿童口腔健康幸福工程：完成辖区内48所区属小学约8500名8周岁年龄组学生的口腔健康教育、口腔健康检查，筛选适宜窝沟封闭的第一恒磨牙，在家长知情同意的情况下进行窝沟封闭。项目责任主体为疾病预防控制中心，计划投入资金130万元。 |
| | 2.母婴阳光工程：为辖区约4000名婚姻登记对象实施免费婚前医学保健；为辖区约45000名0～6岁婴幼儿提供全面系统的保健管理；为辖区约20000名在园儿童进行视力功能检查并建立视力健康电子档案；为辖区户籍4000余名0~3岁儿童免费进行先天性心脏病筛查；为辖区2万名35~64周岁妇女进行宫颈乳腺两癌筛查。项目责任主体为妇幼保健所，计划投入资金831.9万元。 |
| | 3.预防接种安全提档工程：在全区所有社区接种单位实施疫苗接种告知、全景视频督导呼叫和预防接种门诊预约等系统的建设。项目责任主体为民政和卫生健康局，计划投入资金110万元。 |
| | 4.幸福助餐工程：在平江街道梅巷、金阊街道三元、双塔街道里河、二郎巷、吴门桥街道南环5个为老服务中心改造提升的基础上，新建金阊街道彩香、沧浪街道潼泾、双塔街道大公园3个为老服务中心，为家庭困难、身体残疾以及日常生活需要照顾的老年人提供助餐、助医、助学、助浴、助急、助洁等多方面、多层次、多类型的社区养老服务。项目责任主体为民政和卫生健康局，实施主体为各相关街道，计划投入资金约2800万元（将由市、区两级统筹，区级财政预算年度计划投入1000万元）。 |
| | 5.“就业惠民、创业富民”工程：全年新增50000个就业岗位，其中大学生就业岗位10000个；城镇新增就业人数25000人，援助困难弱势群体就业岗位3800个，开发公益性就业岗位1800个；支持成功自主创业2000人，其中引领大学生创业150人；全面实施全民参保计划，实现新增社保参保人数60000个。项目责任主体为人力资源和社会保障局，计划投入资金600万元。 |
| | 6.公共法律服务中心建设：完成对苏锦、平江街道公共法律服务中心的规范化建设，建筑面积分别约800、400平方米，设置接待大厅及窗口，建设人民调解、法治宣传、社区矫正、安置帮教、法律援助、12348公共法律服务等功能室。项目责任主体为司法局、苏锦街道办事处、平江街道办事处，计划投入资金320万元。 |
| | 7.社会综合治理网格化联动分中心建设：新建平江街道、双塔街道联动分中心，改造沧浪街道联动分中心，主要包括功能场室硬装、设备设施购置以及机房搬迁等。项目责任主体为相关街道，计划投入资金415万元。 |
| 二、社区服务提升类（4项） | 8.社区服务中心功能提升：完成对吉庆社区、佳安社区、历史街区社区、拙政园社区、北寺塔社区、石路社区、运河社区、毛家桥社区、长岛社区、西园社区、苏锦二社区、新天地家园北社区、友联社区、梅亭社区、清嘉苑社区等15个社区服务中心的改造。根据每个社区的实际情况，设置联合工作站（一站式服务大厅）、社会组织孵化管理阵地、居民文体活动中心等功能场室。项目责任主体为相关街道，计划投入资金2250万元。 |
| | 9.社区卫生服务机构提升改造：新建平江街道梅巷、平江街道大儒巷2家社区卫生服务站；改造吴门桥街道沧浪新城、双桥两家社区卫生服务机构；启动白洋湾街道第二社区卫生服务中心建设，进行设计、方案论证、立项、审图、消防审核、财政评审、招标等一期建设内容。项目责任主体为民政和卫生健康局，计划投入资金360万元。 |
| | 10.“互联姑苏”社区宣传平台（四期）：完成30个左右的点位建设，每个点位由1至3面的视频墙组成，每面墙高约2.6米、宽约1.4米。每面墙体内嵌一块47~55英寸高亮度液晶显示屏作为播放载体，播放姑苏网络新闻管理中心制作或审核的反映姑苏区工作与风貌的视频、图片，同时兼具江苏省应急广播体系功能。项目责任主体为宣传部，计划投入资金400万元。 |
| | 11.基层中医药服务能力提升工程（二期）：在姑苏区基层医疗卫生服务机构中持续推进中医医联体“三个一”工程（孵化一个中医延伸护理的特色服务、创建一个小针刀特色诊疗工作室、培养一批百姓认可的社区中医医师）；开展社区中医药服务“百千万”工程（开展百场中医健教活动，惠及数千名百姓免费享受基层中医药发展成果，每年为5万名50岁以上居民提供中医治未病及个性化健康教育服务）。项目责任主体为民政和卫生健康局，计划投入资金500万元。 |
| 三、人居环境改善类（5项） | 12.“美丽楼道”（三期）：为切实改善全区老旧小区的楼道环境面貌，提升社会文明程度，在2018年、2019年分别建设了百幢、千幢“美丽楼道”的基础上，2020年将力争实现全区“美丽楼道”基本覆盖。项目责任主体为宣传部，计划投入资金800万元。 |

续表

| 类别 | 实事项目情况 |
| --- | --- |
| 三、人居环境改善类（5项） | 13.公共卫生间建设：对平江街道糖果冷饮厂，金阊街道永福桥堍，双塔街道翠湖、冬青路，虎丘街道后木耳场、思古弄、路头堂、劳动新村、劳动三里、渡僧桥下塘，吴门桥街道大龙岗绿地、红庙东和红庙西等13座公厕进行翻改建；对金阊街道南新桥堍，沧浪街道黄石桥，双塔街道葑门公园，虎丘街道新民桥菜场、虎丘停车场，苏锦街道火车站综合楼等6座公厕进行大修；对平江街道平齐路，沧浪街道盘门景区、新市桥、长船湾南等4座公厕进行小修整新；对生态公共卫生间污水设备进行改造维护。项目责任主体为姑苏区环境卫生管理所，计划投入资金1479万元。 |
| | 14.中心城区架空线整治和入地工程：对平江片区白塔东路以北区域开展弱电线路入地和梳理，供电低压线路入地，同步增设路灯、监控，完成杆线清理、拔杆等工作，至年底完成20条道路的架空线整治任务。项目责任主体为住房和建设委员会，计划投入资金4000万元。 |
| | 15.沧浪街道“居家智慧安防帮扶工程”：在辖区800户特殊人群家庭实施“居家智慧安防帮扶工程”，安装出门提醒器、简易喷淋、烟感报警器等装置，配置消防灭火器和张贴相关告知牌等。项目责任主体为沧浪街道办事处，计划投入资金40万元。 |
| | 16.小区技防监控系统建设：在苏锦街道汇翠花园、新天地家园南区及北区，白洋湾街道金筑家园、宝祥苑，吴门桥街道友联一村、南华公寓西侧零星楼、桐馨苑等8个小区建设数字高清监控系统，新建高清监控前端765路。项目责任主体为政法委员会，计划投入资金500万元。 |
| 四、教育资源优化类（2项） | 17.小学新建：在江乾路与旺宅路交叉口新建一所6轨制江乾路小学（暂命名），占地面积约26267平方米，拟建总建筑面积约27713平方米，计划2020年完成地下基础工程施工。项目责任主体为教育体育和文化旅游委员会，建设总投资14980万元，2020年计划投入资金5700万元。 |
| | 18. 幼儿园新建：在姑苏区胥江河北桐泾南路西新建一所劳动路第二幼儿园（暂命名），占地面积约820平方米，拟建18个班，拟建总建筑面积约8838平方米，计划2020年完成地下基础工程施工。项目责任主体为教育体育和文化旅游委员会，建设总投资4770万元，2020年计划投入资金1700万元。 |

（姚　婷）

# 大事记

# 2020 年大事记

# 2020年大事记

## 1月

2日

△中国人民政治协商会议苏州市姑苏区第二届委员会第四次会议召开。会议期间，全体委员审议并通过区政协常委会工作报告、提案工作情况报告和大会决议，听取并讨论政府工作报告和其他报告；会议选举蔡炳锋为政协姑苏区第二届委员会主席。5日结束。

4日

△苏州市姑苏区第二届人民代表大会第四次会议召开。区委副书记、区政府区长、党工委副书记、管委会主任徐刚代表区人民政府向大会做工作报告；会议通过有关辞去职务的决定，通过区二届人大社会建设委员会、监察和司法委员会组成人员名单，表决通过监票人员名单，票选2020年政府实施项目；会议补选郦小萍为苏州市姑苏区第二届人民代表大会常务委员会主任，并通过各项决议。6日结束。

9日

△国务院安全生产督导组督查姑苏安全生产工作汇报会召开。区领导黄爱军、徐刚、薛宏、谢强、徐本参加会议。

10日

△姑苏·古城保护与发展基金签约仪式举行。姑苏·古城保护与发展基金由姑苏区、昆山市、苏州工业园区、苏州高新区、苏州国际发展集团共同发起，以有限合伙形式设立，预期目标规模20亿元。区委副书记、区政府区长、党工委副书记、管委会主任徐刚主持仪式。省委常委、市委书记蓝绍敏，市委常委、区委书记、党工委书记黄爱军，市委常委、苏州工业园区党工委书记吴庆文，市委常委、秘书长俞杏楠，副市长王飏等出席签约仪式。

11日

△姑苏区“社区治理和服务创新姑苏推进会”召开。会议发布2019年全区美好社区发展指数报告，创新推出“美好指数”，综合反映美好社区创建工作全貌。市委常委、区委书记、党工委书记黄爱军出席会议并致辞。

15日

△苏州市姑苏区红十字会应急救护培训基地揭牌。培训基地位于苏州市口腔医院（苏站路总院）门诊一楼大厅，面积约360平方米，共投入约200万元。区委常委、党工委委员、宣传部部长、区政府副区长、管委会副主任尤培东出席揭牌仪式。

21日

△姑苏区“不忘初心、牢记使命”主题教育总

结大会召开。市委常委、区委书记、党工委书记黄爱军出席会议并讲话，区委副书记、区政府区长、党工委副书记、管委会主任徐刚主持会议。市委第一巡回指导组组长吴维群、市委第一巡回指导组副组长钟鸣苏、区委副书记王俊、区人大常委会主任郦小萍、区政协主席蔡炳锋出席会议。

22日

△姑苏区新型冠状病毒感染的肺炎疫情防控工作会议召开。会议传达学习习近平总书记重要指示精神和李克强总理批示要求，认真落实国务院、省政府、市政府专题会议精神和省委常委、市委书记蓝绍敏在市委常委会上关于这一议题的部署要求，布置推进姑苏区疫情防控工作。区委副书记、区政府区长、党工委副书记、管委会主任徐刚，区委常委、党工委委员、宣传部部长尤培东等出席会议。

25日

△姑苏区政府召开专题会议，研究部署新型冠状病毒感染的肺炎疫情防控工作：迅速成立指挥工作领导小组，形成8个工作小组；立即建立集中医学观察点；迅速制定针对武汉来苏等重点人群的排摸、报告、隔离等一整套流程工作方案；加大物资储备力度，抓紧采购储备一批防护装备、消杀药品、检测试剂和抗病毒治疗药物；切实做好相关财政资金保障工作；重点加强对一线防控工作人员的关心爱护，确保工作人员健康安全。

29日

△市委副书记、市长李亚平到区调研检查疫情防控工作。李亚平一行看望慰问一线工作人员，强调要严把关口、守土有方，坚决维护群众的身体健康和生命安全，保障城市稳定运行。

是月

△区委面向全区疫情防控一线干部出台“激励担当作为7条措施”：发挥党员先锋模范作用，突出精准调配人员力量，树立鲜明选人用人导向，加大干部关心关爱力度，配套开展疫情防控考核，加强典型引领示范带动，强化干部担当作为监督。

## 2月

1日

△姑苏区党员干部防控行动突击队首批100名党员奔赴各街道社区新冠病毒疫情防控一线。

2日

△出台《关于在新型冠状病毒感染的肺炎疫情防控期间进一步实施和加强网格化管理工作的指导意见》《关于防控新冠肺炎疫情期间居民集中住宅区管理的办法》。

3日

△出台《姑苏区贯彻落实支持中小企业共渡难关“苏‘惠’十条”实施办法》。

△发布《关于居民集中住宅区管理办法的通告》《关于姑苏区各专业市场延迟开业复工的紧急通告》。

5日

△姑苏区召开新型冠状病毒感染的肺炎疫情防控领导小组会议，领导小组全体成员出席会议。

△姑苏区首例新冠肺炎确诊患者治愈出院。

6日

△《姑苏区老年人新型冠状病毒感染的肺炎疫情防控保障双十条意见》出台。其中防控“十条”是针对居家养老、社区养老、机构养老等方面制定的防控管理措施；保障“十条”是针对辖区无人照护、无生活自理能力的特殊困难老年人提供上门送餐、代购物资等应急服务，保障老年人日常生活。

7日

△发布《姑苏区关于实施企业复工备案制度的通告》。

8日

△苏州市委副书记、市长李亚平以“四不两直”方式赴姑苏区大观花园小区、苏州火车站等地检查疫情防控措施落实情况。

9日

△省委常委、市委书记蓝绍敏以“四不两直”方式赴姑苏区部分防控点位进行检查。

10日

△《关于姑苏区疫情防控期间个体工商户复业的指导意见》出台。

13日

△苏州市第三批安全生产巡查姑苏区情况反馈会召开。区委副书记、区政府区长、党工委副书记、管委会主任徐刚，区委常委、区政府副区长、党工委委员、管委会副主任薛宏出席会议。

18日

△市政协主席周伟强赴双塔街道调研疫情防控工作，区政协主席蔡炳锋陪同调研。

20日

△市委、市政府召开研究“姑苏八点半”夜经济工作专题会议。市、区领导黄爱军、金洁、王飚、徐刚、张文彪、尤培东等出席会议。

26日

△国务院应对疫情防控工作指导组到区调研疫情防控工作，区领导黄爱军、王俊、徐文祥、谢强陪同调研。

28日

△区委常委会巡视整改专题民主生活会召开。区委常委全体领导参会，区人大常委会主任、区政协主席列席。

△苏州市安全生产第七督导组督导姑苏区工作情况汇报会举行。

是月

△姑苏区新型冠状病毒疫情防控工作在区应对新型冠状病毒感染的肺炎疫情工作领导小组和姑苏区应对新型冠状病毒肺炎疫情防控指挥部的领导下，加强疫情形势研究，统一、全面、有序开展疫情防控工作。加强对住宅小区（尤其是开放式小区）和汽车站、火车站、高速路口等重点部位的管控，区委、区政府主要领导亲自带队赴全区各街道、社区、商场、菜场等就疫情防控工作进行检查指导。全区各部门、各街道坚持强化精准防控和有序复工复业两手抓，全区新型冠状病毒肺炎疫情应对工作平稳有序。

## 3月

5日

△全区安全生产督导工作动员会召开。会议要求组成4个安全生产专项整治督导组，对街道及相关部门进行督导工作。区委常委、区政府副区长、党工委委员、管委会副主任薛宏出席会议。

6日

△奋力夺取疫情防控和经济社会发展双胜利暨火红年代干事创业打造“硬核”姑苏誓师大会召开。大会启动“硬核”姑苏火红年代干事创业主题奋斗年，40余个重点项目“请战”；表彰一批优秀单位、企业和先进个人；集中发布区贯彻落实“开放再出发”举措，举行重点招商项目集中开工仪式和“姑苏八点半”招商发布仪式。区四套班子全体领导出席会议。

10日

△区人大二届四次会议代表建议和区政协二届四次会议委员提案集中交办工作会议召开。会议总结区人大二届三次、政协二届三次会议以来的建议提案办理工作，安排部署了区人大二届四次、政协二届四次会议的建议提案办理任务。区委常委、党工委委员、区党政办主任谢强出席会议。

11日

△省安全生产专项整治行动督导组到区开展督查活动。市委常委、区委书记、党工委书记黄爱军会见督导组一行。

12日

△2020年义务植树活动举行。辖区干部群众代表在白洋湾街道金政街绿化地块种下树木170余棵，绿化面积约2000平方米。区四套班子全体领导参加活动。

17日

△中国系统技术有限公司负责人王晓亮到区考察，市委常委、区委书记、党工委书记黄爱军会见王晓亮一行。

23日

△省委常委、市委书记蓝绍敏调研区夜间经济工作。蓝绍敏实地察看观前商圈、平江历史文化街区、双塔集市等地，并主持召开座谈会听取“姑苏八点半”夜间经济工作推进情况汇报，强调要全力把“姑苏八点半”打造成为具有爆发力、创新力的夜间经济品牌，在促进消费回补和全域旅游发展上发挥出强大的示范引领作用。区领导黄爱军、徐刚、张文彪、谢强、尤培东等陪同调研。

24日

△市委副书记、市长李亚平调研区姑香苑老旧小区改造和粤海广场增设电梯项目。区领导徐刚、徐本等陪同调研。

△中国移动苏州分公司党委书记李宝祥到区考察。市委常委、区委书记、党工委书记黄爱军会见李宝祥一行。

26日

△省委巡视反馈意见整改落实情况专项督查汇报会召开。区领导黄爱军、徐刚、王俊、尤培东、张玮、陆文明等参加会议。

△姑苏区·江口县东西部扶贫协作党政联席（视频）会议召开。会议研究谋划东西部扶贫协作工作，两地多家单位签订帮扶协议。区领导黄爱军、王俊、陆文明等出席会议。

30日

△省委常委、市委书记蓝绍敏调研辖区园林开放情况。区领导黄爱军、谢强等陪同调研。

31日

△国家开发银行苏州市分行行长王少丹到区考察。市委常委、区委书记、党工委书记黄爱军会见王少丹一行。

是月

△区妇联开展“三八”国际妇女节110周年系列线上纪念活动，活动包括姑苏区女性“三八”群像展播、网络有奖知识竞答以及《幸福云守护》法制公益直播等。

△区领导实地走访调研推动企业复工复产，督查学校复学准备工作。

## 4月

1日

△全区安全生产暨“331”专项行动工作会议召开。会议研究部署2020年安全生产及“331”专项行动重点工作任务。区领导徐刚、薛宏等出席会议。

2日

△“你投资、我服务、共发展”苏州市营商环境创新年姑苏区系列活动启动仪式举行。区党政全体领导，区人大、政协主要领导出席活动。

△姑苏区民营企业家沙龙活动举行。市委常委、区委书记、党工委书记黄爱军率相关领导和职能部门与辖区行业商会会长、企业代表面对面交流，听呼声、聚智慧、谋发展，商讨营商环境创新，共谋“硬核”姑苏高质量发展之路。

3日

△“姑苏八点半”夜经济全球招商云推介会举行。区领导黄爱军、徐刚、谢强等参加会议。

7日

△市人大常委会主任陈振一率市人大常委会安全生产法执法检查第一组到区重点企业开展安全生产法执法检查。执法检查第一组一行对平江悦施工工地和平江万达广场商业综合体内有限空间进行检查，并召开座谈会听取区人大常委会推动贯彻实施《安全生产法》及区政府贯彻落实安全生产法律法规的情况以及针对国务院、省督导组查出问题的整改落实情况的工作汇报。市、区领导黄爱军、徐刚、郦小萍陪同检查。

8日

△省委巡视整改工作推进会暨区委第十二轮巡察工作动员部署会召开。会议宣布区委巡察组授权和任务分工，相关单位交流发言。市委常委、区委书记、党工委书记、区委巡察工作领导小组组长黄爱军出席会议并讲话，区委常委、纪委书记、监委主任、区委巡察工作领导小组副组长张玮主持会议。

9日

△姑苏区总工会“工惠聚力促发展”行动“十件实事”启动仪式举行。“工惠聚力促发展”行动由区总工会联合区委“两新”工委、区人社局举办，助力复工复产重点实事工程，服务对象为辖区已建会或该年度建会的复工复产的非公企业、“两新”组织和工会会员。市、区领导黄爱军、吴洪斌、王俊、谢强等出席活动。

11日

△《姑苏区常态化开展疫情精准防控工作指导意见》发布。《意见》围绕辖区居民、四类重点人群、七类重点场所，提出常态化开展疫情精准防控工作的指导意见。

14日

△姑苏区创新创业人才项目社会化引进专题座谈会召开。会议对《姑苏区创新创业人才项目社会化引进办法（修订）》进行解读，鼓励各类专业人才服务机构、社会组织、引才个人为辖区重点产业和重点项目引进各类急需人才及优秀人才项目。

15日

△“轧神仙”首届文化IP创意产品设计大赛首发。大赛以“云创赛”形式，基于“轧神仙”传统民俗文化、金阊特色地域文化、古城风土人情进行创意设计及打样生产。

23日

△全市首个检察护航民营企业的法治项目——姑苏区法治营商检企联盟成立。区委常委、党工委书记、政法委书记徐文祥，区委常委、党工委委员、统战部部长季珉共同为活动揭牌。

26日

△省委常委、市委书记蓝绍敏，市委副书记、市长李亚平考察区夜经济工作。蓝绍敏、李亚平一行夜间实地走访观前商圈，了解老字号、“网红”品牌店经营情况，察看“姑苏八点半·青春不散场”“打卡”点，见证《新姑苏繁华图》画作揭幕，点赞滑稽剧团演出剧目《新唐伯虎点秋香》。市、区领导黄爱军、吴庆文、金洁、王飏等陪同调研。

△市政协主席周伟强调研“姑苏八点半”夜经济情况。市委常委、区委书记、党工委书记黄爱军，区政协主席蔡炳锋等陪同调研。

27日

△姑苏区庆“五一”暨“打造硬核姑苏·贡献劳模力量”调研课题交流会举行。会议邀请30余名劳模和先进代表参加，表彰“姑苏好模样”年度先进和劳模智库调研成果。区委副书记、党工委副书记王俊参加座谈。

28日

△中国共产党苏州市姑苏区第二届纪律检查委员会第五次全体会议召开。区四套班子全体领导出席会议。

29日

△区委全面依法治区委员会第二次会议暨全区建设法治政府工作会议召开。会上，全省首家法治化营商环境观察团成立。区领导黄爱军、徐刚、徐文祥、谢强、尤培东、陆文明等出席会议。

是月

△"'核'你同行　网遇姑苏"2020年姑苏区网络文化季启动。活动由区委宣传部（网信办）联合腾讯大苏网举办，以H5互动形式展开线上宣传。

## 5月

6日

△市首个"社区肿瘤防治名医工作室"在区白塔社区卫生服务中心正式开诊。

△苏州市首个应急救护培训App姑苏云救护发布，涵盖信息公告、急救课堂、献爱心等板块，融合信息发布、掌上培训、数据管理等功能，实现急救知识"掌上"普及。

8日

△区征收搬迁扫尾清零推进会召开。会议听取有关征收搬迁扫尾清零项目进展情况汇报并宣布下阶段推进计划。区领导黄爱军、徐刚、谢强、徐本参加会议。

9日

△区深化河长制改革暨生态美丽河湖建设推进会召开，发布《姑苏区生态美丽河湖建设实施方案（2020—2024）》，为全市首个正式发布的区。区领导黄爱军、徐刚、郦小萍、蔡炳锋、王俊、张文彪、徐本出席会议。

10日

△2020年"510尚廉日"党风廉政宣传教育系列活动以"相约510清风伴我行"为主题，通过"云"主题线上方式启动。

12日

△姑苏区高层次人才一站式服务中心窗口发出市首张人才落户户籍"准迁证"。5月1日起，苏州市正式贯彻实施人才落户新政，为全面打通人才落户办理渠道，姑苏区在全市首创"人社+公安"两部门"一站式"联合办公，通过"两点一直线"并联模式，打通人社和公安两部门业务办理路径，实现受理、答复、办结"一站式"高效服务。

18日

△百盛长发汇项目签约仪式举行。项目为百盛商业集团与本土商业品牌津津长发集团合作对长发商厦进行改造。区领导黄爱军、谢强、徐本等出席签约仪式。

△贵州省江口县委书记杨华祥率党政代表团到区考察交流。杨华祥一行实地考察苏州雷允上吴门中医馆、姑苏IP创意产业园、吴中区澄湖现代科技生态农业产业园等地。市委常委、区委书记、党工委书记黄爱军会见杨华祥一行。19日结束。

19日

△市领导集中体验"姑苏八点半"项目，实地体验区观前街地区、环古城河健身步道活动。市委常委、区委书记、党工委书记黄爱军，区委副书记、区政府区长、党工委副书记、管委会主任徐刚参加活动。

△区应对新冠肺炎疫情工作领导小组会议召开。会前，与会人员实地调研平江实验幼儿园、雅都大酒店、苏州市旭日东升网吧（网鱼网咖）、辅笛教育培训中心有限公司等场所的疫情防控工作。区领导黄爱军、王俊、谢强等出席会议。

△苏州联通总经理宋成军一行到区访问。市委常委、区委书记、党工委书记黄爱军会见宋成军一行，区委常委、党工委委员、党政办主任谢强参加会见。

△京东集团华东区副总裁彭程到区访问。市委

常委、区委书记、党工委书记黄爱军会见彭程一行。

△区人大常委会“构筑最舒心营商环境，聚力打造‘硬核’姑苏”专项工作评议动员会召开，启动区人大常委会对区政府优化营商环境专项工作评议。区人大常委会定于5月至12月，对区经科局、行政审批局进行专项工作评议，通过现场座谈、满意度调查等方式，听取人大代表、企业单位对优化营商环境工作的意见、建议，督促政府对评议发现的问题进行整改解决。

20日

△市人大常委会主任陈振一视察生活垃圾分类管理工作情况，其间，到区翠锦苑小区、三香弄8号小区等地实地察看生活垃圾分类处置设施及“三定一督”小区建设情况。市委常委、区委书记、党工委书记黄爱军，区人大常委会主任郦小萍陪同视察。

21日

△姑苏区人大代表之家揭牌仪式举行。区人大常委会主任郦小萍与市人大常委会人事代表联络工委主任戴玲芬共同揭牌。区人大代表之家设立在吴门桥街道亲水吴门党群服务中心，运用互联网信息技术增强服务功能，实现全国、省、市、区人大代表信息全部进家，区人大常委会重点代表工作全面展示，选民与人大代表线上进行全新互动。揭牌仪式上，市、区两级人大代表周国忠领衔的人大代表工作室一并启用。

22日

△全区“六稳六保”“文明城市建设”“征收搬迁扫尾清零”3项重点工作专题调度会举行。会议贯彻落实中央和省委、市委关于统筹抓好疫情防控和推进经济社会发展的决策部署，围绕“六稳六保”“文明城市建设”“征收搬迁扫尾清零”3件重点工作进行部署。区四套班子全体领导参加会议。

27日

△市人大常委会主任陈振一视察姑苏区人大代表之家，参观人大代表工作室。区人大常委会主任郦小萍陪同视察。

△“‘有事您说话’——火红年代青商担当”姑苏区青年民营企业家沙龙活动举行。市委常委、区委书记、党工委书记黄爱军率相关领导和职能部门与18位青年企业家代表共聚一堂，旨在通过面对面沟通，将企业问题直接反映给区主要领导并由相关部门立即回应和解决企业诉求。区领导王俊、张文彪、季珉、谢强等参加活动。

28日

△“学习星期六”——“硬核”姑苏干部能力提升计划启动仪式暨工作部署会举行。会上，市委常委、区委书记、党工委书记黄爱军启动计划并为“行动支部”班组代表授牌。区领导季珉、谢强、张玮、陆文明出席会议。

△2020年姑苏猎才联盟紧缺高层次人才猎聘会暨信创iJob高校毕业生公益线上双选会举行。20家辖区重点企业端出62个紧缺高层次岗位，行业涵盖信息技术、数字经济、文化创意、现代金融服务等姑苏特色产业领域。当天，有22名高层次人才现场达成就业意向。

29日

△姑苏区“定格温暖　姑苏有爱”共战疫情主题摄影展开幕。摄影展围绕抗疫主题，展现区各行各业抗击疫情的难忘瞬间和全民防控疫情的珍贵镜头。区委常委、党工委委员、宣传部部长尤培东参加活动。

是月

△“轧神仙”系列活动举行。活动因疫情防控需要，深挖城市IP价值，推出七大“云”主题活动，吸引120多万人次线上参与。

△区残联围绕“助残脱贫，决胜小康”主题开展线上线下系列助残日活动：“助残脱贫、决胜小

康”主题活动，“姑苏区寒香阳光助残志愿者联盟”启动，残疾人和残疾人工作者表彰活动，姑苏区残疾人短视频公益中心成立。

## 6月

2日

△姑苏区·崇川区工作交流会召开。会上，双方签订两地融合发展战略合作协议。市委常委、区委书记、党工委书记黄爱军，南通市委常委、崇川区委书记刘浩出席会议并讲话。区领导徐刚、王俊、张文彪出席会议。

△中央退役军人事务工作领导小组办公室秘书局副局长张进率队到苏调研，其间张进一行走访区西美社区幸福兵站查看区退役军人工作。区委副书记、区政府区长、党工委副书记、管委会主任徐刚陪同调研。

4日

△市委副书记、市长李亚平率队专题调研垃圾分类工作。李亚平一行先后实地调研区大件（绿化）废弃物综合处置中心，详细查看破碎机、弹跳分选筛等设备的运行情况；察看杏秀桥生活垃圾环卫转运中心，了解生活垃圾的收储转运情况；参观市垃圾分类宣教体验中心，体验垃圾分类政策、环保教育和互动教学；走访觅渡里小区，了解小区垃圾分类工作开展情况；随后召开座谈会。市、区领导黄爱军、徐刚、薛宏等陪同调研。

△省委网信办主任兼省委宣传部副部长徐缨到区调研。市委常委、区委书记、党工委书记黄爱军，区委常委、党工委委员、宣传部部长尤培东陪同调研。

8日

△省委研究室党建法治研究处处长朱雪华率队调研区基层党建工作，实地考察亲水吴门党群服务中心及蓝·芳华产业园。市委常委、区委书记、党工委书记黄爱军，区委常委、党工委委员、组织部部长陆文明陪同调研。

9日

△区综合为老服务中心项目发布及专家评审会举行。会上，梅巷、彩香、潼泾一、大公园、南环5个综合为老服务中心项目集中发布，三元、里河、二郎巷项目同步推进。省老龄办主任、省老龄产业协会会长张建平，区委副书记、党工委副书记王俊出席会议。

10日

△区委人大工作会议暨纪念地方人大设立常委会40周年大会召开。区领导黄爱军、徐刚、郦小萍、蔡炳锋、王俊等出席会议。

△2020年全区深化医药卫生体制改革暨卫生健康工作会议召开。区领导黄爱军、徐刚、季珉等出席会议。

11日

△数字经济发展工作领导小组暨大数据和电子政务工作领导小组会议召开。区领导黄爱军、徐刚、谢强等出席会议。

12日

△2020年“匠心传承·筑梦姑苏”传统技艺人才创意创客大赛决赛举行。参赛项目涵盖苏绣、金银细作、核雕、漆艺、木版年画等姑苏区传统技艺，结合“姑苏八点半”主题，探索传统技艺与文创IP相结合、创意设计与品牌需求相匹配、市场推广与激发消费相融合。15个入围决赛的项目网络投票浏览访问量达18万人次，共投出32.06万票。决赛期间还同步开展了项目展示，并帮助传统技艺人才对接文创开发公司，签约项目4个。区委常委、党工委委员、宣传部部长尤培东，区委常委、党工委委员、组织部部长陆文明参加活动。

△区住建委创新制定“服务+保险”建筑保险保障管理方案，为直管公房文保建筑居住房投保商

业保险。首批39处直管公房文保建筑居住房保险政府采购中标结果公示结束，投保建筑面积50000余平方米，涉及公房居民1000余户。

15日

△桃花坞历史文化片区综合整治保护利用工程廖家巷、桃花坞大街段项目和校场桥路河西延项目分别集中挂牌选房，95户涉迁居民即将搬入新居。

16日

△姑苏区创建省级食品安全示范区暨食品安全工作会议召开。区领导徐刚、薛宏出席会议。

17日

△成都市委常委、组织部部长邓涛率队到苏考察。其间，邓涛一行由古胥门码头前往耦园码头乘船考察古城保护工作，并实地调研平江历史街区等地。市委常委、区委书记、党工委书记黄爱军，区委常委、党工委委员、组织部部长陆文明陪同调研。

19日

△省政协主席黄莉新一行赴平江街道视察“有事好商量”协商议事工作。市、区领导周伟强、黄爱军、蔡炳锋、谢强等陪同视察。

△市委副书记、市长李亚平专题调研市住房和城乡建设工作，实地查看区泊寓盘门社区项目，详细了解政策性租赁住房试点工作开展情况。区委副书记、区政府区长、党工委副书记、管委会主任徐刚陪同调研。

△区委网络安全和信息化委员会第二次会议召开。会议深入学习贯彻习近平新时代中国特色社会主义思想特别是总书记关于网络强国的重要思想，全面落实省委、市委网信委会议精神，回顾过去一年网信工作，研究部署下阶段工作。区领导黄爱军、徐刚、张文彪、徐文祥、谢强、徐本、尤培东等出席会议。

△“姑苏新力量　助燃八点半”暨姑苏站首秀启动仪式举行。现场，市新的社会阶层人士联谊会启动“姑苏新力量　助燃八点半”项目；新的社会阶层人士直播带货、项目授旗、姑苏非遗文化集市等活动吸引众多游客参与。市委常委、市委统战部部长姚林荣，区委常委、党工委委员、统战部部长季珉出席活动。

△江口县委副书记、县长杨云率考察团到区考察。双方召开姑苏·江口东西部扶贫协作高层联席会议，回顾总结成绩，交流经验做法，明确目标任务，签署《生猪产销挂钩共建合作框架协议》；考察团实地考察双塔市集和精品民宿等文旅项目；启动2020年江口山亲·姑苏水情跨域文化嘉年华暨“集食·行乐”江口县优质（特色）农产品创意集市。区委副书记、区政府区长、党工委副书记、管委会主任徐刚参加活动。

△2020年姑苏区创新创业大赛举行。大赛由区人力资源和社会保障局、区经济和科技局主办，以“燃情创业聚姑苏，助力富民再出发”为主题，发掘科技创意、特色商贸、文化旅游等领域优秀项目，共10个项目入围决赛，获奖项目将获得创业扶持资金，一对一项目辅导及融资、管理咨询等服务。活动启动“2020年姑苏区创业云课堂”。

20日

△姑苏区机关党员集中行动日活动举行。区157个机关党支部、1788名机关党员干部以“机关支部先锋行动进社区”为载体，全覆盖到168个社区，以不同形式参与到垃圾分类点位督导、宣传服务及环境综合整治行动中去。

24日

△“党建引领再提升、对标找差攀新高”——姑苏区产业园转型升级“书记项目”推进会召开。会上，市首家区级营商环境服务中心成立，姑苏区产业园党建联盟暨产业园发展促进会成立，姑苏区产业园综合服务驿站服务清单发布。市委常委、区委书记、党工委书记黄爱军，区委常委、党工委委员、组织部部长陆文明出席会议。

△姑苏“红领双创”党建联盟2周年回顾暨惠

企服务直通车启动仪式举行。活动表彰联盟创业以来成员单位和创业者先进典型；成立区“六稳”“六保”为企业服务红色先锋队，启动惠企服务直通车。

25日

△姑苏区运河文化节暨第十六届端午民俗文化节举行。活动以“吴地端午　云游江南”为主题，邀请到新加坡、意大利方代表共同参与“同舟共济——端午民俗文化交流活动”，并举行《沧浪竞舟》主题画作赠画仪式。区领导徐刚、谢强出席活动。

△第十届山塘园艺文化旅游节在虎丘景区开幕。活动以“花点时间　相约虎丘”为主题，结合辖区园艺、非遗、旅游商贸等，融入“阅读”“非遗”等元素，推出讲座、文化体验、游艺、惠民演出、微信表情包等近50场主题、系列活动。

26日

△观前街主街提标整治工程完工。改造自4月28日起实施，主要对观前街主街路面、建筑外立面、景观照明及景观绿化重新设计、改造。

28日

△省委常委、市委书记蓝绍敏调研基层党建工作，现场调研市首批“海棠花红”先锋阵地——亲水吴门党群服务中心。市、区领导陆新、黄爱军、吴庆文、俞杏楠、陆文明等陪同调研。

是月

△姑苏区全面启动农贸市场和商超新冠病毒检测工作，在全区范围内针对经营、加工、存储农产品和涉水产品的33家重点场所开展从业人员的新型冠状病毒检测。

## 7月

1日

△姑苏区庆祝中国共产党成立99周年座谈会召开。会上，市委常委、区委书记、党工委书记黄爱军发表讲话，表彰市级、区级优秀共产党员、先锋基层党组织和优秀基层党组织带头人，全体与会人员为在抗击新冠肺炎疫情中牺牲的烈士和逝世同胞默哀，受表彰代表和街道、单位代表做交流发言。会前，区四套班子党员领导在区理想信念空间开展“重温誓词再出发、干事创业在奋斗”活动。

△姑苏区行政审批局政务服务“红色联盟”先锋志愿队成立。志愿队成员由区行政审批局、区委编办、区民卫局、区人社局涉及政务服务业务的党员骨干组成，依托政务服务“红色联盟”党建品牌，为基层一线办事窗口提供指导服务，提升企业、群众办事满意度。

3日

△苏州环古城河沿线功能提升项目开工。项目包括实施城墙往事、东吴书香等5段综合景观提升，相门公园、觅渡公园等11处节点提升，开展沿河130幢房屋立面整治，实施围墙提升、违章拆除修复、园路修补、部分标识标牌更新等设施管养以及对环古城河外侧实施3500平方米绿化提升工作。

6日

△“创e无限”姑苏区网信创意金点子路演大赛举行。全区各部门、街道19名选手围绕网络安全、网络文化等多个方面内容比拼创意，亮出金点子，最终评选出一等奖1名、二等奖2名、三等奖3名以及荣誉选手。

7日

△“苏州锦鲤”推广工作专题会议召开。区领导黄爱军、徐刚、张文彪、薛宏、谢强、尤培东等出席会议。

△中国光大银行苏州分行党委书记、行长王罡到区考察。市委常委、区委书记、党工委书记黄爱军会见王罡一行，区委常委、区政府副区长、党工委委员、管委会副主任薛宏参加会见。

8日

△区委第十二轮巡察书记专题会议召开。市委常委、区委书记、党工委书记、区委巡察工作领导小组组长黄爱军主持会议，区领导徐刚、王俊、张玮、陆文明出席会议。

△市委常委、区委书记、党工委书记黄爱军召开督办区政协重点提案暨“有事好商量”优化营商环境专题协商座谈会。区领导蔡炳锋、张文彪、谢强等参加会议。

10日

△2020年（第十二届）苏州国际精英创业周开幕。姑苏区分会场以“汇英才之智，铸名城硬核”为主题，现场签约60个人才引进项目，同比增长46.3%；姑苏区高层次人才“一站式”服务中心揭牌启动，发出首批“姑苏人才礼遇卡”，签署共建“上海经济管理中心姑苏研究院”，发布《姑苏区重点产业紧缺人才需求目录》；表彰区领军、重点人才（团队）以及2020年“匠心传承·筑梦姑苏”传统技艺人才创意创客大赛获奖者、2020年（第七届）姑苏创新创业精英团队大赛获奖项目。区领导黄爱军、徐刚、郦小萍、蔡炳锋、王俊、张文彪、季珉、谢强、尤培东、陆文明等参加活动。

△市人大常委会主任陈振一视察区蓝·SPORT文化创意产业园，区领导徐刚、郦小萍陪同。

13日

△姑苏区大气污染防治专项工作会召开。会议现场勘查区三个国控空气质量监测站点，检查目前存在的问题；讨论分析当前大气污染防治的挑战和压力，围绕三项工作精准防治。区委副书记、区政府区长、党工委副书记、管委会主任徐刚参加会议。

15日

△第六次江苏省自强模范暨助残先进集体和个人评选表彰表扬名单公布，金阊街道金阊残疾人之家获全省“残疾人之家”荣誉，为市3家获得此项殊荣的集体之一。

20日

△姑苏区对标借鉴苏州“三大法宝”专项实践锻炼干部座谈会暨动员部署会召开。会上，从各单位选派15名年轻干部分别赴张家港市、昆山市、苏州工业园区开展为期3个月的实践锻炼。市委常委、区委书记、党工委书记黄爱军出席会议并讲话，区委常委、党工委委员、组织部部长陆文明主持会议。

21日

△省人大常委会副主任曲福田率队到苏就《江苏省公安机关警务辅助人员管理条例》开展立法调研，调研组到区实地查看姑苏公安分局巡特警大队平江新城警务工作站、姑苏公安分局巡特警大队本部等。市、区领导陈振一、黄爱军、郦小萍、谢强等陪同考察。

22日

△市人大常委会主任陈振一率队视察市公共文化服务体系建设发展工作，视察组一行实地察看江苏省苏州昆剧院和在建中的苏州博物馆西馆建设情况。区领导黄爱军、郦小萍陪同调研。

△常州市钟楼区委书记沈东率党政代表团到区考察。考察团一行实地调研环古城河水环境治理、盘门古城保护和步道建设、蓝·芳华文化创意园、平江历史文化街区、华贸中心项目、观前街“姑苏八点半”夜经济品牌情况，并召开座谈会。区领导黄爱军、徐刚、郦小萍、蔡炳锋、谢强、徐本等陪同调研或参加座谈。

△“‘核’你同行　网遇姑苏”2020年姑苏区网络文化季开幕。活动围绕全面建成小康社会和“姑苏八点半”等重点工作，包含39个项目，通过线上线下相结合，营造良好的网络文化环境。区领导黄爱军、徐刚、徐文祥、谢强、尤培东等参加活动。

25日

△“姑苏八点半”第三季启动暨观前主街开街仪式举行。省委常委、市委书记蓝绍敏敲响观前开

街大锣。为期两个月的“姑苏八点半 舒心夜相伴”姑苏区Q3文旅消费季活动正式拉开帷幕。现场，姑苏区发布了“毕业季”“亲子季”“研学季”“中超季”四大主题旅游产品。市、区领导陈振一、周伟强、黄爱军、徐刚等参加活动。

30日

△《苏州市姑苏区分区规划暨城市更新规划（2020—2035）》战略定位专家咨询会召开。区领导徐刚、徐本参加会议。

31日

△2020中国苏州创博会姑苏区分会场暨蓝·SPORT文化创意产业园开园仪式举行。市委常委、区委书记、党工委书记黄爱军，区委常委、党工委委员、宣传部部长尤培东参加活动。

是月

△姑苏区城管委发布“城暖姑苏”品牌名称和LOGO标志。品牌LOGO整体呈四瓣桂花造型，暖色基调，包含苏州民居轮廓、水波、苏绣云纹等元素。“城暖姑苏”蕴含“城市管理使城市更美好，暖心服务使姑苏更温情”愿景表达和姑苏城管“以人为本”的价值追求。

## 8月

1日

△中共苏州市姑苏区第二届委员会第十三次会议召开。市委常委、区委书记、党工委书记黄爱军代表区委常委会向全会报告工作并讲话，会议审议并表决通过《区委二届十三次全会决议（草案）》，区委副书记、区政府区长、党工委副书记、管委会主任徐刚做具体工作部署及会议小结。

3日

△姑苏区首座20吨位厨余垃圾处置终端项目投入运营。项目位于白洋湾街道自由路10号，总建筑面积约918平方米，可实现垃圾进站、称重、卸料、处理全面自动化控制运行，在前端垃圾分类工作有效进行情况下，减量率可达95%以上。

4日

△市人大常委会主任陈振一督查区垃圾分类工作。区领导黄爱军、郦小萍、薛宏等陪同。

△市委常委、区委书记、党工委书记黄爱军赴贵州省铜仁市江口县考察交流。黄爱军一行实地考察两地将要合作建设的书香世家酒店和已经成功运营的梵净山书香门第酒店项目，赴“云舍·姑苏小院”现场察看项目运营情况，了解两地党建联建、文旅协作、产业合作、消费扶贫等项目开展情况。区委常委、区政府副区长、党工委委员、管委会副主任张文彪参加考察活动。6日结束。

7日

△住建部城市建设司司长张小宏调研姑苏区城镇老旧小区改造工作，实地察看了桃花坞历史文化片区、姑香苑两地。区领导黄爱军、徐刚、徐本陪同调研。

8日

△姑苏区北部经济区一体化创新发展领导小组指挥部揭牌仪式举行。市委常委、常务副市长王翔，市委常委、区委书记、党工委书记黄爱军共同为指挥部揭牌。现场，姑苏网安创新基地、中国（江苏）自由贸易试验区苏州片区姑苏联动创新区、苏州（姑苏）软件产业园揭牌成立。区委副书记、区政府区长、党工委副书记、管委会主任徐刚主持仪式。区四套班子主要领导及其他党政机关全体领导出席。

11日

△市人大常委会主任陈振一率队调研区古城保护及北部经济区一体化创新发展工作情况。调研组一行实地查看提升中的大成殿古城保护展示馆以及位于平江新城的联实大厦、苏州网安创新基地和

中科创谷。区领导黄爱军、郦小萍、张文彪、谢强、徐本等陪同调研。

△安徽省铜陵市党政代表团到区考察平江历史文化街区、“姑苏八点半”夜经济活动。市、区领导黄爱军、俞杏楠、郦小萍、谢强等陪同。

12日

△“2020观前啤酒节”开幕。此次活动由区政府主办，平江街道、观管办、观前文旅承办。9月11日结束。

16日

△市产业园发展促进会“新型都市工业发展中心”成立并落户姑苏区。副市长陆春云，区委副书记、区政府区长、党工委副书记、管委会主任徐刚共同为“新型都市工业发展中心”揭牌。活动现场还进行高校研究院产学研合作签约和产业投资机构合作签约。

18日

△省委常委、市委书记蓝绍敏专题调研区北部经济区一体化创新发展工作。蓝绍敏一行实地调研天安云谷产业园、联实大厦、苏州网安创新基地等地，并召开座谈会，听取姑苏区北部经济区一体化创新发展工作情况汇报，并围绕下一步发展研究讨论。蓝绍敏强调，姑苏区要形成北部经济区以“新业态、新产业、新模式”为重点，老城区以“新硅巷、新总部、新商业”为重点的新双轮驱动发展格局。市委常委、区委书记、党工委书记黄爱军，市委常委、秘书长俞杏楠参加调研。区领导徐刚、郦小萍、蔡炳锋、王俊、张文彪、季珉、谢强、徐本、尤培东、张玮、陆文明陪同调研或参加座谈。

△市人大常委会主任陈振一率队到区检查区《土壤污染防治法》贯彻实施情况。区人大常委会主任郦小萍陪同检查。

△市政协主席周伟强率队调研区北部经济区一体化创新发展工作。调研组一行实地察看联实大厦、苏州网安创新基地等地。市委常委、区委书记、党工委书记黄爱军，区政协主席蔡炳锋陪同调研。

19日

△贵州省委书记、省人大常委会主任孙志刚，省委副书记、省长谌贻琴率党政代表团赴区考察“姑苏八点半”夜经济发展，现场考察昆曲创新项目《浮生六记》和观前街、平江历史文化街区。省、市、区领导任振鹤、蓝绍敏、李亚平、黄爱军、徐刚等陪同考察。

21日

△姑苏区退役军人志愿服务队成立仪式暨王嘉玮先进事迹报告会举行。会上成立姑苏区退役军人志愿服务队，发布姑苏区退役军人“心心向戎”工作品牌，抗洪勇士王嘉玮做事迹报告，退役军人志愿服务活动启动。区领导王俊、尤培东等参加活动。

25日

△姑苏区全国文明城市创建工作推进会召开。市委常委、区委书记、党工委书记黄爱军出席会议并讲话。区领导徐刚、王俊、谢强、尤培东出席会议。

△新华社江苏分社社长刘亢在苏以“提升城市能级和核心竞争力”为主题开展采访调研，走访区蓝·芳华文创园。市委常委、区委书记、党工委书记黄爱军，区委常委、党工委委员、宣传部部长尤培东陪同调研。

26日

△“有事您说话”——市、区人大代表“营商环境大家谈”沙龙活动在区人大代表之家举行。市委常委、区委书记、党工委书记黄爱军率区相关领导和职能部门与10位市、区人大代表、企业代表座谈。企业家代表围绕经济发展、企业服务、人才管理等问题进行发言，并就优化区营商环境提出意见和建议。区领导张文彪、谢强等参加活动。

27日

△姑苏区召开第七次全国人口普查工作动员会。

31日

△市人大常委会主任陈振一率队到区白洋湾街道开展市人大代表统一接待日座谈，并考察天安云谷等新城的产业发展情况。市委常委、区委书记、党工委书记黄爱军，区人大常委会主任郦小萍陪同视察。

## 9月

1日

△姑苏区增强“六项能力”打造“美好社区”全面推进社区治理和服务创新工作会议召开。会议发布2020年上半年区“美好社区”美好指数、养老服务微地图、《姑苏区志愿服务礼遇激励办法（试行）》、网格化社会治理民生小事快速处置案例。区领导黄爱军、徐刚、郦小萍、蔡炳锋、王俊、徐文祥、谢强出席会议。

△姑苏区城市运行联动指挥中心、姑苏区社会综合治理联动中心新址启用，姑苏区城市运行联动指挥平台同步启用。市委常委、区委书记、党工委书记黄爱军出席新址启用仪式，实地参观该中心，实地考察平江街道梅巷综合为老服务中心、金阊街道学士社区、金阊街道金夏日间照料中心。区领导王俊、徐文祥、谢强等陪同参观。

△姑苏“人才落户双选直通车”启动，在苏州市率先推出人才落户人岗双向匹配服务。

3日

△姑苏区“有事好商量·民生专题协商议事月”活动开幕。区委副书记、区政府区长、党工委副书记、管委会主任徐刚，区政协主席蔡炳锋等参加活动。

6日

△网剧《面若桃花》开机仪式举行。剧目以苏州文化、苏州美食为元素，讲述平凡温情的苏州故事。区委常委、党工委委员、宣传部部长尤培东出席开机仪式。

8日

△“SuzhouCourtyard苏州院落2035”苏州古城2020联合设计教学营开营仪式举行。开营式通过zoom视频会议软件与腾讯会议进行双平台线上直播，4校师生和有关领导与专家也进行线上与线下的互动。教学营有超过300位师生参加，是苏州首次由政府部门、高校和企业共同参与探索的一种全新产学研互动合作模式。

10日

△省委常委、市委书记蓝绍敏调研区社会治理和民生服务工作。蓝绍敏一行实地调研三元二村金夏社区日间照料中心、区城市运行联动指挥中心、梅巷社区综合服务体等，强调要坚持以人民为中心的发展思想，把群众满意度作为衡量工作成效的唯一标准，真心实意解决好百姓需求，不断提升人民群众的获得感、幸福感和安全感。市、区领导黄爱军、俞杏楠、徐刚、王俊等参加调研。

△姑苏区庆祝第36个教师节大会召开。大会总结姑苏教育取得的成绩，提出做好新时代教育工作的更高要求；五个教育集团揭牌成立；表彰教育战线先进集体和个人；新教师代表进行入职宣誓；会前举行优秀教师代表座谈会。区领导黄爱军、徐刚、郦小萍、蔡炳锋、王俊、尤培东、陆文明、张玮等出席会议。

15日

△国务院副秘书长、国家机关事务管理局局长李宝荣一行实地考察区行政中心机关事务工作。区领导黄爱军、谢强等陪同考察。

△“网御姑苏文明守护”2020年姑苏网络安全宣传周启动。开幕式现场，姑苏区互联网企业网络安全联盟成立，姑苏区新时代文明实践志愿者服务平台上线，2020姑苏宣传片《悠哉姑苏》现场发布。宣传周以“网络安全为人民，网络安全靠人民”

为主题开展一系列网络安全宣传活动。

21日

△市人大常委会主任陈振一率检查组开展《苏州市养犬管理条例》贯彻实施情况执法检查。市委常委、区委书记、党工委书记黄爱军陪同检查。

25日

△市人大常委会主任陈振一率队到区开展《苏州国家历史文化名城保护条例》执法检查。执法检查组实地察看中张家巷和32号街坊古建老宅，听取贯彻实施市政府关于《苏州国家历史文化名城保护条例》情况的报告。区领导徐刚、郦小萍陪同检查。

△苏州智慧城市协同创新研究院成立。研究院由姑苏区政府主办，苏州希格玛科技有限公司作为发起单位，联合高校、运营商、协会、研究院、企业等22家共建单位完成签约。区领导黄爱军、谢强、尤培东等出席活动。

△江南花卉艺术展览会开幕式举行。区领导黄爱军、尤培东等出席开幕式。

△商务部市场体系建设司司长朱小良调研区双塔集市。区委副书记、区政府区长、党工委副书记、管委会主任徐刚陪同调研。

27日

△“姑苏八点半　舒心夜相伴”Q4文创消费季开幕。开幕式现场，大众点评2020必吃街太监弄落地并预告多板块联动活动。市委常委、区委书记、党工委书记黄爱军参加活动。

28日

△“‘崇文重教·子城新声’2020姑苏孔子文化节”在苏州文庙举行，同时“姑苏·嘉定”儒行文旅交流发布会正式启动。区领导徐刚、郦小萍、蔡炳锋、尤培东、陆文明参加活动。

30日

△市委副书记、市长李亚平到区三元二村农贸市场开展节前安全生产检查，区委副书记、区政府区长、党工委副书记、管委会主任徐刚陪同检查。

△市委常委、区委书记、党工委书记黄爱军率队赴苏州火车站、苏州北广场汽车客运站、观前街等地开展国庆中秋节前安全生产、疫情防控检查。区领导徐刚、王俊、薛宏、谢强等参加检查。

是月

△国内重要媒体对姑苏区打造“美好社区”全面推进社区治理和服务创新工作进行报道：2日，《人民日报》电子版刊登报道——《92.58分！姑苏区上半年“美好社区”美好指数权威发布》；3日，《新华日报》SZ04版刊登报道——《“美丽幸福新天堂”看得见摸得着——姑苏区围绕五个“一点”推进“美好社区”建设》；“学习强国”苏州学习平台发布信息——《姑苏：发布“美好社区”美好指数推进社区建设标准化》。

## 10月

1日

△“姑苏八点半，石路YE璀璨”，欢庆中秋、国庆双节创意市集在石路步行街举办，日均吸引市民和游客10万余人次。8日结束。

2日

△“我们的节日·姑苏运河文化节——第三届‘石湖串月’中秋民俗文化节”活动在石湖渔家村举行。现场，姑苏运河文化研究中心揭牌成立，姑苏运河文化发布媒体共享平台启动，苏州、扬州、镇江、常州、无锡等五市的媒体通过该平台共联共享，推动资源整合，促进交流对话。4日结束。

12日

△“庆国庆小康颂”姑苏区美术作品展开幕。

13日

△国务院研究室原主任、国家行政学院原党委

书记魏礼群调研姑苏区。市委常委、区委书记、党工委书记黄爱军，区委副书记、区政府区长、党工委副书记、管委会主任徐刚陪同调研。

15日

△区新经济领域专家洽谈研讨会召开。市委常委、区委书记、党工委书记黄爱军出席会议。

△上港集运通物流信息科技（苏州）有限公司揭牌仪式举行。区委副书记、区政府区长、党工委副书记、管委会主任徐刚参加揭牌仪式。

16日

△省委常委、市委书记许昆林调研区古城保护与更新工作，实地察看平江历史文化街区和观前街区，随后召开座谈会。许昆林强调，做好古城保护工作，整体思路上要突出历史文化的延续传承，利用开发上要突出闲置资源的高效盘活，文旅产业上要突出线上线下的融合互动，古城治理上要突出活力人群的有效导入，管理体制上要突出科学合理的简政放权。市、区领导黄爱军、俞杏楠、徐刚、郦小萍、蔡炳锋、王俊、张文彪、薛宏、谢强、徐本、尤培东、张玮等陪同调研或参加汇报会。

△区应对新冠肺炎疫情工作领导小组会议召开。区领导黄爱军、徐刚、王俊、张文彪、徐文祥、谢强、姜纪文、尤培东、张玮、陆文明等出席会议。

20日

△西环农贸市场改造项目竣工。西环市集整体改造设计融入唐寅和谢友苏一古一今两位著名书画家的作品元素，以文创助力市集颜值提升。

22日

△区外资外贸领域专家洽谈研讨会召开。市委常委、区委书记、党工委书记黄爱军出席会议。

△姑苏区承办的“校园苏州日——走进东南大学”活动在东南大学九龙湖校区和四牌楼校区成功举行。此次活动，姑苏区推出1462个优质岗位，其中博士岗位56个、硕士岗位694个、本科岗位712个。

25日

△“相约重阳乐享夕阳”——姑苏区社会化管理人员庆祝第三十三个老年节文化汇演在姑苏区少年宫举行。此次文艺汇演采取网络同步直播的形式，全区近22万老年居民线上线下“欢聚一堂”，喜迎重阳。

27日

△市委常委、区委书记、党工委书记黄爱军，区委副书记、区政府区长、党工委副书记、管委会主任徐刚率区党政代表团赴上海黄浦区，重点就城市精细化管理、“一网通办”、“一网统管”、历史建筑保护与更新、传统商业转型等开展考察学习。考察组实地调研黄浦区城运中心、黄浦区行政服务中心、思南公馆、八号桥创意产业园区和五里桥街道综合为老服务中心等地，并召开座谈会学习交流。黄浦区委副书记沈山州，区委常委、副区长陈卓夫陪同考察。

△区司法局区块链存证平台“苏城存证”App上线。平台为全省首创，通过区块链技术信任力+公证国家公信力双重增信作用，形成对智力成果的创意构思、制作生产、授权销售以及侵权证据固定等环节的全流程保护。

29日

△2020年“一路山歌”第二届白洋湾山歌文化节开幕。活动围绕“新时代新生活新传承”三“新”主题，以第二届白洋湾山歌文化节开幕式、“时代文明新山歌”征集活动、运河沿线吴地民俗文化沉浸体验、山歌微型人文纪录片拍摄放映、运河文化利用与吴歌保护传承专家研讨会以及云上山歌会等六大系列活动为主要内容，线上线下互动推进，持续至11月底。

30日

△市委副书记、市长李亚平调研姑苏区。李亚平一行实地考察星辉1976产业园、陶氏宅园（桃园）、舒适故居、畅园等地，并召开座谈会，听取姑苏区在古城保护与更新、北部经济区一体化创新发

展等方面相关情况的汇报。李亚平要求姑苏区要彰显“硬核”担当，推动经济发展和古城保护迈上新台阶。市、区领导王翔、徐刚、张文彪等陪同调研。

△2020年苏州国际设计周开幕。该届设计周以“产业赋能、城市互联”为主题，通过与市民卡公司推出“长三角云上设计周”“设计护照”等系统，结合行业线下设计消费季，共同打造设计消费的新业态；设置观前“设计新消费”主会场、桃花坞“文化新经济”主会场及众多分会场，开展共计超过27场展览、25场活动、3场设计直播和16个分会场的精彩活动。开幕活动中，颁发紫金奖苏州文创设计奖，国家文化新经济开发标准试验区示范基地正式揭牌，“文化赋能古城振兴”长三角文旅互联合伙人行动计划启动。市、区领导李亚平、黄爱军、王飚、徐刚、郦小萍、蔡炳锋、张文彪、徐文祥、季珉、谢强、徐本、尤培东、陆文明参加开幕式。11月6日结束。

## 11月

2日

△姑苏区首届姑苏味道·美食地图发布仪式举行。姑苏区一批餐饮企业分别获评“吴地味道二十佳”“南北美食二十佳”“风味小吃二十佳”等荣誉称号。16家2019年度省级餐饮质量安全示范单位被授予奖牌。

3日

△市委副书记、市长李亚平到区调研。区领导黄爱军、徐刚陪同调研。

△《苏州市姑苏区分区规划暨城市更新规划（2020—2035）》中期成果专家咨询会召开。区领导徐刚、徐本等出席会议。

△智能云通信服务商讯众股份总部基地在芯谷产业园正式落户。

4日

△北京市颐和园与苏州姑苏文化新经济发展有限公司进行战略合作签约，姑苏标杆IP品牌“繁华姑苏”与颐和园文化产业合作步入新阶段。

7日

△姑苏区文创企业苏州英特纳雄耐尔文化艺术有限公司（艺术互动）与洛克菲勒艺术基金全球战略合作签约仪式在上海进博会举行。双方将联手致力于打造艺术IP孵化与运营、艺术品交易与收藏及艺术场馆管理与运营等艺术产业，将文化、艺术、经济结合在一起，促进中美两国文化艺术交流，推动中国艺术走向世界。

9日

△南京市秦淮区委副书记、区长张泰率队到区调研古城保护工作。区领导黄爱军、谢强陪同调研。

△研究《姑苏区加快推进文化产业转型升级三年行动计划（2021—2023年）》会议召开。区领导黄爱军、徐刚、王俊、尤培东等出席会议。

11日

△中央宣讲团党的十九届五中全会精神宣讲报告会（视频会议）召开，区四套班子全体领导参加会议。

△省文化和旅游厅公布了第十四届江苏省“五星工程奖”获奖作品名单，双塔街道群众文艺作品《吴地课堂》摘得桂冠，作品用苏州传统艺术表现手法之一“评弹”讲述葑溪冯氏后裔冯梦龙的故事。

△区疾控中心PCR实验室（基因扩增实验室）顺利通过省、市级验收，实验室具备新冠病毒核酸检测能力，能满足区常态化疫情防控要求。

12日

△姑苏区与中建科工合作交流座谈会召开。区领导黄爱军、徐刚、王俊、张文彪、薛宏、谢强、徐本等出席座谈会。

△最高人民法院环资庭庭长王旭光率队到姑

苏法院，就江苏环资审判“9+1”机制运行情况等进行调研，听取相关工作情况汇报，对进一步推进环资审判工作提出了具体要求。市委常委、区委书记、党工委书记黄爱军会见王旭光一行。

△金阊街道与读者集团、喜马拉雅合作，以中街路社区为基地，成立“读者小站江南书房”与“喜马拉雅·有声社区”。这是读者集团在苏州落地的第一个公共阅读空间，中街路社区成为区首个有声社区。

13日

△新东方教育集团董事长俞敏洪到区考察，实地察看运河南地块、渔家村等地。市委常委、区委书记、党工委书记黄爱军会见俞敏洪一行。

14日

△姑苏区“对标对接上海，加快古城振兴”暨古城保护更新三项重点工作推进大会召开。会议对标对接上海黄浦区先进经验做法，结合古城保护实际，推出文化产业发展、违法建设专项治理、古城景观风貌提升等三项重点工作，并进行重点工作集中发布，要求以决战决胜的姿态，加快实现古城全面振兴，为“十三五”圆满收官、“十四五”良好开局奠定坚实基础。区四套班子全体领导参加会议。

16日

△常熟市委书记周勤第率队到区考察。区领导黄爱军、徐刚、徐本等陪同考察。

△姑苏区传承弘扬苏州“三大法宝”跟班学习工作总结暨对标借鉴上海黄浦区专项实践锻炼工作座谈会召开。区领导黄爱军、陆文明等参加座谈会。

△姑苏区召开专题座谈会，深入贯彻落实省委常委、市委书记许昆林调研姑苏区讲话精神和主动学习、对接、服务、融入上海的工作要求，部署启动对标借鉴上海黄浦区专项实践锻炼工作。区委选派干部赴上海市黄浦区，重点对标优化营商环境与城市经济发展、城市规划建设与更新、城市运营与精细化管理、城市基层党建等领域，开展为期1个月的深入学习实践，并逐步探索建立两地常态化交流合作机制。市委常委、区委书记、党工委书记黄爱军出席座谈会并讲话，区委常委、党工委委员、组织部部长陆文明主持会议。

17日

△姑苏区青少年科技创新奖颁奖典礼暨科教实践中心启动仪式举行。姑苏区科教实践中心由区科协联合区教体文旅委共同打造，是苏州市首个青少年科教实践中心，特聘中国科学院国家空间科学中心研究员潘厚任作为科教中心指导专家。区委副书记、党工委副书记王俊参加启动仪式。

19日

△姑苏区大运河文化带建设工作专题会议召开。区领导黄爱军、徐刚、王俊、徐本、尤培东等参加会议。

△省委组织部副部长、省委“两新”工委书记周为号到区调研，实地调研苏州中学等地。区领导黄爱军、陆文明陪同调研。

20日

△“数智赋能驱动更新”数字经济发展生态大会召开。区领导徐刚、张文彪、谢强、尤培东等参加会议。

△苏州国家历史文化名城保护区（姑苏）生态环境执法局更名为苏州国家历史文化名城保护区（姑苏）生态环境综合行政执法局，挂“苏州国家历史文化名城保护区（姑苏）固废管理与核辐射安全监督站”牌子。

23日

△退役军人事务部副部长朱天舒到区调研。区委副书记、区政府区长、党工委副书记、管委会主任徐刚陪同调研。

26日

△南医大在苏校地合作有关事宜座谈会举行。区领导黄爱军、谢强等参加座谈会。

27日

△市委常委、区委书记、党工委书记黄爱军率

队赴扬州、常熟考察调研。王俊、张文彪、薛宏、谢强、徐本、尤培东、陆文明参加。

△山东省济宁市委书记傅明先一行到区考察。区委副书记、区政府区长、党工委副书记、管委会主任徐刚陪同。

30日

△市人大常委会主任陈振一调研姑苏区检察院。区领导黄爱军、郦小萍等陪同。

是月

△2020年三季度江苏省设区市行政许可和行政处罚等信用信息“双公示”第三方测评报告出炉，在101个县（市、区）中，姑苏区以94.87分获全省第一名。

△苏州市姑苏区特殊教育学校党支部书记刘嫣静获“全国先进工作者”荣誉称号。

△区检察院获“全国文明单位”荣誉称号。

## 12月

1日

△区委副书记、区政府区长、党工委副书记、管委会主任徐刚会见国家文化科技创新服务联盟一行。区领导张文彪陪同会见。

2日

△开展全区冬春季新冠肺炎疫情防控应急演练。区领导王俊、谢强等参加活动。

△市委常委、区委书记、党工委书记黄爱军会见上海建为历保科技股份有限公司董事长郭伟民一行，双方围绕推动古城保护和更新工作研究相关合作事宜。

3日

△省委常委、市委书记许昆林调研区文化产业和古城保护管理工作。

4日

△举办腾讯互娱“苏城遇谜城”活动发布会，区领导徐刚、王俊、张文彪、尤培东等参加活动。

10日

△市委常委、区委书记、党工委书记黄爱军率队赴无锡调研打造文旅项目。区领导王俊、张文彪、薛宏、谢强、徐本、尤培东等陪同调研。

11日

△“双12苏州购物节——e购相伴冬暖姑苏”开幕。区领导黄爱军、郦小萍、蔡炳锋、王俊、张文彪、薛宏、谢强、尤培东等参加开幕活动。

12日

△省委常委、市委书记许昆林专题调研大运河文化带和水环境建设工作，沿大运河苏州段由北向南，考察两岸风貌和稻香望亭、浒墅关、枫桥夜泊、横塘驿站、宝带桥等5个规划建设中的苏州“运河十景”景点。市、区领导黄爱军、洪宗明、俞杏楠、金洁、尤培东等陪同调研。

16日

△姑苏区人民政府同阿根廷驻上海总领事馆联合举办“阿根廷文化日”国际交流活动。阿根廷驻沪总领事奥帕罗，市委常委、宣传部部长金洁，区委副书记、区政府区长、党工委副书记、管委会主任徐刚等参加活动。

△姑苏区“学习星期六”年度总结暨年轻干部工作讲坛举办。区领导黄爱军、季珉、谢强、张玮、陆文明等参加活动。

△姑苏区总工会全区工会建设现场推进会在蓝·SPORT文化创意产业园举办。推进会上，区总工会为姑苏区保安行业工联会、姑苏区房产中介行业工联会、姑苏区蓝·芳华文化创意园联合工会等3家区域性、行业性工会和苏州市电子信息技师学院、江苏中融外包服务有限公司等2家职工职业技能实训基地进行授牌，为姑苏区蓝·SPORT文化创意产业园1家职工文体活动基地举行揭牌仪式。区

委副书记、党工委副书记王俊出席活动。

17日

△南门商圈转型升级现场会举行。区委副书记、区政府区长、党工委副书记、管委会主任徐刚参加会议。

19日

△姑苏区召开大运河文化带姑苏段建设专题会议。会前，与会人员实地察看了杭鑫混凝土码头、贝斯特精细化工地块等大运河沿线的码头及地块并听取整治提升相关方案。会议梳理大运河姑苏段沿线码头、健身步道和绿化、堤岸加固工程、动迁扫尾、未开发地块等情况，讨论运河文化带建设中的堵点、难点问题，研究“运河十景”相关点位优化提升方案。区领导黄爱军、徐刚、王俊、谢强、徐本、尤培东等出席会议。

20日

△中国红十字会总会组宣部副部长边晓及各省市红十字会领导到姑苏区调研城市博爱家园工作。

21日

△举办姑苏区新时代文明实践中心和融媒体中心融合发展启动仪式，区领导黄爱军、尤培东参加活动。

23日

△区古城保护信息平台（二期）项目启动，开展信息采集工作。内容包括对20号街坊、32号街坊、15号街坊和7号街坊内的传统民居、历史建筑和院落地块进行信息采集和文化挖掘，对三茅观巷沈宅、叶天士故居、陆润庠故居、洪钧祖宅4处文保单位的空间信息采集和三维建模，补充古城保护信息平台三维展示系统及相关功能。

△“勇担使命　筑梦前行”青商共建长三角经济一体化活动举行。活动现场，长三角青商组织战略合作共建仪式启动。上海市黄浦区青年联合会、上海市湖州商会的代表、120余名姑苏青年企业家参加活动。

24日

△苏州市建设工程设计施工图审查中心姑苏分中心揭牌成立，入驻姑苏区政务服务中心，承担区内工程建设项目施工图审查工作。区领导徐刚、徐本等出席活动。

25日

△姑苏区行政审批局与上海市黄浦区行政服务中心签订“一网通办”合作协议。

29日

△姑苏区举行“智汇创新　沪苏共融”苏州市大学生公共创业实训基地10周年回顾暨黄浦·姑苏创业孵化示范基地共建活动。现场，上海市和苏州市，黄浦区和姑苏区分别签署了就业创业工作战略合作框架协议。

30日

△全区“四史”学习教育动员部署会召开。市委常委、区委书记、党工委书记黄爱军出席会议并讲话，强调要深入贯彻落实习近平总书记关于开展“四史”学习教育的重要论述，把“四史”学习教育作为一项重要的政治任务抓好抓实。区领导徐刚、谢强、陆文明、王瑜等出席会议。

31日

△中国共产党苏州市姑苏区第二届委员会第十四次全体会议召开。

是月

△姑苏区法院会同吴江、吴中、虎丘、相城、园区法院共签《大运河（苏州段）保护司法协作协议》，姑苏、吴江、吴中、虎丘、相城、园区6家检察院共同订立《关于大运河生态资源司法保护“1+6”合作机制》。

△双塔街道人民调解委员会获“全国模范人民调解委员会”称号。（区各单位）

# 政治

中共姑苏区委员会、中共苏州国家历史文化名城保护区工作委员会

姑苏区人民代表大会

姑苏区人民政府、苏州国家历史文化名城保护区管委会

政协姑苏区委员会

中共姑苏区纪委、保护区纪工委、姑苏区监察委员会

群众团体

军　事

法　治

# 中共姑苏区委员会、中共苏州国家历史文化名城保护区工作委员会

## 综　述

【概况】 2020年，中共姑苏区委员会、中共苏州国家历史文化名城保护区工作委员会（简称“区委、保护区党工委”）高举习近平新时代中国特色社会主义思想伟大旗帜，全面贯彻党的十九大和十九届二中、三中、四中、五中全会以及中央经济工作会议精神，认真学习贯彻习近平总书记视察江苏重要讲话指示精神，落实省委十三届九次全会和市委十二届十一次全会的部署要求，动员全区各级党组织、广大党员和干部群众，进一步鼓舞昂扬斗志，彰显胆识魄力，锤炼过硬作风，为推动古城全面振兴，开启全面建设社会主义现代化新征程而不懈奋斗。

【中国共产党苏州市姑苏区第二届委员会第十三次全体会议】 于2020年8月1日召开。市委常委、区委书记黄爱军作大会讲话。会议的主要任务是：高举习近平新时代中国特色社会主义思想伟大旗帜，深入贯彻党的十九大和十九届二中、三中、四中全会以及全国两会精神，认真落实省委十三届八次全会和市委十二届十次全会要求，总结2020年上半年成绩，部署下半年工作，落实美丽苏州建设任务，进一步动员全区各级党组织和广大党员干部，提振精神、鼓足干劲，对标找差、攻坚落实，奋力夺取疫情防控和经济社会发展“双胜利”，为决胜高水平全面建成小康社会、开启现代化建设新征程而努力奋斗。

【中国共产党苏州市姑苏区第二届委员会第十四次全体会议】 于2020年12月31日召开。市委常委、区委书记黄爱军作大会讲话。会议的主要任务是：高举习近平新时代中国特色社会主义思想伟大旗帜，全面贯彻党的十九大和十九届二中、三中、四中、五中全会以及中央经济工作会议精神，认真学习贯彻习近平总书记视察江苏重要讲话指示精神，落实省委十三届九次全会和市委十二届十一次全会

2020年12月31日，中国共产党苏州市姑苏区第二届委员会第十四次全体会议召开　　区新闻中心　供稿

的部署要求，回顾总结全区“十三五”时期发展和2020年工作情况，研究部署“十四五”时期和2021年重点工作任务，讨论并通过《关于制定姑苏区、保护区国民经济和社会发展第十四个五年规划和二〇三五年远景目标的建议》，动员全区各级党组织、广大党员和干部群众，进一步鼓舞昂扬斗志，彰显胆识魄力，锤炼过硬作风，为推动古城全面振兴，开启全面建设社会主义现代化新征程而不懈奋斗。

【全年工作主要成果】 2020年，区委常委会在以习近平同志为核心的党中央坚强领导下，认真落实省委、市委的决策部署，坚持观大势、聚合力、作表率，主动适应国内外疫情防控和经济运行新形势，在准确识变、科学应变、主动求变中战胜挑战、化危为机，全区经济社会发展交出来之不易的成绩单。

持续彰显古城魅力。政策支撑日益完善，启动分区规划和城市更新规划研究，历史城区保护补偿补助工作指导意见制定出台，与国家开发银行在城市更新等方面开展金融合作，姑苏古城保护与发展基金首期募资14亿元。完成19类4000余个保护对象首次普查工作，首份名录正式形成。重点工程加快推进，平江片区重点功能区保护修缮进展迅速，完成钱伯煊故居等19处院落收储，一期总搬迁率达84%，32号街坊第三期搬迁正式启动，大成殿古城保护展示馆顺利竣工。启动名人故居名录梳理，完成陶氏宅院、曹沧州祠等古建老宅保护修缮工程。文化旅游深度融合发展，大运河文化带姑苏段建设加快推进，“姑苏运河文化节”系列民俗活动成功举办，古城文化魅力持续彰显。

稳步提升发展质效。着力促投资，桃花坞等36个省、市、区三级重点项目有序推进，区级项目储备达220个。举办线上线下招商推介，一批优质企业成功落地，新增500万元以上规模型企业同比增长42.1%。着力促消费，依托“双12苏州购物节”“姑苏八点半”活动效应，主要商业体销售额较上一年大幅增长，观前商圈获评省级夜间文旅消费集聚区。着力促转型，制定出台全区文化产业发展三年行动计划，15个产业园完成改造升级。北部经济区“一区四园”规划落地，数字经济、信创产业有力推进，载体建设势头良好，累计引进企业110家，总注册资本23.1亿元，其中1亿元以上企业6家。着力优环境，在全市率先成立区级营商服务中心，构建“直通车、联动轴、服务网”三级服务闭环机制，在23个产业园创新提供“全链式”审批服务1000余次，民营企业家沙龙反映问题解决率实现100%，实现省“质量奖”企业和国家知识产权优势企业“零的突破”。高层次人才礼遇暂行办法正式出台，全年新增人才落户2679人，入选省乡土人才“三带”计划30人，市级人才计划163人。

全面优化城市形象。开展“靓丽姑苏”违法建设专项治理，以“一环三路两片区”沿线周边和全区重点工程项目为试点，拆除小园楼、西北街等区域违法建设9.3万平方米。征收搬迁成效显著，62个项目实现清零，其中虎殿路、西巴里地块、自由村等5年以上项目清零35个，实现交地3300亩，比上年增长108%，超额完成2000亩年度目标任务，项目清零数量和交地亩数均创历史新高。城市风貌持续优化，绿化景观提升工作三年行动计划加快实施，里河片等5个老旧片区“优+”工程全部完成，十全河等5条河道背街水巷面貌明显改善，170余条街巷完成架空线整治。垃圾分类有序实施，“三定一督”小区覆盖率达100%，21个厨余垃圾终端处置点建成投用。全力以赴打赢蓝天、碧水、净土保卫战，空气质量首次达到国家Ⅱ级标准，省考断面优III比例达100%。

均衡发展民生事业。就业形势平稳向好，全年新增就业岗位5.8万个，其中大学生就业1.6万人，援助困难弱势群体就业3995人。社会保障有力落实，全年新增参保8.3万人，困难群体做到应保尽保。公共服务持续做优，江乾路小学等10所学校开工建设，公办小学集团化办学实现全域覆盖。新建、改扩建5家社区卫生服务机构、8家综合为老服务中心、8个日间照料中心和50个社区助餐点。惠民实事有序推进，17个农贸市场改造完成，40个“智慧菜篮子”社区服务网点投入运营，23座公厕实施改建维护，首批55个惠民“平价菜摊”，“1元菜”“特价菜”投放力度不断加大。以推进省级食品安全示范区建设为抓手，优化食品安全监管模式，凤凰街等重点区域明厨亮灶率达100%。

保持社会大局稳定。顺利完成基层“三整合”改革，统筹街道党政机构和所属事业单位职责，综合设置9个职能机构，制定出台属地管理主体责任和配合责任清单。围绕“五个一点”推出社区“美好指数”，社区治理和服务创新“六项能力”明显加强。区级城市运行联动指挥平台正式启用，建立民生小事快速处置机制。区法院、区检察院主动服务和保障全区经济社会发展大局，圆满通过“七五”普法终期评估验收，全面依法治区扎实推进。中央扫黑除恶督导“回头看”反馈意见整改和“六清”行动扎实开展，社会治安整治专项行动卓有成效。双拥工作成效显著，“心心向戎”退役军人工作品牌持续深化。围绕房屋安全、火灾防控等18个行业领域深入开展安全生产专项整治，集中消除德合水果市场等114处重大隐患，安全隐患整改率达100%。第七次全国人口普查工作有序推进，摸底登记核查工作全面完成。

不断加强党的建设。严格落实意识形态工作责任制，社科类社会组织意识形态工作逐步健全。区级新时代文明实践中心和融媒体中心建成运行。启动火红年代干事创业主题奋斗年，5大类43个项目全部完成，干事创业激情不断激发。基层党建全面加强，社区“两委”集中换届规范有序开展，22个先锋社区、26个规范化社区、15个产业园党建示范点完成建设，8个软弱涣散党组织全部整顿到位。监督执纪精准有效，省委巡视反馈问题得到全面整改，开展3轮常规巡察和1轮危化品安全生产专项巡察，做到重点领域专项和协同监督全覆盖。作风建设持续巩固，城市社区“廉网”工程和“姑苏廉洁文化生态圈”加快推进。全年运用监督执纪“四种形态”处理314人次，其中第一、第二种形态278人次，占比88.5%。“惩腐筑廉”行动持续深化，共立案119件119人，涉及科级干部12件12人、采取留置措施7人、移送司法机关13人、给予党纪政务处分99人，挽回经济损失586.2万元。（陈春阳）

## 组织工作

【概况】 2020年，姑苏区、保护区组织工作坚持以习近平新时代中国特色社会主义思想为指引，全面贯彻党的十九届四中、五中全会和习近平总书记视察江苏重要讲话指示精神，认真落实全国、省、市组织部长会议和区委部署，坚持以政治建设为统领，紧扣区委工作大局，坚持守正创新、聚力聚势、狠抓落实，奋力推动党建、干部、人才工作提上新水平，为姑苏区高质量发展提供坚强的组织保证和智力支持。年末，全区有基层党组织2130个、中共党员44554人，全年新发展党员283人。

【党的政治建设】 2020年，姑苏区、保护区坚持加强党员干部思想教育和理论武装不放松，采取专题培训、理论研修、线上研讨等多元培训方式，深入学习习近平总书记重要讲话和指示批示精神；持续推进“四史”学习教育走深走实，确保学习教育有序有效开展；常态化开展政治理论应知应会知识测试，全年开展4期区管干部政治理论应知应会（双月）线上测试，累计参加2200余人次；组建党员教育先锋资源“六库”，围绕“历史文化名城保护”特色倾力打造的课程获评市级“干将”精品课程第4名。以正向激励促干部担当作为，聚焦办法、考法、用法，在全市较早推出“1+4+N”系列文件；抓牢机关“改革创新”和街道“攻坚落实”两个维度，设立专项考核，确保奖励跟着成绩走、围绕落实转；坚持考人考事联动，实现考核结果与单位绩效奖、干部提拔任用、职级晋升、评优评先“四个挂钩”；深化“三项机制”运用，梳理上报9个典型案例，7个案例得到省委、市委组织部面上推广。着力提升干部监督实效，对城管委、住建委、教体文旅委试点开展选人用人专项检查，推动干部梯队建设、干部人事档案管理、选人用人程序的规范性建设；全年开展28次党委（党组）理论学习中心组巡学旁听，推进各级党委（党组）从严治学、依规管理；综合运用个人有关事项报告、出入境管理等载体，丰富干部监督方法。切实为疫情防控、“六稳六保”工作提供坚强政治保障，率先出台“为打赢疫情防控阻击战，激励担当作为”7条措施和5方面激励关爱实施方案，第一时间组建党员干部防控行动突击队、机关党员卡口志愿服务队，累计选派1350名机关党员干部奋战在疫情防控和复工复产第一线；“火线”提拔4名社工为社区党组织书记，“疫”线发展党员30名，相关案例为全市首篇被《江苏组工信息》录用的案例；下拨专项保障经费（党费）208万元，搭建“红领助企通”线上助企平台和“云选才”平台，全面助力复工复产。

【干部队伍建设】 2020年，姑苏区、保护区探索构建以3种路径、6个维度、1份成长档案为主要内容的“361”知事识人体系，全年举办组织部长面对面座谈22期，研判干部570余名，建立首批100名干部成长档案，采集300余名干部信息形成专项报告；对8个街道、13个机关部门领导班子开展多维度分析，优化年轻干部、女干部、党外干部等配备。选优配强党政正职和领导班子，全区配备“80后”副处职干部4名，“85后”正科职干部、“90后”副科

2020年5月28日，“学习星期六”——“硬核”姑苏干部能力提升计划工作部署会暨启动仪式举行　　周亮　摄

职干部各13名，其中担任单位领导班子成员的占比76.9%；在街道党政领导班子中，“80后”书记有3名，“85后”“90后”年轻干部有14名，合计占街道党政领导班子成员总数的24.6%。谋划制定全区干部教育“1343”路线图，启动“学习星期六”——“硬核”姑苏干部能力提升计划，统筹调训208名干部班组化教学，创新采用TED演讲形式举办“学习星期六”年度总结暨年轻干部工作讲坛，主题宣传片在“学习强国”全国平台推广；集中开展“知姑苏”“思姑苏”“践姑苏”“悟姑苏”实训，举办干部能力提升“云课堂”8期，累计1.6万余名干部参学；组建微调研团队31个，组织参训学员结对赴30余家单位、各街道开展优化服务走流程实践活动。坚持“知行合一”深化干部实训锻炼，选派首批年轻干部赴上海黄浦区跟班学习，选派15名中青年干部赴“三大法宝”发源地挂职实训，启动“三个一线”工程暨百名干部实践锻炼计划，选派125名干部挂职锻炼，同步开展“姑苏八点半”夜经济、北部经济区一体化创新发展等专项挂职工作；做好公务员源头培养，全年新招录公务员（含参照管理人员）93名，专业干部总数增加6%；举办为期12天的初任培训班，选调74名新录用公务员开展9期座谈会；研究制定公务员平时考核实施办法，完善公务员转任、职级晋升和股级干部选拔审批、公务员工资管理工作相关制度流程。

【基层党组织建设】 2020年，姑苏区、保护区深化“一线争先，一体行动”内涵，全力推动8个街道基层党建和40个机关党建“书记项目”落地落实；制订“五带头”工作任务清单，区各党（工）委（党组）书记及班子成员建立支部工作联系点228个，切实解决基层支部工作难题；健全区委、街道、区域党委、社区、网格五级联动组织体系，将社区党组织下属933个支部建在1236个综合网格上，确立“三长”（楼长、巷长、院长）机制，着力提升基层治理能力；统筹使用为民服务项目经费和公共服务资源，实施社区党组织为民服务项目719个、民生小事项目123个，相关经验做法被省委研究室《调查与研究》刊发。统筹实施区委“书记项目”，明晰“1+5”产业园建设标准，推动15个产业园转型升级；实施“产业园综合服务驿站”“全链条式审批服务”等“红领益企”项目11个，在23个产业园创新提供“全链式”审批服务1000余次；组建一批惠企“行动支部”，建立服务产业园“行动支部”群和“联动行动支部”，助推企业转型升级、提质增效。规范有序开展“两委”换届工作，完成168个社区党组织换届选举任务；坚持“抓两头、带中间”，完成22个先锋社区、26个规范化社区建设，排摸整顿8个软弱涣散党组织，提升社区党组织的政治属性和服务功能；举办社区党组织书记示范培训班，创新“五个一”培训模式，开展“先锋讲坛”4期，形成学习成果报告30多篇。科学统筹年度党员发展计划，严把发展党员“入口关”，完成全年283名发展指标计划；建立党员分类管理“333”机制，推动党员日常管理工作精细化；全面开展庆祝建党99周年“1+3”系列活动，表彰50名区优秀共产党员，命名50名区优秀基层党组织带头人，命名50个区先锋基层党组织；指导基层党组织开展“党课开讲啦”“双十双百”精品示范活动，建立区级主题党日月度观摩机制，评选优秀主题党日20个，选树推广优秀党课10场。

【人才工作】 2020年，姑苏区、保护区高起点筹划人才工作，系统调研姑苏区人才队伍现状，梳理企业样本500家；提档升级创新创业人才项目社会化引进、高技能人才培养、重点产业紧缺人才等政策，落实人才引进落户、急需青年人才一次性补贴等新政，提升人才政策有效性。围绕北部经济区、“姑苏八点半”夜经济等重点领域，策划举办“智汇姑苏”招才引智系列活动18场；高标准举办第十二届苏州国际精英创业周姑苏分会场活动，对接人才项目163个，成功落户项目62个，增幅47.6%；组织区重点企业274家次赴复旦大学、东南大学等知名高校开展“校园姑苏日”活动，提供岗位4958个，达成就业意向1230人次、产学研合作意向28项；深化创新创业精英团队大赛等5个人才活动品牌内涵，举办“一网吴前，薪系苏州”2020苏州市网信专场校企人才双选会等活动。优化高层次人才一站式服务中心流程，颁发全市首张人才落户“准迁证”，新增人才引进落户2696人，新增大学本科以上毕业生20912人、高技能人才3508人；建立人才项目储备库，全年入库227项，落地82项，评选区级领军、紧缺、特色人才68人；积极对上申报，新入选省乡土人才“三带”计划30人，获评市人才计划118人。启动高层次人才礼遇计划，面向区级领军以上人才发出18张“姑苏人才礼遇卡”，提供人才落户、子女就学、保健体检等一站式服务；会同国发创投、国资办为人才企业提供投融资支持，会同区金融办设立人才金融服务定点机构，举办高层次人才投融资对接会，为企业建立人才、项目、资本桥梁；启动2020年人才工作者队伍素质能力提升计划，开设“姑苏企业家线上公益直播课”，提升人才服务效能。

【“硬核”姑苏主题奋斗年活动】 2020年，为进一步推动“不忘初心、牢记使命”主题教育常态化制度化，深入贯彻落实市委有关决策部署，区委谋划开展“硬核”姑苏火红年代干事创业主题奋斗年，通过加强领导、科学谋划、狠抓落实，提振了广大干部干事创业的精气神，推进了各项重点目标任务落地落实，为助推“硬核”姑苏高质量发展提供坚强组织保证。科学设定“跳一跳、够得着”赶超目标，部署开展“三个一”专项工作，区分管领导靠前指挥、承诺部门深入谋划，主动对标上海、深圳等一线城市以及张家港、常熟等兄弟县（市）区，聚焦一般公共预算收入、文化产业增加值占地区生产总值比重等12项支撑性、引领性、关键性指标形成“作战图”，实现了15个项目推进再提速。集中资源力量补短板、强弱项，深入贯彻区委关于“六保六稳”“文明城市建设”“征收搬迁扫尾清零”三项重点工作的专题调度部署要求，通过找准问题、深入剖析、破解矛盾，不断化“问题清单”为“成效清单”。在全年5大类43个重点攻坚和对标赶超项目中，15个项目提前或超额完成年度攀高目标任务，占34.9%；其余项目均如期圆满完成年度攀高目标任务。实施“实体化运作、专班化推进”项目协调推进及保障机制，构建“四套班子牵头抓总、承诺部门狠抓落实、各方力量协同作战”的高效运转工作格局，定期召开主题奋斗办主任会议，强化经验成效交流，促使全区重点任务落实和面上工作推进呈现有力有效态势。通过系统思维、全局规划、总体统筹，将新理念、新思路、新办法转化为推动发展的真招、硬招和实招，如优化营商环境项目，创新构建“直通车、联动轴、服务网”三级服务闭环机制，合力打造“一三五”姑苏特色“苏州最舒心”营商环境体系。老旧片区改造试点项目创新采用“微介入”有机更新改造理念，探索形成了古城保护、城市更新、老旧小区改造三位一体的可复制推广的开放式老旧片区改造管理经验。全年共形成工作简报4期，发布项目进度“红黑榜”“攀高榜”“提速榜”6期，形成项目成果报告43篇、典型人物案例近70个，相关做法获时任市委主要领导批示肯定。 （杨　清）

## 宣传工作

【概况】 2020年，姑苏区、保护区宣传工作以学习宣传贯彻习近平新时代中国特色社会主义思想、党的十九大和十九届五中全会精神为主线，牢牢把握举旗帜、聚民心、育新人、兴文化、展形象的使命任务，围绕中心、服务大局，为打造“硬核”姑苏提供了坚强的思想保证、良好的舆论氛围、强大的精神力量和有力的文化支撑。

【理论教育】 2020年，姑苏区、保护区持续深入学习宣传贯彻习近平新时代中国特色社会主义思想、党的十九届五中全会精神，全年组织区委理论中心组学习13场。“学习强国”全国平台录用稿件146篇，省平台录用182篇。理论宣传日益鲜活，深化“理悦姑苏”品牌建设，成立“先锋号角”理论宣讲团，深入新时代文明实践所、站开展宣讲。组织“姑苏党员教育讲师团”送课进基层40次，2个街道获评江苏省基层党员冬训工作示范乡（镇、街道）。理论研究聚焦重点，围绕文商旅高品质融合、“姑苏八点半”夜经济等课题开展调查研究，3个社科普及项目获得苏州市社科普及创新引导扶持，其中“夜话平江”系列精品讲座项目获一等奖。

【网络安全】 2020年，姑苏区、保护区坚决筑牢网络防线，召开区委网络安全和信息化委员会第二次全体会议，制定姑苏区网络强区战略实施纲要。开展“清朗2020”等专项行动，配合市场监管、公安等部门查处违法行为30余次。全年清理违法违规有害信息80余条。

【新闻宣传】 2020年，姑苏区、保护区进一步增强主题宣传的引领力，围绕新冠肺炎疫情防控、“姑苏八点半”夜经济等重点工作，累计在省级以上媒体发布报道2500余篇，并得到央视新闻频道和《中国日报》《人民日报》《新华日报》等媒体深度聚焦。进一步增强传播平台的聚合力，完成“苏州姑苏发布”官方微信改版升级、“互联姑苏”社区宣传平台四期项目建设。深化主流媒体合作，推进区融媒体中心建设，探索符合姑苏实际、有姑苏特色的媒体融合发展路径。进一步增强对外宣传的影响力，精心组织“‘核’你同行 网遇姑苏”网络文化季活动，开展“核你一起i姑苏”系列活动；参加苏州市“一网吴前”创意金点子路演大赛，获苏州大市第一名。拍摄姑苏形象宣传片《悠游姑苏》，策划拍摄12集青春系列短剧《面若桃花》，开展第二届“我画苏州”活动暨东升里文化艺术长廊打造活动，主办樟弓音乐丝绸之路公益巡演，开展“健康走石湖 小康看姑苏”迎国庆大运河健康跑系列活动，有力展示姑苏生动形象。 （陈雨峰）

## 精神文明建设

【概况】 2020年，姑苏区、保护区以培育和践行社会主义核心价值观为根本，扎实推进公民思想道德建设。全年选树“姑苏好人”25名，其中3人获评“苏州时代新人”、2人获评“江苏好人”。平江实验学校范俊睿等获评“新时代苏州好少年”。推出《姑苏防疫 · 凡人善举》系列海报，制作《文明姑苏十二时辰》宣传片。与喜马拉雅等平台深度合作，开展“‘稚’爱古城 · ‘声’动姑苏”未成年人诵读大赛。

【文明城市创建】 2020年，姑苏区聚焦小区环境、街巷环境等重点领域，实行文明城市建设项目化管理。依托“美丽楼道”实事项目，对8400余幢楼进行楼道净化美化。开发文明城市创建智慧云平台，形成文明城市测评、整改、回复、督查工作闭环。建好专班实体化等制度，有效提升全区创建工作水平。在“苏州姑苏发布”微信公众号开设“文明实践”和“文明创建”专栏，推出“一线谈创建”等专题，在市级以上媒体刊发报道160余篇。开展“烟头不落地”“一盔一带”等主题活动，营造浓厚的创建氛围。

【志愿服务活动】 2020年，姑苏区广泛开展新时代文明实践志愿服务活动。招募近万名志愿者助力疫情防控一线，1名志愿者当选省疫情防控优秀志愿者。重点推进志愿服务与网格化互优互促项目、“名城之窗·姑苏八点半”志愿服务项目。完成新时代文明实践志愿服务平台升级，推出全市首部志愿服务礼遇激励办法。

**姑苏区“江苏好人”（2020）**

黄立军：努力奔跑的核电管理设备追梦人（金阊街道）

陆桂花：社区里的“明星志愿者”（金阊街道）

**姑苏区“苏州时代新人”（2020）**

沈晓晨：防疫一线的“超级奶爸”（区民卫局）

何铄城：木刻年画小小传承人（区教体文旅委）

黄忆芳：服务社会的五星志愿者（平江街道）

**姑苏区“新时代苏州好少年”（2020）**

范俊睿：心中有爱的战“疫”小达人（平江实验学校）

郭容与：关心社会的纸偶剧创作者（沧浪实验小学校）

（陈雨峰）

## 统战工作

【概况】 2020年，姑苏区委、保护区党工委统战部坚持以习近平新时代中国特色社会主义思想为指导，坚决贯彻落实中央、省委、市委和区委关于统一战线工作的重大决策部署。协助区委召开统一战线工作领导小组第四次全体会议及侨务工作、网络人士统战工作等专题会议，出台姑苏区《关于加强网络人士统战工作的实施意见》《关于加强新时代民营经济统战工作的贯彻实施意见》。举办民主党派、无党派和新的社会阶层代表人士培训班以及民族宗教工作培训班、党外中青年干部培训班，开展统战系统学习贯彻党的十九届五中全会精神专场宣讲，进一步增进政治共识。通过“学习强国”、《新华日报》、《华人时刊》等积极宣传统战理论政策和工作动态，展现姑苏统战勠力同心、携手前行的生动实践。支持和引导各界人士齐心抗疫，积极打造主题奋斗年项目——“同心”服务联盟，服务中心大局取得新成效。

【民主党派工作】 2020年，区委统战部协助区委制定2020年政党协商会议安排计划，围绕区有关人事安排、党风廉政建设和反腐败工作、优化营商环境、网格化社会治理等主题，召开协商会、通报会、座谈会。支持和引导民主党派和无党派人士围绕经济发展、古城保护、民生改善等方面积极建言献策。支持民主党派、无党派人士深化“不忘合作初心、继续携手前进”主题教育活动。完善区委常委与党外代表人士联谊交友名单。指导农工党姑苏基层委成立，支持民进姑苏基层委、致公党姑苏基层委等建设“党派成员之家”。围绕文化强区，成立保护大运河党外人士志愿者队伍，举办“绘运河之韵 展江南文化”活动。

2020年10月11日，农工党苏州市姑苏区基层委员会成立大会召开　　区委统战部　供稿

2020年4月3日，姑苏区举办民营企业家沙龙活动

区委统战部　供稿

【非公经济领域统战工作】2020年，区委统战部落实“三项机制”，牵头举办4期民营企业家沙龙活动，组织区内53家企业与区委主要领导面对面交流，收集意见、建议99条；开展“民营企业服务月”活动，落实区领导与商会结对挂钩机制，打造区工商联“企业云服务平台”、创新创业服务中心；携手检察院成立法治营商检企联盟，推出全省首个检察护航民营企业法制项目。全面提升商会建设水平，全年新增1个全国、3个省级、3个市级“四好”商会，新增文旅创新产业商会和餐饮业商会两个党支部。积极应对疫情影响促进复工复业，帮助防疫一线和行业企业购置一次性医用口罩30万只，为全区120所小学校、幼儿园和区民卫局下属养老机构等解决酒精消毒液206桶（3.8吨）；严格督促各行业执行分批分类复工的时间规定，认真落实疫情防控主体责任。引导企业家践行社会责任，累计捐赠新冠肺炎防疫善款和物资近300万元；配合区委、区政府落实精准扶贫工作，为江口县再次投入扶贫资金10万元，指导区文旅创新产业商会与太平镇快场村签订农产品帮销协议，推动消费扶贫。

【民族宗教工作】2020年，姑苏区召开区委民族宗教工作领导小组会议，精心谋划推进民族宗教重难点工作，切实做好民宗领域省委巡视反馈意见整改工作。召开宗教领域意识形态情况分析研判会，深化非法宗教活动整治。深入开展宗教活动场所安全工作专项整治行动，引入有资质的第三方安全检查机构，分级分层分类开展隐患排查整改工作。精心部署开展民宗领域疫情防控工作，把牢宗教活动场所疫情防控关口，根据统一部署组织好有序开放工作，做好重要宗教活动疫情防控和安全保障工作。组织引导少数民族群众参与疫情防控，积极助力少数民族经营户复工复产。深入推进宗教活动场所“四进”活动及和谐寺观教堂、星级宗教活动场所创建工作。精心组织开展政策法规学习月活动、民族团结进步宣传月系列活动，联合市民族宗教事务局举办少数民族流动人员语言文化政策培训班。持续打造民族工作“石榴籽工程”品牌，深入实施红石榴家园创建工作，举办苏沪各民族同胞欢度颁金节联谊会，助力“姑苏八点半”夜经济，做好少数民族群众扶贫帮困和纠纷调处工作。“石榴籽工程”项目获评2019年度全省统战工作实践创新成果，双塔派出所、吴门桥街道、教体文旅委、杨枝小学获评2020年度苏州市民族团结进步创建示范基地，吴门桥街道四季晶华社区、双塔街道里河社区、双塔派出所获评苏州市外来少数民族服务示范点，区民促会会长石冬敏获评全省民族团结进步模范个人称号。

【港澳台及海外统战工作】2020年，区委统战部以增进认同、深化交融为目的，继续推动香港姑苏经济科技文化协会在参与香港事务、团结凝聚乡亲中发挥更大作用，积极有序开展香港和姑苏两地联络交流活动，配合做好“家在苏州”在苏香港籍人士联谊等相关活动，壮大爱国爱港爱澳力量。加强侨台企业信息数据摸排和安全生产工作，积极做好台商、台胞、台属服务工作。指导区台协完成换届工作，开展“姑苏缘　两岸情”慈善爱心活动等。开展侨务政策法规宣传，完成涉侨行政事项的认领维护工作。推进侨务阵地建设，指导沧浪街道打造“鸿雁侨屋”。开展“暖侨行动”，积极做好走访慰问和暖侨助侨工作。

【党外知识分子和新的社会阶层人士统战工作】 2020年，区委统战部做好党外知识分子的团结引导服务工作，加强对党外知识分子的政治引领和政治吸纳。召开区新的社会阶层人士统战工作联席会议、区新联会学习座谈会，举办“网遇姑苏 共创未来”活动等，进一步加强思想政治引领，凝聚智慧力量。山塘街玉涵堂“非遗新动力”入选首批江苏省新的社会阶层人士统战工作实践创新示范基地。举办“姑苏新力量 助燃八点半”姑苏区首秀活动，支持和引导新的社会阶层人士助力夜经济工作。 （钱 蓓）

## 机构编制管理

【概况】 2020年，姑苏区委、保护区党工委机构编制委员会办公室（简称“区委编办”）紧密围绕区委、区政府中心工作，扎实做好推进重点领域改革、巩固深化机构改革成果、统筹机构编制资源等各项工作，积极为全区经济社会发展提供有力机构编制保障。

【基层整合审批服务执法力量改革】 2020年，姑苏区、保护区贯彻中央、省、市“三整合”改革精神，在全区各街道全面落实“加强党的全面领导、审批服务一窗口、综合执法一队伍、基层治理一网格、指挥调度一中心”改革任务。统筹街道党政机构和所属事业单位职责，综合设置9个职能机构，优化街道编制结构，调整岗位定员，制定各街道职能配置、机构设置和人员编制实施方案。出台姑苏区基层审批服务赋权工作实施方案，将19项区级审批服务事项赋权街道。《姑苏区街道相对集中行政处罚权改革工作方案》已报省、市审批。统筹打造区街一体、实体化的指挥调度中心，推动8个街道完成一体化平台项目建设。全区8个街道全部顺利通过基层“三整合”改革评估，其中白洋湾街道被评为优秀等次，金阊街道“金相邻”社区服务品牌工作入选苏州市基层“三整合”改革优秀案例，姑苏区《“一网统管”提升古城治理效能》等2篇文章入选基层“三整合”改革经验文章。

【市、区两级职能调整】 2020年，姑苏区、保护区全面贯彻落实市政府专题会议纪要精神，做好住建、城管、园林绿化、自然资源规划等领域职能下放承接相关机构编制保障工作，区级统筹调剂补充行政编制14名、事业编制50名，并按程序制定相关部门（单位）“三定”规定，保障市、区两级职能调整工作稳妥有序推进。

【事业单位改革】 2020年，姑苏区、保护区按照省、市有关要求，对照“六个方面”，坚持以问题为导向，对全区承担行政职能事业单位改革完成情况进行全方位自查。认真回顾总结改革基本情况和成效，提炼经验和做法，查摆存在的问题和不足之处，形成专题报告，进一步巩固改革成果，确保改革各项措施真正落地见效。认真学习领会中央改革文件和省委编办深化事业单位改革试点工作视频会议精神，建立健全事业单位基础台账，排摸全区事业单位情况及“小散弱”情况，为下一步改革顺利推进打下基础。

【事业单位优化调整】 2020年，姑苏区、保护区成立区营商环境服务中心，核定事业编制10名，助力打造具有姑苏特色的营商环境治理格局。成立区人大代表联络服务中心、区政协委员联络服务中心，提升代表、委员履职服务能力和保障水平。优化调整区社会综合治理联动中心职责，增设内设机构1个，持续深化全域网格化管理模式。区环境卫生管理所增挂垃圾分类管理中心牌子，增设内设机构1个，助力推进姑苏区垃圾分类管理工作。区自然资源规划研究中心机构规格调整为相当于副科级，做强资规队伍，加强古城保护规划研究。增核区委党校事业编制3名，提升党校师资队伍建设和党员干部教育水平。增加教育资源供给，成立劳动路实验小学校、沧浪新城第四实验小学校及3家公办幼儿园。促进学前教育均衡发展，统一全区45家公办幼儿园经费来源为全额拨款。保障基层医疗卫生服务系统提档次补盲点建设，沧浪亭、苏站社区卫生服务中心分别更名并易址重建。完成疾控编制配备要求，区疾病预防控制中心增核26名事业编制。

【事业单位登记管理】 2020年，编印《姑苏区事业单位登记事项操作指南》，全年完成事业单位设立登记10项、变更登记226项。疫情期间按照受理、审核全程网办要求，采用容差办理机制，完成174家事业单位年度报告网上受理、审核、公示。依据规定，按照“现场受理、立即审核、当场发证”的操作流程，办理机关、群团统一社会信用代码证书换领24份。结合姑苏区实际，开展全区机关、事业单位政务、公益域名注册和续费工作，共完成续费政务域名58个、公益域名173个，新注册公益域名10个。

【事业单位监管】 2020年，姑苏区、保护区加快推行事业单位法人异常名录制度，开展事业单位清理规范，完成注销登记单位6家、变更单位1家。随机抽查西北街社区卫生服务中心等4家事业单位，开展事业单位法人“双随机、一公开”实地核查，重点检查事业单位法人证书、开办资金、履行职责等情况，并督促完成后续整改工作。探索事业单位年度报表制度，在区卫生系统事业单位中探索年度报表工作，制定相关调研表格，选取15家社区卫生服务中心进行调研，为事业单位年度报告制度改革做好准备。

【机关绩效管理】 2020年，姑苏区、保护区修订完善《2020年度区级机关单位服务高质量发展（绩效管理）考核实施方案》，聚焦主题奋斗年和改革创新工作导向，修改完善指标体系，加大对全区年度重点工作、实事项目、重点指标的考评力度。组织开展绩效管理中期评估、主题奋斗年项目双月督查、市对区高质量发展考核指标日常监测等，强化绩效过程管理，充分发挥绩效考核的“指挥棒”和“助推器”作用。 （贺楚娇）

## 机关党建

【概况】 2020年，区机关党工委坚持以习近平新时代中国特色社会主义思想为指导，深入贯彻党的十九大精神，认真落实习近平总书记关于机关党的建设重要论述精神，全面贯彻新时代党的建设总要求，全面落实中央和省、市、区决策部署，以政治建设为统领，以践行“三个表率”、创建模范机关为目标，聚焦“围绕中心、建设队伍、服务群众”核心任务，稳步推进机关党建高质量发展。

【模范机关创建】 2020年，区机关党工委完善创建模范机关制度保障，出台相关实施意见和实施方案，召开创建工作推进会，对创建模范机关工作进行全面部署和推动，推动建设政治鲜明、思想过硬、组织坚强、担当作为、风清气正的模范机关。强化政治理论学习思想引领，认真制定年度学习计划、方案，明确5大学习专题，全年发布导学目录12期，创新推行机关开放式主题党日活动40余次，开设“红帆引航”公开党课50余场，制作机关党员大课堂、部门主题党课、支部微党课三位一体的优秀党课课件41个，举办“学思践悟　点燃激情”第八届机关书市暨主题阅读活动并收集读书感悟80篇、案例30篇。持续深化党员教育培训，开设以姑苏区红色路线为主要内容的实境课堂，组织255名机关党支部书记开展集中轮训，强化“四史”学习和政策教育，坚定机关党员干部理想信念。

【党建活动】 2020年，区机关党工委打造服务中心“红色核力”，深入推进“机关先锋行动进社区”活动，开展“机关党员先锋行”集中服务活动2次，机关党员常态化参与垃圾分类、文明创建等重点工作，建立常态化周报机制，累计参与1万余人次。支持基层党组织开展疫情防控工作，向机关各部门党组织划拨专项党费，第一时间动员40个机关部门党组织、选派1180余名机关党员干部深入挂钩联系街道社区，协助做好疫情防控。实施阵地品牌提升计划，指导8个机关党建品牌提档升级，新建和完善20个机关党建阵地，充实增加机关先锋书架书籍，增强机关党建品牌的影响力、号召力。推动“书记项目”落地见效，聚焦古城保护、城市管理、经济发展、产业升级等问题，确立机关党建“书记项目”40个，开展常态化跟踪问效，明确项目“时间表”，画好推进“路线图”，选树优秀创新示范项目，推动党建与部门中心工作融合发展，确保重点任务高质量落地。

【党建基础工作】 2020年，区机关党工委全面落实管党治党责任，坚持党建工作和中心工作同谋划、同部署、同推进，做好机关支部“体检”工作，建立机关支部自查、机关部门党组织分组互查、机关工委复核抽查的“三查”工作机制，找准支部工作实际存在的问题、瓶颈，列明整改举措，推动支部规范创新。加强机关党建运行保障，做好全国党员管理信息系统、苏州智慧党建信息系统等信息平台的运行监督管理工作，规范机关部门党费的收缴管理、审批报销等工作，严控发展党员流程，全年按时序进度发展机关新党员19名。抓好机关党风廉政建设，将廉洁自律教育纳入机关党员学习教育全过程各方面，积极开展“510尚廉日”党风廉政教育宣传活动，激励和带动机关党员干部以更强的责任意识和使命担当投身岗位实践。（杨　清）

## 老干部工作

【概况】 2019年机构改革后，姑苏区委老干部局并入区委组织部。区委组织部内设老干部工作处，对外保留区委老干部局牌子，其下属单位姑苏区老干部活动中心继续保留。截至2020年末，区委老干部局管理和服务的离休干部114人（包含享受地市级待遇的4人），本地离休的72人、易地安置代为管理的42人，党员总数79人；处级及以上退休干部127人，党员总数123人；科级退休干部1312人，党员总数1004人。离退休干部党组织设置架构为：离休和处级退休干部党总支1个，下设9个支部；机关科级退休干部党委1个，下设3个总支、22个支部。离退休党总支和科级退休党委均隶属于区级机关党工委，书记、副书记分别由老干部局（处）负责人兼任。

【离退休干部党建工作】 2020年，在抗击新冠疫情的同时，区委老干部局仍坚持做到了组织指导、达标创建和三项建设“不放松”：31个离退休干部党支部提前实现“六有一提升”达标全覆盖，1个支部完成了省、市级示范支部的创建工作；通过线上载体录制多期书记党课视频，以网络“三会一课”等形式为老党员居家政治学习提供方便；各党支部全年共开展主题党日活动50余场；当年有2个退休党支部、5名离退休干部被分别评为省、市离退休干部先进集体和个人；疫情期间，全区1012名离退休干部响应号召，纷纷向党组织、所在社区以及各级慈善总会、红十字会等捐款共计160130元；隆重举办干部荣誉退休仪式，增强了退休干部的荣誉感、归属感和幸福感。

【离退休干部服务工作】 2020年，区委老干部局连续5年为离休干部提供居家养老服务；加大了对患病、失能、高龄卧床等困难老同志的帮扶；联合支部和社区，为2位百岁离退休干部举办祝寿专场活动；安全组织和实施了离退休老干部的健康体检，并举办体检报告解读专场活动；在抗战胜利75周年纪念日和抗美援朝70周年纪念日前夕，迅速完成了相关授勋人员的统计汇总、核对上报、勋章发放等系列工作；完善了离休干部家庭医生签约服务工作。

【离退休干部发挥余热】 2020年，区委老干部局组织引导离退休老同志们以“微建议”“微党课”“微服务”“微典型”等行动积极助力火红年代；重点打造“银发红枫”姑苏离退休干部志愿服务品牌，专门设计了LOGO，组建了5支“红枫”系列老干部志愿服务队伍，开启“志愿服务周周行”活动。组织引导老同志在文明实践活动中走在前、作表率，开展垃圾分类手机知识竞赛、在社区直播垃圾分类宣教课，让老同志们亲身示范绿色、文明的生活习惯。疫情发生后，区委老干部局积极发动广大离退休老同志在家中以“艺”战“疫”，老同志们纷纷发挥自己的艺术特长，以防疫歌曲、诗作、书画、摄影作品礼赞白衣天使、致敬抗疫英雄、定格防控现场，区委老干部局《姑苏晚晴》为此专门印制了特刊，集中展示抗疫作品。

（袁　昊）

## 保密工作

【概况】 2020年，姑苏区机要保密工作坚持以习近平新时代中国特色社会主义思想为指导，深入贯彻落实党的十九大和十九届二中、三中、四中、五中全会精神，全面贯彻落实习近平总书记关于做好新形势下机要保密工作的一系列重要讲话和指示批示精神，按照中央和省、市、区决策部署要求，聚焦全区重点目标任务，充分发挥机要保密在服务中心、服务大局中的重要作用，为全区经济社会高质量发展提供坚强服务保障。

【保密工作领导小组会议】 2020年7月1日，姑苏区委保密委员会暨密码工作领导小组全体（扩大）会议召开。会议贯彻落实中央、省委、市委关于机要保密工作的各项决策部署，审议通过《区委保密委员会工作规则》《2020年全区机要保密工作要点》，研究部署当前和下阶段重点工作，进一步统一思想、提高认识、明确责任，确保机要保密各项工作任务有序推进落实。

2020年7月1日，姑苏区委保密委员会暨密码工作领导小组全体（扩大）会议召开　　区党政办　供稿

【业务管理】 2020年，区机要保密局认真落实各级疫情防控指挥部的各项部署和要求，加强节假日的应急值守，第一时间接收登记疫情防控相关机要文件，以最快的速度传阅文件，传达领导指示批示要求，全力做好疫情防控机要保障工作。组织实施区电子政务内网视频会议系统升级改造，将内网视频会议系统延伸到各街道和其他外驻单位，为全区开展疫情防控、指挥和处置相关情况提供安全可靠、快速高效的服务保障，落实重大涉密会议、重要涉密活动保密保障工作机制，提供安全可靠的党委、政府视频会议保障服务105次。

【涉密人员管理】 2020年，区机要保密局持续抓好涉密人员保密管理，压实区各级各部门涉密人员管理主体责任，全面梳理区级各部门涉密人员管理情况，对本部门涉密人员按规定要求进行确定。组织开展岗前教育、在岗培训、保密承诺、权益保障等工作，动态管理涉密人员。组织开展核心岗位、重要岗位、关键技术岗位涉密人员脱密期管理、离岗离职管理和身份信息保护，确保各环节无缝衔接，闭环管理。

【保密宣传】 2020年，区机要保密局开展《中华人民共和国密码法》学习教育，制作《密码法》宣传展板，介绍《密码法》的必要性、总体思路、主要内容，学习《密码法》的制定背景、出台过程、主要内容。以新修订的《中华人民共和国保守国家秘密法》颁布实施10周年和第5个全民国家安全教育日等为契机，发动区各部门、各街道和驻区有关单位组织开展国家安全保密宣传，在姑苏区政府门户网站、姑苏政务网、区机关大院及各街道宣传屏、姑苏公安分局及各派出所宣传屏，“互联姑苏”宣传平台，江苏有线云媒体，火车站、汽车站、石路商圈等公共场所的188个户外宣传屏等设施设备上播放国家安全保密宣传片，增强保守国家秘密人人有责的保密意识。6月份，为进一步提升机关单位工作人员出国（境）涉外活动中的安全保密常识和防范意识，邀请苏州市委机要保密局、苏州市国家安全局、苏州市政府外事办公室围绕出国（境）期间需要注意的安全保密问题开展专题公益讲座。 （杨军海）

## 党 校

【概况】 2020年，姑苏区委党校坚持以习近平新时代中国特色社会主义思想为指导，以贯彻落实《中国共产党党校（行政学院）工作条例》为主线，以抓好省委巡视整改为契机，始终坚持党校姓党根本原则，聚焦主业主课不放松，聚力攻坚创新求突破，聚神校园改建展形象，统筹推进教学培训、管理服务、建设保障、队伍素质全面进步，为全区实现疫情防控和区域发展“双胜利”提供“核”的动力。

【干部教育培训】 2020年，区委党校始终坚持把习近平新时代中国特色社会主义思想的学习和教育作为党校理论教育的中心内容和首要任务突出出来，持续优化理论教育和党性教育的教学设计和教学安排，及时在培训班中增设党的十九届四中全会精神、

2020年9月28日，新录用公务员初任培训班宣誓仪式举行 区委党校 供稿

《习近平谈治国理政（第三卷）》、“四史”等内容的学习和教育，在青年党员干部中尝试开设“中国共产党为什么能、中国特色社会主义为什么好”等教育课程，常态化对学员开展政治理论应知应会知识测试。在认真组织办好发展对象、新党员标准化培训和支部书记轮训班等常规班次的基础上，更加注重提升重点示范班次的办班质量。从精准开展培训设计、持续深化方法创新、精心做好教学管理、精细搞好服务保障等方面入手，高标准完成社区党组织书记示范培训班暨先锋讲坛、新录用公务员初任培训、“学习星期六”、新录用事业单位工作人员岗前培训等重点班次的培训任务。全年完成各类培训班次32期，受训人员3718人次。其中完成区干教办所列主体班次11期，与8个街道党工委联合承办基层党支部书记轮训班次11期，受区委统战部委托承办的培训班次3期，配合区委组织部办好“学习星期六”——“硬核”姑苏干部能力提升计划7期。

【教学改革创新】 2020年，区委党校面对新冠肺炎疫情的防抗压力和干部教育培训工作的需要，积极革新教学方法，坚持教室课堂、实践课堂、网络课堂、移动课堂“四位一体”，在“教室课堂”中综合运用研讨式、访谈式、案例式、学员讲坛等现代教学形式，在“实践课堂”中运用情景模拟、现场体验等教学方式，在“网络课堂”中运用“互联网+直播”的方式开启干部教育培训“云模式”，在“移动课堂”中依托党校官方微信公众号推送各类学习资料，较好地满足干部日益增长的个性化、差异化学习需求。立足本土教学资源，突出本土化特色，将地方特色历史文化资源转化为党校干部教育培训的特色优势资源，开发以“讲好姑苏好故事、传播姑苏好声音”为主题的姑苏本土化系列特色课程，完成了两门本土化特色课程的开发，主要内容为古城保护和基层干部工作法，并将其申报作为主题奋斗年项目课题。尤其是区委党校开发的《“一街一路”保护与利用——历史文化名城保护的姑苏实践》精品课，已被成熟运用到全区新录用公务员初任培训班的课程教学，入选年度省市协作研究项目和苏州市“干将”精品课程，并在全市“干将”精品课程结题评审中取得第四名的好成绩。

【党校基础建设】 2020年，区委党校为了充分发挥好党校在新时代意识形态工作中的主阵地作用，为了认真抓好省委巡视反馈意见的整改落实，组织修订《姑苏区委党校履行全面从严治党主体责任清单》，切实履行管党治党的主体责任，并抓好党校新校址的移改建工作。在区委的高度重视和关心下，在区委分管领导的直接协调和指挥下，党校的建设实现了跨越式发展，党校的阵地建设和队伍建设实现了大突破。党校移改建项目于2020年4月启动，12月完成竣工验收工作。新校区位于西环路2115号姑苏区市民文化活动中心大楼南侧裙楼二至四楼（一楼为区党群服务中心），总面积约4230平方米，共配置有普通教室5个、主题教室4个、学员讨论室兼会议室6个。其中二楼为教学培训区，三楼为教学办公区，四楼为学员研讨区；其功能定位集“政治训练、教育培训、党群服务、会议承办”四位于一体。协调区委编办增加了党校人员编制，党校的专业人员队伍逐步壮大。 （钮芳芳）

## 档案（史志）

【概况】 2020年，姑苏区档案（史志）工作坚持以习近平新时代中国特色社会主义思想为指导，深入贯彻落实党的十九大和十九届二中、三中、四中、五中全会精神，认真履行“为党管档、为国守史、为民服务”的职责，紧紧围绕全区中心工作，强化档案（史志）工作规范化建设，不断提升档案（史志）

公共服务能力，努力开创全区档案（史志）工作新局面。

【档案基础建设】 2020年，区档案馆加强资源建设，完成接收进馆婚姻档案11759件、文书档案7241件、光盘55张、照片28册982张，征集疫情档案2件，征集整理2016至2019年重大活动照片档案1600余张。做好原桃花坞、金阊、石路3个街道和宣传部（原三区部分）4个单位档案移交进馆的指导工作，确保档案符合进馆要求，及时接收进馆。启动档案开放鉴定工作。制定档案开放鉴定工作方案，完成第一批审核，涉及5个全宗589卷，已开放档案286卷，占比48.5%；控制使用的档案303卷，占比51.4%。

【业务监督指导】 2020年，区档案局、区档案馆完成全区46个部门《归档范围和保管期限表》《机关档案分类方案》修订审核工作。做好档案业务指导工作，主动与疫情防控指挥部对接，对各小组、各单位疫情防控档案管理工作进行跟踪指导，确保档案不分散、不遗失。主动与教体文旅委联系，加强指导，完成6家学校星级复查和1家学校二星测评工作。主动与各单位联系，做好年度归档业务指导，并于11月开展年度评价活动，做好反馈工作。

【档案数字化工作】 2020年，区档案馆在对馆藏所有实体档案与数字化成果案卷（件）数量核对的基础上开展查漏补缺工作，不断提高数字化成果质量，以保证数字化成果的完整可用，共涉及目录206185条，全文932887页。为提高全区年度归档数字化质量和数字化经费使用效率，在全区开展2019年度归档材料集中数字化项目，该项目涉及目录17765条，扫描页数107642页。

【档案公共服务】 2020年，区档案馆认真做好档案公共服务工作。疫情发生后，对外窗口开展电话查档、预约查档等无接触查档方式，保证广大居民的查档服务不因疫情受影响。全年查档窗口现场接待7317人次，接听电话咨询4322人次，调阅档案7440卷（件），提供有效证明11777页。主动服务长三角一体化发展国家战略，积极开展长三角地区民生档案“异地查档、便民服务”，涉及平台跨库查询21次。及时更新展厅图片，展厅共接待18批次，合计322人次。

【史志工作】 2020年，区档案馆稳步推进年鉴编纂工作。及早启动《姑苏年鉴2020》的编纂工作，召开全区年鉴、大事记工作座谈会以交流年鉴、大事记编纂工作进展和撰写要求，提高各部门组稿质量，按时完成《姑苏年鉴2020》编辑出版工作。年内启动《平江路志》编纂工作。5月27日，召开《平江路志》编纂工作专题会议，启动《平江路志》编纂工作，初步确定《平江路志》的地域范围和志书类型，建立工作小组和工作群，明确了相关单位的任务分工，确立工作例会制度，12月底完成《平江路志》文字初稿。完成《从苏州到铜仁》相关编纂资料上报工作，3月初，按照市方志办工作要求，积极联系江口援建指挥部和区发改局等相关部门，加强沟通协调，根据纲目要求收集补充姑苏区援助江口县历年以来扶贫协作的有关成果、数据等。年内还协助指导《姑苏区政法志》编纂出版工作。

（蒋永方）

# 姑苏区人民代表大会

## 综　述

【概况】 2020年，姑苏区人大常委会在中共姑苏区委的坚强领导下，以习近平新时代中国特色社会主义思想为指导，深入贯彻落实党的十九大和十九届三中、四中、五中全会精神，紧扣姑苏区经济社会发展大局，找准人大监督的切入点和代表履职的发力点，强化监督工作，创新代表工作，积极提升常委会履职能力和工作水平。全年共召开常委会会议7次、主任会议13次，听取和审议"一府两院"专项工作报告23项，开展视察、调研、执法检查22次，组织专题询问2次，提出专项工作审议意见、讨论意见21份，对1件规范性文件进行备案审查，作出决定决议22项，较好地完成了区二届人大四次会议确定的各项目标任务。

【姑苏区第二届人民代表大会第五次会议】 姑苏区第二届人民代表大会第五次会议于2021年1月13日至15日在区行政中心举行。会议应到代表439人，实到代表419人，代表们提出建议141条。

市委常委、姑苏区委书记、保护区党工委书记黄爱军，区委副书记、代区长沈志栋，区人大常委会主任郦小萍，区政协主席蔡炳锋等出席开幕式。

大会听取和审议了姑苏区人民政府工作报告、姑苏区人大常委会工作报告、姑苏区人民法院工作报告、姑苏区检察院工作报告，审议了姑苏区2020年国民经济和社会发展计划执行情况与2021年国民经济和社会发展计划草案的报告、姑苏区2020年财政预算执行情况和2021年财政预算草案的报告、姑苏区2020年政府实事项目完成情况和2021年政府实事项目（草案）的报告，票决2021年政府实事项目，对2020年政府实事项目完成情况开展满意度测评。大会审查和批准了姑苏区国民经济和社会发展第十四个五年规划纲要和2035年远景目标、区2020年国民经济和社会发展计划执行情

2021年1月13日，姑苏区第二届人民代表大会第五次会议召开　　区人大办　供稿

况的报告与2021年国民经济和社会发展计划、区2020年财政预算执行情况和2021年财政预算，选举沈志栋为苏州市姑苏区人民政府区长，选举徐文祥为姑苏区第二届人民代表大会常务委员会副主任。票选出17项2021年度政府实事项目。

【姑苏区第二届人大常委会会议】 2020年，姑苏区第二届人大常委会召开7次会议，即区二届人大常委会第二十七次到第三十三次会议。

姑苏区第二届人大常委会第二十七次会议于2月27日举行。会议由郦小萍主任主持。会议审议通过了区人大常委会2020年工作要点。审议中，顾卫明代表提出要对区“十三五”规划执行情况开展监督；方潇代表提出要加强对区政府依法行政工作的监督；陈红霞代表提出要加大对疫情防控期间政府有序推进复工复产工作的关注力度；周国忠代表提出要推动“河长制”工作各项目标任务有效落实。会议还听取了区政府关于2020年政府实事项目建设计划安排情况的汇报，审议通过了关于组织人大代表开展2020年政府实事项目监督工作的方案。

姑苏区第二届人大常委会第二十八次会议于4月27日举行。会议由郦小萍主任主持。会议听取了区政府关于依法防控新冠肺炎疫情切实保障人民群众生命健康安全的汇报和关于区内企业复工复产情况的汇报。会议还听取了部分苏州市人大代表向原选举单位报告履职情况；表决通过了《苏州市姑苏区第二届人大常委会关于接受蔡炳锋同志辞去苏州市第十六届人民代表大会代表职务的请求的决定》《苏州市姑苏区第二届人大常委会关于接受蔡炳锋同志辞去区第二届人民代表大会代表职务的请求的决定》《苏州市姑苏区第二届人大常委会关于接受王敏辞去区第二届人民代表大会代表职务的请求的决定》《苏州市姑苏区第二届人大常委会关于确认许可对区人大代表马悦铭采取取保候审强制措施和暂时停止其执行代表职务的决定》《苏州市姑苏区第二届人民代表大会常务委员会财政经济工作委员会免职名单》《苏州市姑苏区第二届人民代表大会常务委员会财政经济工作委员会增补名单》和有关人事任免事项。

姑苏区第二届人大常委会第二十九次会议于5月19日举行。会议由郦小萍主任主持。会议表决通过了《苏州市姑苏区第二届人民代表大会常务委员会关于接受尤培东同志辞去姑苏区人民政府副区长职务的请求的决定》和有关人事任免事项。

姑苏区第二届人大常委会第三十次会议于6月29日举行。会议由郦小萍主任主持。会议听取和审议了区政府关于学前教育情况的报告、“七五”普法工作情况的报告，区检察院关于落实“两个聚焦”检察惠民助企专项工作情况的报告，区人大常委会执法检查组关于检查《中华人民共和国土壤污染防治法》贯彻实施情况的报告，部分苏州市人大代表履职情况的报告；表决通过了《苏州市姑苏区第二届人大常委会关于接受吴佳康同志辞去区第二届人民代表大会常务委员会委员职务的请求的决定》《苏州市姑苏区第二届人大常委会关于关于接受葛宇东同志辞去区第二届人民代表大会代表职务的请求的决定》《苏州市姑苏区第二届人大常委会关于接受王伟民同志辞去区第二届人民代表大会代表职务的请求的决定》《苏州市姑苏区第二届人大常委会关于接受王正茂同志辞去区第二届人民代表大会代表职务的请求的决定》和有关人事任免事项；举行《中华人民共和国安全生产法》专题法制讲座；书面传达学习十三届全国人大三次会议精神和习近平总书记在大会期间的重要讲话精神。

姑苏区第二届人大常委会第三十一次会议于8月27日举行。会议由郦小萍主任主持。会议听取和审议了区政府关于社区工作者职业化体系建设情况的报告、姑苏区2019年本级财政决算（草案）的报告、姑苏区2019年本级财政及其他财政收支情况的审计工作报告、姑苏区2020年1—6月财政预算执行情况的报告和部分苏州市人大代表履职情况的报告；审查批准了姑苏区2019年本级财政决算；表决通过了《苏州市姑苏区第二届人大常委会关于姑苏区人大常委会内务司法工作委员会更名的决定》《苏州市姑苏区第二届人大常委会关于调整部分选区姑苏区第二届人民代表大会代表名额的决定》《苏州市姑苏区第二届人大常委会关于接受吴宏同志辞去区第二届人民代表大会代表职务的请求的决定》和有关人事任免事项。

姑苏区第二届人大常委会第三十二次会议于10月29日举行。会议由郦小萍主任主持。会议听取和审议了区政府关于区二届人大四次会议代表建议、批评和意见办理情况的报告，区政府关于国有资产专项工作情况的报告；审议了国有资产全面工作情况；听取和审议了区政府《关于加强网格化管理，助推基层社会治理和服务创新的报告》、区法院《关于深化多元解纷，提升诉讼服务做优做强司法为民情况的报告》、区人大常委会执法检查组关于检查《中华人民共和国安全生产法》《江苏省安全生产条例》贯彻实施情况的报告和部分苏州市人大代表履职情况的报告；表决通过了《关于加强网格化联动机制，推进社会治理体系建设的决定》《苏州市姑苏区第二届人大常委会关于在部分选区组织选举和出缺代表补选的决定》和有关人事任免事项；开展了优化营商环境工作专题询问和满意度测评；审议了区政府关于社区工作者职业化体系建设、2019年财政决算和同级审计、2020年1—6月财政预算执行等3项审议意见研究处理情况的报告。

姑苏区第二届人大常委会第三十三次会议于12月30日举行。会议由郦小萍主任主持。会议听取了全区扫黑除恶专项斗争报告，听取和审议了区政府关于2019年本级财政及其他收支审计查出问题整改情况的报告、区政府《关于2020年生态环境保护工作和打好污染防治攻坚战、突出环境问题清单完成情况的报告》、姑苏区第二届人民代表大会第五次会议筹备工作情况的报告，讨论通过了召开区二届人大五次会议的决定和有关事项；表决通过了关于接受王俊同志辞去代表职务的请求的决定和关于在部分选区组织出缺代表补选的决定，审议了部分市人大代表履职情况的报告，表决通过了财经委和财经工委委员调整名单和人事任免案，补选了市人大代表；审议了区政府、区法院关于5项审议意见和政府关于优化营商环境评议意见研究处理情况的报告。

## 人大监督

【疫情防控工作】 2020年，面对突如其来的新冠肺炎疫情，区人大常委会及时出台《关于依法防控新型冠状病毒感染肺炎疫情切实保障人民群众生命健康安全的意见》，全面落实全国和省、市人大有关决定决议，开展涉野生动物“一决定一法”及省《条例》执法检查，为政府、医疗卫生机构和社会各方采取防控措施、参与防控活动提供了强有力的法治保障。常委会积极助推企业复工复产，听取区政府依

2020年，区人大常委会主任郦小萍一行查看彩香一村菜场的疫情防控情况　　区人大办　供稿

法防控新冠肺炎疫情和推进复工复产情况的报告，协调解决企业生产生活中的重点难点问题，督促政府做实做细常态化疫情防控，完善重大疫情防控体系，加快推动经济全面复苏。全区500余名各级人大代表积极响应区委号召和常委会倡议，以各种形式全力参与支持政府防控工作，累计捐款400余万元，真正做到与人民同呼吸、共命运、心连心。

【完善政策制度体系】 2020年，区人大常委会根据区委关于加强网格化联动机制规范化建设的实施方案，及时做出关于加强网格化联动机制，推进社会治理体系建设的决定，为姑苏区社会治理体系和治理能力现代化提供法治支撑。关注宏观经济运行，听取审议财政预决算、税收、发展计划等报告，依法做出关于批准财政决算的决议和预算调整的决定，为夺取“双胜利”提供有力保障。配合市人大做好《苏州国家历史文化名城保护条例》执法检查的相关工作，主动聚焦《条例》执行中的制度瓶颈。组织专业代表、专家学者深入开展调研，先后走访市、区有关职能部门，组织召开调研座谈会；前往上海思南公馆、南京老门东、广州永庆坊、福州三坊七巷等古城保护样板街区学习考察，努力破解制度层面的突出问题，提出“坚持科学保护理念，突出规划引领作用，构建完善体制机制，探索多元资金投入”等建议。

【全口径预决算审查监督】 2020年，区人大常委会切实履行人大预决算审查、批准职责，积极推动预算审查监督重点向支出预算和政策拓展。听取和审议2019年财政决算和2020年上半年预算执行情况，做出了批准财政决算和预算调整的决定，对2021年财政预算草案进行了初步审查。督促政府深化财税体制改革，加强财政资金使用效益，充分发挥财政职能作用。加大审计整改监督力度，听取和审议2019年本级财政和其他收支审计情况、审计发现问题整改情况，要求审计部门加强问题整改的跟踪监督力度。审计报告反映的45个问题已整改到位42个，整改率达93%，切实增强了审计监督权威性。对国有资产管理工作开展监督，提出“进一步提升国资企业盈利能力、明确国资办职能定位、加强资产分类管理、规范国资企业内控制度”等意见。

【全面保障“十四五”规划实施】 2020年，区人大常委会着眼姑苏区“十四五”规划纲要确定的各项发展愿景和目标任务，努力找准找实监督切入点、着力点，综合运用多种监督手段，全面保障纲要有力有序有效推进。深入聚焦姑苏区“十四五”时期具有全局和长远影响的重大问题、制约改革发展的难点问题、人民群众关注的热点问题，专题调研“十四五”规划纲要编制情况，发动各级人大代表开展“我为‘十四五’规划献良策”活动，共向省、市、区“十四五”规划提出意见、建议62条。

【依法做好人事任免工作】 2020年，区人大常委会坚持党管干部原则，确保常委会审议的严肃性和程序的完整性。落实宪法宣誓制度，贯彻《国歌法》，以仪式的庄重感增强使命感、责任感。全年依法任免国家机关工作人员67人次，依法补选区人大代表14名、市人大代表5名。

【推动垃圾分类有效实施】 2020年是《苏州市生活垃圾分类管理条例》颁布实施的第一年，也是推动居民习惯养成，全力打赢垃圾分类攻坚战持久战的关键一年。主任会议听取区政府生活垃圾分类工作情况报告，开展生活垃圾每月例行重点督查和视察，要求区政府在加强前端“三定一督”、完善中端流程监管、提升末端处置能力方面持续发力，确保高质量完成垃圾分类各项任务。常委会发动人大代表围绕垃圾分类工作广泛收集人民群众的意见、建议，并做好建议落实情况反馈跟踪，督促有关部门抓好问题整改。专题调研《条例》贯彻实施情况，认真梳理《条例》执行中存在的问题及深层次原因，在协同联动、宣传引领、设施完善等方面提出了意见、建议，为《条例》的有效实施提供保障。

【聚力打赢污染防治攻坚战】 2020年，区人大常委会持续推进污染防治攻坚战各项目标任务全面完成，每季度对生态环境突出问题开展督查，围绕生态环境保护和打好污染防治攻坚战、突出环境问题清单完成情况提出审议意见，协调推动312国道北侧梅巷片区河道两侧建筑侵占河道、南王家庄污水直排等20处突出环境问题得到有效解决。开展《土壤污染防治法》执法检查，督促政府切实履行土壤污染防治主体责任，健全土壤环境质量监测网络。落实河长制暨美丽河湖部署要求，对环城河管护及整治情况开展督查，召开高质量管护工作座谈会，为做靓姑苏水环境、做好姑苏水文章凝聚人大力量。配合市人大开展《苏州市河道管理条例》执法检查，协助召开《苏州市供水条例》立法调研座谈会，为制度化推进河道管理与水源保护提供姑苏方案。

【推动文化强区深化发展】 2020年，区人大常委会推动文化强区有深度。关注闲置载体资源改造升级，视察姑苏69阁、蓝・盘南1983等文创产业园，积极助推产业园区做大做强、做出特色。召开姑苏文化产业发展座谈会，共向区政府反馈意见、建议15条，协调推动《姑苏区文化新经济人才政策实施意见》出台，姑苏区重点产业园“全链式”审批服务等一批务实举措落地落实。加快推进“文化+旅游”融合，配合开展《江苏省民宿业促进条例》立法调研，认真梳理全区民宿业实践中的现实困难和发展瓶颈，在“制定城市民宿法律依据”“建立城市民宿管理体系”等方面提出建议。视察科技工作，要求区政府持续加大“文化+科技”融合，加快创新主体和文化人才招引培育。

【促进营商环境持续优化】 2020年，区人大常委会主动服务高水平开放，助推高质量发展，在全市率先对政府优化营商环境工作开展专项评议，区委主要领导专题调研人大工作，对持续开展好评议活动提出明确要求。区人大常委会认真贯彻区委指示，创造性地将专题询问、专项督查、满意度测评等监督形式有机融入评议活动中，全面落实“代表评营商、助力最舒心”专项工作，在全市率先高质量完成480份专项调查问卷和专题调研活动，共向市人大报送意见、建议1121条，11条建议被列为重点交相关部门办理，持续深化营商环境专题调研。围绕北部经济区一体化创新发展、“抢抓机遇、化危为机”、“姑苏八点半”夜经济等主题召开座谈会，深入重点商贸区开展视察，提出调研建议。

【促进依法治区加快推进】 2020年，区人大常委会深入学习贯彻习近平法治思想，全面提升政府依法行政和“两院”公正司法水平。聚焦“七五”普法各项目标任务完成情况，助推完善民商事律师中立评估机制，围绕加强领导形成合力、突出重点精准发力、创新形式增强实效、强化保障建好队伍等方面提出建议。关注法院一站式多元解纷和诉讼服务体系建设，要求不断深化司法体制改革，提升多元解纷和非诉讼纠纷解决能力，持续满足人民群众司法服务需求。听取并审议检察院落实“两个聚焦”惠民助企专项工作情况，就更好维护社会公平正义、服务保障发展大局、深入参与社会治理、强化检察队伍建设等方面提出意见。积极助力扫黑除恶专项斗争，督促“一府一委两院”进一步提高政治站位，继续保持高压态势，强化监管水平，加强宣传发动，努力推进更高水平的法治姑苏、平安姑苏建设。

【促进民生服务保障有力】 2020年，区人大常委会关注教育扶贫工作，从提高政治站位、强化精准帮扶理念、贯彻素质教育方针、用好网络信息手段等方面提出明确要求。聚焦人民群众对学前教育的新需求新期盼，开展专题调研，推动区政府持续完善教育资源规划布局和师资队伍建设力度，加快构建以公益普惠为主体的学前教育公共服务体系。深化实事项目票决工作，发动人大代表和议政代表全面参与项目征集，对2017年以来实施的“就业惠民、创业富民”工程等项目开展绩效评价。对2019年实事项目完成情况开展满意度测评，推动区实事项目票决工作继续走在全市前列。专题视察老年人助餐服务工作，推动加快形成“15分钟老年人助餐服务网络”。开展社区卫生服务机构提档升级情况视察，要求持续优化基层医疗机构体系建设，为群众提供更高质量的卫生健康服务。

【助力构建经济发展格局】 2020年，区人大常委会深化“评议+”监督，常态化开展专题询问、专项督查和满意度测评，深入推进“放管服”改革，持续激发市场主体活力。配合做好《苏州市优化营商环境条例》立法调研的相关工作，聚焦“十三五”高质量发展指标体系，适时做出决定决议，加快打造市场化、法制化、国际化营商环境。加强对财政预决算、审计、发展计划、税收等工作的监督，深化推进预算联网监督工作，持续推动审计查出问题整改落实。关注国有资产绩效管理，不断盘活存量资产，以更为刚性的监督方式守好人民“钱袋子”，为迈好构建新发展格局的第一步贡献人大力量。

【促进社会治理改革创新】 2020年，区人大常委会支持政府加快构建充满创新性、系统性的新型社区工作者职业体系，从提升政策文件执行力、增强社区岗位吸引力、强化社工业务培训力、加大社区工作宣传力等方面提出意见、建议。发动人大代表对《安全生产法》《江苏省安全生产条例》贯彻实施情况开展执法检查，深入分析症结，积极建言献策，共向上级人大、政府及有关部门反馈各类问题、意见和建议34条。听取退役军人服务工作情况，就全面落实工作责任，不断提升退役军人服务工作制度化规范化法制化水平向区政府提出明确要求。视察产业园消防设施和小型消防站建设，推动政府加强消防应急救援能力建设。视察城市运行联动指挥中心，助推打造网格化联动“升级版”。

【依法决定重大事项】 2020年，区人大常委会深入调研《苏州市姑苏区分区规划暨城市更新规划（2020—2035）》，依法行使重大事项决定权，保证党的主张通过法定程序转化为全区人民的自觉行动。严格落实区委人大工作会议各项决策部署，组织开展《关于加强新时代人大工作和建设的实施意见》贯彻实施情况专项督查，确保区委对新时代人大工作的各项要求落到实处。

【聚焦古城振兴重点】 2020年，区人大常委会围绕古城保护更新3项重点工作，积极助推文创产业发展、历史遗存保护和文化强区工程，促进文化产业智能化改造和数字化转型。关注文化产业转型升级三年行动计划，专题调研文化产业倍增，持续擦亮古城文化“金字招牌”。着眼古城保护制度层面问题瓶颈，助推违法建设专项整治工作，以更多的管用建议和务实举措提升人民群众的获得感、幸福感、安全感。聚焦生态环境保护、古城保护重点项目和景观风貌提升工程，纵深推进生活垃圾“三定一督”，组织开展专题视察、执法检查，不断提升古城形象品质。

【推进政府实事项目票选和监督】 区二届人大四次会议上，全体代表票决产生了18项2020年度政府实事项目。为保障这些实事项目的有效实施和高质量完成，区人大常委会将18项实事项目分成7个大类，由人大代表组成7个专业小组，重点对影响项目进度的关键环节、疑难问题等开展监督；同时以街道为单位，组织全体代表对实事项目的序时进度、安全问题等开展监督。通过专业监督与广泛监督的结合，实现对实事项目的有效监督和全程监督。一年以来，共组织专业代表开展专项监督56次。

## 人大代表主体作用

【代表履职制度和机制】 2020年，姑苏区出台《关于加强新时代人大工作和建设的实施意见》。对服务保障代表履职提出了新的要求，成立代表联络服务机构，健全代表履职管理考评机制，出台代表履职积分管理办法，优化完善“姑苏人大”履职积分管理系统，实行履职积分季度通报制，全年代表履职登记达6842条，有效激发代表履职热情，配强基层人大工作力量，为全力保障代表履职、提升履职质量提供制度保障。

【代表履职服务与管理】 2020年，区人大常委会召开“一府两院”半年度工作情况通报会，保障代表及时掌握区情区政。完善“姑苏人大”微信履职平台功能，全年推送各类信息200余条，代表履职登记4813条。按照“规范标准、完善制度、坚持特色、提升内涵、注重实效”的原则，全面推进代表之家的提档升级。全区建成区级代表之家1个，街道代表之家8个，社区、网格片代表联络站、联络点102个，代表工作室5个，形成了“1+8+N”的代表阵地体系。强化代表履职管理监督，继续组织代表向原选区述职，接受选民评议，截至2020年底，共组织代表述职432人。组织代表统一接待日活动，打通民意沟通的反馈渠道，当天省、市、区3级人大代表66名接待群众106人，收集有关“十四五”规划纲要编制、优化营商环境等各方面的意见、建议121条，其中涉及市级层面91条。

【代表履职活动与平台】 2020年，区人大常委会推动代表接待选民活动常态化，开展“今天我在岗——人大代表社区周周行”活动。全年紧扣区委主题奋斗年中心工作，为打造“硬核”姑苏提出好点子、好建议131条，有3条建议上榜姑苏区监督建言“金石榜”，22名代表获评监督建言“三言奖”。组织开展专题“周周行”201场次，接待人民群众2386人次，参与代表649人次，共收集到各方面意见、建议211条。组织对三年来的部分政府实事项目进行科学评价。同时在人代会上对上一年度的实事项目由全体代表进行满意度测评。组织全体代表开展“人大代表进网格”活动，推出“一二三四五”代表网格工作法。以网格化联动工作站为单位，建立代表工作站，构建全覆盖的一张网，按照线下“进网格、亮身份、察民情、共治理”目标，线上“代表进网格，民意码上通”机制，形成联系群众的两条线，通过加强平台建设、建立联系工作机制、完善民情民意处理机制等三重保障，不断推进“人大代表进网格”活动与人大代表“周周行”活动、代表联络员制度等四项既有工作制度的紧密融合，充分彰显人大代表旗帜鲜明的政治本领、与时俱进的学习本领、依法履职的监督本领、求真务实的调研本领和脚踏实地的群众工作本领等五项本领，更好推动人大代表联系基层、融入群众、参与治理，更好发挥代表职能优势和主体作用。

【代表建议办理】 2020年，区人大常委会突出“内容高质量、办理高质量”要求，认真梳理代表建议，对代表多年连续反映但尚未解决的建议，加强与相关职能部门的沟通，通过重点督办、滚动督办的形式，全力推动解决。围绕“激发代表履职积极性，提升代表建议内容的质量”开展专题调研，引导人大代表围绕区委中心工作和群众关心问题，形成立题准、内容实、质量高的代表建议。完善办理工作协调机制，继续抓好“三见面”工作，更多地邀请代表参与建议办理，提升办理工作的透明度，推动政府以更加扎实的工作举措提升办理实效。区二届人大四次会议提出的149件建议均成功办结，已解决或基本解决146件，占98%；所提问题已列入计划准备解决的1件，占比为0.7%；所提问题因客观条件限制暂时不能解决、留作参考的2件，占比为1.3%。代表满意、基本满意率100%。（何慧贤）

## 人事任免

【2020年人事任免】 2020年4月27日，区第二届人大常委会第二十八次会议通过：

任命李丽鲜同志为区法院历史文化名城资源保护审判庭副庭长；

任命李婷婷同志为区法院速裁审判庭副庭长；

免去林丰同志区法院审判委员会委员、民事审判第一庭副庭长、审判员职务。

根据《苏州市姑苏区第二届人民代表大会常务委员会关于对苏州国家历史文化名城保护区人民法院任免法律职务的决议》，同时任免以上同志保护区人民法院相应法律职务。

2020年4月27日，区第二届人大常委会第二十八次会议通过：

免去寿樱同志区检察院检察委员会委员、检察员职务。

根据《苏州市姑苏区第二届人民代表大会常务委员会关于对苏州国家历史文化名城保护区人民检察院任免法律职务的决议》，同时免去以上同志保护区人民检察院相应法律职务。

2020年5月19日，区第二届人大常委会第二十九次会议决定：

任命雷波同志为姑苏区人民政府副区长；

接受尤培东同志辞去姑苏区人民政府副区长职务的请求，并报姑苏区第二届人民代表大会第五次会议备案。

2020年5月19日，区第二届人大常委会第二十九次会议决定：

任命朱依东同志为姑苏区古城保护委员会主任；

任命王伟民同志为姑苏区教育体育和文化旅游委员会主任；

任命王正茂同志为姑苏区发展和改革局局长、姑苏区统计局局长；

任命葛宇东同志为姑苏区经济和科技局局长；

任命郑云同志为姑苏区退役军人事务局局长；

免去田嘉勇同志姑苏区古城保护委员会主任职务；

免去单杰同志姑苏区教育体育和文化旅游委员会主任职务；

免去葛宇东同志姑苏区发展和改革局局长、姑苏区统计局局长职务；

免去杨国栋同志姑苏区经济和科技局局长职务；

免去明岚同志姑苏区退役军人事务局局长职务。

2020年5月19日，区第二届人大常委会第二十九次会议通过：

免去陈学林同志区法院审判员职务；

免去徐明晖同志区法院审判员职务；

免去徐苏平同志区法院审判员职务。

根据《苏州市姑苏区第二届人民代表大会常务委员会关于对苏州国家历史文化名城保护区人民法院任免法律职务的决议》，同时免去以上同志保护区人民法院相应法律职务。

2020年6月29日，区第二届人大常委会第三十次会议通过：

免去吴佳康同志姑苏区沧浪街道人大工委主任职务。

2020年6月29日，区第二届人大常委会第三十次会议通过：

任命张捷同志为区法院刑事审判庭庭长；

任命王文萍同志为区法院民事审判第一庭副庭长；

任命陈勇同志为区法院行政审判庭副庭长；

任命陈瑾同志为区法院金阊人民法庭副庭长；

免去王浩同志区法院审判员职务。

根据《苏州市姑苏区第二届人民代表大会常务委员会关于对苏州国家历史文化名城保护区人民法院任免法律职务的决议》，同时任免以上同志保护区人民法院相应法律职务。

2020年6月29日，区第二届人大常委会第三十次会议通过：

任命陈杰同志为区人民检察院检察委员会委员、检察员；

任命黄晔同志为区人民检察院检察委员会委员；

任命于悦同志为区人民检察院检察委员会委员；

任命朱锡轶同志为区人民检察院检察委员会委员；

任命王石飞同志为区人民检察院检察委员会委员；

任命陈玺同志为区人民检察院检察委员会委员；

任命王炯同志为区人民检察院检察委员会委员；

免去邵阳同志区人民检察院检察委员会委员职务；

免去缪春涛同志区人民检察院检察委员会委员职务；

免去孙国华同志区人民检察院检察员职务。

根据《苏州市姑苏区第二届人民代表大会常务委员会关于对苏州国家历史文化名城保护区人民检察院任免法律职务的决议》，同时任免以上同志保护区人民检察院相应法律职务。

2020年8月27日，区第二届人大常委会第三十一次会议决定：

免去庞克同志区民族宗教事务局局长职务。

2020年8月27日，区第二届人大常委会第三十一次会议决定：

免去朱建庚同志区法院副院长职务；

免去马文立同志区法院历史文化名城资源保护审判庭庭长职务；

免去赵真增同志区法院审判员职务。

根据《苏州市姑苏区第二届人民代表大会常务委员会关于对苏州国家历史文化名城保护区人民法院任免法律职务的决议》，同时免去以上同志保护区人民法院相应法律职务。

2020年10月29日，区第二届人大常委会第三十二次会议通过：

任命徐皓同志为区人大常委会监察和司法工作委员会主任；

任命李玉强同志为区人大常委会办公室副主任；

任命丛玮同志为区人大常委会城建环保工作委员会副主任；

任命顾卫明同志为吴门桥街道人大工委主任；

免去林晓冬同志区人大常委会研究室主任职务；

因机构更名，徐皓同志原区人大常委会内务司法工委主任职务自然免除。

2020年10月29日，区第二届人大常委会第三十二次会议决定：

任命刘勇同志为区民族宗教事务局局长。

2020年10月29日，区第二届人大常委会第三十二次会议通过：

任命曹黎丰同志为区法院副院长；

任命茹艳爽同志为区法院审判员；

任命李闯同志为区法院审判员；

任命任彦同志为区法院审判员；

任命高文祥同志为区法院审判员；

任命宋红霞同志为区法院审判员；

任命马林同志为区法院审判员；

任命孙丽丽同志为区法院审判员；

免去朱建庚同志审判委员会委员职务；

免去唐小红同志审判委员会委员职务；

免去沈录印同志审判委员会委员职务；

免去刘金荣同志审判委员会委员职务；

免去黄伟忠同志审判委员会委员职务；

免去王承杰同志审判委员会委员职务；

免去李红同志审判委员会委员职务；

免去周俭同志审判委员会委员职务；

根据《苏州市姑苏区第二届人民代表大会常务委员会关于对苏州国家历史文化名城保护区人民法院任免法律职务的决议》，同时任免以上同志保护区人民法院相应法律职务。

2020年10月29日，区第二届人大常委会第三十二次会议通过：

任命廖宗林同志为区人民检察院检察员；

任命路爱琴同志为区人民检察院检察员；

任命龚静静同志为区人民检察院检察员；

任命张超同志为区人民检察院检察员；

根据《苏州市姑苏区第二届人民代表大会常务委员会关于对苏州国家历史文化名城保护区人民检察院任免法律职务的决议》，同时任命以上同志保护区人民检察院相应法律职务。

2020年12月30日，区第二届人大常委会第三十三次会议通过：

免去顾建国同志区人民检察院副检察长、检察委员会委员职务；

根据《苏州市姑苏区第二届人民代表大会常务委员会关于对苏州国家历史文化名城保护区人民检察院任免法律职务的决议》，同时免去以上同志保护区人民检察院相应法律职务。 （何慧贤）

## 人大代表建议目录

表4-1 姑苏区第二届人大第五次会议代表建议目录

| 建议编号 | 建议人 | 标题 |
|---|---|---|
| 0001 | 赵 洁 | 保护挖掘大运河文化助推姑苏文旅产业高质量发展的建议 |
| 0002 | 高 勇 | 关于缓解姑苏区企业外迁压力的建议 |
| 0003 | 李 锋 | 关于加强保护历史文化遗产基础性工作的几点建议 |
| 0004 | 叶 敏 | 关于加强学前教育三方面工作的建议 |
| 0005 | 戴家栋 | 关于进一步完善和丰富老人生活的建议 |
| 0006 | 蔡旭卫 | 关于进一步做好做实老新村修缮有关工作的建议 |
| 0007 | 傅菊芬 | 关于老年教育社区化的建议 |
| 0008 | 张勇坚 | 关于社区工作职能逐年递增、相关部门职能弱化的建议 |
| 0009 | 徐忠民 | 关于苏州市双塔街道长岛社区油车场附近旧房改造的议案 |
| 0010 | 计玉明 | 关于提升社区卫生服务中心服务能力的建议 |
| 0011 | 张红曼 | 关于因地制宜实行垃圾分类的建议 |
| 0012 | 徐进亮 | 关于钟楼新村部分房屋质量鉴定的建议 |
| 0013 | 金丽娜 | 基层关于苏式特色小店发展治理的建议 |
| 0014 | 王 琛 | 关于垃圾分类常态化管理的建议 |
| 0015 | 冯晓艳 | 关于姑苏区老旧零星小区改造的一些建议 |
| 0016 | 唐 曜 | 关于相王路36号、76号小区公共车库集中安装充电表的建议 |
| 0017 | 沈洁成 | 关于对钟楼社区路面改造的建议 |
| 0018 | 岳炳兴 | 关于垃圾分类的建议 |

续表

| 建议编号 | 建议人 | 标题 |
|---|---|---|
| 0019 | 邹建苏 | 关于十全街附近停车难的分析和建议 |
| 0020 | 苏家蓉 | 关于人口普查过程中发现的相关问题及建议 |
| 0021 | 张　萍 | 关于解决姑苏区古城小学校教师停车难问题的建议 |
| 0022 | 范太峰 | 关于在江星路草桥中学旁设置公厕的建议 |
| 0023 | 高小菁 | 关于改善苏站路沿街商铺停车问题的建议 |
| 0024 | 顾金泉 | 关于属地政府协助国发大厦招商的建议 |
| 0025 | 刘　苏 | 关于加强和改进小区物业管理的建议 |
| 0026 | 沙亚萍 | 关于加大投入打造姑苏古城文化品牌的建议 |
| 0027 | 吴　敏 | 关于全面排查和改善姑苏区小学校室内照明的建议 |
| 0028 | 徐文祥 | 关于加强重点地区社会治安整治的建议 |
| 0029 | 颜维强 | 关于推动姑苏北部经济区更好更快发展的建议 |
| 0030 | 钟明庆 | 关于建立新型养老产业居家养老体系的建议 |
| 0031 | 庄晓红 | 关于推动老字号在传统农贸市场活化及发展的建议 |
| 0032 | 胡京伟 | 关于加快曹沧洲祠、桃园等老宅改造后活化利用的建议 |
| 0033 | 胡京伟 | 关于加快姑苏区烂尾楼项目专项整治的建议 |
| 0034 | 胡京伟 | 关于进一步推动南门商圈转型升级发展的建议 |
| 0035 | 胡京伟 | 关于在姑苏区大力推广共享电动自行车的建议 |
| 0036 | 翁利平 | 关于加快推进姑苏区可回收物回收利用工作的建议 |
| 0037 | 周建明 | 关于加快推进养老机构建设，提升集中供养和综合养老服务能力的建议 |
| 0038 | 张利明 | 关于开放“共享学校运动场”实现便民健身的建议 |
| 0039 | 韩龙根 | 关于打通白洋湾街道区域内道路，优化营商环境的建议 |
| 0040 | 陈　莉 | 关于盘胥路部分路段通行的建议 |
| 0041 | 查　磊 | 关于改善苏州中小学、幼儿园学校门口公共交通安全的建议 |
| 0042 | 查　磊 | 青少年自杀现象频出引发的思考——关注青少年心理健康教育解决方案 |
| 0043 | 陈　华 | 关于多组织一些辖区内相关民营企业交流和培训活动的建议 |
| 0044 | 蒋少华 | 立足痛点推进垃圾分类投放“堵”与“疏”相结合 |
| 0045 | 范　俊 | 苏式生活，从早上开始——关于促进苏州晨间经济发展的建议 |
| 0046 | 黄大鹏 | 以特色街道为抓手，对接上海来苏安居养老，加快融入长三角一体化 |
| 0047 | 林晓冬 | 关于对潼泾新村等老旧小区进行改造的建议 |
| 0048 | 沈敏敏 | 关于进一步加大古城区名人故居的保护和利用力度的建议 |
| 0049 | 苏　蔚 | 关于南门商圈转型升级尽快制定整体规划及相关问题的建议 |
| 0050 | 范剑军 | 关于加强社区居委会用房规划管理的建议 |
| 0051 | 杨崇民 | 关于妥善处理姑苏区老厂房土地用地性质的建议 |
| 0052 | 杨建卫 | 关于提升社区助餐点的建议 |
| 0053 | 高　蓉 | 关于“文明养犬”的建议 |
| 0054 | 张　慧 | 关于东一路5号基础设施改善的建议 |
| 0055 | 张　建 | 弘扬劳模精神——我的几点建议 |
| 0056 | 员金胜（贠金胜） | 关于移除玄妙观东、西脚门前临时搭建售卖亭的建议 |
| 0057 | 赵　洁 | 关于电瓶车充电集中整治后遗留的安全问题的建议 |
| 0058 | 高　勇 | 关于人大会议期间全面禁烟的建议 |
| 0059 | 赵　洁 | 以国资产业园建设为龙头助推姑苏文化产业发展的建议 |
| 0060 | 周法兴 | 大力弘扬中国传统文化，提升古城居民幸福指数 |

续表

| 建议编号 | 建议人 | 标题 |
| --- | --- | --- |
| 0061 | 周法兴 | 姑苏区居民小区业委会提升建议 |
| 0062 | 王晓红 | 关于盘门桥堍原花鸟市场改建优化的建议 |
| 0063 | 周法兴 | 建立姑苏区管线保护联盟的建议 |
| 0064 | 周法兴 | 大力推进全电化改造，打造清洁能源智慧城市 |
| 0065 | 吴静娴 | 关于对闲置空地利用的建议 |
| 0066 | 吴勤芳 | 关于在湄长社区附近建设卫生服务站的建议 |
| 0067 | 张海菁 | 关于合理提升尊老金发放标准的建议 |
| 0068 | 张海菁 | 关于加强对学校周边店铺食品卫生检查的建议 |
| 0069 | 张海菁 | 关于增加对居民心理健康的关怀与投入的建议 |
| 0070 | 顾建方 | 关于拆除留园路两旁违章店面的建议 |
| 0071 | 姚建明 | 关于加强桐泾路北延工程施工现场特种设备监管的建议 |
| 0072 | 常敏跃 | 关于对姑苏区无物业小区公共设施及绿化工程集中维护的建议 |
| 0073 | 丁　晨 | 关于提高姑苏区社工待遇的建议 |
| 0074 | 皋荣蓉 | 关于垃圾分类“定点、定时”多元化的建议 |
| 0075 | 管莉军 | 关于在新元路设置横道线或减速标识的建议 |
| 0076 | 黄　斌 | 关于调整三香路馨泓路口交通信号灯时长的建议 |
| 0077 | 黄　芳 | 打造“15分钟医疗卫生服务圈”的建议 |
| 0078 | 黄爱军 | 关于姑苏区加快推进老旧小区加装电梯的建议 |
| 0079 | 黄素心 | 关于规范小学校医配置管理的建议 |
| 0080 | 季苏荣 | 关于加快背街小巷管线整治的建议 |
| 0081 | 蒋海燕 | 关于彩香二村33幢南侧口袋公园改造的建议 |
| 0082 | 金昇贤 | 关于重新设置石路步行街管理办的建议 |
| 0083 | 吕红芳 | 关于进一步完善姑苏区社区老人居家养老的建议 |
| 0084 | 马　奕 | 关于进一步提升运河周边环境及文化建设的建议 |
| 0085 | 沈坚平 | 关于取消学士街单行线的建议 |
| 0086 | 孙家兵 | 关于启用最高人民法院司法评估机构名单库的建议 |
| 0087 | 吴　斌 | 关于解决基层老年人活动场所紧缺问题的建议 |
| 0088 | 吴丽芬 | 关于加快对苏州姑苏区城市历史档案的挖掘、整理、开发、利用的建议 |
| 0089 | 徐阿大 | 关于进一步扩大我区社区卫生公共服务均衡供给的建议 |
| 0090 | 徐燕英 | 关于提升苏州火车站地区城市窗口形象的建议 |
| 0091 | 徐燕英 | 关于加强老旧小区运营管理的建议 |
| 0092 | 杨　伟 | 关于加强姑苏区老新村配套基础设施维护的建议 |
| 0093 | 张慧军 | 关于聘请战斗英雄作为征兵、国防教育形象代言人的建议 |
| 0094 | 章　菁 | 关于老新村楼幢墙皮脱落问题成立维修基金的建议 |
| 0095 | 周　骞 | 关于试行家庭照护床位养老模式的建议 |
| 0096 | 朱纯华 | 关于彩香一村一区老旧小区车辆停放的建议 |
| 0097 | 朱纯华 | 关于菱塘新村二区垃圾分类的建议 |
| 0098 | 张剑华 | 关于加强对“桃花坞大街320号”空挂户人员管理的建议 |
| 0099 | 张新军 | 关于妥善解决姑苏区准看护点难点问题的建议 |
| 0100 | 周　薇 | 关于应对寒潮天气老旧小区水管冻结问题的建议 |
| 0101 | 成涛林 | 关于重振姑苏文旅产业的建议 |
| 0102 | 成涛林 | 关于加强社区干部队伍建设的建议 |

续表

| 建议编号 | 建议人 | 标题 |
|---|---|---|
| 0103 | 查佐明 | 关于学前教育的问题与建议 |
| 0104 | 黄　宁 | 关于对虎丘街道红星社区木耳场零星楼进行改造的情况说明 |
| 0105 | 周　洁 | 关于加强城市废品回收治理和规范的建议 |
| 0106 | 严伟虎 | 关于营商环境提升的建议 |
| 0107 | 王心亚 | 关于仁安社区老新村公共楼道管理的建议 |
| 0108 | 游斌权 | 关于公共场所自动体外除颤仪配备的建议 |
| 0109 | 倪川明 | 关于虎丘路冠云花园小区出入通道拓宽的建议 |
| 0110 | 王旭平 | 关于建造标准型婚纱生产厂房的建议 |
| 0111 | 惠玉兰 | 关于老旧小区增设电梯的几点建议 |
| 0112 | 乔　怡 | 关于清塘路与青年路十字路口红绿灯增设转弯指示信号灯的建议 |
| 0113 | 唐春燕 | 关于山塘街458号改造的建议 |
| 0114 | 刘　军 | 关于山塘街等历史文化名街加速融入长三角一体化发展的建议 |
| 0115 | 顾辰晏 | 以梅巷地区为例——提升社区养老服务多元一体化建设的建议 |
| 0116 | 黄　宁 | 清塘新村、苏钢大院外墙修缮申请 |
| 0117 | 周　洁 | 关于率先试行城中村微更新的建议 |
| 0118 | 唐　铮 | 关于进一步推进完善老新村居民社区场所功能的建议 |
| 0119 | 蒲海燕 | 关于在金秋家园周边设立社区卫生服务站的建议 |
| 0120 | 陶永芳 | 关于加强小游园管理的建议 |
| 0121 | 马振暐 | 关于重建苏州葑门和齐门城门的建议 |
| 0122 | 徐阿大 | 关于修复彩香路停车场路段人行道的建议 |
| 0123 | 王德明 | 关于姑苏区教育渗透课程思政理念的建议 |
| 0124 | 陈钟靓 | 关于在小学阶段引入专职生活辅导员的建议 |
| 0125 | 杨旭红 | 关于“厨余垃圾就近处置试点”的建议 |
| 0126 | 吕　瑾 | 关于仓街零星空地改建便民设施的建议 |
| 0127 | 张　君 | 关于加大对我区老旧小区长效管理资金扶持的建议 |
| 0128 | 任雪红 | 关于股份经济合作社人才储备的建议 |
| 0129 | 胡红卫 | 关于加快城市综合治理，打造城市精细化管理服务“姑苏样板”的建议 |
| 0130 | 张　君 | 关于加强东环一、三村老旧小区改造长效管理的建议 |
| 0131 | 朱　婷 | 关于加强永林新村小区管理的建议 |
| 0132 | 潘培权 | 关于将传统艺术与苏帮菜相融合的建议 |
| 0133 | 薛　军 | 关于进一步加强小区电瓶车管理的建议 |
| 0134 | 薛春蕾 | 关于钮家巷社区老旧小区蕴秀园列入老新村改造工程的建议 |
| 0135 | 杨唯贤 | 关于全域旅游时代旅游标识系统如何设计和建设的建议 |
| 0136 | 庞志明<br>杨国栋 | 关于区政府成立美罗商城（观前店）扩建推进专门班子的建议 |
| 0137 | 张伟栋 | 关于苏州姑苏区政府搭建“企业经济互助平台”的建议 |
| 0138 | 翁明浩 | 关于推行“共享物业”管理的建议 |
| 0139 | 王德明 | 关于推进姑苏区教育高质量发展的建议 |
| 0140 | 谈　红 | 关于修改完善尊老金发放政策的建议 |
| 0141 | 盛震莺 | 关于打造红色文化IP的建议 |

（何慧贤）

# 姑苏区人民政府、苏州国家历史文化名城保护区管委会

## 综　述

【概况】 2020年，姑苏区人民政府、苏州国家历史文化名城保护区管委会（简称“区政府、保护区管委会”）在区委、保护区党工委的坚强领导下，以习近平新时代中国特色社会主义思想为指导，紧紧围绕打造历史文化名城“硬核”目标砥砺前行，古城保护切实加强，区域经济平稳发展，改革创新深入推进，人民生活日益改善，较好地完成了“十三五”主要目标任务，为未来发展打下良好基础。

【全年主要工作成果】 2020年，面对国内外疫情防控和经济运行新形势，全区上下深入贯彻落实党的十九大和十九届二中、三中、四中、五中全会以及习近平总书记系列重要讲话精神，认真落实省委、市委、区委决策部署，主动适应经济发展新常态，统筹做好稳增长、促改革、调结构、惠民生、防风险各项工作，较好地完成了既定目标任务。

疫情防线扎实筑牢。始终把人民群众生命安全和身体健康摆在最核心位置，扎实开展疫情防控，截至年末，全区报告病例全部治愈出院，保持患者零病亡、医护零感染。成立疫情防控领导小组和指挥部，贯彻“外防输入、内防反弹”工作要求，深化落实“大数据+网格化+铁脚板”机制，严把汽车站、火车站等交通防疫卡口，严守大包围片区，严管封闭小区，积极构建联防联控、群防群治的严密防线。突出科学精准防控，有力开展入境人员接驳转运、进口冷链食品监管、集中隔离点建设、防疫物资储备等工作。组织开展疫情防控应急演练80余次，突发性公共卫生事件应急处置能力切实提升。大力推动复工复业，有效落实“苏惠十条”“服务业惠十条”等政策，常态化开展重点企业走访，恢复提振市场主体信心，累计为中小企业、个体工商户减免租金和兑现扶持近2亿元。

古城保护步伐加快。首次开展分区规划暨城市更新规划，区历史文化名城保护“十四五”规划编制总体完成，历史城区保护补偿补助工作指导意见制定出台，观前地区管理办法启动修订。完成首次19类4000多个保护对象普查，梳理发布首份保护名录。平江片区重点功能区保护修缮进展迅速，完成20处院落收储，一期搬迁率达87%；大成殿古城保护展示馆主体建设全部完成；中张家巷河道恢复及景观提升工程全面竣工。正式承接文物保护修缮审批，完成横塘驿站、中张家巷29号修缮保护，启动名人故居梳理，完成陶氏宅院、曹沧州祠等古建老宅保护修缮工程。创新设立姑苏古城保护与发展

基金，首期募资14亿元。项目化推进大运河文化带建设，10条夜游、研学游等文旅融合精品线路反响热烈，古城文化特色和魅力不断彰显。

经济运行持续复苏。扎实做好"六稳"工作、全面落实"六保"任务，推动主要指标企稳回升，全年完成地区生产总值819.9亿元，增长0.02%；实现一般公共预算收入63.8亿元，增长0.3%；完成全社会固定资产投资236.86亿元，增长0.03%；实现社会消费品零售总额829.21亿元。积极融入长三角一体化发展国家战略，主动顺应"沪苏同城化"发展趋势，喜马拉雅等4个沪苏合作项目正式落地。5大类36个重点项目顺利实施，区级项目储备达220个。举办线上线下招商推介，中建科工、中信出版、腾讯文娱等企业和项目成功落地。先行启动"姑苏八点半"夜经济工作，精心推出碧凤坊美食广场、潮流市集等52个项目，全面推广"线下购物无理由退货"制度，持续推进"双12苏州购物节"，主要景点、街区人流量和主力商场营业额显著回升。文化产业加快布局，制定出台全区文化产业发展三年行动计划，蓝·SPORT、星辉1976等15个产业园完成改造升级。北部经济区创新发展正式启动，围绕数字经济、信创产业等领域累计引进企业110家，总注册资本23.1亿元，其中亿元以上企业6家。营商环境持续优化，出台实施区级优化营商环境创新行动2020和规范政商交往"10+10"清单，设立全市首个区级营商环境服务中心，举办4期企业家沙龙活动。构建姑苏高层次人才礼遇体系，入选市级人才计划163人。

城市面貌显著改善。以"一环三路两片区"沿线周边和全区重点工程项目为试点，大力开展"靓丽姑苏"违建专项治理，累计拆除违建10.3万平方米。里河片等5个老旧片区"优+"工程、十全河等5条河道综合整治全部完成。垃圾分类全面铺开，21个厨余垃圾处置点建成使用，"三定一督"小区覆盖率达100%。全力攻坚征收扫尾，62个项目实现清零，其中西巴里北等5年以上项目清零35个，完成交地超3300亩，项目清零数量和交地亩数均创历史新高。以18个行业领域为重点，深入推进安全生产专项整治行动，集中消除德合水果市场、相王弄等114处重大隐患。全面打赢蓝天、碧水、净土保卫战，空气质量首次达到国家Ⅱ级标准，省考断面水质优Ⅲ比例和水功能区达标率均达100%，中央、省环保督察交办的信访件全部办结销号。

社会事业不断进步。坚持保就业、保基本民生、保市场主体，新增就业岗位5.8万个，其中大学生就业岗位1.6万个，援助困难弱势群体就业岗位3995个，支持成功自主创业2389人，退役军人就业率实现100%。积极落实稳岗减负政策，减免社会保险费33.1亿元，惠及企业3.6万余家、参保人员38万余人。江乾路小学等10所学校开工建设，建成劳动路实验小学、沧浪新城第四实验小学。新建、改扩建社区卫生服务机构5家和综合为老服务中心8家，新增日间照料中心8个、助餐点50个，构建完成"10分钟养老服务圈"。惠民实事有序推进，17个农贸市场改造完成，40处"智慧菜篮子"社区服务网点投入运营，全区23个农贸市场设置"平价菜摊"。全力打造省级食品示范城市，学校食堂等重点区域明厨亮灶率达100%。创新社会治理机制，区级城市运行联动指挥平台正式启用，建立民生小事快速处置机制，深入开展社区治理与服务创新发展5大行动，创新推出社区"美好指数"，完成建设22个先锋社区、26个规范化社区，规范有序开展社区"两委"换届。深化依法治区实践，推动全区信访维稳工作关口前移，被国家信访局评为"三无"县（市、区）。平安姑苏建设成效显著，群众安全感达99%，位列全市第二。

自身建设持续加强。持续推动全面从严治党向纵深发展，严格落实意识形态工作责任制，积极投身"硬核"姑苏火红年代干事创业主题奋斗年，干事创业的精气神得到有力提升。基层"三整合"改革初显成效，“集中高效审批、强化监管服务、综合行政执法”的治理架构基本建成。扎实推进依法行政，自觉接受区人大及其常委会的法律监督和区政协的民主监督，全年办理人大代表建议149件、政协提案303件，满意率达100%。编制2020年度区级重大行政决策目录，20个重大行政决策项目实行全程网上公开运行。落实“谁执法谁普法”普法责任制，圆满通过“七五”普法终期评估验收。规范行政执法行为，行政执法公示、执法全过程记录、重大执法决定法制审核制度全面落实。积极化解行政争议，规范行政诉讼和行政复议行为，在全省率先成立法治化营商环境观察团，法治政府基本建成。坚决贯彻落实中央八项规定精神，累计压减一般性支出等各类经费6004万元。进一步加强审计监督，完成100个政府投资项目竣工结算审计，核减7831万元，平均核减率14.3%。

【政府重要会议】 2020年，区政府、保护区管委会共召开14次常务会议，审议一批重要文件，听取一批重要汇报，做出相关决定。

1月20日，区政府、保护区管委会召开第43次常务会议，传达学习省、市两会精神，审议《关于推进防灾减灾救灾体制机制改革的实施意见》（审议稿）、《关于成立姑苏区减灾委员会成员单位及组成人员的通知》（审议稿）、《姑苏区促进低效建设用地再开发实施细则》（审议稿），听取区政府各相关领导分管领域开展安全生产专项整治工作情况的汇报、2020年三级政府挂牌督办隐患项目及岁末年初安全生产工作情况的汇报，研究姑苏区政府、保护区管委会2020年工作任务分解。

3月2日，区政府、保护区管委会召开第44次常务会议，研究部署姑苏区疫情防控工作，听取全区疫情防控基本情况及形势预判分析、企业复工复业情况、建筑工地复（开）工情况汇报，审议《关于姑苏区2019年受表彰企业的建议名单》，听取关于2020年人大代表建议和政协委员提案办理工作打算、关于对全区在新型冠状病毒肺炎疫情防控工作中表现突出的先进典型开展及时性表彰工作的情况汇报。

3月25日，区政府、保护区管委会召开第45次常务会议，学习习近平总书记在2月5日中央全面依法治国委员会第三次会议、2月14日中央全面深化改革委员会第十二次会议、3月18日中共中央政治局常务委员会会议等3个会议上的重要讲话精神，审议《姑苏区政务新媒体管理实施细则（试行）》（审议稿）等，听取关于近期民族宗教领域重点工作情况、姑苏区猪肉保供域外基地建设和应急储备工作情况的汇报。

4月10日，区政府、保护区管委会召开第46次常务会议，审议《姑苏区突发事件总体应急预案》（审议稿）等，听取关于“姑苏八点半”相关项目资金操作管理情况、2019年度区第二批科技创新创业领军人才评审情况的汇报。

4月24日，区政府、保护区管委会召开第47次常务会议，审议《2020年一般公共预算收入指标分解方案》（审议稿）等，听取姑苏区2020年建成学校施教区划分项目重大行政决策程序说明等汇报。

5月20日，区政府、保护区管委会召开第48次常务会议，审议《姑苏区重点行业（领域）牵头部门与街道安全生产职责边界》（审议稿）等，听取关于做好疫情防控期间民办幼儿园扶持工作的汇报，明确姑苏区政府、保护区管委会领导工作分工调整事宜。

5月28日，区政府、保护区管委会召开第49次常务会议，审议《姑苏区行政应诉工作办法》（审议稿）等。

6月23日，区政府、保护区管委会召开第50次常务会议，审议《姑苏区贯彻落实国家统计局第6统计督察组督察反馈意见整改方案》（审议稿）等，听取姑苏区防范化解重大金融风险攻坚战工作情况和下一步工作建议等的汇报，举行常务会议学法专题——《优化营商环境条例》解读。

7月9日，区政府、保护区管委会召开第51次常务会议，审议《姑苏区党政领导干部防范和惩治统计造假、弄虚作假责任制实施细则》（审议稿）等，听取关于姑苏区尘肺病防治攻坚行动工作的汇报，举行了“百团进百万企”安全生产宣讲活动。

8月26日，区政府、保护区管委会召开第52次常务会议，审议《姑苏区关于全面推进长江流域禁捕退捕工作的实施方案》（审议稿）等，传达学习和贯彻落实江苏省统计督察整改落实推进会精神，听取全区第七次全国人口普查工作和城东小学撤并入平江教育集团大儒中心小学项目重大行政决策程序说明等情况汇报。

9月23日，区政府、保护区管委会召开第53次常务会议，传达学习国务院、江苏安全生产专项整治“回头看”电视电话会议精神，审议《关于成立姑苏区生态环境保护委员会及各专业委员会的方案》《姑苏区京杭运河水质提升“一断面一方案”》《姑苏区推进安全发展示范区创建及城市安全风险评估实施方案》等文件。

11月10日，区政府、保护区管委会召开第54次常务会议，审议《姑苏区内部审计工作办法》（审议稿）等，听取关于2020年市、区“两会”建议提案办理等情况的汇报。

11月30日，区政府、保护区管委会召开第55次常务会议，审议《关于开展全区集中治理重复信访、化解信访积案专项工作的实施意见》等，听取关于宗教场所、商业场所、特种设备、道路交通、危废固废、火灾防控等6个重点领域安全生产专项整治工作情况的汇报，举行常务会议学法专题——《中华人民共和国土地管理法》解读。

12月28日，区政府、保护区管委会召开第56次常务会议，审议《关于建立苏州市姑苏区企业破产处置协调联动机制的意见》等，听取关于姑苏区征收搬迁项目临时安置补偿费政策调整重大行政决策的情况说明等汇报。

（陈春阳）

## 督查工作

【概况】 2020年，姑苏区督查工作以习近平新时代中国特色社会主义思想和党的十九届五中全会精神及中办《关于加强新形势下党的督促检查工作的意见》《关于统筹规范督查检查考核工作的通知》为指导，围绕构建大督查工作格局，紧扣区委、区政府中心工作、重点任务，按照“严控督查总量，坚持问题导向，创新督查方式”的工作目标，切实落实“减负增效”要求，较好地发挥了督促检查的职能作用。

【督查基础工作】 2020年，区党政办全力做好领导批示督办反馈工作。加大对区委、区政府主要领导重要批示的督办力度，及时下发《领导批示交办单》，要求承办部门抓好工作落实，在规定时间内将落实情况上报。办理市、区两级领导批示434件，跟踪督办领导批示群众来信69件，编发《姑苏督查（领导批示专报）》156期，推动了领导关注和群众关心事项的落实。按期完成市、区“两会”建议提案办理任务，对区政府领导重点督办的建议提案动态跟踪办理情况。全年承办市级建议提案75件（代表建议31件、委员提案44件），其中主办38件、协办37件，均按时办结；承办区级建议提案452件，在全区39家单位的共同努力下均正常办结。代表委员反馈满意率和基本满意率为100%。积极配合区人大、区政协完成了建议提案办理工作现场视察及优秀提案成果汇编资料采集等工作，编发《姑苏督查（建议提案办理）》专刊5期。进一步提升领导信箱办理质量和效率，全年办理市领导信箱来信

779件（其中市委书记信箱432件、市长信箱347件），市领导重点批示来信4件，表扬感谢类来信6件，均按期办结。全年办理质量调查评估无“一般”以下件，“好评”件达78.3%。

【专项督查】 2020年，区党政办围绕“苏州最舒心”营商环境目标任务，按照营商环境“通报制”工作总体部署要求，及时拟制《姑苏区有损营商环境“通报制”工作方案》，开展有损营商环境问题线索收集、交办、督办工作。举办优化营商环境企业家沙龙4期，收集问题和建议79条，均按时办结，并编发《姑苏督查（专项查办）》通报5期。开展法治化营商环境督查3次，上报案例9件。贯彻落实“硬核”姑苏誓师大会关于建立作风建设“三重”机制的精神，根据《姑苏区“重谢监督建言者”实施方案（试行）》要求开展“监督建言”交办督办工作。收到各类“监督建言”219件，办结率100%。全年度建言14件入选“金石榜”，60件获评“三言奖”，为党委、政府提出了有价值、有分量的对策建议。加大对区委常委会、区政府常务会议决（议）定事项的督查督办力度，切实保障区委常委会、区政府常务会议形成的决定和议定意见及时得到贯彻落实，维护区委、区政府决策的严肃性和权威性。对《区委常委会、保护区党工委2020年工作要点》半年度进展情况及区政府常务会议（第43至51次）形成的决定事项和议定意见完成情况进行专题督查，编发《姑苏督查（决策督查）》专报3期。

【综合督查】 2020年，区党政办积极贯彻落实市政府关于做好国务院第七次大督查准备工作会议的精神，围绕“四个方面、三项具体工作”重点督查事项，拟制下发姑苏区迎检国务院第七次大督查方案通知，主动梳理政策落实情况和目标任务进展情况，上报典型材料2篇、自查报告1篇；围绕区疫情防控指挥部重点部署，配合参与疫情防控督导检查，坚持“四不两直”与“暗访抽查”相结合，站好疫情防控监督岗；围绕年度重点工作，常态化开展“文明城市建设”“征收搬迁扫尾清零”等重点任务督查。

（吴佳诗）

## 姑苏区重点项目

【概况】 2020年，姑苏区共有5大类36个重点项目，总投资936.44亿元，当年计划投资169.47亿元。截至12月底，累计完成投资176.46亿元，超额完成年度任务。

表4-2　姑苏区、保护区重点项目（2020）

| 序号 | 项目名称 | 建设内容 | 责任单位 |
|---|---|---|---|
| 一、名城保护项目 | | | |
| 1 | 虎丘地区综合改造工程 | 项目东临平江新城，南至沪宁铁路，西靠金阊新城，北连三角嘴生态公园，建设内容包括征收，规划，虎丘景区、山塘以及道路等基础设施建设。 | 苏州虎丘投资建设开发有限公司 |
| 2 | 桃花坞历史文化片区综合整治保护利用工程 | 项目占地1.84平方千米，一期主要包括唐寅文化区、泰伯西街文化区2个部分：唐寅文化区主要由唐寅故居遗址、唐寅祠、非遗文化展示馆、文化产业综合街区和精品酒店组成，打造文创产业集聚区；泰伯及西街文化区主要是扩建泰伯庙，沿阊门西街打造一条综合性文化休闲特色街。<br>二期工程主要实施北入口接待中心、创意产业园、费仲琛故居、朴园南侧地块、桃花坞大街部分节点改造等，总体符合桃花坞片区建设要求，体现“沟通一期、配套一期、完善一期”的原则。 | 桃花坞历史文化片区综合整治保护利用工程指挥部 |

续表

| 序号 | 项目名称 | 建设内容 | 责任单位 |
|---|---|---|---|
| 二、住宅开发项目 | | | |
| 3 | 苏州南门西二路北侧地块项目 | 项目占地8959平方米，地上建筑面积约25568平方米，地下建筑面积13298平方米。其中，建筑的首层为商铺，2~6层为公寓，地下室设置机动车停车库。 | 沧浪街道 |
| 4 | 苏州首龙置业有限公司劳动路姑苏天街项目 | 项目位于劳动路南、华亭路西，住宅约3.5万平方米，分2栋楼，1栋11层、1栋26层，地下1层；自持商业约12.5万平方米，地下4层、局部2层，地上6层。 | 沧浪街道 |
| 5 | 葛洲坝（苏州）房地产开发有限公司<br>苏地2017-WG-20号地块 | 拟建总建筑面积63989.76平方米，其中计容积率建筑面积26989.76平方米，不计容积率建筑面积37000平方米；容积率0.7，绿地率30%，住宅户数100户。项目建设期18个月，建有住宅、配套商业、物业用房等。（含土地款7.6亿元） | 虎丘街道 |
| 6 | 苏州立泰置业有限公司<br>苏地 2017-WG-66号 | 总建筑面积20529.56平方米，项目由4幢6层住宅、1幢配套用房、1幢配电房及地下停车库组成。小区总户数为96户。（含土地款2.77亿元） | 虎丘街道 |
| 7 | 苏州渝熙房地产开发有限公司<br>苏地2017-WG-68号 | 总建筑面积17920.56平方米，项目由4幢6层住宅、1幢配套用房及地下汽车库组成。小区总户数为78户。（含土地款2.34亿元）。 | 虎丘街道 |
| 8 | 苏州星岛仁恒置业有限公司<br>苏地2016-WG-46号地块 | 项目位于干将路北、仓街东（原第三监狱和振亚丝织厂地块），分为住宅和商业用地：住宅部分拟建类独栋别墅，用地面积45018.5平方米，建筑面积约72000平方米；商业部分拟建街区式商业，用地面积39180平方米，建筑面积约116000平方米。地块总占地面积约8.5万平方米，总建筑面积约21万平方米，容积率为0.5。 | 平江街道 |
| 9 | 苏州京园房地产投资有限公司<br>苏地2017-WG-47号地块项目 | 项目位于北园路南、档案馆东，总用地面积37909.1平方米，总建筑面积66604.4平方米。建筑为地块内所有住宅、景观、道路等。 | 平江街道 |
| 10 | 天房（苏州）置业有限公司<br>苏地2015-WG-22号地块项目 | 项目位于十梓街南、东小桥弄东，占地面积20247.2平方米，分ABC三个地块，其中A地块9663平方米，B地块4069平方米，C地块6513平方米，总建筑面积25805.51平方米，建设低密度住宅（独栋、双拼）。 | 双塔街道 |
| 11 | 苏地2015-WG-20号地块<br>海胥澜庭项目 | 项目位于劳动路与桐泾路交叉口，主要业态为住宅，分为南北2个地块，南地块总建筑面积180856.5平方米，北地块总建筑面积178263.97平方米。 | 吴门桥街道 |
| 12 | 苏地2015-WG-19号地块<br>江湾雅园项目 | 项目位于劳动路南、胥江路东，主要业态为高层住宅与商业，项目共分为四期，总建筑面积为415600平方米（地上：294400平方米，地下121200平方米），其中住宅部分总建筑面积为399200平方米，共分四期进行建设；商业部分总建筑面积16400平方米。 | 吴门桥街道 |
| 13 | 苏地2017-WG-46号地块<br>项目 | 项目位于西环路西、酒厂路北，占地面积10043.9平方米，总建筑面积25744平方米，拟建3幢住宅（2幢16层、1幢19层）及部分物业商业用房、社区用房及养老用房。 | 吴门桥街道 |
| 14 | 苏地2018-WG-44号地块<br>定销房项目 | 占地34224.4平方米，总建筑面积约54000平方米，共建造3幢小高层（12~16层）、4幢多层住宅，共计安置拆迁居民386户。 | 吴门桥街道 |
| 15 | 苏地2017-WG-37号地块<br>项目 | 项目位于解放东路南侧、友新路西侧，地块占地面积约1.5万平方米，主要业态为住宅公寓与商业：5栋公寓（底商2层），2栋住宅（限高40米）。总建筑面积约6.4万平方米（地上约3.8万平方米，地下约2.6万平方米），其中住宅约0.67万平方米、商业约0.73万平方米、公寓约2.2万平方米。 | 吴门桥街道 |
| 16 | 苏州同悦房地产开发有限公司<br>苏地2019-WG-1号地块项目 | 项目位于姑苏区金门路、彩香路东，建设住宅和商业2部分：住宅地块占地面积26973.9平方米，拟建总建筑面积48899.58平方米，计容面积32368.68平方米，拟建9幢7层住宅、1幢3层社区中心；商业地块占地面积7768.2平方米，拟建总建筑面积20741.平方米，计容面积23115平方米。拟建1幢5层建筑物，1层为商业，2层到5层为社会停车场。（含土地款10.14亿元） | 金阊街道 |

续表

| 序号 | 项目名称 | 建设内容 | 责任单位 |
|---|---|---|---|
| 17 | 苏州金俊房地产开发有限公司<br>苏地2017-WG-48号<br>（浅棠平江） | 项目位于合兴路南、永方路东，总用地面积56745.70平方米，主体工程为13栋住宅（6栋7层洋房、1栋8层洋房、1栋配套用房、3栋28层高层、2栋30层高层、1栋31层高层以及地下室，局部地下室2层）及配套用房，新建。均为精装交付。 | 苏锦街道 |
| 18 | 苏州恺宏焱房地产开发有限公司<br>苏地2018-WG-45号<br>（融信·海月平江） | 项目位于民清路与日益路交叉口，占地26930.7平方米，总建筑面积90646.26平方米，由9栋楼组成，分别为2栋11层洋房、3栋18层小高层、3栋27层高层和1栋配电用房。（含土地款13.4亿元） | 苏锦街道 |
| 19 | 苏州骏达房地产开发有限公司<br>苏地2018-WG-46号地块<br>（中骏苏州天荟） | 项目位于平门塘以西、日益路以南，分为住宅和商业2部分。住宅部分占地面积54191.90平方米，容积率2.2，总建筑面积150319.18平方米，总计容面积为119222.18平方米。12幢17~25层装修高层产品。商业部分占地面积25564.60平方米，容积率2，总建筑面积55519.16平方米，总计容面积为51129.16平方米。（含土地款20.61亿元） | 苏锦街道 |
| 20 | 苏州星河博源房地产开发有限公司<br>苏地2019-WG-45号地块项目<br>（星河） | 项目位于姑苏区日益路以北、永方路以东，占地面积为41209平方米，建筑总面积为142873平方米，建设2栋15层住宅、2栋17层住宅、6栋26层住宅，物业、社区、养老服务用房以及配电房、地下车库等配套设施。 | 苏锦街道 |
| 21 | 苏州宸竣房地产开发有限公司<br>苏地2020-WG-42号地块项目<br>（金科） | 项目位于姑苏区日益路以北、苏清路以东，占地面积34167平方米（约合51.25亩），总建筑面积128217.5平方米。项目拟建设11栋住宅，物业、社区、养老服务用房以及配电房、开闭所、地下车库等配套设施。 | 苏锦街道 |
| **三、商务商贸物流项目** | | | |
| 22 | 苏州华贸中心 | 项目位于广济路以西、金门路以北、上塘街以南、市第五中学以东，地块由地块一（4059.3平方米）和地块二（89424.5平方米）组成，其中地块二分为ABCD四个区实施建设。 | 金阊街道 |
| 23 | 苏州石路新华饭店改造项目 | 项目位于姑苏区金门路49号，原建筑新华饭店，总投资额约为2.4亿元。建设规模：项目总用地面积2036平方米，总建筑面积28040.5平方米，其中计容面积为20360平方米，不计容面积为7680.5平方米。地上建筑面积为23588平方米， 地下建筑面积为4452.5平方米。本项目建筑占地面积为1008平方米，建筑密度为49.51%，项目容积率为10，建筑高度99.9米。建筑功能主要包括商业、办公及酒店。 | 金阊街道 |
| 24 | 苏州新星织造厂科技产业园改造项目 | 厂区整体改造为科技产业园区，包含土建、外立面装饰、市政园林、内部精装等。 | 金阊街道 |
| 25 | 苏州金苏置业有限公司新市路项目 | 项目位于人民路西、新市路南，总建筑面积11万平方米，建设地上地下4层的商业体。 | 沧浪街道 |
| 26 | 江苏（苏州）国际铁路物流中心 | 重点建设综合服务中心、海关、国检办公区域、码头堆场、监管、查验仓库，以满足作业基本功能。 | 白洋湾街道 |
| 27 | 星光耀商业广场 | 含4个地块的综合体中心，01、02地块为高层住宅，03地块为购物中心和Loft公寓，04地块为Loft公寓和沿街商铺。 | 白洋湾街道 |
| 28 | 锦邻商务广场<br>（原平海路商务广场） | 完成主体竣工验收及交付备案工作。 | 苏锦街道 |
| 29 | 平江悦城市中心<br>（原万益财富广场） | 项目位于城北东路以北、江坤路两侧，占地117.19亩，分东西2幅地块开发。东侧地块：地下车库、8栋酒店式公寓楼、商业。西侧地块：地下车库、1栋超高层、商业。目标：通过引进知名品牌商家和成熟企业，以完善的功能配套和特色的建筑群体打造平江新城区域地标型城市商业综合体项目。 | 苏锦街道 |

续表

| 序号 | 项目名称 | 建设内容 | 责任单位 |
| --- | --- | --- | --- |
| 30 | 苏州亿博置业有限公司青春汇商务中心 | 项目位于江坤路东、总官堂路北、秋分街西，定位为商业、办公综合体，分2期开发：其中一期拟建2栋建筑物地上28层、地下2层，总建筑面积84000平方米；二期拟建1栋建筑物地上33层、地下2层，总建筑面积61000平方米。 | 苏锦街道 |
| 31 | 苏州信展投资有限公司苏地2019-WG-11号 | 项目位于平江新城总官堂路，为地下2层，总建筑面积约4万平方米的高品质总部办公大楼。（含土地款7772万元） | 苏锦街道 |
| 32 | 苏州市会议中心综合提升工程 | 项目位于道前街100号，主要统一各房屋建筑的外立面风格，扩建地下停车场，改建酒店大堂，改建8号楼会场和宴会厅，拆建2号楼、7号楼，对会议中心1号到10号楼进行内装改造和功能完善，更新水、电、空调、弱电、智能、消防等基础设施。 | 沧浪街道 |
| 33 | 苏州竹辉金普顿酒店项目 | 项目占地面积43315平方米，总建筑面积61587平方米。为酒店商业综合项目。 | 双塔街道 |
| 四、文化科技项目 | | | |
| 34 | 中国电子苏州网安创新基地 | 包括创新基地产业园和国家联合攻关基地苏州基地2部分。总面积约9000平方米，联合攻关展厅面积约700平方米，适配中心面积约1400平方米，产业园面积约7000平方米。其中展厅建设内容包括装饰装修、供配电、空调系统、多媒体展示系统、消防系统改造等，同时配套建设会客室；适配中心建设内容包括办公区整体装饰装修、供配电、网络通信系统、安全防范系统、空调系统、数据中心机房，同时为创新基地建设基础通信专线设施。整体建设内容及功能设施均为新建内容。 | 苏锦街道 |
| 五、公共服务项目 | | | |
| 35 | 苏州大学附属第一医院总院二期工程项目 | 项目位于平海路899号，建筑面积达332430.97平方米，地下2层、地上5~19层，由病房楼、科研楼、急诊急救楼、传染核医学楼、门诊医技楼组成。（含土地使用费10338.48万元） | 苏锦街道 |
| 36 | 苏大附二院配套综合楼项目 | 项目主体建筑位于核工业总医院三香院区东南部，应急中心楼东侧，拟建地下1层、地上6层的配套综合楼1幢，工程总建筑面积约8683.42平方米，其中地上6703.07平方米、地下1980.35平方米。 | 金阊街道 |

（姚　婷）

## 行政审批和政务服务

【概况】 2020年，姑苏区政务服务事项总办件量715508件，网上办件量413739件，即办件量456638件，日均办件2885件。依申请事项进驻数从原来的178项增加至608项。依申请类权力事项98%以上可在网上申报办理，“不见面”事项619项，依申请权力事项“不见面率”达到95.67%。承诺事项压缩办理时限达66%以上，即办事项占总事项数的40%。全年姑苏区新设各类市场主体2.59万户。其中内资企业0.89万户，注册资本534.1亿元；新开业个体工商户1.69万户，资金数额14.91亿元。截至12月底，全区在业市场主体17.1万户。其中企业有7.42万户，注册资本4762.90亿元；个体工商户有9.58万户，资金数额78.05亿元。

【长三角“一网通办”新模式】 2020年，姑苏区推进长三角“一网通办”。区行政审批局深度对接学习上海市黄浦区，探索政务服务“一网通办”新模式，与黄浦区就建立授权信任机制、设置通办窗口等方面建立政务合作关系，推进政务服务线上线下深入融合，实施“标准统一、相互授权、异地受理、远程办理、协同联动”的通办新模式。

【审批服务改革】 2020年，姑苏区行政审批局落实“一件事一次办”改革。着眼惠企便民，会同多部门，通过对事项进行梳理整合、流程再造，将原本需要到不同部门、窗口办理的“一揽子事”，变成一个窗口统一办理的“一件事”，共梳理出市场准入、工程建设和民生服务3大类68项“一件事”主题清单，首批推出“出生一件事”“企业开办一件事”等12项事项，在区政务服务中心开设“一件事”服务区，配备帮办代办人员，切实提升审批服务效能。

【政务服务体系】 2020年，姑苏区构建“1+8+116”的区、街道、社区三级政务服务体系，依托基层站居合一服务模式，创新设置“联合便民服务中心”，实现基层服务中心全覆盖。加强“互联网+政务服务”建设，落实好行政权力标准化工作，协调确认事项清单、指导做好事项认领维护、加强数据质检完善，确保维护率100%。加快政务服务一体化平台建设，积极对接市大数据局和相关业务部门，完成市级8个业务系统50多个接口的对接测试，做好姑苏区124个基层综窗（全科）用户的申请注册工作，加快

2020年10月14日，区政务服务中心开设“一件事”服务区
区行政审批局 供稿

完善平台功能，推进基层线上办理统一入口实施工作。优化区、街道、社区三级政务应用平台和网络环境，持续完善配置各级用户1000多个，梳理确认基层综窗（全科）用户124个，累计汇集各类办件信息15000多条。

【政务服务质效提升】 2020年，区行政审批局探索重点产业园“全链式”审批服务的新模式，组织党员骨干为重点产业园开办3期线上培训、3期线下培训；“全链式”审批服务已覆盖全区23个产业园，累计提供服务超过1000次，总计培训240人次，已逐步建立起40余人的帮办队伍。全程电子化登记企业6384户，占开业总量的71.34%；个体户App登记13561户，占开业总量的80.34%。做好精准服务，发出重点企业保护信息2932条。 （唐学文）

## 政务大数据管理

【概况】 2020年，姑苏区政务大数据管理工作认真贯彻落实国家、省、市有关大数据和电子政务工作的相关决策部署，立足本职，履职尽责，以古城保护和管理大数据中心二期项目为抓手，积极推进数字政府建设，利用大数据手段助力疫情防控、推进应用创新、赋能数字经济，为姑苏区高质量发展添砖加瓦。

【顶层规划】 2020年，姑苏区根据国家、省、市“十四五”规划有关建议，紧扣“一网通用”“一网通办”“一网统管”工作目标，结合区情实际，启动《苏州市姑苏区大数据和电子政务“十四五”规划》编制工作，前瞻规划全区大数据和电子政务目标任务，细化落实具体措施，通过专家评估，为数字政府建设发展指明方向。

【制度规范】 2020年，姑苏区结合区情实际，进一步健全完善各类管理制度。修订《姑苏区电子政务项目管理办法》，制定《姑苏区电子政务项目评审工作规范（试行）》《古城保护和管理大数据中心二期项目建设管理指导意见》《业务系统上下线管理制度》《网络与信息安全应急响应管理制度》。

【项目管理】 2020年，姑苏区依据《姑苏区电子政务项目管理办法》，严把项目评审关，全年组织开展项目评审会议12次，累计评审项目150余个，评审金额平均下浮率超20%。首次将全区电子政务运维项目纳入统一管理，有效识别无效运维。对接苏州市数字政府项目要素可视化服务平台，建设姑苏区电子政务项目全要素管理服务平台，实现项目申报、实施、验收、运行维护、资源申请等关键节点的全周期管理，做到项目全过程可跟踪，项目全要素可视化，大幅提升项目管理效能。

【项目建设】 2020年，姑苏区按照“1+1+3+N”的电子整体架构，有序推进古城保护和管理大数据中心二期项目建设，有效提升基础设施支撑能力、信息资源汇聚能力、重点应用协同能力。全力打造姑苏城市生活服务总入口“惠姑苏”App，整合全区教育、养老、医疗、文化等线上服务资源，提升民生服务和企业服务便捷化、精准化水平。着力开发“智慧姑苏”政务版App，整合现有政府管理各类移动端应用和数据资源，实现全区政府工作人员一个App畅享所有政府服务管理应用，并能随时随地获取各类高价值政务数据，为科学决策和高效管理赋能赋值。加快推进社会治理、古城保护、民生服务、营商环境、监管审批、公共安全等重点领域应用建设。“古城保护信息平台”获2020地理信息产业优秀工程银奖。

【数据治理】 2020年，姑苏区梳理政务信息资源共计1633项，比上一年新增资源615项，增长60%；汇聚数据5582万条，比上一年新增数据4808万条，增长621%。推进共享交换，指导部门熟练使用区政务信息资源共享服务平台，完成市、区两级平台71个业务数据接口对接，发布身份证、户口簿、居住证等8个电子证照接口供部门调用数据。加强数据分析，围绕区委、区政府中心工作，依托城运平台姑苏体征库建设，加强数据归集、展示、分析，聚焦网格化联动指挥、“姑苏八点半”夜经济、养老助餐、志愿者服务等重点，加强数据分析研判，为领导决策提供数据支撑。

（薛　岚）

## 对口帮扶

【概况】 2020年，姑苏区认真落实中央、省、市关于脱贫攻坚相关会议的精神，扎实推进各项工作。区委、区政府多次专题学习讨论脱贫攻坚内容，研究部署全区对口帮扶工作。

【贵州铜仁江口县帮扶工作】 2020年，姑苏区对口帮扶铜仁市江口县：两地党政主要领导先后5次开展走访交流；落实区、街道财政资金1060万元用于扶贫项目实施，动员社会力量投入帮扶资金（物资）约358万元；选派2名干部赴江口挂职，组织26名教育、卫生、农业专业技术人才赴江口开展“三支”工作；引导127名江口籍贫困劳动力赴苏稳定就业；实施扶贫项目14个，惠及贫困人口1.2万多人，引导10家企业落户江口，实际投资达10.25亿元，帮助江口县销售优质农产品到东部地区超2亿元；街道、国资公司与江口乡镇（街道）结对全覆盖，村（社区）结对8个，村企结对14个，社会组织与村结对4个；姑苏区小学、幼儿园与江口县建立结对全覆盖帮扶关系，医疗、教育“组团”帮扶。

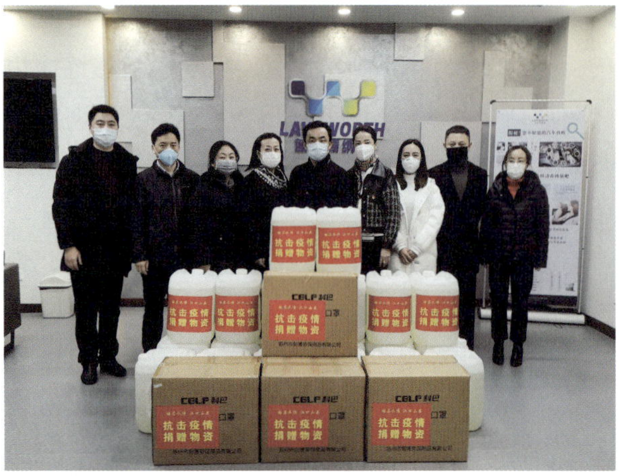

2020年2月11日，姑苏区捐赠江口防疫物资

区发改局　供稿

【连云港灌南县南北挂钩工作】 2020年，姑苏区南北挂钩连云港市灌南县：两地党政领导先后3次开展走访交流；投入财政帮扶资金500万元，用于实施扶贫项目；选派1名科级干部挂职灌南县，协调苏州农业职业技术学院选派4名技术骨干前往汤沟镇开展现场教学；充分发挥姑苏区资源优势，组织开展两地学校共建、“圆梦微心愿”和大学生志愿者“三下乡”等活动；积极为当地百姓做实事，争取扶贫资金50万元完成沟东村户前路修缮项目，惠及600人出行。

【阳光扶贫】 2020年，姑苏区开展帮扶走访工作，全年走访完成率99%以上，“阳光惠农”平台涉及扶贫资金的录入率达到100%。 （姚　婷）

## 外事工作

【因公出国（境）管理】 2020年，受国际疫情影响，姑苏区因公出国（境）暂停。

【外事接待】 2020年，姑苏区共接待了19批200余人次的外宾。其中，使领馆6批12人次，海外企业驻中国代表13批190余人次。

【涉外管理】 2020年，受国际疫情影响，姑苏区外国人入境申请初审工作暂停；协办或承办7次对外交流活动。

【外事服务】 2020年，姑苏区提交企业人员办理APEC商务卡申请2批2人次，举办APEC商务卡推介会3次；走访涉外企业10家，走访外国人20人。

（仲晓霏）

## 信访工作

【概况】 2020年，姑苏区信访系统深入学习贯彻习近平总书记关于加强和改进人民信访工作的重要思想，坚持以人民为中心，认真贯彻中央、省、市和区委、区政府各项决策部署，围绕信访稳定大局，统筹推进疫情防控和信访工作，突出抓好重复信访治理和“一战两整治”，下大力气化解一批信访矛盾纠纷，全区信访形势总体平稳，实现了“五个下降”的工作目标，有力维护了群众合法权益和社会大局稳定。

【矛盾化解】 2020年，区委、区政府高度重视信访工作，主要领导10余次作出指示批示，区委书记黄爱军春节前召开书记专题会议研究信访工作。分管领导多次专题研究部署，先后7次召开全区信访稳定工作会议，推动重点任务责任落实，全区未发生有重大影响的信访事件，获评全国、省“三无”县（市、区）。坚持领导干部接访下访、联合接访制度，及时回应群众诉求。2020年，区党政领导干部共参与接访下访155人次，化解“百县千案”8件，完成率100%。

【信访工作创新】 2020年，姑苏区成立集中治理重复信访、化解信访积案专项工作专班，紧扣重要时间节点分阶段目标管理，分层次全部落实领导包案化解，以扎实有力的举措推动治理化解工作落地落实。结合防疫的工作要求，创新开展信访工作。疫情期间，信访大厅全员进驻防疫指挥部，专职值守“防控热线”电话，日接线300~400条。及时公布国家、省、市、区信访网站、微信公众号和信访电话，把网络变成主渠道，网络信访数量约占全年信访总量的70%以上。

【信访工作机制优化】 2020年，姑苏区优化信访工作机制，提升服务群众的能力和水平。针对姑苏区核心城区的地理位置和区情实际，进一步完善信访接待首接负责制、信访早晚班值班制度。中心明确窗口谁接访、谁负责的工作机制，做到“来必登、事必答”，对接待受理的信访事项，及时转送交办责任主体，尽可能减少来访人奔波。 （王旭峰）

## 社会综合治理联动中心

【概况】 2020年，姑苏区社会综合治理联动中心（简称“区联动中心”）以坚持和完善共建共治共享社会治理制度为总要求，不断探索与实践，努力构建起政府主导、社会协同、公众参与、科技支撑的社会治理体系，不断提升区域社会治理社会化、法治化、智能化、专业化水平。中心获评姑苏区优秀先锋基层党组织，获得苏州市“12345”热线坐席代表职业技能竞赛团体第一名。

区城市运行联动指挥大厅

区社会综合治理联动中心 供稿

【新址建设】 2020年9月1日，市委常委、区委书记黄爱军为区联动中心新址启用揭幕，区联动中心搬迁至西环路2115号姑苏区市民文化活动中心3楼办公，新场地面积达1200余平方米，分为城运指挥大厅、宣传展厅、12345热线区、工单区、办公区、机房等功能性区域，硬软件环境都得到了全面提升。区联动中心新址启用以来，先后接待市、区两级领导和区外参观团共计14批340人次。

【便民服务】 2020年，区联动中心用“温度+服务”受理市民诉求，强化工单处办效能，打造姑苏热线服务新高地。中心“12345”便民服务热线共呼入电话127.43万余个，接通率83.84%；在线答复24.73万余件；受理工单18.14万余件，办结工单18万余件，办结率99.24%；有效回访工单22.16万余件，满意率99.71%。区联动中心累计受理“寒山闻钟”各类诉求帖9378件，办结9378件，办结率100%。10

月15日，“数字城管”融入区联动中心，至12月31日，中心共受理工单39779件，办结工单39155件，办结率98.43%；有效回访工单件12598，满意率99.68%。区联动中心坚持优先流转涉疫工单，保障民生诉求，全年受理涉及新冠肺炎疫情诉求81630件，在线答复61100件；流转工单20530件，办结工单20530件，办结率100%。开设了8号键、9号键，服务姑苏经济复苏。全年受理市民“12345”信息公开申请12件，其中涉及姑苏区的信息公开8件，涉及市级部门和其他县、市、区的信息公开4件。

【城运平台建设】 2020年，区联动中心全力打造“姑苏体征、感知监测、决策支持、协同联动、应急指挥”五位一体的区城市运行联动指挥平台。通过1年时间建设，于11月完成初验，年底进入项目的扫尾终验。区城运平台集成大数据、物联网、人工智能、融合通信、无人机巡查等信息化技术，纳管辖区内7000余路监控视频和4000余个物联感知设备实时数据，汇聚信息数据3000余万条；平台接入公安热力分析、交通路况分析、无人机平台、民政居家乐养老、智来安防等多个业务系统，建成AI智能平台自动预警重要区域人群聚集情况，为实时掌握城市运行状况提供有力支撑。中心会同公安、城管、消防、应急管理等相关职能部门，开展疫情防控、人群疏散、水质报警、工单监测等多轮网格实战应急演练，有效提升区、街两级应急指挥和协同作战能力，为深化推进“一网统管”筑牢基础。

【网格化社会治理】 2020年，区联动中心坚持“务实管用”原则，围绕“积极探索、稳步落实、以点带面、分步到位”的工作方针，健全完善“区联动中心、街道联动分中心、基础网格”三级纵向指挥，区级职能部门横向联动的网格化管理体系架构，有序推进网格化管理工作。中心加快落实姑苏区市域

姑苏区“12345”便民服务热线区　　区联动中心　供稿

社会治理现代化“八心工程”行动计划，初步拟定了《关于加强姑苏区网格化管理工作的实施意见》，从网格划分、队伍优化等多个层面加强网格化管理规范化建设。中心联合区委政法委对全区现有的1358个基础网格（综合网格1237个、专属网格121个）运行情况进行排摸调研，结合街道管理实际需求，制定网格划分优化调整方案。中心强化网格化管理监督检查常态化机制，建立网格员督查库，选任优秀专职网格员对基础网格开展无预案式督查工作。中心不断加强警网融合，与姑苏公安分局人管大队保持工作联勤、人员联动、信息联享。初步拟定《姑苏区110非警务警情分流工作方案》，健全非警务类警情科学分流处置机制，通过流程整合提高服务效能，提升为民服务实绩。

【联动信息化建设】 2020年，区联动中心在联动平台一期基础上，完成了包括可视化管理、网格员移动办公（App）、基础数据库、分析研判、绩效考评、便民服务（网上办事）等6大功能模块的联动平台二期项目建设任务。同时，中心将联动平台二期部分模块嵌入街道综合管理平台，实现街道联动分中心查看和处办工单，承接工单流转派发的功能，提升街道指挥协调能力。根据疫情防控工作需要，年初火速上线了姑苏区隔离观察工作平台、流动人口信息采集平台，完成了应急广播增补优化项目，实现疫情数据的精准采集和统计分析，为实现疫情精细化管控提供“信息化+大数据”支撑。根据国内外风险疫情地区变化情况，以网格为单位开展人员信息排查和录入工作，实现数据实时汇聚，形成了“公安数据推送—街道联动分中心系统分发—网格员手机查收排查—社会防控组采取措施”的科学化防控流程。区联动中心推动“网格+警格”融合机制，启动“一标多实”项目建设，配合姑苏公安分局人管大队完成10.6万块二维码门牌的制作安装。

（范雪峰）

## 机关事务管理

【“智慧大院”建设】 2020年，对姑苏智慧大院App功能进行优化，进一步整合了餐饮预订、会务服务、设备维修、停车管理、信息发布、空调照明远程控制等功能。通过智慧大院App的智能空调和智能照明模块，实现了行政中心内公共空间照明和中央空调系统的手机一键掌控，在手机上即可直观显示、批量管理中心内所有办公室、会议室的空调状态。根据App订餐、维修、用车、会务4大平台实时数据，通过直观的图形化界面、多维的立体化展示、灵活的可定制统计口径，为机关后勤工作提供数据汇总和统计服务，为决策提供依据。

【行政中心设施设备维护】 2020年，姑苏区机关事务管理中心及时完成了区行政中心、政务服务中心、市民文化活动中心的物业招标工作，相关物业公司完成签约，电梯、消防、绿化等维保合同完成续签。针对平川路行政中心和解放东路政务服务中心设施出现老化的状况，按照“重点保障、分步实施、满足使用需求”的原则，对部分设施设备进行逐步替换和升级。

【机关垃圾分类管理】 2020年，姑苏区机关事务管理中心紧密围绕《苏州市生活垃圾分类管理条例》的工作要求和时间节点，推进党政机关集中办公场所的生活垃圾分类工作。利用党政办“应知应会”学习活动等契机，面向全体人员开展生活垃圾分类管理工作的政策解读并举办相关知识讲座。在全区3个党政机关集中办公区域印发宣传手册800份，在各显著位置张贴分类标识和宣传海报。在前期做好调查摸底的基础上，购置新型二分类（可回收物、其他垃圾）垃圾桶1000个，发放到全区3个党政机关集中办公区的每一个办公室，同时在各办公楼的每层楼设置有害和厨余垃圾收集点，为全面推行生活垃圾分类打好基础。各会议室不再提供一次性纸杯、塑料杯，鼓励与会人员自带茶杯。食堂不主动提供一次性餐具，鼓励用餐者自带餐具打包；明确需使用食堂提供的打包餐具的，需购买可降解餐盒和叉勺。

【"姑苏八点半"配合工作】 2020年，姑苏区机关事务管理中心在观前街碧凤坊搭建起"姑苏八点半·夜经济"观前现场指挥部，做好现场指挥部全天候24小时的安保、保洁、餐饮、会务、工程维修等服务，有效地保障指挥部的顺利运行。打造"网红快闪店"，在区行政中心大院中庭内设立"姑苏网红快闪店"，精心设计、搭建兼具本土特点和时尚元素的售货亭，引进各类"网红"品牌轮流入驻。

【机关疫情防控】 2020年，姑苏区党政办机关事务管理处全体人员根据区防控指挥部的意见，放弃春节等节假日休息，全员迅速到岗到位，及时启动应急预案，果断采取多项措施，切实维护各办公区域安全稳定。第一时间开发"健康报告"平台。加班加点完成区级"健康报告"平台的搭建。该平台覆盖姑苏区全体党政机关、人民团体、街道社区、学校等区级事业单位以及在集中办公场所驻点办公的第三方服务外包工作人员合计超过17000人，提供内置模块和二维码扫描2种方式，按时进行数据统计，及时准确掌握人员健康状况、出入重点区域情况和疫情防控措施落实情况，并根据所在单位、时间等维度进行统计分析。制定机关大院管控规定。根据专业部门防控意见，迅速制定并第一时间落实了大院门禁、食堂餐饮、会务保障、日常消杀、个人防护等管控措施。根据形势调整管控措施，"健康码"相关规定出台后，立即在各集中办公场所出入口设立了查验程序。疫情防控初期，机关食堂三餐停止堂食。配合做好疫情防控各项工作，及时为相关部门腾挪并布置指挥中心、会议室、办公室、值班室、库房，并安排人员协助应急管理部门、疾控部门，做好相关各类设备物资的采购、运输、安装、调试和发放工作，及时向机关干部、一线防控人员、物业工作人员发放口罩，配套洗手液、测温仪等物资，确保人员和办公场所的有效防护。 （谢　帆）

# 政协姑苏区委员会

## 综 述

【概况】 2020年，姑苏区政协坚持以习近平新时代中国特色社会主义思想为指导，全面贯彻中共十九大和十九届二中、三中、四中、五中全会精神，认真学习习近平总书记视察江苏重要讲话指示精神，牢牢把握团结和民主两大主题，不断提高政治协商、民主监督、参政议政水平，为奋力夺取疫情防控和经济社会发展“双胜利”，推动古城全面振兴贡献了政协智慧和力量。

【建言献策】 2020年，姑苏区政协着眼大局开展民主协商。区政协二届四次会议期间，聚焦打造姑苏慢生活、实施片区改造等热点难点问题，组织委员进行大会发言；围绕提升“核”的经济密度、提升“核”的城市亮度、提升“核”的民生温度等开展联组专题讨论，提出有关意见、建议。召开专题议政性常委会议、主席会议5次，《发挥苏州国际设计周品牌效应，做大做强姑苏设计产业》《关于平江历史文化街区保护利用的建议》等协商报告得到了区委主要领导的专门批示。围绕城市环境治理、繁荣观前商圈等主题召开“月度协商座谈会”，《关于加强垃圾分类处理工作的建议》等协商成果在相关部门工作中得到采纳落实。有关专委会主动与对口政府职能部门挂钩联系，深入开展调研，形成《健全社会治理网格化联动机制》等协商报告；围绕文化创意产业发展、加强姑苏水文化宣传等问题，组织界别委员和部门负责人开展协商，就促进相关部门工作提出务实建议。

【提案工作】 2020年，姑苏区政协开展提案线索征集，编写提案选题参考目录。加大重点提案督办力度，党委、政府主要领导带头领办，政协领导班子成员、专委会进行重点督办。组织提案办理“回头看”，对区城管委、住建委提案办理情况进行民主评议。二届四次会议立案的303件提案全部办理完毕，满意率和基本满意率达100%。

【协商议事】 2020年，姑苏区政协积极协助姑苏区委召开协商议事工作推进会，出台《关于推进“有事好商量”协商议事平台建设推动政协协商与基层协商有效衔接的实施意见》。建成8个街道、14个界别组、171个社区（村）协商议事室，实现协商议事载体建设全覆盖。健全协商议事工作机制，延伸“建议办理”环节，形成闭环协商链条。区、街道、社区、界别组四级联动，聚焦全区中心工作、辖区共性问题、具体民生诉求、行业领域难题，开展各类协商议事活动200余次，推动群众反映强烈的150多个问题得到解决。协商议事工作得到省政协主席黄莉新的批示肯定，平江街道、金阊街道、白洋湾街道政协工委获评全市“先进基层政协工委”，区政协在全省政协工作经验交流会上以《在特色上做文章，在创新上下功夫，展现新时代基层政协新形象》为题作了交流发言。

【助力抗击疫情】 2020年，姑苏区政协领导班子成员带队赴有关重点企业和街道社区调研走访、宣传政策，指导做好疫情防控和复工复产工作。利用政协联系广泛的优势，多渠道宣传党委、政府的工作举措，引领社会各界坚定战胜疫情的决心，增强对姑苏区经济社会发展的信心。广大政协委员立足各自岗位，积极参与救治病人、筹措防疫物资、志愿服务等工作，捐款捐物价值近445万元。选派机关干部赴社区参与入户走访、重点人群排查等工作。同时，政协委员围绕疫情防控工作建言献策，形成落实中小企业扶持政策、加强中小学生心理疏导等社情民意建议，为党委、政府科学决策提供参考。

【区委协商议事工作推进会】 2020年8月7日，姑苏区委召开“有事好商量”协商议事工作推进会。

2020年3月11日，区政协主席蔡炳锋带队走访了解企业复工复产情况　　区政协办　供稿

会议深入学习贯彻习近平总书记关于加强和改进人民政协工作的重要思想，积极落实省政协关于推进“有事好商量”协商议事工作座谈会的精神，回顾总结上半年协商议事工作推进情况，并对下半年重点工作做出部署。

市委常委、区委书记黄爱军出席会议并讲话，充分肯定了区政协“有事好商量”协商议事工作及其所取得的成效。黄爱军强调，区政协要在服务大局中助推发展，在关注民生中坚守初心，在协商议事中凝聚共识，推动协商议事活动常态化、高质量开展；要始终坚持党的领导，积极发挥党的领导核心作用，确保基层协商民主建设沿着正确方向前进；要推动形成工作合力，各街道、部门要支持协商议事活动有组织开展、有步骤实施、有计划进行；要努力营造良好氛围，积极宣传协商议事工作的重要意义和工作成效，营造全社会关心、支持、参与基层协商议事的浓厚氛围。

【社情民意信息工作】 2020年，姑苏区政协建立社情民意信息特约联络员队伍，组织委员针对经济发展、社会治理情况“找痛点”“寻堵点”，全年收集社情民意信息近200件，编发社情民意信息专报8期。有2件转送全国政协，1件获评省政协年度优秀社情民意信息，3件获评市政协年度优秀社情民意信息，29件建议分别入选区监督建言“金石榜”或获评“三言奖”。

【民主监督】 2020年，姑苏区政协积极配合省政协开展化工行业安全生产专项整治落实情况、环境保护工作监督性专题调研，参与市政协关于重点行业安全生产整治情况民主监督、群租房整治专项民主监督“回头看”等，配合市政协就文化旅游消费、和谐劳动关系建设等开展调研视察。

【文史宣传】 2020年，姑苏区政协编辑出版《回望姑苏》一书，真实再现了苏州古城2500年的历史兴衰和发展脉络。继续开展《名人故居》文史资料收集编撰工作。大力加强新闻宣传工作，宣传委员履职风采，讲好政协故事。开通“姑苏文史”抖音号，借助新媒体平台宣传姑苏历史文化和政协工作，打造新时代人民政协凝聚思想共识的新载体，获评全省政协工作最佳创新案例。

## 政协重要会议

【政协姑苏区二届五次会议】 中国人民政治协商会议苏州市姑苏区第二届委员会第五次会议于2021年1月11日至14日在姑苏区市民文化活动中心举行。会议收到委员提案272件。

区政协副主席朱依东主持开幕大会。市委常委、姑苏区委书记、保护区党工委书记黄爱军在开幕大会上讲话，充分肯定了区政协过去一年来的工作，特别是“有事好商量”协商议事工作、“姑苏文史”抖音号创新案例等特色亮点工作，有力促进了全区各项工作更好地开展和落实，为全区改革发展稳定事业做出了积极贡献。

会议赞同沈志栋同志代表区人民政府所做的政府工作报告以及其他报告。会议认为，政府工作报告对“十三五”时期和过去一年工作的总结实事求是、全面客观，提出的2021年目标和任务，符合实际，切实可行。

会议审议并同意蔡炳锋同志代表区二届政协常委会所做的工作报告和张广同志代表区二届政协常委会所做的四次会议以来提案工作情况报告。

会议期间，广大政协委员紧紧围绕区委二届十四次全会部署要求，就全区经济社会发展中的重大问题，通过大会发言、小组讨论等形式提出了积

2021年1月11—14日，政协姑苏区二届五次会议举行　　区政协办　供稿

极的意见和建议。大会收到发言材料21篇,其中8篇做了口头发言;收到专题调研报告23篇。

会议通过政协二届五次会议决议。会议强调,2021年是实施“十四五”规划、开启全面建设社会主义现代化国家新征程的第一年,也是中国共产党成立100周年。政协常委会要突出政治引领,聚焦协商主业,加强履职能力建设,不断推动政协工作提质增效,着力把协商民主制度优势转化为社会治理效能。会议号召,全区政协组织、政协各参加单位和全体政协委员要更加紧密地团结在以习近平同志为核心的中共中央周围,在中共姑苏区委的坚强领导下,同心同德、群策群力,用实干树立政协形象,用实绩彰显政协担当,为助推古城全面振兴做出新的更大贡献,以高质量的履职答卷向中国共产党成立100周年献礼!

【区政协常委会议】 2020年,区二届政协共举行常委会议7次,即区二届政协委员会第十六次到第二十二次常委会议。

第十六次常委会议于1月4日(区政协二届四次会议期间)举行。会议听取区委有关人事安排的说明,协商提出候选人建议名单;协商了《选举办法(草案)》。

第十七次常委会议于1月5日上午举行。会议听取了各委员小组关于中共姑苏区委主要负责同志讲话、政协常委会工作报告、提案工作情况报告、区政府工作报告、二届四次会议《决议(草案)》、《选举办法(草案)》、主席候选人建议名单讨论情况的汇报;审议区政协二届四次会议《决议(草案);协商确定了《选举办法(草案)》、主席候选人建议名单和选举工作人员建议名单。

第十八次常委会议于1月5日下午举行。会议协商并原则上通过了《政协姑苏区第二届委员会常务委员会2020年工作要点(讨论稿)》。

第十九次常委会议于5月28日举行。会议听取副区长李忠同志受区政府委托所做的关于“发挥苏州国际设计周品牌效应,做大做强姑苏设计产业”情况的通报,协商通过《发挥苏州国际设计周品牌效应,做大做强姑苏设计产业》协商报告,协商通过有关人事任免事项,传达学习了有关全国两会精神。

第二十次常委会议于8月27日举行。会议听取区委常委、区党政办主任谢强受区政府委托所做的姑苏区上半年经济社会发展情况通报、区政协二届四次会议以来提案办理情况通报以及平江历史文化街区保护利用情况通报,听取了区政协提案委所做的区政协二届四次会议以来提案工作情况汇报,协商通过了《关于平江历史文化街区保护利用的建议》协商报告。

第二十一次常委会议于12月1日举行。会议听取副区长单杰同志受区政府委托所做的关于“十四五”规划编制情况、“推动姑苏区经济社会高质量发展,进一步优化综合营商环境”情况的通报,协商通过《关于姑苏区编制“十四五”规划的建议案》《关于提升人才吸引力,进一步优化姑苏区营商环境的建议》协商报告,传达学习党的十九届五中全会精神,协商通过有关人事任免事项。

第二十二次常委会议于12月30日举行。会议传达学习中共苏州市委十二届十一次全会精神,分别协商了有关委员调整事项、区政协二届五次会议有关事项以及政协常委会2021年工作要点(草案)。

【区政协主席会议】 2020年,区二届政协共举行主席会议4次,即区二届政协委员会第二十一次到第二十四次主席会议。

第二十一次主席会议于3月9日举行。会议听取政协二届四次会议提案审查情况报告,以及办公室、各专委会2020年度工作计划和调研课题安排。

第二十二次主席会议于3月13日举行。会议协商通过有关职务调整事项。

第二十三次主席会议于9月29日举行。会议听取区城管委副主任高卫东受区政府委托所做的关于姑苏区老旧小区物业管理工作的情况通报，协商通过《关于加强老旧小区物业管理的建议》协商报告。

第二十四次主席会议于12月21日举行。会议传达学习中央有关会议精神，协商区政协二届五次会议有关事项及政协常委会2021年工作要点（草案），协商申报省政协创新案例有关事项。

【区政协主席办公会议】 2020年，区二届政协共举行主席办公会7次，即区二届政协委员会第三十二次到第三十八次主席办公会。

第三十二次主席办公会于4月2日举行。会议传达学习中央政治局有关会议精神，听取了办公室及各专委会3月份工作情况和4月份工作安排，通报了有关党纪和政务处分事项。

第三十三次主席办公会议于4月29日举行。会议传达学习了习近平总书记在陕西考察时的重要讲话精神，听取办公室、各专委会4月份工作情况和5月份重点工作安排，协商了其他有关工作事项。

第三十四次主席办公会议于5月12日举行。会议传达学习习近平总书记在中共中央党外人士座谈会上的重要讲话精神，协商《发挥苏州国际设计周品牌效应，做大做强姑苏设计产业》协商报告初稿。

第三十五次主席办公会议于8月19日举行。会议传达学习了习近平总书记在企业家座谈会上的重要讲话精神，协商《关于平江历史文化街区保护利用的建议》协商报告初稿。

第三十六次主席办公会议于9月21日举行。会议传达学习了习近平总书记在科学家座谈会上的重要讲话精神，协商《关于加强老旧小区物业管理的建议》协商报告初稿，协商了委员履职能力培训等有关事项。

第三十七次主席办公会于10月30日举行。会议传达学习中共十九届五中全会精神，协商区政协二届五次会议筹备工作，协商迎接区委第十四轮巡察相关工作。

第三十八次主席办公会于11月23日举行。会议传达学习习近平总书记视察江苏重要讲话指示精神，协商《关于姑苏区编制“十四五”规划的建议案》《关于提升人才吸引力，进一步优化姑苏区营商环境的建议》协商报告初稿。（魏海斌）

## 政协提案目录

表4-3 姑苏区政协二届五次会议提案目录

| 提案号 | 提案者 | 案由 |
| --- | --- | --- |
| 001 | 施　刚 | 关于姑苏区“对标对接上海，加快古城振兴”的建议 |
| 002 | 黄海燕 | 关于依托新文旅激发姑苏品牌活力的建议 |
| 003 | 九三学社姑苏区基层委员 | 关于姑苏区持续推进垃圾分类的建议 |
| 004 | 九三学社姑苏区基层委员 | 关于做大做强“姑苏八点半”夜经济品牌的建议 |
| 005 | 陈燕纯 | 关于提升垃圾分类设施和管理的建议 |
| 006 | 农工党姑苏区古城保护支部 | 关于提高我区国有资本运营质量和效益的建议 |
| 007 | 农工党公共卫生支部 | 加强姑苏区社区卫生服务体系建设的几点意见 |
| 008 | 吴祝龙 | 努力让姑苏古城焕发生机活力的建议 |
| 009 | 刘之慧　陶　红 | 关于保护传统“硬核老校”的建议 |

续表

| 提案号 | 提案者 | 案由 |
|---|---|---|
| 010 | 龚　成 | 利用智慧科技助力旅游产业的建议 |
| 011 | 俞志平 | 关于苏州市红十字中心血站献血停车的问题 |
| 012 | 周火龙 | 关于垃圾分类的深入推进 |
| 013 | 联络委民族组 | 关于出台古城区民宿管理办法的建议 |
| 014 | 王广成 | 关于进一步优化苏州华贸中心周边交通环境及配套的建议 |
| 015 | 俞　菁 | 打造区域个性，提升古城品位 |
| 016 | 华金言 | 关于姑苏区长者居民居家养老的相关建议 |
| 017 | 华金言 | 关于优化姑苏区古城区机动车通行与停放的建议 |
| 018 | 华金言 | 关于重讲历史文化，焕新姑苏区东北街的提案 |
| 019 | 孙志刚 | 关于加强对省文保建筑苏州城隍庙保护的建议 |
| 020 | 殷麒麟 | 三新路隔离栏的日常维护 |
| 021 | 殷麒麟 | 大龙港建设银行南环支行前的公共停车位的维护 |
| 022 | 致公党姑苏区基层委员会 | 打造虚拟形象代言人，助推姑苏文化产业发展 |
| 023 | 王永法 | 人民路沿线资源开发利用不足的短板对古城区的产业经济发展、城市功能尤其城市窗口形象都有一定的不利影响 |
| 024 | 韩　玲 | 规范姑苏区旅游标识体系，擦亮“文旅强区”名片 |
| 025 | 民盟姑苏区基层委员会 | 关于健全二孩配套政策，破解姑苏区0~3岁婴幼儿托育难的建议 |
| 026 | 王文萍 | 完善针对独居老人等特殊群体的智慧养老模式的提案 |
| 027 | 郭　凯 | 关于在姑苏区增加专业健身设施和引进更多健身服务的建议 |
| 028 | 金　遥 | 关于后疫情时代下发展在线教育的建议 |
| 029 | 杨华生 | 关于推进姑苏区打造成为生活服务业数字化发展高地的建议 |
| 030 | 政协虎丘街道工委 | 关于古城区口袋公园优化综合利用的建议 |
| 031 | 潘　斌 | 关于探索姑苏区高龄老人养老方式的建议 |
| 032 | 董丽华 | 关于促进南门商圈发展升温的建议 |
| 033 | 褚金发 | 关于优化硕房庄南路道路隔离护栏的建议 |
| 034 | 范洪喜 | 关于有效挖掘好姑苏区闲置社会资源满足群众健身需求的建议 |
| 035 | 王苏宁 | 关于增加观景二村配套公共设施建设的建议 |
| 036 | 冯道松 | 关于优化姑苏区营商环境，切实服务中小企业，在全区开展知识产权进创园活动的建议 |
| 037 | 赵廉熙 | 关于对苏州古城区居民生活区垃圾分类的两点建议 |
| 038 | 徐　韬 | 关于利用学校运动场地资源服务区域内居民运动需要的提案 |
| 039 | 王　芳 | 关于进一步关心社工队伍、解决社区人才流失问题的建议 |
| 040 | 矫向前 | 关于桐仁花园增添健身器材与设施的建议 |
| 041 | 黄振宇 | 关于退役军人享受免费城市公共交通的建议 |
| 042 | 周火龙 | 关于高架立交桥的限高和安全防护 |
| 043 | 王苏宁 | 关于建设虎丘婚纱城微型消防站优化营商环境的建议 |
| 044 | 陆英昶 | 关于由区国资整合兼并我区部分知名中华老字号的建议 |
| 045 | 王苏宁 | 关于更好地传承虎丘“三花”非遗文化，建设虎丘“三花”基地的建议 |
| 046 | 邹金福 | 关于亲商安商稳商相关对策的建议 |
| 047 | 殷　娇 | 关于古城活力人群的有效导入及文化产业运作的若干建议 |
| 048 | 陈　晔 | 关于老旧小区多层住宅加装楼梯扶手的建议 |

续表

| 提案号 | 提案者 | 案由 |
| --- | --- | --- |
| 049 | 陈　静 | 关于调整老旧小区物业补贴方法的提案 |
| 050 | 施　健 | 关于开展《中华人民共和国未成年人保护法》施行准备工作的建议 |
| 051 | 华金言 | 关于发展户外广告行业、亮化城市道路夜空、繁荣苏州内需经济的建议 |
| 052 | 成　亮 | 关于环护城河步道公共卫生间指路牌设置的建议 |
| 053 | 陈秋锋 | 关于进一步打造舒心营商环境，提升工商服务办理的建议 |
| 054 | 仲志刚 | 关于进一步挖掘锦帆社区金城新村红色文化的建议 |
| 055 | 杨建英 | 关于延长倒垃圾时间的提案 |
| 056 | 邵晓敏 | 关于创新发展公证在知识产权保护领域职能作用的建议 |
| 057 | 高卫东 | 关于推动姑苏区文化发展的建议提案 |
| 058 | 杨建英 | 关于在沧浪新城内的中医院附近道路增设警示标志的提案 |
| 059 | 薛　群 | 关注老年人群认知功能，早期开展认知减退筛查，提高老人生活质量 |
| 060 | 乔洪海 | 关于调整初中生到校时间、酌情减少课业负担的建议 |
| 061 | 王孝银 | 关于提升姑苏区观前商圈业态的提案 |
| 062 | 乔洪海 | 关于平衡路权、便利残障人士出行的建议 |
| 063 | 郑嵩怡 | 关于关注姑苏区各级各类教师心理健康状况的建议 |
| 064 | 杨建英 | 关于加强石炮头整改工作的建议 |
| 065 | 黄新华 | 关于进一步加强电瓶车管理的建议 |
| 066 | 陆　雅 | 关于发扬传统店招文化呈现姑苏繁华街貌的建议 |
| 067 | 吴文胜 | 姑苏区开展电信网络诈骗防范综合工程 |
| 068 | 傅　颖 | 关于推进姑苏区失智老人长期照护服务体系建设的建议 |
| 069 | 金文青 | 关于加强老旧新村物业团队的管理和监督的提案 |
| 070 | 赵　叙 | 关于开放和发展古城区民宿的建议 |
| 071 | 张　鹤 | 关于提升生活垃圾分类精细化管理水平的建议 |
| 072 | 吴　严 | 关于新冠疫情新形势下对餐饮企业持续扶持帮助的建议 |
| 073 | 熊繁荣 | 关于改善学校周边交通环境，方便居民日常出行的几点建议 |
| 074 | 郑　炜 | 关于进一步打造我区一流营商环境的建议 |
| 075 | 郑　炜 | 关于推进姑苏北部经济区高质量发展的建议 |
| 076 | 李建国 | 关于进一步完善社区卫生服务中心（站）规划设置和家庭医生配置的建议 |
| 077 | 郭盛仁 | 适应互联网时代，普及云影像的建议 |
| 078 | 郭贵玉 | 关于尽快修复新康花园星辰小区东侧围墙的提案 |
| 079 | 邹海峰 | 关于特色发展姑苏区城市商业综合体的建议 |
| 080 | 马国胜 | 关于在姑苏区北部经济区及早谋划教育优质均衡发展的建议 |
| 081 | 范洪喜 | 关于姑苏区古迹文化遗存加增“特制身份证”的建议 |
| 082 | 钱丹晟 | 关于尽快解决古城区内部分区域居民瓶改管的建议 |
| 083 | 陈　晔 | 完善个人破产制度，进一步打造优质的营商环境 |
| 084 | 傅　颖 | 关于引领姑苏区民营教育培训机构规范优质发展的建议 |
| 085 | 田晓飞 | 以非遗传承项目为载体，深度推动姑苏文旅融合 |
| 086 | 田晓飞 | 平江路历史街区再梳理升级规划改造的一些建议 |
| 087 | 田晓飞 | 关于平江路、山塘街两大历史街区引入人工智能应用的建议 |
| 088 | 陆　蓉 | 关于0~3岁托育供给服务失衡的调查研究与适度发展建议 |

续表

| 提案号 | 提案者 | 案由 |
|---|---|---|
| 089 | 张力元 | 关于东后庄巷道路整治的建议 |
| 090 | 周　萍 | 关于增设路口机动车信号灯的建议 |
| 091 | 倪文赟 | 关于将姑苏古城打造成全国独特的民宿产业聚集区的提案 |
| 092 | 郭贵玉 | 关于缓解苏州市实验小学门口道路拥堵问题的提案 |
| 093 | 彭玉莲 | 关于借鉴成功经验，加快我区既有多层住宅增设电梯项目进程的建议 |
| 094 | 彭玉莲 | 关于进一步完善我区生活垃圾定时定点投放管理制度的建议 |
| 095 | 徐德明 | 关于解决好专业市场商户小孩入园难的建议 |
| 096 | 翁　维 | 关于敦化桥桥面打滑的解决建议 |
| 097 | 许　侃 | 精细挖掘各类资源，精准化解停车问题 |
| 098 | 潘　烨 | 关于细化、智能化住宅小区垃圾分类管理工作的几点建议 |
| 099 | 严燕青 | 关于进一步加强我区电瓶车交通安全管理的建议 |
| 100 | 张剑锋 | 关于整合民国文化资源，打造五卅路民国文旅特色片区的建议 |
| 101 | 董丽华 | 关于加强我区停车场价格监管的建议 |
| 102 | 陆　雅 | 关于在双塔街道城湾社区建立苏州农特产品临时销售点的建议 |
| 103 | 束富强 | 关于借力周边区域产业外溢效应，助力姑苏北部经济区发展的建议 |
| 104 | 邹海峰 | 关于姑苏区加快多层住宅增设电梯建设的建议 |
| 105 | 吴　佶 | 关于积极创建全国示范性老年友好型社区的建议 |
| 106 | 王笃政 | 关于在全区深化推动垃圾分类的建议 |
| 107 | 王笃政 | 关于深化推动集团化办学水平，促进教育优质均衡发展的提案 |
| 108 | 马国胜 | 关于推进姑苏古城整体保护与发展的建议 |
| 109 | 马国胜 | 关于多措并举增加优质教育资源供给有效导入活力人群的建议 |
| 110 | 黄新华 | 关于长洲县城隍庙交还道教使用的建议 |
| 111 | 马国胜 | 关于将“城景一体化保护管理模式”确定为古城保护的姑苏模式和苏州经验的建议 |
| 112 | 黄玉婷 | 优化营商环境创新行动建议 |
| 113 | 乔洪海 | 关于科学管理户外灯饰、减少城市能源浪费的建议 |
| 114 | 吴祝龙 | 优化西环路与西园路口交通秩序的建议 |
| 115 | 沈　健 | 关于合理调配公共交通资源的建议 |
| 116 | 朱建明 | 关于加快拆除新益村钢管租赁厂无证厂房的提案 |
| 117 | 政协白洋湾街道工委 | 关于推进居民自治，创新社会治理的建议 |
| 118 | 吴　佶 | 关于进一步加强古城区地下空间利用的建议 |
| 119 | 傅　颖 | 关于在姑苏区公共场所设置“快速通行”标示的建议 |
| 120 | 俞弘颀 | 关于改善疫情常态化情况下老年人就医困难的建议 |
| 121 | 钱士亮 | 关于增强残障人士无障碍设备设立及完善的建议 |
| 122 | 吴小波 | 关于增设金阊新城专业市场、“叶圣陶中学”附近社会停车位的建议 |
| 123 | 吴祝龙 | 优化虎丘婚纱城西侧进出口与黄家庄立交桥东侧坡顶处交通秩序的建议 |
| 124 | 刘志萍 | 关于打造姑苏研学品牌，实现文旅育相融相长的建议 |
| 125 | 刘志萍 | 关于重整电网设施，保障居民生活安全的相关建议 |
| 126 | 吴洪钢 | 关于文化强区建设的建议 |
| 127 | 郑　炜 | 关于文化经济助推我区文化强区的建议 |
| 128 | 钱卫东 | 居家养老的数字化促进提案 |

续表

| 提案号 | 提案者 | 案由 |
|---|---|---|
| 129 | 褚金发 | 关于提高古城内虚假广告查处时效性的建议 |
| 130 | 郑大甫 | 关于设立苏州国家历史文化名城保护区标识的建议 |
| 131 | 王友俊 | 关于姑苏区民宿产业文旅融合发展的思考和建议 |
| 132 | 葛　健 | 关于南门商圈提档升级，打造文、商、旅一体化新南门的建议 |
| 133 | 沈庭婷 | 城市文明建设中关于道路美化的建议 |
| 134 | 郑大甫 | 关于高质量规划姑苏水上旅游的建议 |
| 135 | 闾平贵 | 关于编制苏州古城振兴计划的建议 |
| 136 | 胡明晶 | 关于进一步简化个体工商户行政审批手续的有关建议 |
| 137 | 束富强 | 关于及早谋划应对城区深度老龄化措施，打造标杆养老模式的建议 |
| 138 | 黄振宇 | 关于姑苏北部经济区同古城区机动车交通的建议 |
| 139 | 杨华生 | 关于推进姑苏区打造成为生活服务业数字化发展高地的工作提案 |
| 140 | 娄兆云 | 关于均衡发展繁荣观前街商圈的建议 |
| 141 | 陈爱萍 | 关于将桂花新村小区打造成古城保护区省级宜居示范区的建议 |
| 142 | 计学明 | 关于建立姑苏区桃花坞社区卫生所的建议 |
| 143 | 计学明 | 关于加强姑苏区人才引进等的建议 |
| 144 | 刘志萍 | 关于建立姑苏区园林环境监督机制的相关建议 |
| 145 | 黄建敏 | 关于做好姑苏区防疫稳工稳产措施的建议 |
| 146 | 黄建敏 | 关于加强社会公共服务人员心理疏导的建议 |
| 147 | 许　顺 | 关于加强姑苏区老旧小区改造工作的建议 |
| 148 | 许　顺 | 关于加强居民住宅区物业管理的建议 |
| 149 | 黄　蕾 | 关于进一步加强姑苏区城市绿化管理水平的建议 |
| 150 | 王建梅 | 关于加强快递、外卖骑手遵守交通法规意识的建议 |
| 151 | 张培迁 | 让姑苏区的住宅加装电梯工作也乘上电梯 |
| 152 | 李　敏 | 关于进一步提升姑苏区微旅行品质的建议 |
| 153 | 杨中华 | 关于延长减免住宿餐饮业企业社保费的建议 |
| 154 | 杨中华 | 关于进一步优化姑苏区营商环境，改善工商身份认证平台的建议 |
| 155 | 郑　良 | 关于精细化姑苏区辅警队伍管理，提升人员素质，树立良好形象的建议 |
| 156 | 郭军波 | 重视夜间餐饮消费“舌尖上的安全” |
| 157 | 蔡　旻 | 提升古城文化旅游可持续发展的几点建议 |
| 158 | 周立人 | 关于大力引入社会力量参与古城旧厂房、产业园、老公房改造提升方面的建议 |
| 159 | 周立人 | 关于推动教育优质均衡发展，深化集团化办学方面的建议 |
| 160 | 张玉兰 | 关于姑苏区数字化经济与实体经济的融合提升产业发展能级的政策建议 |
| 161 | 陈燕纯 | 关于推进老旧小区电梯安装的建议 |
| 162 | 周　平 | 关于合理化取消证明材料的建议 |
| 163 | 刘佑武 | 关于加强旅游民宿管理促进旅游经济发展的建议 |
| 164 | 刘佑武 | 关于加强修复整治项目利用的建议 |
| 165 | 陶　金 | 关于改善和宣传姑苏区社区阅览室的建议 |
| 166 | 曹智辉 | 关于帮助玉兰新村修剪树木的建议 |
| 167 | 周立人 | 关于加快推进老住宅小区加装电梯方面的建议 |
| 168 | 郭凌川 | 关于降低苏州火车站进站人脸识别过程中潜在病毒传播风险的建议 |

续表

| 提案号 | 提案者 | 案由 |
|---|---|---|
| 169 | 王洪静 | 关于修缮渡僧桥下塘叶天士故居的建议 |
| 170 | 夏　冰 | 关于加强名人文化资源保护和利用的建议 |
| 171 | 董启榕 | 以绣花般的精神优化古城区的居住舒适度，提高老城区活力 |
| 172 | 王　震 | 关于古城保护更新相适应的产业业态的设定建议 |
| 173 | 夏　冰 | 关于将太极拳（归真太极）列为区级非遗项目的建议 |
| 174 | 秦　华 | 关于住宅小区楼宇内消防门管理的建议 |
| 175 | 於亚萍 | 关于提升姑苏区产业园能级的几点建议 |
| 176 | 戴晨飞 | 关于逐步优化机动车停车位共享共用的提案 |
| 177 | 石小雷 | 关于促进姑苏区文化旅游产业发展的建议 |
| 178 | 杭二宝 | 关于进一步挖掘和传承苏式点心制作的建议 |
| 179 | 顾　艳 | 关于进一步打造舒心营商环境，提升姑苏区产业发展质效的建议 |
| 180 | 李国云 | 关于姑苏区法院进一步规范非诉调解的建议 |
| 181 | 闾平贵 | 关于建立健全标识标牌纠错工作机制的建议 |
| 182 | 戴晨飞 | 关于优化户外广告和店招店牌管控的提案 |
| 183 | 王宏志 | 后疫情时期关于加强关爱姑苏区鳏寡孤独人群的提案 |
| 184 | 徐　晓 | 关于强化社区卫生服务中心与三级医院之间联系，提升社区卫生服务中心医疗能力的建议 |
| 185 | 陆　蓉 | 关于金门商市环境治理的若干问题和对策 |
| 186 | 庞　克 | 关于提升玄妙观区域历史文化内涵的建议 |
| 187 | 夏敦申 | 关于加速推进古城保护公共安全服务体系数字化建设的建议 |
| 188 | 谈　隽 | 关于将苏州中国丝绸档案馆建设发展纳入姑苏区古城历史文化资源体系中的提案 |
| 189 | 夏　冰 | 关于将姑苏传统小吃制作技艺非遗项目进行整合的建议 |
| 190 | 宋志芸 | 关于万达广场老年人广场舞管理的建议 |
| 191 | 郑　良 | 关于姑苏区校园足球集团化管理和竞赛的建议 |
| 192 | 王建梅 | 关于异地重建梓义小学的建议 |
| 193 | 吴艳明 | 关于推行使用统一公筷公勺，筑好防疫病从口入关的建议 |
| 194 | 徐　暹 | 关于交通整治应当科学合理规划，统一调研，优需先行的建议 |
| 195 | 黄新华 | 关于亮化苏州玄妙观的建议 |
| 196 | 郑　良 | 关于进一步加强基层群众文化阵地建设方面的建议 |
| 197 | 步　红 | 关于加强对校园学生心理健康的关注的建议 |
| 198 | 陈勇江 | 关于对姑苏区外地车辆限行的建议 |
| 199 | 郑　良 | 关于做好公共健身器材管理维护，加强卫生安全使用的建议 |
| 200 | 颜廷忠 | 关于优化税务营商环境，助力姑苏区经济发展的建议 |
| 201 | 颜廷忠 | 关于融入长三角一体化、进一步优化营商环境的建议 |
| 202 | 颜廷忠 | 关于我区会计服务行业健康持续发展的建议 |
| 203 | 颜廷忠 | 关于进一步发挥商协会的积极作用，助力姑苏区经济发展的建议 |
| 204 | 林　邉 | 关于落实慢性阻塞性肺疾病患者基层管理的建议 |
| 205 | 范友根 | 关于增加姑苏区社区工作人员待遇的建议 |
| 206 | 吴小波 | 关于加强金阊新城专业市场二楼以上商业用房管理的建议 |
| 207 | 吴建明 | 关于加强中小学校园体检工作的建议 |

续表

| 提案号 | 提案者 | 案由 |
|---|---|---|
| 208 | 冯　炯 | 关于民办非营利企业高质量规范化可持续发展的相关建议 |
| 209 | 吴祝龙 | 关于优化调整观前街玄妙观以东6处外摆区域的建议 |
| 210 | 张晓韧 | 关于让古城成为真正的“城”的建议 |
| 211 | 高　旻 | 关于增加社区办理事项网上申办功能的建议 |
| 212 | 吴建明 | 关于加强过期报废疫苗管理的建议 |
| 213 | 吴建明 | 关于加强姑苏区小学传染病防控工作的建议 |
| 214 | 王　菊 | 关于加强行政事业单位电子发票管理的建议 |
| 215 | 政协白洋湾街道工委 | 北部经济区一体化创新发展的建议 |
| 216 | 黄　蕾 | 关于进一步提升“姑苏文史”抖音号影响力的几点建议 |
| 217 | 孔　岩 | 调整平江路限行时间的建议 |
| 218 | 政协白洋湾街道工委 | 关于加强我区垃圾分类工作的建议 |
| 219 | 王文利 | 关于新时期开展姑苏区域创新和全球人才汇聚政策研究的建议 |
| 220 | 鲁　云 | 关于提升营商环境的提案 |
| 221 | 边霞红 | 关于三新路—现代大道与东环路(即东环大润发附近)路口红绿灯的问题 |
| 222 | 朱福全 | 关于设立“艺术家之家”，吸引国内艺术家、设计师集聚姑苏的建议 |
| 223 | 王广成 | 关于进一步加强古城区背街小巷居民生命财产安全保障的建议 |
| 224 | 王　奕 | 关于点亮姑苏夜经济，再现“网红”盛世餐饮商业街的建议 |
| 225 | 朱福全 | 关于以古城街区为单元，打造姑苏全域旅游IP的建议 |
| 226 | 吴明涛 | 关于加强古建筑保护利用，推动古城文化活态传承的建议 |
| 227 | 夏　红 | 关于西中市街区绿化提升的建议 |
| 228 | 田晓飞 | 关于苏州园林有条件减免门票费，着力苏州园林价值再造的建议 |
| 229 | 王佳芸 | 关于开展残障困境儿童监护人喘息服务，缓解监护人日常压力的相关建议 |
| 230 | 民建姑苏区工作委员会 | 关于改善姑苏区交通环境，提升居民生活水平的建议 |
| 231 | 钱丹晟 | 关于扶持本土文创产业，让文创产品成为姑苏“伴手礼”的建议 |
| 232 | 李　芳 | 如何打造姑苏区园林城市的建议 |
| 233 | 沈　婷 | 关于优化垃圾分类工作的几点建议 |
| 234 | 宋志芸 | 关于锦堂街与东和合街路口增设红绿灯的提议 |
| 235 | 刘海林 | 关于缓解小区业主、业委会意见难统一引发矛盾冲突的相关建议 |
| 236 | 邹　红 | 关于解决老厂房和历史遗留危旧房屋住户安置问题的建议 |
| 237 | 孔　岩 | 关于古城地下空间规划的建议 |
| 238 | 蒋智奇 | 关于促进产业园区域间协调发展，在人民桥以南到南环高架之间的干道上再增加人行通道的建议 |
| 239 | 蒋智奇 | 关于在南环高架下再改建若干桥门洞停车位的建议 |
| 240 | 郭军波 | 关于打造“游姑苏”App，实现一部手机游姑苏的建议 |
| 241 | 张君丽 | 关于“十四五”开局之年，如何依托产业园区层级提升，构建产业发展新格局的建议 |
| 242 | 张明劼 | 关于进一步重视新一轮疫情期间师生心理健康工作的建议 |
| 243 | 张明劼 | 关于各校完善对抗疫人员子女帮扶方案的建议 |
| 244 | 宋志芸 | 关于察院场交通停车的几点建议 |
| 245 | 丁冬梅 | 关于大力引入社会力量参与古城旧厂房、产业园改造升级方面的建议 |
| 246 | 陈　虹 | 关于引培一批文化类上市企业的建议 |

续表

| 提案号 | 提案者 | 案由 |
|---|---|---|
| 247 | 陈　虹 | 关于在餐饮业推广“江南文化”之评弹、昆曲的建议 |
| 248 | 王才珍 | 关于进一步完善行政中心北侧停车场管理服务的建议 |
| 249 | 熊化成 | 关于老住宅小区安装电瓶车充电桩的建议 |
| 250 | 韩惊雷 | 关于提升区交通事故处理点便民服务水平的建议 |
| 251 | 杨　艺 | 关于姑苏区文保及控保单位信息数据采集的建议 |
| 252 | 金震宇 | 关于阊门内下塘街禁止机动车通行的建议 |
| 253 | 刘海林 | 关于如何将姑苏区旧厂房、老公房有效盘活，促进区域经济高质量发展的相关建议 |
| 254 | 金　磊 | 加快古城区老化线路梳理进程 |
| 255 | 戴爱华 | 关于对依法保障律师调查取证权的建议 |
| 256 | 吴艳明 | 积极发展信用服务业，提高我区企业抵抗风险能力 |
| 257 | 吴艳明 | 关于进一步规范行人乱穿现象，促进交通安全文明的建议 |
| 258 | 贺　吉 | 关于开发利用环古城河线性文化线路，助力大运河文化带建设的建议 |
| 259 | 民建姑苏区工作委员会 | 关于抢抓数字经济发展新机遇的思考和建议 |
| 260 | 张　颖 | 关于合力开发大运河文化带姑苏段文创项目，打造姑苏硬核品牌的建议 |
| 261 | 宓惠宏 | 关于严厉打击骗老行为的建议 |
| 262 | 吴艳明 | 关于打造旅游全程信用管理的姑苏创新模式——姑苏“信悦游”的建议 |
| 263 | 刘海林 | 关于完善社会组织从业人员入党申请书递交顺畅的相关建议 |
| 264 | 胡林英 | 关于0~12岁加强孕育家庭和学校教育的建议 |
| 265 | 朱福全 | 关于创新机制，集聚在华国际艺术家到姑苏的建议 |
| 266 | 曹智辉 | 关于娄门路向阳桥下设立交通信号灯的建议 |
| 267 | 高　旻 | 关于打造“数字孪生姑苏”的建议 |
| 268 | 戴爱华 | 关于法律援助办案补贴不应要求律师事务所开具增值税发票的建议 |
| 269 | 吴艳明 | 打造传统商圈网络信用评价体系，提升商家服务品质，增加人气及购买力 |
| 270 | 黄玉婷 | 数字赋能“苏州制造”，推动姑苏特色中小微企业创新发展 |
| 271 | 王　芳 | 关于加快姑苏区沪苏协同发展的几点建议 |
| 272 | 王悦来 | 关于西北街店面门头整改的意见 |

（魏海斌）

# 中共姑苏区纪委、保护区纪工委、姑苏区监察委员会

## 综　述

【概况】 2020年，面对错综复杂的国际形势、艰巨繁重的国内改革发展稳定任务，特别是新冠肺炎疫情严重冲击，全区各级纪检监察组织坚持以习近平新时代中国特色社会主义思想为引领，全面贯彻党的十九大和十九届二中、三中、四中、五中全会精神，增强“四个意识”，坚定“四个自信”，做到“两个维护”，按照中央纪委国家监委和省、市纪委监委部署要求，忠诚履行党章和宪法赋予的职责，秉持“强监督、明规矩、有宽容、善建议”理念，积极履职，勇于担当，充分发挥监督保障执行、促进完善发展作用，为姑苏夺取“双胜利”提供坚强保障。

【中国共产党苏州市姑苏区第二届纪律检查委员会第五次全体会议】 于2020年4月28日召开。大会应到区纪委委员14人，实到14人。全会由区纪律检查委员会常务委员会主持。全会以习近平新时代中国特色社会主义思想为指导，全面贯彻党的十九大和十九届二中、三中、四中全会精神，认真落实中央纪委四次全会、省市纪委五次全会和区委十二次全会部署，回顾全区2019年纪检监察工作，部署

2020年4月28日，中共苏州市姑苏区第二届纪律检查委员会第五次全体会议召开

区纪委监委办　供稿

2020年重点任务，审议通过了区委常委、区纪委书记、区监委主任，保护区党工委委员、纪工委书记张玮同志代表区纪委常委会所做的《牢记初心使命，坚守责任担当，为打造“硬核”姑苏提供坚强保障》工作报告。

## 纪检监察

【概况】 2020年，区纪委、区监委、保护区纪工委在苏州市纪委监委和区委正确领导下，以习近平新时代中国特色社会主义思想为指导，认真落实中央纪委和省、市纪委全会部署，切实履行全面从严治党协助职责、监督责任，大力实施政治铸魂、破难攻坚、纠偏补正、惩腐筑廉、监督增效、巡察亮剑、作风提升、固本强基等“八大行动”，推动全区党风廉政建设和反腐败各项工作取得新成效。

【政治建设】 2020年，全区纪检监察组织始终把学习贯彻习近平新时代中国特色社会主义思想作为首要政治任务，区纪委常委会以上率下、领学促学，结合党的十九届五中全会精神、《习近平谈治国理政》等主题开展集中学习20次，不折不扣抓好贯彻落实。紧紧围绕“两个维护”强化政治监督，聚焦统筹疫情防控和经济社会发展、做好“六稳”工作、落实“六保”任务等重大决策部署加强监督检查，以有力监督推动有效落实。面对突如其来的新冠肺炎疫情，全区各级纪检监察组织迅速行动、全员参与，采取“四不两直”方式，开展7轮专项监督，抽查重点领域、场所373处，反馈面上问题37个，提出建议24条，处理弄虚作假、失职失责的党员干部7人，督促落实落细防控措施。结合监督检查情况，推动区指挥部出台“小区全封闭、片区大包围”的防控指引，形成“七步法”工作流程，助力防疫工作走上有序轨道。助推全面复工复产，配合市委落实“六保”任务专项巡察，出台“硬核”姑苏纪律保障方案，制定规范政商交往“10+10”清单，举行“姑苏国企廉盟”主题活动，保障夜经济品牌重磅推出，相关工作受到区委主要领导批示肯定。

【管党治党责任落实】 2020年，区纪委、区监委、保护区纪工委协助区委开展全面从严治党工作情况检查考核、召开履行主体责任述职会，用好“姑苏360”履责监管平台，推动党委（党组）主体责任、书记第一责任人责任和纪委监委监督责任贯通联动、一体落实。以市“衡镜”系统为抓手，对“两个责任”落实情况开展常态化监督和政治生态评价，牵头召开“衡镜”工作专题推进会议，向区委提交专题报告。严把党风廉政意见回复关，共对68批次3069人次的党风廉政情况进行回复。健全古城保护协同监督机制，明确8个重点监督项目，按照“一项目一方案”原则，分别制定个性化监督方案，分级分类开展“融入式”监督，跟进媒体曝光古城墙保护问题，推动整改、规范制度，相关做法被《中国纪检监察报》报道。开展征收搬迁扫尾清零专项监督，对启动5年以上的项目全面开展调研督导，推动53个项目完成征收清零，交地3300亩，创历史新高。围绕非法金融整治、生活垃圾分类、架空线入地工程以及主题奋斗年承诺项目等重点任务开展专项监督，推动职能部门扛起责任、抓好落实。认真贯彻问责条例，对2个党组织、16名党员干部实施问责，以精准有效问责倒逼责任落实。

【纪检监察体制改革】 2020年，姑苏区持续深化体制机制改革，细化落实纪检监察工作双重领导体制，严格执行请示报告制度，认真落实提名考察要求。深入推进“室组联动”“纪巡联动”等工作机制，增强“四项监督”的协同性、有效性。紧盯“关键少数”、关键岗位，推出具有姑苏特点的“六字诀”监督工作法，将监督切入点聚焦在“对、排、看、听、查、讲”等6个关键环节，打造监督工作闭环。深化派出监察员办公室工作，统筹用好街道纪工委监督力量，针对农村集体“三资”监管、巡察整改等开展交叉监督，在市纪委监委相关会议上做专题汇报。全面完成派驻和国有企业纪检监察体制改革工作，做实做细区属国有企业日常监督，持续抓好“一组一品”特色监督项目。推进社区“廉网”工程，强化运用市基层廉勤监督平台，出台小微权力规范运行指南，完成全区四星以上社区监督体系建设工作。

【作风建设】 2020年，区纪委、区监委、保护区纪工委坚持纠“四风”树新风并举，严格落实中央八项规定及其实施细则精神。坚决整治形式主义、官僚主义，重点纠治不担当不作为、推诿扯皮等问题，查处形式主义、官僚主义问题15起，处理18人，同比分别增长87.5%、100%。加强对基层减负22条措施落实情况的监督检查，督促推动精文简会，全区发文、会议数量分别下降36.8%、10%。严肃查处“四风”突出问题，做好全市转变作风“曝光台”监督，运用“第一种形态”处置4人，给予党纪处分1人。制定“重罚懒政者”实施意见，实施“重罚”1起，以“重罚”树导向、提效能。持续推进“清风行动”，开展“舌尖上的腐败和浪费”专项督查、严防违规操办“升学宴”“谢师宴”专项行动。全年查处违反中央八项规定精神问题31起，处理38人，通报曝光各类作风问题16批次31起42人。在“严”的同时，全面激励干事担当，出台关于查处诬告陷害行为、开展澄清正名工作的实施办法，开展容错纠错5起8人、澄清正名10起10人，实施风险备案3起。

【执纪执法】 2020年，姑苏区坚持挺纪在前、抓早抓小，运用监督执纪“四种形态”处理314人次，其中第一、第二种形态占比88.5%。稳妥有序推进审查调查工作，共立案119件119人，其中自办案件占比76.5%，涉及科级干部12人，采取留置措施7人，移送司法机关13人，给予党纪政务处分99人，挽回经济损失586.2万元。加强对下指导，派出监察员办公室联合街道纪工委共立自办案件41件。牵头召开反腐败协调小组会议，协商建立3项工作机制。强化科技支撑，加大审查调查技术保障力度，报送案例获评全市纪检监察机关信息化实战应用二等奖。坚持以案促改，注重发现个案背后的深层次问题，制发纪检监察建议15份，获评全市优秀纪检监察建议1份。开展受处分人员帮教治本“7+1”工作法，帮教对象33人，实地回访22人。严守安全底线，落实“走读式”谈话方案和安全预案制度，做好留置场所疫情防控等工作。协助区委召开警示教育大会，制作并组织观看警示专题片《拍蝇》。开展“510尚廉日”党风廉政宣传教育系列活动，统筹市、区廉洁文化资源，与苏州大学合作推进“姑苏廉洁文化生态圈”建设，相关成果获评第三届羊城廉政智库建设论坛优秀案例二等奖。

【纪检监察队伍建设】 2020年，区纪委、区监委、保护区纪工委推进“打铁必须自身硬”暨“铸魂强基作表率”专项行动，与机关党建有机结合，落实主要领导上廉政党课、谈心谈话等制度，打造“姑苏廉石”党建品牌，实现党建和业务“双促进、双提升”。开展“学恩来精神、守初心使命”专题教育活动，赴淮安开展党性锻炼，组织“学四史、强党性”系列活动。区纪委常委会带头加强自身建设，严格执行民主集中制，严肃党内政治生活，坚持和完善集体学习制度。严格落实意识形态工作责任制，坚决维护意识形态领域的清风正气。树立鲜明用人导向，加大干部交流选用力度，推动系统内外交流20人次，提拔晋升干部11人，不断增强队伍活力。根据全区统一安排，有序推进社区纪检组织换届工作。落实全员培训要求，不断丰富“姑苏廉石”大讲堂学习形式，委领导带头授课，提高培训实效。建立年轻干部

"双挂职""双导师" 制度，16名干部参加 "上挂下派" 实践锻炼。认真落实队伍建设主体责任，严格执行江苏纪检监察干部 "八严禁" 要求，选聘首任12名特约监察员，主动接受监督，锻造纪律铁军。

## 巡察工作

【概况】 2020年，姑苏区委巡察工作坚持以习近平新时代中国特色社会主义思想和习近平总书记关于巡视巡察工作的重要论述精神为指导，认真贯彻落实省、市、区委的决策部署和最新要求，坚持政治巡察定位，加强巡视巡察上下联动，扎实推进全覆盖目标任务，为净化姑苏政治生态，推动加快实现古城全面振兴提供坚强政治保障。

【省委巡视整改工作】 2020年，区委把巡视整改作为最根本的政治任务，成立由市委常委、区委书记黄爱军任组长的巡视整改工作领导小组，多次召开区委常委会、书记专题会等会议，研究重难点问题整改，调度整体推进情况。区委巡视整改工作领导小组先后部署开展了3次巡视整改专项督查。疫情期间，由2位区委常委带队对16个部门单位开展专项督查和深入调研，由区纪委监委、区委组织部、区委巡察机构等监督力量组成督查组，全面盘点整改落实情况，及时总结取得的成效，推动解决突出问题，促进整改真见底、真收效。4月17日，区委以文件的形式向党内通报整改情况，并向省委巡视办报送了集中整改阶段进展情况报告。4月25日，通过区政府网站、"苏州姑苏发布" 微信公众号等媒体平台向社会公开巡视整改情况，接受社会监督。巡视整改总结阶段，区委在逐一分析研判单个问题整改质效的基础上，对整改总体情况开展自我评估。截至2020年底，省委巡视反馈指出的45个问题已全部整改到位，省委巡视移交的1件问题线索及81件信访件均已办结。选人用人、意识形态、巡察工作专项检查反馈指出的问题均已整改到位。

2020年4月8日，省委巡视整改工作推进会暨区委第十二轮巡察工作动员部署会召开　　区纪委监委办　供稿

【巡察全覆盖】 2020年，姑苏区共开展3轮常规巡察，即二届区委第十二轮巡察、二届区委第十三轮巡察、二届区委第十四轮巡察，分别完成对13个部门的常规巡察，对19个村（社区）开展巡察 "回头看"，常态化开展选人用人和意识形态工作责任制专项检查，共发现问题399个，移交线索5个，移交立行立改问题37个。围绕关于区教体文旅委机制体制融合、姑苏区综合行政执法体制改革、加强审计监督等向区委提交专题报告和动态专刊6份。区委高度重视巡察工作，先后召开区委常委会、书记专题会、领导小组会议17次，研究谋划巡察工作、专题听取巡察工作报告。

【巡视巡察上下联动】 2020年9月，姑苏区根据省、市、区委统一部署安排，三级联动开展危化品安全生产专项巡察，采取 "1+4+1" 的形式，以区应急管理局党组为主要巡察对象，以区经科局党组、市场监督管理局党委等为延伸了解对象，针对重点行业领域公共安全问题开展 "政治体检"，共发现5个方面35个突出问题，移交立行立改问题8个，立查立处线索1条，找准病因病灶，全力推动全区安全生产工作提升。积极配合市委落实“六保”任务专项巡察工作，牵头协调姑苏区专项自查整改工作，选派巡察办1名副主任参加市委专项巡察组驻点巡察工作，积极配合市委专项巡察组到区座谈调研，提供相关数据资料。

【巡察整改和成果运用】 2020年，区委巡察办重点抓好集中整改阶段督促工作，每轮巡察反馈后，组织被巡察单位召开整改工作专题会议，厘清时间节点，明确整改要求，传导工作压力，提高抓整改的责任意识和执行能力。印发《关于做好巡察整改落实工作的通知》《关于做好巡察整改进展情况报告及公开工作的通知》《线索办理进度提醒函》等文件，指导督促被巡察单位规范有效推进整改工作。加强巡察成果运用，会同区纪委监委、区委组织部等围绕党组织规范化运行主题，在全区层面联合开展巡察整改再深化行动，推动各党组（委）、党工委更加规范有效运行。选取区委巡察发现的典型问题，拍摄《镜鉴》警示教育片，推动全区各级党组织进一步扛牢压实全面从严治党主体责任。

【巡察队伍建设】 2020年上半年，姑苏区委巡察工作办公室全体党员参与、投身疫情防控“最前线”，领导干部带头奔赴挂钩街道防疫一线开展专项督查，年轻党员主动报名加入“青年突击队”下沉社区服务群众，为全区保障群众生命安全、有序复工复产复商，夺取“双胜利”贡献坚实力量。制定《2020年巡察机构学习提升计划》，将习近平新时代中国特色社会主义思想和党的十九大精神，中央、省、市、区委以及区纪委的重要会议精神作为学习重点。组织全体巡察干部参加省委对市、县巡察工作的指导督导专题培训，积极参加姑苏区干部能力提升大讲堂、“姑苏廉石”大讲堂，不断开阔巡察干部视野、提升履职能力。

【信息化建设】 2020年，区委巡察工作认真贯彻落实中央关于加快巡视巡察信息化建设的部署要求，紧扣巡察监督质效提升、“四项监督”统筹衔接、“三不”机制有力推进等目标任务，建设完成包含数据管理、信息互通、督导评估、人员考核等10多项功能的综合性信息化工作平台，为高质量巡察发挥更强助燃作用提供有力支撑。通过实务信息平台线上操作，简化被巡察单位报送整改方案和整改阶段性报告，以及巡察组、纪委相关监督室审核的流程，为巡与被巡同向发力推动解决实际问题提供便利，也为纪检监察部门和组织部及时掌握情况、落实巡察整改日常监督提供有力抓手。参照省委巡视办《巡察工作操作指引》，将区级巡察54个工作流程固定出100多个重点环节，全流程纪实工作资料，提高归档效率，方便快捷查询，推动巡察业务更加规范高效。

（宋华俊　毛姗姗）

# 群众团体

## 姑苏区总工会

【概况】 2020年，姑苏区全年单独建会66家，成立工会小组308家，新增会员6366人；全区共有工会组织6000余家，覆盖职工13万余人。区总工会以“八大员”为入会重点，开展全区工会组建“百日攻坚行动”，举办全区工会建设现场推进会，建立区文化创意产业园、保安行业、房产中介行业等3家区域性、行业性工会。建设区文化创意园工会联合会，依托蓝·SPORT文化创意产业园，打造区总工会职工文体活动基地。全年共有35名个人、50个集体获省、市各类荣誉称号。

【“工惠聚力促发展”行动】 2020年4月9日，姑苏区总工会“工惠聚力促发展”行动“十件实事”启动仪式在苏州热工研究院有限公司举办，苏州市委常委、区委书记黄爱军，苏州市总工会副主席吴洪斌，区委副书记王俊，区委常委、区党政办公室主任谢强等领导出席活动，区委“两新”工委、区人社局、区工商联、各街道相关领导，行业、重点企业负责人参加。“工惠聚力促发展”行动是由姑苏区总工会联合姑苏区委“两新”工委、姑苏区人社局举办的助力复工复产重点实事工程，服务对象为姑苏区范围内已建会或该年度建会的复工复产的非公企业、“两新”组织和工会会员。目的在于关心企业和职工群众在疫情下的生产生活情况，以“工会温度”助推全区企业复工复产有序推进，进一步打造良好营商环境，“硬核姑苏”主题奋斗年按下高标准、高效率、高质量的工会服务“快进键”。行动主要包含10项服务内容，简称“十件实事”。

【全区工会建设现场推进会】 2020年12月16日，姑苏区工会建设现场推进会在蓝·SPORT文化创意产业园举办，区委副书记、保护区党工委副书记王俊，市总工会副主席吴洪斌，区政府副区长、保护区管委会副主任单杰等领导出席活动，区经科局、区人社局、姑苏团区委、区妇联、区工商联相关领导，各街道工联会负责人，辖区重点企业、区域性、行业性工会主席，及姑苏区保安行业、房产中介行业、蓝·芳华文化创意园职工代表等参加了此次活动。推进会上，区总工会为姑苏区保安行业工联会、姑苏区房产中介行业工联会、姑苏区蓝·芳华文化创意园联合工会等3家区域性、行业性工会，苏州市电子信息技师学院、江苏中融外包服务有限公司等2家职工职业技能实训基地进行授牌；为姑苏区蓝·SPORT文化创意产业园1家职工文体活动基地举行揭牌仪式。

2020年12月16日，姑苏区总工会举行全区工会建设现场推进会　　区总工会　供稿

【参与疫情防控】 2020年，区总工会有4名党员干部第一时间报名参加区防控行动突击队。区总工会机关党支部对接白莲社区，负责新元路11号卡口管控工作。向区民卫局工联会划拨10万元专项资金，向因抗疫殉职的蓝天救援队队员许鹏的家属送上1万元慰问金。50余名劳模先进志愿参与疫情防控，171名劳模自发捐款捐物总价值325.37万元，区劳模善为基金捐款5万元。举办“疫情防控、人人有责”等会员普惠活动。

【工惠助企】 2020年，姑苏区全年工会创业贷申请企业53家共计2646.3万元，区总工会将给予补贴近53万元；互助互济非公企业职工补贴6296人次共计146308.75元；单亲职工补助58人共计58000元；技能培养奖励和技能竞赛补贴21.7万余元；建成职工之家、职工读书站、劳动保护片区服务站等载体12个；提供心理培训课程17次，惠及1000余名职工。开展“女职工关爱月”活动，组织53名环卫女工免费参加“两癌”筛查；完成非公企业工会主席岗位津贴发放77家共计24万余元。

【技能竞赛】 2020年，姑苏区开展“匠人匠星”主题技能竞赛，举办区美容师、美发师、茶艺师、评茶员、西式面点师职业技能竞赛和乡土人才传统技艺创意创客大赛，共有1000余人参赛。新建苏州市电子信息技师学院、江苏中融外包服务有限公司2家“匠人匠星”职工职业技能实训基地和姑苏区蓝·SPORT文化创意产业园1家职工文体活动基地，为职工提升职业技能和文化素质提供平台。

【普惠服务】 2020年，姑苏区总工会组织普惠活动5场，有1.64万人次参与，发放福利105万元。配合“姑苏八点半”夜经济活动发放消费券约20万元，直接促进消费9000余人次。

【培训教育】 2020年，姑苏区总工会举办工会干部培训班、安全生产“宣讲团进企业”培训班、心理咨询讲座、“姑苏职工法律课堂”巡回讲座等22期培训班，参加上级各类培训17余场，培训各级工会干部和劳模先进千余人次，参加上级轮训64人次。26名职工报名第5批专升本并通过考试。

【民主管理】 2020年，姑苏区新签、续签工资集体合同853份，覆盖职工56892人。全区有4家单位的集体协商案例被收录进苏州市总工会集体协商典型案例选编，其中万融国际楼宇社区联合工会的《推进集体协商提质增效　实现企业与职工“双赢发展”》集体协商案例被评为市级优秀案例。按照《集体协商工作质效评价规范》要求，全区共12家被评为市级集体协商三星级企业（行业）。

【宣传教育】 2020年，姑苏区总工会开展“劳动建成小康社会、劳动成就美好生活”等主题教育活动，组织81幅作品参加职工书画大赛，8支队伍89名职工参加市职工运动会，69篇稿件参加“新时代江苏女职工精神大讨论”活动，14名优秀技能职工参加“劳动光荣周周乐”劳动者云舞台展示活动，征集职工思想政治工作典型案例6篇、劳动故事23篇，产生1名“江苏省文明职工”、1名“苏州时代新人”、671名苏州“最美劳动者”，获评“苏州市第十五届运动会群众体育优秀集体”。

【安全生产】 2020年，姑苏区总工会结合疫情防控和企业复工复产情况，强化安全生产责任制落实，对辖区50余家重点企业进行安全生产监督大检查。

【法律服务】 2020年，姑苏区总工会举办2期“姑苏职工法律课堂”巡回讲座，推进“疫情防控、法治同行”专题法治宣传教育，督促基层工会认真落实疫情防控期间的健康防护措施。

【职工帮扶】 2020年，姑苏区总工会积极推进困难职工解困脱困工作，为辖区困难职工送上182份春节慰问品，发放帮扶金35.22万元。慰问高温岗位的一线职工1200余名，送上各类慰问物质14万余元。继续为2名困难家庭学子开展“助学·圆梦”帮扶，做好工会会员大病补助工作，组织1000名职工参加一线职工疗休养。

【劳模工作】 2020年，姑苏区总工会擦亮“姑苏好模样”品牌，发动区劳模智库聚焦中心工作，撰写调研文章11篇，召开“打造硬核姑苏·贡献劳模力量”调研课题交流会。发放劳模“三金”约268.3万元。

**姑苏区工会系统获全国、省、市表彰奖励主要情况（2020）**

全国模范职工小家：
苏州第五建筑集团有限公司人事部工会

江苏省五一巾帼标兵岗：
苏州市姑苏区卫生监督所办公室

江苏省工人先锋号：
苏州市华洁物业管理有限公司东汇路班组
苏州市姑苏区双塔街道办事处为民服务中心

江苏省五一劳动奖状：
红蚂蚁装饰股份有限公司

2018—2020年度全省厂务公开民主管理先进单位：
苏州市政园林工程集团有限公司
苏州市会议中心物业管理股份有限公司

江苏省模范职工之家：
苏州市悦未来创客空间

江苏省五一劳动奖章：
常建忠　苏州市姑苏区总工会党组书记、主席

江苏省文明职工：
江东潞　苏州市姑苏区卫生监督所医疗服务监督科科长

苏州市五一劳动奖状：
苏州市龙凤金店有限责任公司
苏州建设监理有限公司
国家税务总局苏州市姑苏区（苏州国家历史文化名城保护区）税务局
苏州市姑苏区社区卫生管理中心
苏州市吴门教育集团

苏州市五一劳动奖章：
朱成梅　苏州万福兴糕团食品有限公司
孙建芳　姑苏区翠玉南北货店
王　瑛　苏州平江医院
朱星华　苏州市姑苏城市清洁服务公司
顾　鼎　苏州第五建筑集团有限公司
陆建华　苏州市测绘院有限责任公司

潘云高　苏州第一建筑集团有限公司
沈浩斌　苏州工业设备安装集团有限公司
何纪林　苏州津津长发食品有限公司
周琳洁　苏州营财保安服务股份有限公司
许　燕　苏州市汽车出租有限公司
陈志平　苏州市政园林工程集团有限公司
曹佩才　苏州市姑苏区司法局
杨春红　苏州市姑苏区应急管理局
张水林　苏州市姑苏区住房和建设委员会
薛　艳　苏州市姑苏区文化馆
宗天舟　苏州市姑苏区疾病预防控制中心
杨　军　苏州市平江新城实验小学校

苏州市工人先锋号：

苏州理想眼科医院有限公司眼表角膜病科
苏州中恒通路桥股份有限公司技术中心试验室
苏州市环境保护有限公司仪器部
苏州热工研究院有限公司根本原因分析班组
江苏圣洁保安服务有限公司驻绿宝广场保洁项目部
苏州星和健康投资发展有限公司项目管理部
苏州希格玛科技有限公司智慧城市中心
苏州太阳城护理院一病区
苏州市姑苏区人民法院金阊人民法庭
苏州市姑苏区人民检察院第四检察部
苏州市姑苏区人力资源和社会保障局姑苏区社会保险基金管理中心
姑苏区市场监督管理局特种设备安全监察处

苏州市最佳志愿服务团：

姑苏区劳模志愿服务团

苏州市十佳模范职工小家：

苏州市姑苏区妇幼保健所儿童保健科

苏州市职工服务平台（中心）建设示范单位：

苏州市姑苏区双塔街道职工服务中心
万融国际楼宇社区联合工会委员会
苏州传化公路港物流有限公司工会委员会

苏州市集体协商优秀（典型）案例的通报：

万融国际楼宇社区联合工会
姑苏区餐饮行业
苏州市石路国际商城有限责任公司
苏州市钱万里桥小商品市场

苏州市模范职工之家示范单位：

苏州市彩香实验小学校工会委员会
苏州传化公路港工会委员会

苏州市工人先锋号：

江苏天创科技有限公司

苏州市模范职工之家：

苏州市姑苏区虎丘街道工会联合委员会
国家税务总局苏州市姑苏区税务局工会委员会
苏州猎豹特卫保安服务有限公司工会委员会
苏州市金阊新城实验小学校工会委员会
万融国际楼宇社区联合工会

苏州市模范职工小家：

苏州半导体总厂有限公司光电三分厂七专测试班分工会
苏州市意诚房地产物业有限公司狮子林项目处分工会
苏州营财保安服务股份有限公司人事行政部工会小组
苏州希格玛科技有限公司管理部工会小组

（施　婷）

# 共青团姑苏区委员会

【概况】 2020年，姑苏区有基层团委19个，基层团工委11个，团总支36个，团支部1303个，团员12801人。直属团组织16家，重点联系的非公企业团组织19家，全年发展团员10人。共青团姑苏区委员会（简称“姑苏团区委”）全年立足媒体宣传工作新提升，注重对全区青年群体思想文化的引导，推动各级团组织运用新媒体开展宣传与服务。推广“团团带你逛姑苏”短视频，以年轻、有趣的方式揭秘姑苏古城，刺激“青经济”发展。全年全区各级共青团组织在市级以上主流媒体刊发宣传报道1024篇。

【纪念五四主题团日活动】 2020年4月30日，姑苏团区委组织召开“青春助力筑硬核 干事创业再出发”纪念五四主题团日活动。区委副书记王俊、相关区领导以及各单位有关领导，区各级团组织负责人60余人参加。活动发布“‘三力’行动十大系列项目‘硬核’青倡议”，启动“青矩阵点亮网格计划”、“青字号”品牌亮号工程及“青春姑苏”政务电台，表彰2019年度区级“两红两优”获得者。

2020年4月30日，姑苏团区委举办“青春助力筑硬核 干事创业再出发”纪念五四主题团日活动

姑苏团区委　供稿

【疫情防控】 2020年，姑苏团区委充分发挥共青团作为党的助手和后备军的作用，带领全区广大青年冲锋在前、担当作为。姑苏团区委机关党支部全体党员主动请缨加入姑苏区党员干部防控行动突击队，助力平江、沧浪、双塔、吴门桥街道疫情防控工作，参与登记信息、应急处置、管控点值守，连续奋战40天。结对平江街道钮家巷社区，向社区捐赠口罩、额温枪、应急灯、保温杯、暖宝宝、围巾等物资。依托“青春姑苏”招募防疫志愿者300余名，团属青年社会组织“驴先生”参与沪宁高速西出口交通站点管控47天，服务超5000人次。联合曹操专车组建姑苏区爱心网约车青年突击队，提供24小时不间断人员、物资运输服务，累计行程11000千米，获共青团江苏省委首批通报表彰。联合区外办，发动苏州大学、苏州市职业大学小语种志愿者47人，助力涉外疫情防控。带领区青年商会筹措防护物资和资金，累计向各领域一线工作人员捐赠口罩、消毒液、隔离防护服等物资近30余万元；与生鲜平台叮咚买菜合作，连续15天免费为在姑苏区密接隔离点工作的24位一线医护人员家属配送新鲜食材；联合姑苏天安云谷团支部采购800副耳暖和5500片暖宝宝，在雨雪寒潮来临前为管控点志愿者送上暖心礼物；主动衔接苏州市红十字会资源，为社区一线防疫工作者送上564箱食品、180台微波炉、1000个雷允上“防疫香囊”，构筑强力“后防线”。启动“疫线青关爱”计划，组织青年理发师为防疫一线的民警辅警、值守人员、志愿者等群体提供免费理发服务；看望全区55户援鄂医护人员家属，指定青春联系人，提供子女线上教学、爱心车接送等贴心服务；联合市心理健康协会及蝴蝶妈妈社工服务社，推出在线心理援助计划，缓解群众疫情期间心理压力。

【基层团组织建设】 2020年，姑苏团区委开展创新奖申报，关注联动支部、古城保护、产业发展、民生改善等攻坚方向，挖掘团组织资源潜能、创新动能，投入项目扶持资金20万元，平江街道团工委申报的“青动力、新夜态，点亮姑苏八点半”项目获全省“10100”创新创优项目二等奖。持续探索城市团建新路径，在全省首批联动支部的基础上，进一步深化“联合+行动”工作法的运用，新增共青团产业园发展促进联动支部，全年有6个联动支部联动机关、高等院校、行业协会、辖区企业、关联团组织85家，开展各类联动项目40个，发动以各种形式参加联动支部行动的志愿者3000余名。对照苏州共青团规范组织建设“吹哨亮牌”监测数据，高质量运用“智慧团建”系统，系统内团组织、团干部、团员录入率均达到100%，完成毕业生团员转接2832名，“学社衔接”率99.9%。严格按照流程发展团员，全年规范发展团员10名，新建非公企业团组织408家。按要求分类分层开展团干部培训，选调35名团干部赴“三大法宝”发源地学习，为基层团干部精心设计主体班培训计划。

【共青团宣传工作】 2020年，姑苏团区委对“青年大学习”常抓不懈，平均参学率稳定在50%以上。发布《关于开展2020年度姑苏共青团宣传思想文化工作评选的通知》，全年全区各级共青团组织在市级以上主流媒体刊发宣传报道1024篇，其中“学习强国”平台录用27篇，《青春助力筑硬核　干事创业再出发》登上《苏州日报》专版，五四主题团日活动得到苏州电视台《苏州新闻》报道。用好“青春姑苏”官方微信平台，发布微信内容602期，累计阅读量突破21.5万人次；围绕当下青年关注的热点，推广“团团带你逛姑苏”短视频，以年轻、有趣的方式揭秘姑苏古城，刺激“青经济”发展。

【青商会工作】 2020年，姑苏团区委指导姑苏青商会成立青商爱心基金，在区红十字会成功备案。7月，姑苏青商会开展“践行一盔一带，走进姑苏交警大队慰问暨安全教育主题活动”。8月，开展姑苏

2020年12月23日，姑苏区举办“勇担使命　筑梦前行”青商共建长三角一体化活动　　　　姑苏团区委　供稿

青商党建联盟“走出去·石梁溯溪”户外拓展活动，助建平江花园、锦荷苑4处垃圾分类点位。11月，赴上海市黄浦团区委考察学习，就城市团建、文化产业园发展开展座谈交流。12月，举办“勇担使命　筑梦前行”青商共建长三角一体化活动。

【少先队工作】 2020年，姑苏团区委推进以“积分入团”为抓手的“团队一体化”建设，积极开展试点工作，确定并重点建设2所试点学校；围绕“四个一体化”，形成利于推进“团队一体化”改革的相应制度、示范教材、工作指导手册等，建立从少先队到共青团的一体化培养模式。围绕“相约中国梦”等主题，落实“每周一课时”，上课率达100%；开展优质课（说课）比赛、交流展示等教科研活动，积极组织参加“一课三队碰”活动。按照要求配齐配强市（区）总辅导员并要求认真履职，推进名辅工作室建设，做好全员分级培训任务。创造性开展红领巾寻访、红领巾相约中国梦等活动，积极开展少先队仪式教育。开展少先队的组织教育、自主教育、实践活动，通过组织红色徒步微旅行带领少年儿童传承红色基因。联合区少工委开展姑苏区“十佳”新时代优秀少先队员申报活动。注重暑期安全教育，联合苏州驴先生志愿服务团队等专业力量，帮助少年儿童普及防溺水、防火、防触电、防交通事故、防坏人

侵害等与自己息息相关的安全常识和急救知识。

【青少年教育】 2020年，姑苏团区委开展共青团产业园“初心课堂”书记项目，以“菜单式”与“订单式”相结合的方式，丰富企业青年活动供给。围绕打赢打好疫情防控阻击战、“绽放战疫青春、坚定制度自信”等内容开展主题宣讲，利用“青春姑苏”新媒体平台和青年学习社等团属青少年宣传阵地，通过小视频、图解、漫画等形式在各类平台开展宣传200余次，通过网络直播平台观看的人次突破40万。开展“初心教育”主题党日活动，“青春扬帆清廉同行”廉政主题教育，“清廉·青年”廉政公益广告征集等活动，强化对团干部及全区青少年的理想信念教育、法纪规矩意识教育。

【青少年维权】 2020年，姑苏团区委持续构建预防工作机制，积极探索社会化运营模式，培育青年社会组织，实施公益创投项目。强化“成长护航”工程服务内容，联合姑苏公安分局石路派出所团支部针对重点青少年群体开展“网格治理、藏蓝守护”青少年成长护航行动。全年新建快递小哥接力站20个，共开展各类“青春自护”活动185场，邀请专家、讲座老师85名，大学生志愿者、专业社工团队1200人次，活动覆盖青少年及家长13200人次。联动连云港灌南挂职干部，启动“爱心点亮微心愿”圆梦公益活动，为2批60余名建档立卡贫困户子女实现微心愿。

【青少年服务】 2020年，姑苏团区委持续优化“燕归巢 汇姑苏”青年大学生实习品牌建设，19名名校优生参与“硬核”姑苏青春实践。充分关注青年相亲交友，关注青年“八小时之外”的个性化需求，举办露台音乐会、七夕联谊会、小剧场演出等20余场。开展青年创艺家培育计划，指导成立姑苏区新兴青年联合会，依托平江历史文化区域联动支部，升级“青动力”品牌，为青年创艺家提供集展示、宣传、销售、孵化、提升于一体的深度融合空间，形成服务“姑苏八点半”的“创意硅巷”，团中央、团省委、团市委多次莅临现场观摩指导。

【青年志愿服务】 2020年，姑苏团区委招募“青春姑苏”防疫志愿者300余名，联合曹操专车组建首批10人10车姑苏区爱心网约车青年突击队，发动苏州大学、苏州市职业大学小语种志愿者47人，积极助力疫情防控。创新实施“百个小区百个团”垃圾分类项目，采用“小区+团支部”和“志愿者+点位”的模式，连续9个月，督导40余个小区，参与垃圾分类志愿服务的青年志愿者达12600余人次。组织引导青年志愿者常态化参与环境整治、文明城市等中心工作，助推古城振兴。

【致敬青年战“疫”志愿者主题摄影展】 2020年3月，姑苏团区委联合区志愿者协会、工行苏州分行团委，以线上线下相结合的形式举办“疫”路同行——致敬青年战“疫”志愿者系列活动。主题活动包含“感谢身边那抹红——致敬青年战‘疫’志愿者”、“战‘疫’进行时——线上互动闯关答题”“我是光荣志愿者——亮出专属‘志愿’标记”“志愿青春爱传递——持续推进防疫志愿行动”4个部分，以志愿服务风采绘画摄影作品展示、防疫知识点线上闯关答题、志愿者亮出“心手”标志、“疫”线视频宣传防疫知识等形式传递志愿服务精神，展示最美逆行者身影，绘就党员干部和团员青年迎难而上、共克时艰的精神图谱。

【姑苏区新兴青年联合会筹建】 2020年9月，姑苏团区委指导筹建非营利性社会团体“姑苏区新兴青年联合会”，单位会员有11家，个人会员有56名，对外统一用“青年创艺家”作为品牌名称，同年10月在姑苏区民政和卫生健康局登记注册。

## 姑苏区共青团系统获全国、省、市表彰奖励主要情况（2020）

江苏省五四红旗团委：
苏州市姑苏区平江街道团工委

江苏省五四红旗团支部：
苏州市姑苏区委组织部团支部

全省共青团工作10100创新创优工程一等奖：
姑苏团区委《网约车司机青春加油站》

江苏省优秀共青团员：
李欣雨　苏州市姑苏区向日葵青少年服务社负责人

江苏省优秀志愿者：
余秋芬

苏州市青年文明号：
姑苏区虎丘街道“问吧”青年志愿服务队
苏州传化公路港团支部青年突击队
姑苏区经科局招商服务中心
苏州市姑苏区社会保险基金管理中心
苏州站派出所青年志愿者服务队

苏州市五四红旗团委：
姑苏区虎丘街道团工委
姑苏区平江街道苏大教服集团团委

苏州市五四红旗团支部（总支）：
姑苏区金阊街道三元四村社区团支部
苏州历史文化名城发展集团有限公司团总支

苏州市青年安全示范岗：
苏州第一建筑集团有限公司苏州轨道交通V-TS-11标项目部
苏州市东方特种链条厂装配车间
苏州工业设备安装集团有限公司亨通项目部

苏州共青团工作先进单位标兵：
姑苏团区委

苏州市优秀共青团员：
郁文武　姑苏区人民检察院检察官助理
秦启亮　姑苏区沧浪街道综合处科员
金南颖　苏州希格玛科技有限公司行政主管

苏州市优秀共青团干部：
戚雅婷　姑苏团区委科员
季赵量　姑苏区双塔街道团工委委员

苏州市优秀团支部书记：
刘　瓅　苏州联实资产管理发展有限公司团支部书记
金鸿炜　苏州市公安局姑苏分局石路派出所团支部书记

苏州市青年岗位能手：
夏　静　姑苏区财政局科员
刘宝荣　姑苏区苏锦街道组织人事局副局长
潘顺顺　姑苏公安分局刑警大队副中队长
董　超　姑苏区城市管理行政执法直属大队人民路中队副中队长
金　魁　苏州新东方学校初中语文教师

苏州市优秀青年志愿者：
周焰良

苏州共青团工作先进个人：

章云丽

苏州市“成长护航工程”示范项目二等奖：

“网格治理、藏蓝守护”项目

苏州市优秀青年志愿服务组织：

苏州市驴先生应急救护志愿服务队

第七届苏州市青年创益大赛垃圾分类专项赛三等奖：

“百个小区百个团”垃圾分类创新项目

第七届苏州市青年创益大赛垃圾分类专项赛优秀奖：

“锦荷苑小区垃圾分类设施建设”项目

（戚雅婷）

## 姑苏区妇女联合会

【概况】 2020年，姑苏区妇女联合会（简称“区妇联”）坚持以习近平新时代中国特色社会主义思想为指引，全面落实区委、区政府和上级妇联部署要求，以保持和增强政治性、先进性、群众性为根本要求，以满足广大妇女对美好生活的向往和需要为奋斗目标，转作风、强服务，各项工作迈上新台阶。年内，区妇联在全省妇联优秀融媒体工作案例征集活动中获得优秀融媒体工作案例奖。

【妇联组织建设】 2020年，区妇联按照全国、省、市妇联和区委的总体要求，不断推进妇联改革向纵深发展。实施“在你身边——巾帼服务123行动”主题奋斗年项目，运用11支巾帼志愿服务团队，依托23个组织阵地，开展35个服务项目。强化部门联动，与区检察院、区教育体育文化旅游委员会、区司法局等相关职能部门建立合作机制，和区检察院签署维护妇女儿童合法权益合作协议，确定建立社会治理协同、未成年人司法保护、权益保护工作联动等机制。强化党建共建，通过支部联建、团队共建、事务共商、资源共享、活动共办，将多元主体连接赋能，在涉及家庭教育、婚姻关系、妇儿维权、扶贫关爱、女性提升等多个领域，开展各类志愿活动，服务妇女儿童和家庭。强化群团合作，主动链接区总工会、姑苏团区委、区残联、区科协等群团组织，加强合作互动，在劳模和三八红旗手典型引领、企业服务、外来务工子弟暑托班、女童防性侵保护、残疾人女性和家庭心理帮扶、科普进家庭等方面全面加强合作。利用微信公众号等网络新媒体加强网上妇联建设，构建网上妇女之家，形成线上线下协同发挥妇联作用、网上网下相互促进、有机融合的工作新格局，努力提高妇联网络影响力。充分利用QQ群、微信群、OA即时通等网上平台加强与妇女干部和广大妇女群众的联系、沟通与交流。通过下拨妇女微家建设经费，实现资金下沉，按照每个微家5000元建设经费的标准下拨给各街道，全区建成40多家妇女微家。

2020年9月，“姑苏她先锋”党建共建暨家庭家教巾帼红色志愿服务行活动举行　　区妇联　供稿

【家庭文明建设】 2020年，区妇联加强教育引导、实践养成，推动社会主义核心价值观融入家庭，提升家庭长期发展能力，强化家庭自治能力，改善基层社会治理效能。联合区委宣传部、区文明办开展“爱满古城·寻找姑苏最美家庭”活动，把寻访“姑苏最美家庭”活动作为家庭文明建设的创新实践和重要抓手，集中展示中华民族家庭美德和良好家风的时代内涵，大力弘扬家庭文明新风，以好的家风促进文明姑苏建设，择优推荐区最美家庭参加全国、省、市的五好家庭、文明家庭、最美家庭评选。开展“家家幸福·礼赞全面小康”家风家教主题宣传活动。通过组织线上亲子悦读室、抖音短视频大赛、“母亲课堂”、“青葵课堂”、亲子手工工艺大赛等项目，吸引多年龄段的家庭参与，线上点击量达到500多万，蚕茧手工贴画大赛参与家庭有2000户。会同区垃圾分类领导小组办公室开展垃圾分类进家庭宣传工作，把垃圾分类知识传递到家庭中，发挥家庭在这项工作中的主体作用。

【妇女儿童权益维护】 2020年，区妇联加强妇女儿童合法权益维护，提高妇女儿童获得感、幸福感、安全感。充分运用好“姑苏@她”维权工作站和法制公益直播，线上线下为广大妇女提供法律咨询、婚姻家庭调解等服务，“姑苏@她”婚姻家庭工作站被推荐为社会心理体系建设评估全区唯一观摩点。每月8日举行法制公益直播活动，就《民法典》、妇女权益保护条例、家庭家教、家校联动等内容进行专业解读，同时在5个平台进行直播，获得10万余次点击与关注。开通“幸福云守护手机24小时热线”，通过网络、电话等形式先后调处涉及家庭家教方面的诉求和心理疏导262人次，满意率100%。针对区检察院现有的未成年人犯罪案件以及学校和社区网格中发现的青少年失管家庭，进行不良行为与家庭教育缺失之间的关联度评估，强制家长参加一定课时的家庭教育课程。揭牌成立3家亲职教育基地，组建“成长守护员”队伍，完成亲职教育课件10件，开展亲职教育20场。持续做好母乳哺育室建设工作，结合文明城市创建让全社会知晓，让各部门主动参与建设。开展第4期中国妇女社会地位调查，了解女性生活的社会经济文化环境，探究女性个人及群体生存发展与环境的联系。实施“幸福港湾”儿童公益项目，配捐募集专项资金用于困境儿童帮困救助。

【妇联自身建设】 2020年，区妇联加强党的政治、思想、组织、作风、纪律和制度建设，严格落实全面从严治党主体责任和意识形态主体责任，切实加强妇联党风廉政建设和反腐败工作，营造良好政治生态。从严落实意识形态（网络意识形态）工作责任制，安全生产责任制、法治建设责任制，把党的领导落实到妇联工作全过程各方面。配合抓好省委巡察反馈问题整改，做到有回音、有着落、改到位。指导党支部落实“三会一课”制度，开展主题党日活动，机关先锋进社区活动，积极做好疫情防控、垃圾分类、文明城市创建、安全生产等各类行动。安排专人负责“学习强国”稿件报送工作，共录用14篇，其中全国平台1篇，省平台2篇。加强干部队伍建设，区妇联有1名同志进入“硬核”姑苏干部能力提升计划中青班学习，有1名同志挂职“三个一线”工程实践锻炼。还通过搭建“她言值学习交流体验平台”，开展“我们在一起”——姑苏区女劳模、“她言值”女性交流学习等活动，助力女性在各自的领域里“硬核”逐梦。

【助力疫情防控】 2020年，区妇联在宣传发动中发挥妇联优势，在主流媒体先后刊登各类巾帼典型事迹近100篇。开展“姑苏女性奋斗者群像展播”，大力宣传各行各业女性典型。各级妇联干部、执委、巾帼志愿者、女企业家齐动员、同发力，立足基层，奔赴一线当好宣传员、防控员、监督员，合力开展排查登记、体温测量、宣传引导、后勤服务等疫情防控工作。积极配合省妇联、省妇女儿童福利基金会发布“爱心捐助抗击疫魔，姑苏妇联邀您一起做好事”公益项目，募集抗疫资金10万余元。积极对接区人社局开展线上招聘应对“用工”挑战。配合开展“巾帼荣誉贷”业务，为获得巾帼建功标兵、三八红旗手等各类荣誉的女性先进典型发放不高于市场利率的贷款。实施“我们在一起”妇字号企业暖心行动，开展女企业家和女性负责人关于姑苏经济复苏现状与对策建议的调研，为复工复产贡献巾帼之智。发起“全域寻找抗疫小小宣传员”公益志愿活动，开展特别时期特别家教——21天习惯养成活动，活动受到4万多户家庭关注，近500户家庭直接参与。

**姑苏区妇联系统获全国、省、市表彰奖励主要情况（2020）**

全国最美家庭：
范文贤家庭

江苏省巾帼文明岗：
苏州市姑苏区疾病预防中心检验科

第二届江苏省巾帼好网民：
汤　岚

江苏省抗疫最美家庭：
周东升家庭

江苏省最美家庭：
范文贤家庭
叶美琴家庭

江苏省第二届文明家庭：
范文贤家庭

苏州市三八红旗标兵：
罗瑾华

苏州市三八红旗手：
金　磊
庄玲霞
严莉萍
王　晔
卢　娅

苏州市三八红旗集体：
苏州市姑苏区人民检察院第三检察部
苏州市姑苏区金阊街道白莲社区

苏州市十佳最美家庭提名：
沈　婵家庭

苏州市最美家庭：
吉　祥家庭
汤朝京家庭
叶菊芬家庭
张　中家庭
朱锡轶家庭

（张国兰）

## 姑苏区残疾人联合会

【概况】 2020年，姑苏区残疾人联合会（简称“区残联”）坚持以习近平新时代中国特色社会主义思想为指导，深入学习贯彻党的十九大和十九届二中、三中、四中、五中全会精神，巩固深化“不忘初心、牢记使命”主题教育成果，紧扣“全面建成小康社会，残疾人一个也不能少”目标，围绕区委、区政府中心工作，携手残疾人同步奔小康，以“三聚焦”为核心，奋力推动姑苏区残疾人事业新发展。2020年姑苏区持证残疾人14717人，其中视力残疾人2257人、听力残疾人1468人、言语残疾人67人、肢体残疾人6013人、智力残疾人1537人、精神残疾人2961人、多重残疾人414人。年内，区残联获得市第七届社区型残疾人文体活动兴趣团队（小组）展评优秀组织奖，获得市第十五届运动会“优秀组织奖”。

【残联机构改革】 2020年，姑苏区贯彻落实中央、省、市关于残联机构改革的部署，开展区残联机构改革。围绕“强三性、去四化”和“坚持党的领导、坚持服务大局、坚持群众观点、坚持问题导向”的基本原则，广泛征集各方意见，出台《姑苏区残疾人联合会改革实施方案》，不断增强残联组织的政治性、先进性、群众性。充分发挥党和政府联系广大残疾人的桥梁和纽带作用，聚焦残疾人最迫切、最关心、最现实的问题，持续加强服务能力建设，切实为残疾人做好保障和服务，以改革实效推动全区残疾人工作创新发展。

【残疾人志愿队伍建设】 2020年，区残联打造姑苏区“阳光助残”志愿者联盟。5月，在第三十次全国助残日活动期间，区、街道残联成立9支217人的“阳光助残”志愿服务队伍，通过进一步整合辖区资源、凝聚各方力量，按照“需求与服务”同行的理念，以规范化和专业化为抓手，开展助游、助购、助学、助医等助残志愿服务538小时。

【“四知两不”主题调研】 2020年，区残联以市残联开展“知真情、知最忧、知最盼、知最急，一户不落、一个不少”的“四知两不”主题调研为契机，围绕2020年全国残疾人家庭收入状况调查和以“四知两不”为主题的综合服务需求调查暨信息数据动态更新工作，组织全区残联系统开展入户大调研，为精准掌握当前全区残疾人服务需求提供翔实准确的数据。同时积极整合资源，帮助残疾人纾困解难，解决了452个残疾人提出的需求或困难。主动做好疫情防控，组织动员残疾人工作者、广大残疾人及其亲友积极投身疫情防控，未发生残疾人被隔离造成生活受影响的情况。

【东西部对口帮扶】 2020年，区残联进一步优化东西部扶贫协作长效机制，帮助铜仁市江口县残联建档立卡困难残疾人精准脱贫。出资10万元，与江口县残联共建集中托养示范基地；出资约3万元，为江口县残联创建“阳光幸福家园”提供轮椅等辅助器具，为残疾人提供康复扶持。

【康复服务工作】 2020年，区残联在吴门桥街道南环社区、苏锦街道锦华社区、金阊街道三元四村社区助翼汇馆实施残疾人社区康复示范点建设，开发云康复服务App；平稳有序开展残疾人残疾评定和残疾证换发工作；实施“温馨服务精准助残 康复助力圆梦小康——姑苏区残疾人康复服务‘四进家庭’项目”，率先在全省范围内探索残疾人康复服务新模式，6个月内为400名符合条件的重度残疾人送就业上门、送文体服务上门、送康复服务上门、送心理辅导上门等，不断提升重度残疾人融入社会的能力；实施“幸福梦想”项目，为21位特困重度残疾人配置电动护理床；发放全区0~14岁残疾儿童康复补助564.81万元，康复训练355人；发放辅助器具适配补助374人次130.12万元；发放0~18岁人工耳蜗植入手术报销3人次18万元。

【“幸福亮居”工程】 2020年，区残联加大2019年姑苏区残疾人“幸福亮居”工程收尾工作的力度，对已经完成的改造家庭由监理公司开展逐户验收，同时加强改造全程的督导，切实帮助残疾人家庭改善生活环境、消除生活障碍、提升生活品质，让残疾人切切实实感受到党和政府的关怀。配合市残联对17户残疾人家庭实施“幸福亮居”工程。

【“残疾人之家”建设】 2020年7月，寒香会社重装再出发，以残疾人文创产业和健残融合平等沟通为主旨，以手语咖啡、评弹书场、文创产品、手工艺现场表演为主要业态，融合网络短视频和直播等新媒体形式，开办残疾人各类培训专场24次，参与人数达260余人；接待各类视察、参观11批300余人次；售卖残疾人作品4156件，销售额达16.41万余元；入住寒香会社的残疾人手工艺者每月收入最高的逾万元。充分利用区域性养老服务中心、福利院和社会托养机构资源等场所，建成并投入使用10家“残疾人之家”，金阊残疾人之家获评江苏省“残疾人之家”；实施“助翼起航——残障人士灵活就业”项目、“垃圾分类爱心指导员就业”项目、“油画筑梦 乐享生活”项目，引导越来越多的残疾人共同营造残疾人就业创业、共建共享小康生活的良好氛围。

【残疾人就业】 2020年，区残联积极拓展残疾人就业渠道，组织残疾人参加“阳光助残 放飞爱心”——苏州市残疾人招聘专场、残疾人春季网络

2020年9月，姑苏区举行“残疾人之家”建设推进会

区残联 供稿

招聘、就业援助月等活动，完成实名制新增就业38人、电商就业创业21人；创新培训方式，组织开展残疾人职业技能培训暨技能比赛，完成实名制新增培训任务50人、电商培训8人、盲人按摩培训25人、再训轮训209人。

【文体助残工作】 2020年，区残联围绕“助残脱贫、决胜小康”助残日主题，举办第三十次全国助残日线上直播活动，通过工作回顾和展望、启动“姑苏区寒香阳光助残志愿者联盟”、开展残疾人和残疾人工作者先进典型宣扬，营造扶残助残新氛围，活动点击量达到4.15万人次；成立姑苏区残疾人短视频公益中心，组织残疾人学习拍摄和剪辑公益题材的短视频；积极推广各级残联微信公众号，让党和政府的关爱及时向残疾人传递；紧紧围绕残疾人事业发展中的亮点工作、典型事例、励志残疾人先进事迹等内容，累计在报刊、网络、电视等新闻媒体发表文章235篇，其中“学习强国”平台发布9篇。残疾人运动员在苏州市第十五届运动会上共获得金牌13枚、银牌8枚、铜牌3枚；残疾人作品《抗疫出征战瘟神》评弹节目获第十届全省残疾人艺术汇演一等奖。

【残疾人救助】 2020年，区残联持续抓好残疾人救助力度，春节期间，走访慰问283名贫困残疾人家庭，发放慰问金23.28万元；发放低保户和低保边缘残疾人家庭助残日慰问金1346人80.7万元；残疾人团体意外险投保人数3794人，金额15.18万元；发放听力言语障碍残疾人信息费2968人次103.92万元；发放无业精智三、四级社保补贴634人357.65万元；发放无业重残社保补贴375人224.33万元；发放残疾学生和贫困残疾人家庭子女教育资助金147人15.68万元；发放各级托养服务补贴514人次89.25万元；发放48名残疾人“三小车”车主补贴114万元。 （李 勇）

# 姑苏区文学艺术界联合会

【概况】 2020年，姑苏区文学艺术界联合会（简称“区文联”）深入学习贯彻党的十九大精神，贯彻落实党的重大决策部署，充分发挥文联的团结引领、联络协调、服务维权职能。围绕区委、区政府重大决策部署和关于文艺“四力”教育实践工作的要求，推动姑苏区文艺事业有序开展。年内，区文联获得市文联系统优秀集体，区音乐舞蹈家协会、区双塔街道文联获评2019年度市文联系统优秀基层组织。

【区文联二届二次全委会】 2020年5月14日，区文联二届二次全委会召开，会议增补选举张卫新同志为区文联第二届委员会主席，周国红同志为区文联第二届委员会副主席。

【文联“3+X”学习实践活动】 2020年，区文联组织8个专业协会，启动以“对标找差明方向，精耕创作攀新高”为主题的“3+X”学习读书实践活动。7月开展苏州“三大法宝”之“昆山之路”实景教育学习活动，各协会、街道文联自行组织以“学习强国”“苏州姑苏发布”等平台为学习载体的线上学习。

【文艺创作】 2020年2月，区书法家协会助力抗疫，创作《致敬英雄——苏州援鄂抗疫医疗队篆刻名录》5米长卷，356枚专属印章表达对“最美逆行者”的敬意；篆刻艺术家们将专属印章全部赠送给苏州援湖北医疗队所有成员。6月，区戏剧曲艺家协会和苏州市文旅集团合作推出的苏州第一个实景沉浸式喜剧《金榜题名时》首演，此后每周在苏州状元博物馆太傅第演出。区音乐舞蹈家协会开创性地以在线创作、云端制作等方式共同谱写抗疫篇章，谱写《万众一心迎春天》等歌曲，通过云制作方式完成歌曲MV后期制作，相关作品被苏州电台早新闻做了专题报道，并登上苏州音乐人作品集榜首。区摄影家协会组织24名会员，对抗疫逆行者进行专题拍摄记录，共拍摄作品2609幅，其中被“苏州姑苏发布”录用325幅，被“学习强国”录用356幅。年内，区文联精心组织区各文艺家协会参与苏州市文艺评论青年人才“双虹计划”申报4类，“文艺大讲堂”项目申报，苏州艺术基金项目扶持申报3项，市作协重点作家作品创作扶持项目申报1项。

【文化活动】 2020年5月29日至6月10日，由区委宣传部主办，区文联、区文化馆协办，区摄影家协会承办的“定格温暖　姑苏有爱”共战疫情主题摄影展在区美术馆开展，展出的优秀作品生动记录了抗疫一线的感人故事。5月，姑苏区女画家20人在

2020年5月，姑苏区女画家20人举行“感恩致敬抗疫勇士”联展　　区文联　供稿

区美术馆举行"感恩致敬抗疫勇士"联展，致敬在抗疫一线的白衣天使。10月，举行"2020姑苏人足迹"书画、非遗联展。

【文艺惠民】 2020年，区收藏家协会发挥收藏家的地理优势，化整为零，在各社区及民间艺术馆举办交流学习座谈活动和藏品交流、收藏活动，向广大收藏爱好者传播收藏知识，吸引更多有正确收藏理念的爱好者加入队伍。区书法家协会利用微信公众号在全省率先举办了书法篆刻抗击疫情网络展，分6期推送了包括副市长曹后灵，以及潘振元、周玛和、谭以文在内的100位书法家的书法、篆刻作品。该网络展被新华日报"交汇点"、《苏州日报》"引力播"等网络媒体转载。

【"笔尖上的公益"爱心助残活动】 2020年8月8日，由姑苏区文联主办，姑苏区书法家协会、美术家协会承办的"笔尖上的公益"爱心助残活动在平江路寒香会社拉开序幕。活动现场，市民和游客购买空白扇面，由2位书画家现场题词并作画。活动当天，2位书画名家创作20多幅扇面，所得盈余全部归入姑苏区残疾人基金，用于扶持残疾人事业。自8月8日起，"笔尖上的公益"爱心助残活动每周六晚都在平江路寒香会社举行。 （宋 阳）

## 姑苏区归国华侨联合会

【概况】 2020年，姑苏区归国华侨联合会（简称"区侨联"）在区委的领导和市侨联的指导下，将深入贯彻落实党的十九大精神与全面创新履行侨联工作职能相结合，团结动员广大归侨侨眷为区域经济社会发展贡献智慧和力量，按照年初工作计划，统筹兼顾，突出重点，各项工作稳步推进。

【侨界活动】 2020年，区侨联积极发挥组织功能，开展形式多样、富有特色、侨界群众喜闻乐见的活动，广大归侨侨眷踊跃参与侨联组织的活动，共同推动社会和谐进步。春节前夕，区侨联对全区范围内的空巢归侨侨眷进行了走访慰问，把党和政府的关怀和问候送到归侨侨眷的心中。对重点归侨侨眷做到"家有丧事必访、有重大疾病必访、有重大困难必访"，对归侨侨眷个人的切身利益问题倾力帮助、协调，尽力解决。常态化地结合节庆组织联谊会和有关庆祝活动，将辖区归侨侨眷聚集起来，送上祝福，使归侨侨眷感受到组织的温暖和关怀。

【侨界主题活动】 2020年，区侨联积极响应关于"硬核"姑苏火红年代干事创业主题奋斗年的相关活动要求，打造"凝心聚力促发展"项目，切实广泛开展"姑苏侨界讲堂"主题活动，在全区范围内会同各街道侨联，全年组织活动6次。积极宣传党的路线方针政策，弘扬中华优秀传统文化，凝聚侨心侨力，共谋姑苏发展。在虎丘街道举办垃圾分类知识讲座；双塔街道与虎丘街道联办"助力姑苏八点半 最美硬核侨来哉"周周助主题活动；举办"助力垃圾分类 引领绿色时尚"金阊街道垃圾分类主题体验活动；举办"学习三大法宝 助燃火红年代"虎丘街道侨联、苏锦街道侨联、白洋湾街道侨联学习参观"昆山之路"专题活动。

【侨法宣传】 2020年，区侨联按照《中国侨联关于在归侨侨眷中开展法治宣传教育的第七个五年规划》的要求，做好《中华人民共和国归侨侨眷权益保护法》的宣传工作，将这项工作切实落实到各街道侨联分会，联动宣传，采取多种形式，努力让侨法宣传深入人心。5月，区侨联结合以"学习贯彻党的十九大精神，弘扬宪法精神，推动法治实施"为主题的"法律宣传月"活动，在全区各街道轮流布置展板，进行了为期1个多月的侨法宣传活动，并依托微信、QQ等线上平台在侨界委员中同步宣传涉侨法律、法规知识，推进法治宣传教育在侨联干部、归侨侨眷和海内外华侨华人等涉侨群体中深入开展，为凝聚侨心侨力同圆共享中国梦提供有力法治保障。

【“助力姑苏八点半　最美硬核侨来哉”主题活动】2020年6月19日，区侨联组织双塔街道、虎丘街道侨联联合举办“助力姑苏八点半　最美硬核侨来哉”侨联主题活动，“硬核侨”是两个街道助力“姑苏八点半”夜经济品牌建设的侨联特色名片，也是服务辖区侨界人士的重要举措，通过广泛链接资源，聚焦需求，面向因疫情影响日常生活的侨界人士开展助侨、慰侨关爱活动，依托街道侨联搭建沟通平台、铺设关爱之路，营造爱侨、暖侨、敬侨的良好氛围，激发侨界人士热爱祖国、投身建设的热情。

（张希希）

## 姑苏区工商业联合会

【概况】2020年，姑苏区工商业联合会（简称“区工商联”）坚持以习近平新时代中国特色社会主义思想为指导，以“五好”工商联建设为目标，以“四好”商会创建为抓手，以促进“两个健康”为主题，围绕助力优化营商环境，聚焦服务高质量发展，努力构建亲清新型政商关系，不断提升服务能力和服务质量，加强商会组织建设，开创新时代商会工作的新局面，为打造“硬核”姑苏提供广泛强大的力量支持。2020年，区工商联下属8家基层商会、13家行业商会、1家异地商会。执委会委员206人，其中副主席23名、副会长17人、常务委员68人。

【商会党建工作】2020年，区工商联坚持和加强党的全面领导，坚持民主集中制，严明政治纪律和政治规矩，严格执行新形势下党内政治生活若干准则，严格遵守党的组织生活制度。深入学习宣传贯彻习近平新时代中国特色社会主义思想和党的十九大精神，持续推动党的创新理论入脑入心、落地生根。建立意识形态领域情况分析研判等工作基本制度，加强对民营经济意识形态领域的引导和管理。推动商会组织党建工作落地生根。指导条件成熟的文旅创新产业商会和餐饮业商会建立党支部。扎实筑牢民营经济领域宣传教育舆论阵地。在民营经济人士中持续开展理想信念教育，继续参与市工商联系统培育年轻一代企业家的“十百千万”三年行动计划，培育民营经济领域理想信念典型。

【服务民营经济】2020年，区工商联牵头举办4期企业家月度沙龙活动，组织区内53家企业负责人与区委主要领导面对面交流，收集意见、建议99条。搭建企业云服务平台，开展“线上送服务”惠企政策直播讲座。疫情期间，由区检察院、区人社局和税务局分别为区内企业进行了检企服务清单、疫情期间人社重点政策和税务减免相关政策的宣讲和解读。携手区检察院成立姑苏区法治营商检企联盟，推出全省首个检察护航民营企业法制项目，首批成员单位覆盖全区所有行业商会，为企业提供长效化、精准化的一揽子“法治服务大礼包”。实施“126行动计划”，以一个联盟，法治护航和法治引导“两手抓”，通过依法保护、风险提示、服务热线、普法宣传、会商座谈、诚信文化六大具体举措，为企业提供菜单式法律服务。定期举办“服务‘六稳’‘六保’护航民企发展”检察开放日活动。

【助力企业复工】2020年，区工商联面对疫情，及时收集并传递疫情防控和惠企政策信息，严格督促各行业执行分批分类复工的时间规定，指导企业认真落实疫情防控主体责任。积极协调筹措防疫物资。充分发挥工商联界别和资源优势，帮助防疫一线和行业企业协调购置口罩、消毒液、防护服等紧缺防疫物资。累计帮助防疫一线和行业企业复工复业协调解决一次性医用口罩近30万只，为全区120所小学校、幼儿园和区民卫局下属养老机构等解决酒精消毒液206桶（3.8吨）。引导行业商会发挥作用，彰显特殊时期的商会力量。区婚姻产业商会积极创新服务方式，举办苏州首届“线上婚博会”，充分利用互联网搭建商家与顾客的联系，开展“网络复工复业”，6天线上浏览次数超过15万，商家成交408单，成交总金额达1024万元；举办线下采购节活动，历时3个月，共举办13场，全品类累计成交额1600多万元。区餐饮业商会全力配合落实疫情防控各项决策，尽最大努力做到“企业停业不倒闭、员工休假不辞退、工资给付不拖欠”；主动与区政府建立信息联动机制，制定《当前进一步优化餐饮行业疫情防控措施加快复工复业的工作指引》，并负责收集自愿恢复堂食会员企业的信息，每日上报区相关部门，为推动区餐饮行业有序复工复业做出了突出贡献。

【商会组织建设】 2020年，区工商联进一步巩固和深化“四好”商会创建成果，指导商会组织进一步完善制度、规范管理、强化自律、提升能力，在全区商会组织中持续掀起争创工作的热潮。引导各商会组织结合区域和行业特点开展活动，以活动创特色，以活动扩影响，打造“一会一品”亮点工作。全年新增1个全国、3个省级、3个市级“四好”商会。组织开展商会互学互查互促工作。通过开展商会间的互学互查互促工作，在商会间持续掀起相互学习、相互提高的热潮，有力提升了全区各商会的规范化建设水平。严格落实区领导与商会结对挂钩机制，更好地发挥商会联系政府与企业的桥梁纽带作用。在工商联（总商会）现有会员的基础上，结合年度民营企业社会责任和上规模企业调研工作，对全区新入驻企业进行走访调研，发展优质企业成为工商联（总商会）会员，不断壮大会员规模，不断优化会员结构。

【商会企业扶贫】 2020年，区工商联面对新冠肺炎疫情，在全区商会和民营企业家中广泛动员，积极募集物资和善款，助力打赢疫情防控战。全区各商会和工商联会员企业充分发扬“自觉自愿、量力而行、扶危济困、德行并重”的光彩精神，多方筹措物资，纷纷慷慨解囊，累计捐赠善款和物资价值近300万元，为抗击和防范疫情做出不懈努力，充分展现了在疫情面前姑苏工商界的担当。积极完成各项脱贫攻坚任务。配合区委、区政府落实精准扶贫工作，对接参与“万企联万村”活动。完成江口县扶贫对接任务，再次投入扶贫资金10万元，并指导区文旅创新产业商会与太平镇快场村签订农产品帮销协议，积极推动消费扶贫，区内企业家直接采购江口农产品3万余元，通过直播带货帮助销售江口农产品14万余元，初步形成了姑苏江口消费扶贫协作的长效机制。

【姑苏区法治营商检企联盟成立】 2020年4月23日，由姑苏区工商业联合会和姑苏区检察院联合打造的姑苏区法治营商检企联盟正式成立。市检察院党组书记、检察长闵正兵，姑苏区委常委、政法委书记徐文祥，姑苏区委常委、统战部部长季珉，姑苏区工商联党组书记、副主席兼区委统战部副部长潘文，姑苏区检察院党组书记、检察长徐翔以及姑苏区各商会会长、民营企业家代表等出席成立仪式。这是苏州市首个检察对接民营企业的法治项目。姑苏区法治营商检企联盟为企业提供长效化、精准化的一揽子“法治服务大礼包”，实施“126行动计划”，以一个联盟，法治护航和法治引导“两手抓”，通过依法保护、风险提示、服务热线、普法宣传、会

商座谈、诚信文化六大具体举措，为企业提供菜单式法律服务。（赵柏仙）

## 姑苏区红十字会

【概况】 2020年，姑苏区红十字会在区委、区政府的正确领导和市红十字会的精心指导下，坚持以习近平新时代中国特色社会主义思想为指导，助力疫情防控，全面推进深化改革，主动融入全区中心工作，当好党委、政府在人道领域的助手，较好地完成了各项工作任务。在新冠肺炎疫情防控期间，区红十字会迅速行动、主动作为，向社会发出接收防控疫情捐款的公告，全年累计接收抗击疫情捐款537.67万元、捐赠物资价值110.2万元。

【姑苏区红十字会二届三次理事会议】 2020年4月15日，姑苏区红十字会召开二届三次理事会议，会议听取并审议了2019年工作报告及2020年工作要点。会上新批准31家爱心企业作为团体会员加入区红十字会，并成立姑苏区红十字会团体会员工作委员会；同时宣布姑苏区红十字会青商爱心基金成立。

【博爱家园建设】 2020年，姑苏区开展“博爱家园”项目8个，其中金阊街道学士社区开展的“救爱你”应急救护志愿服务项目和沧浪街道万年社区博爱家园被选为市级项目；以红十字博爱家园为工作阵地，定期开展红十字应急救护知识培训、红十字养老照护培训、保健咨询、志愿服务等多种形式的服务项目，让区红十字会真正发挥桥梁和纽带的作用，不断拉近红十字会与群众之间的距离。三元四

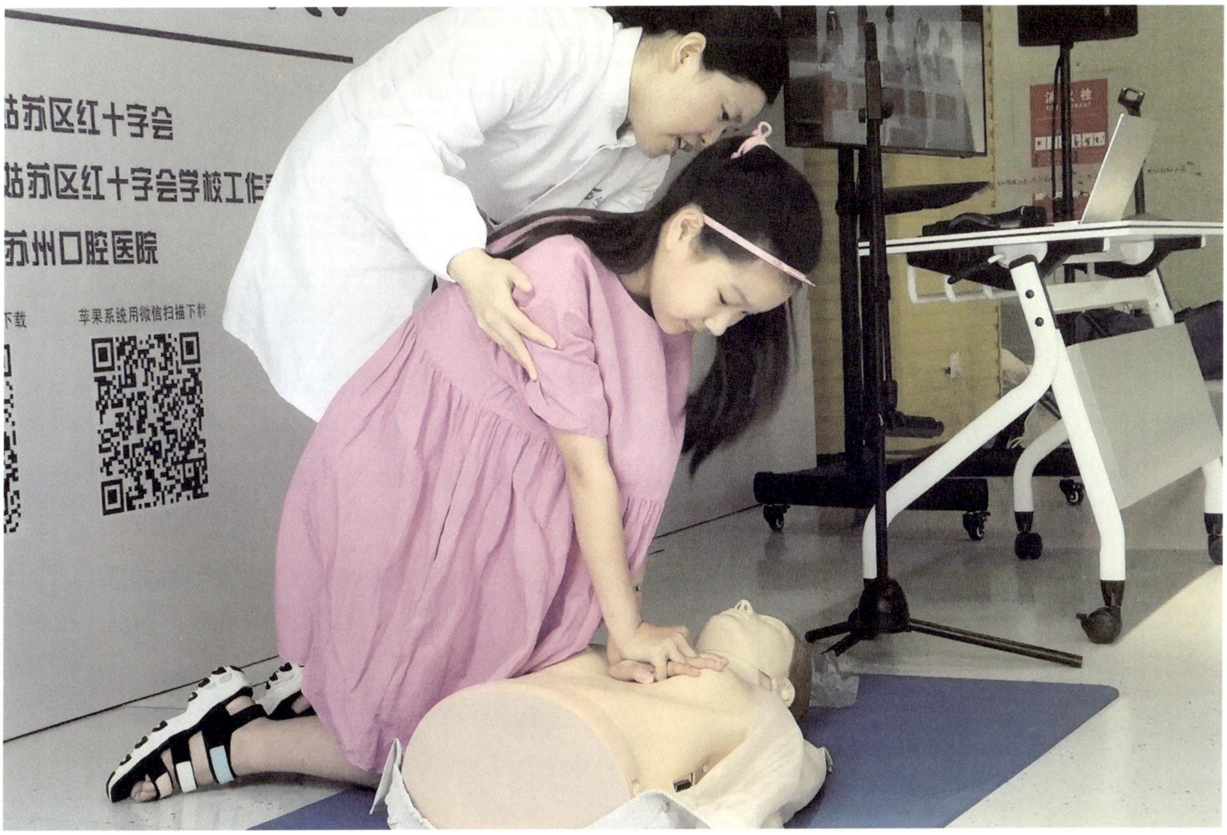


2020年，首次网络直播救护培训公开课——“云端学救护，陪伴我成长”活动现场　　区红十字会　供稿

村博爱家园多次接待中国红十字总会的参观调研，扎实的工作积累和显著的工作成效受到了各方红十字会领导的一致好评。

【应急救护培训】 2020年，区红十字会核心业务工作融入全区党建工作总体格局，打造火红年代干事创业主题奋斗年项目——“‘救’在身边”公益性应急救护培训，申报机关党建书记项目“姑苏云救护”，推动党建与业务工作充分融合，整体推进。全年区红十字会共开展线上线下普及性救护培训22241人次，初级救护培训员2086人次。

【“五·八”世界红十字日活动】 2020年5月8日，区红十字会举办世界红十字日纪念活动暨“姑苏云救护”App发布活动，宣布首支区级红十字应急救援队成立。“姑苏云救护”App为苏州市首个应急救护培训掌上平台，打造集在线学习测试、培训信息发布、菜单式课程等功能于一体的手机App，全年在线注册用户达2万余人。举办首次网络直播救护培训公开课——“云端学救护，陪伴我成长”，线上线下同步学习人数达到1万余人，取得较好的社会反响。

【“世界急救日”主题宣传活动】 2020年9月12日，区红十字会在区少年宫举办第21个“世界急救日”主题纪念活动——姑苏区第一届应急救护技能PK赛，由辖区各街道板块、团体会员以及区机关部门分别组成参赛队伍，参赛人员遍布各行各业，提升社会对红十字工作的关注度。

【人道救助】 2020年，区红十字会接受非疫情捐款16.59万元，发放非疫情救助金27.04万元。“博爱送万家”期间，向辖区困难群众发放救助款物28.47万元，惠及居民843户。创新筹资方式，协同区委宣传部、残联等部门开展姑苏区网络文化季“Yeah·新丝路云公益音乐会”活动，通过网上音乐会的形式为辖区残疾人募集善款。对接江口县红十字会，在继续推进助学圆梦计划6万元的基础上，认真了解需求，依托“姑苏云救护”的经验优势，为江口县红十字会提供技术与12.8万元资金帮扶打造“江口博爱云”App，提高当地应急救护技能知识普及率，全年共提供帮扶资金18.8万元。

【造血干细胞捐献】 2020年，区红十字会扎实推进造血干细胞捐献工作，全年完成血样检测入库107份。

【遗体器官捐献】 2020年，姑苏区新增遗体捐献登记208人、角膜捐献登记123人、器官捐献登记88人，线下登记捐献人数位居苏州市之首。

【团体会员活动】 2020年，区红十字会吸纳热心公益的38家企业作为团体会员，成立区红十字会团体会员工作委员会，组织考察调研吴中区中小学综合实践学校，在活动中增强工作凝聚力，听取企业对于全区人道主义事业的意见和建议。批准姑苏区青年商会成立红十字青商爱心基金，坚持“公开、公平、公正”的原则，对基金运作进行监督，让爱心更加放心。

【红十字青少年活动】 2020年，区红十字会加强与区教体文旅委的协作，通过“姑苏云救护”App组织开展红十字运动知识与应急救护知识传播，在全区小学四年级学生中广泛组织应急救护知识和技能线上培训。

（王 慧）

# 军事

## 人民武装

【概况】 2020年，姑苏区人民武装部（简称“区人武部”）坚持以党在新时代的强军目标为统领，坚决贯彻落实党中央、中央军委和习近平主席决策指示，深入学习贯彻习近平新时代中国特色社会主义思想、习近平强军思想以及党的十九大和十九届二中、三中、四中、五中全会精神，增强“四个意识”、坚定“四个自信”，做到“两个维护”。抓紧抓实练兵备战、国防动员、兵役征集、国防教育、军民融合等各项工作，全区国防动员和武装工作稳步提升，全面建设再上新台阶。

【全区武装工作会议】 2020年4月8日，全区武装工作会议召开，系统总结2019年姑苏区国防动员、兵员征集、国防教育、国防设施保护、双拥、军民融合等工作，部署2020年武装工作任务。市委常委、区委书记黄爱军出席会议，全区各街道党工委书记、武装部长和专武干部、各部委办局分管领导、受表彰民兵参加。

【民兵应急分队集训】 2020年6月28日至7月9日，区人武部在昆山、太仓国防训练基地组织民兵应急分队实战化课目训练，严格落实专武干部跟班跟训，实行全程封闭式管理和训练，主要进行重要目标防护演练、应急处突等课目训练。采取外请教员、辅导录像、分组训练、综合演练的方式组织进行，旨在提高民兵力量应对多种安全威胁、完成多样化军事任务的能力，初步探索组织民兵应急分队训练的方法路子，提升各级专武干部的理论素养和组织指挥部队的行动能力，强化广大民兵的应急意识和专业技能。

【征兵政治考核培训】 2020年7月28日，区人武部召开年度征兵政治考核培训工作会议，区人武部政委夏宏平、姑苏公安分局党组成员顾建国出席会议并讲话，辖区各派出所、苏州大学、苏州农业职业技术学院相关负责同志参加会议，主要对《征兵政治考核工作规定》实施办法进行了学习培训，对在征兵政治考核工作中可能遇到的问题进行详细讲解。

【民兵整组】 2020年，区人武部推进民兵调整改革，加强退役人员潜力资源调查，充分考虑战备任务区分、人口比例结构、专业队伍分布等实际，科学细化分解编兵任务，按照“十三五”民兵组织调整规划，完成全区普通民兵和基干民兵队伍整组，有应急队伍、专业队伍、特殊队伍。编实各级民兵组织、下达民兵干部任命、建立各级预建党组织，组织基干民兵开展出入队、政治教育和官兵相识等活动，确保全区各级民兵队伍人员落实、组织健全。通过查阅资料、拉动点验、电话点验等方式通过军分区检查验收。

【兵员征集工作】 2020年，区人武部努力在破解老城区征兵难上下功夫，多渠道开展征兵宣传，采取刚性措施抓实兵役登记，狠抓五率量化考核，集中精力抓“报名率”，采取“拉适龄青年名单、集中会办、每日通报评比”的举措抓实兵役登记，确保辖区兵役登记率100%；严格按照上年度征集任务数3倍以上确定送检人数，提升“上站率”；于6月组织辖区2所高校学生征兵体检和应征，常态设立体检站，有效提高体检合格率，全年完成征集任务。首次按照国防动员部要求，组织预定新兵役前训练，通过训练提前发现、淘汰一批思想素质不过硬、身体条件不达标的应征青年，有效减少了退兵率，全年无责任退兵。

【国防教育】 2020年，区人武部着力抓好国防教育宣传工作，积极树品牌、增受众、扩影响，不断推动形成“政府主导、部队支持、全民参与”的国防教育

2020年9月11日，姑苏区在高铁苏州北站开展欢送新兵活动　　区人武部　供稿

良好格局。与苏州轨道交通公司协调，在苏州轨交2号、4号线主要站点进出口廊窗灯箱设立宣传标语；充分发挥基干民兵教练员力量，帮助中小学校组织开展学生军训活动，利用“国防教育日”组织社区民兵骨干就近到学校参加升国旗仪式和开展国防教育活动；虎丘实验小学以培育少儿军事文化为学校办学特色，被评为“全国国防教育示范学校”。

【后勤保障】 2020年，区人武部及时传达学习习近平主席关于疫情防控的决策部署及各级指示精神，制订本级疫情防控方案措施，严格加强营院管理和人员管控，坚持组织人员体温检测和公共场所消毒；组织全体干部职工收看人民军队支援地方疫情防控纪实专题片《为了人民》，发布疫情防控倡议书，组织干部职工、专武干部参与地方疫情防控，开展防疫宣传、社区管控、防疫消毒等工作，组织人员捐款千余元。（李金良　陈　栋）

## 人民防空

【概况】 2020年，姑苏区人民防空办公室履行战时防空、平时服务、应急支援使命任务，完成每年警报试鸣放任务，做好人防训练工作；完成人口疏散地建设，做好人口疏散预案。

【防空演练】 2020年，姑苏区人民防空办公室组织完成《姑苏区人民防空方案》修订工作。配合区国防动员委员会（人武部）组织参加市、区两级国动委战时指挥演练，做好区指挥所相关保障工作。加强区人防指挥所维护管理，落实战备值班制度，保证区人防指挥所正常运行。组织居民参观吴江区人防工程，熟悉平战转换工作内容；赴吴中区临湖镇人口疏散基地参观学习，开展临湖镇防空疏散林

2020年9月18日，区人防办开展防空防灾疏散演练活动　　蔡立新　吴兴　摄

人口疏散演练活动。做好全区人防警报器的维护管理，完成2次警报试鸣放任务，鸣响覆盖率达98%。

【人防工程维护】 2020年，姑苏区开展消防、防汛和安全生产专项检查工作，年度人防工程维护管理检查率达100%。完成人防工程标识规范化建设工作，建筑面积约40万平方米。做好橘子国花园、长盛花园等人防工程的门阀养护工作。

【人防宣传】 2020年，姑苏区组织8个街道相关人员赴苏州市人防宣教馆参观体验。9月18日，组织辖区内数千居民在8个人防工程点开展防空疏散演练活动。举办社区人防志愿者培训班2次，参与人数达200人。开展人防知识讲座200余次，参加活动总人数近万，发放人防宣传资料4万多册。完成联青、西美等12个人防社区示范点建设工作。

【人防工程建设审批】 2020年，姑苏区落实省、市工程建设项目审批制度改革要求，依托苏州市工程建设项目审批综合管理平台，实现新立项人防工程网上申报；实行“多图一审”，将人防工程施工图设计文件审查并入建设工程设计文件审查。（陈姝雯）

# 法治

## 政法工作综述

【概况】 2020年，姑苏区政法机关和广大政法干警在大事要事面前主动作为，急事难事面前全力攻坚，加快推进市域社会治理现代化，健全社会矛盾多元化解机制，完善社会治安防控体系，深化依法治区实践，不断优化法治营商环境，扎实开展扫黑除恶专项斗争，推动平安建设向更广领域、更深层面、更高水平推进。

【维护社会稳定】 2020年，姑苏区政法部门紧盯敏感节点，严密防范暴恐袭击、政治安全、社会稳定、公共安全等方面风险，按照“六个坚决防止发生”工作目标，圆满完成党的十九届五中全会、各级“两会”、第三届上海进博会等敏感节点安保维稳工作。深入推进涉政风险防范、严打暴恐活动等行动，落实各项稳控措施，有效钝化不安定因素，确保全区安全稳定。全区信访维稳工作关口前移，创新“化解群体性事件平台工作法”，以一项制度、二级平台、三项工作机制，推动全区信访工作高质量发展，在省高质量考核中名列前茅，被国家信访局、省信访局授予“信访工作‘三无’县（市、区）”称号。

2020年4月29日，姑苏区召开全区政法工作会议

赵善浩 摄

【社会综合治理】 2020年，姑苏区政法部门积极探索姑苏特色社会治理方式，涌现出金阊街道“巷管家”、双塔街道“小巷评理”等基层治理品牌。创新纠纷多元化解决机制，8个街道成立“街道非诉讼服务中心”“街道非诉讼与诉讼网格对接中心”，168个社区设置非诉讼服务调解处置岗，夏莲区域网格成立了矛盾纠纷一站式调解驿站。区法院、区司法局、区律协首创民商事纠纷中立评估机制，区检察院联合区司法局构建刑事和解平台，化解社会矛盾。区法院与8个街道签订无讼网格协议，168名警官、120名检察官、158名法官、165名律师融

入网格。不断完善“大数据+网格化+铁脚板”工作机制，区社会防控组全力建设疫情防治大防控、人员管理大闭环、片区治理大包围的联防联控格局，抓好“苏城码”推广应用、重点人员追踪核查、防控工作指导督查等重点项目。发挥网格化联动机制优势，助力安全生产和违法违规“小化工”专项整治百日行动。成立姑苏区社会心理服务体系建设试点工作领导小组及办公室，实施6大工程、15项任务，加快构建全区社会心理服务体系。

【平安姑苏建设】 2020年，姑苏区构建区、街道、社区三级平安建设工作体系。加快推进社会面技防安防建设，启动2020年前端监控4期建设项目，新建升级卡口712路，改造升级30个老旧小区出入口技防设施，技防实事项目顺利完工，新建设监控800余路。完善“一标三实”基础信息采集工作，推动流动人员、出租房屋等基础信息“清仓见底”。健全社区矫正、安置帮教、后续照管等特殊人群服务管理机制。建立治安重点地区长效整治机制，制定工作要点和专项行动方案，对19个区、街道挂牌重点整治地区进行整治。以实现常治长效为根本，扫黑除恶专项斗争圆满收官，扎实开展“六清”行动，突出长效机制建设，抓实十大行业治理，启动“无黑城市”创建。全力打击影响群众生命财产安全的违法犯罪活动，全区社会治安形势持续平稳向好，为人民群众创造安业、安居、安康、安心的良好环境。

【依法治区实践】 2020年，姑苏区落实党政主要负责人履行推进法治建设第一责任人职责，开展了法治化营商环境暨“七五”普法考核验收专项督察。统筹推进行政规范性文件管理工作。探索立法、行政、司法综合监管措施，督促政府、企业、社会共同落实安全生产责任。强化行政行为规范，全区各行政执法机关实行“三项制度”达到100%，行政执法社会满意度达90%以上。不断优化法治营商环境，制定“免罚轻罚”清单，开展“享法姑苏、法企同行”系列活动，提供“线上+线下”法律服务，实现辖区重点产业园法律服务全覆盖。在全省率先成立法治化营商环境观察团，创新推出苏城存证App，倡导诚信营商环境，探索信用惩戒分级分类工作机制。成立全省首个检察对接民营企业的姑苏区法治营商检企联盟，深化“互联网+公安行政管理服务”，率先实现长三角区域行政服务事项一网通办、区域联办。

【政法队伍建设】 2020年，姑苏区政法系统贯彻习近平总书记训词精神，全力打造信念坚定、执法为民、敢于担当、清正廉洁的政法队伍。狠抓政治学习，落实覆盖全区政法干警的政治轮训制度。利用“天平·红”“濂溪育检”“红心律动”“初心学堂”等特色党建项目，不断提高广大政法干警的思想政治素养和职业道德水平。组织第二届政法系统政法干警光荣退休仪式，组织丰富多彩的干警文化活动，陶冶思想情操。扎实开展各类培训，健全教、学、练、战一体化的能力提升工作机制，全面提升政法干警的职业素养和专业水平。姑苏检察院获评全国文明单位，全年政法系统集体和个人获得市级以

2020年8月26日，姑苏区全区政法系统政治轮训班赴浙江余村践行“两山”实践 潘政 摄

上荣誉190余项，充分展现了区政法队伍和政法干警的形象与风采。（赵善浩）

## 法治姑苏建设

【概况】 2020年，姑苏区始终坚持以习近平法治思想为指导，深入贯彻落实中央和省委、市委、区委关于法治建设的新部署新要求，全面推进科学立法、严格执法、公正司法、全民守法，坚持法治姑苏、法治政府和法治社会一体推进，为全区经济社会发展营造良好的法治环境。

【健全责任体系】 2020年，姑苏区召开区委全面依法治区委员会第二次会议暨建设法治政府工作会议。下发《区委全面依法治区委员会2020年工作要点》和重点任务分解，明确各单位部门在全面依法治区工作中的责任和目标。将各街道、各部门党政主要负责人履行推进法治建设第一责任人职责情况纳入绩效考核指标体系，作为街道和部门绩效考评的重要内容。建立完善党政主要负责人法治建设第一责任人履职情况述职制度，推动第一责任人履职落实到位。

【法治政府建设】 2020年，姑苏区严格规范性文件制定管理，做好上报备案和定期清理，现行有效的区级规范性文件有10件，积极参与苏州市观前地区综合管理办法修订。印发《姑苏区2020年度重大行政决策目录》，推动重大行政决策网上运行全覆盖。建立内外双重审核机制，精细严实做好法制审核，累计审查230件征收相关行政决定。注重智库建设，规范政府法律顾问工作，全区各部门和街道共配备法律顾问30人。紧贴区情实际，稳妥推进综合执法改革，选聘专家组起草工作方案和赋权清单。深入落实行政执法“三项制度”，全区各执法机关实行率达100%，执法社会满意度达90%以上。

【法治营商环境】 2020年，姑苏区成立全省首家法治化营商环境观察团，出台《关于建立法治化营商环境观察制度的意见》，明确工作任务和观察清单，通过对政府信用、政务环境、城市环境、营商成本等四大领域开展观察，发挥观察团“监督、宣传、桥梁、参谋”四大作用。印发《〈关于规范涉企轻微违法行为不予行政处罚和一般违法行为从轻减轻行政处罚的实施意见〉实施细则》方案，各执法部门及时认领两个“清单”，对存在轻微违法行为的单位，主要采取教育手段予以处置。全年涉企轻微违法行为不予行政处罚案件25件，涉及金额51.44万元；涉企一般违法行为从轻行政处罚案件56件，涉及金额140.92万元；涉企一般违法行为减轻行政处罚案件64件，涉及金额143.1万元。

【法治社会建设】 2020年，制定《姑苏区国家机关“谁执法谁普法”履职评议实施办法》，对全区32家法治宣传教育领导小组成员单位开展年度履职评议。修订普法责任清单，制定普法月历和39项联动事项清单，组织全区普法骨干集中培训。疫情防控期间，积极拓展线上宣传资源，利用“法润民生”微信群、法治直播间、微信朋友圈等平台载体开展青少年法律知识竞赛、《民法典》公开课等主题宣传。大力推进基层“援法议事”，双塔街道创建的“小巷评理”工作品牌获评苏州市基层民主法治建设优秀项目。开展“关爱民生法治行”活动，落实9项法治实事项目，其中，区检察院成立全市首个检察对接民营企业的法治项目姑苏区法治营商检企联盟，区司法局苏城存证知识产权保护App入选市级“关爱民生法治行”优秀项目。（李慧慧）

# 公 安

【概况】 2020年，姑苏公安分局坚持以习近平新时代中国特色社会主义思想为指导，坚持服务大局，服务中心工作为导向，以苏州市公安局“188”提升计划为统领，以“123456”全年公安工作重点任务为抓手，全力推动姑苏区公安高质量发展，为打造“硬核”姑苏提供坚实有力的全面保障。

【警务运行体系改革】 2020年，姑苏公安分局坚持精塑“所队一体化运作”，整合资源深挖基层潜力。通过将各警种有机整合，全面提高路面见警率、管事率，淡化警种界限，实现齐抓共管，让群众“有事找警察，而不是找警种”。所队一体化运作以来，分局盗窃警情、6类侵财警情同比下降，治安乱点得到有力整治。坚持大部门大警种制的总体思路，着眼理顺内部事权关系、推进警种职能整合、调整警务机构设置，推动分局情报指挥、侦查研判、执法办案、警务监督等的运行机制改革，构建更加扁平化、集约化、实战化的运行体系，促进警务管理质态与夯实基层基础双提升。理清两级职责任务，分局对各部门职责逐一过堂，逐项为派出所松绑减负，

2020年4月8日，姑苏公安分局所队一体化运作改革试点部署会召开　　姑苏公安分局　供稿

率先理清两级职责任务，实现重大案件条线警种主侦、案件办理法制案审统抓、重点要害单位职能部门直管，以明职定责落实减负增效，为全市公安机关做出示范。召开机关编制警力评估会，让机关基层警力配置更加科学合理，受到基层的广泛肯定与好评。

【疫情防控】 2020年，姑苏公安分局筑牢防线、外防输入，打好疫情防控阻击战。在疫情防控的关键时期，24小时严把沪宁高速新区出口入苏通道，全天候逢车必查、逢人必检。联合市卫健、城管等部门，累计对39.3万名火车站乘客、3万余名汽车北站乘客做好人员信息核查等工作。对居民街区、支路小巷摸排规划，封闭262个出入口，形成28个大包围片区。在疫情最严峻时期，探索建立姑苏特色的“公安推送待核数据——街道统筹组织核查——专业部门依需跟进——区指挥部统筹协调——信息各方共享”的涉疫人员查控工作新模式，累计核查1省9市重点人员3万余人次。派驻特勤力量在集中隔离点和医学观察点24小时巡逻防范。2月3日，对观前地区不听劝阻依然营业的KTV业主行政拘留，系全市首例。严打严防各类涉疫违法犯罪，摧毁1个销售假冒伪劣3M口罩的5人团伙，缴获假冒伪劣口罩1.5万余件；摸排集贸市场和各类生鲜经营场所1700余家次，确保全区没有非法转运、贩卖野生动物行为。

【扫黑除恶专项斗争】 2020年，姑苏公安分局深入开展扫黑除恶专项斗争。全力推动专项斗争由面上打击向深度打透转变，重点抓好“三个清零”“三项突破”“三大整治”，并广泛开展宣传发动，持续深化氛围营造。高质量办结完成中央督导组交办的18条线索，市局转办、区办和非金平台下发以及自排线索合计500余条，办结率为98%。全区共摧毁4个恶势力犯罪集团、2个涉恶团伙，破获9类涉恶犯罪案件500余起。共查获追缴现金80万余元，扣押

相关房产和各类车辆，查获其他物品100余件，共计涉黑恶资产3亿余元。

【打击违法犯罪】 2020年，姑苏公安分局在打击突出违法犯罪中运用现代刑事技术和大数据信息研判手段、数据信息比对，使重大案件取得重大突破与进展。在打击新型违法犯罪中，积极投入“长城2号”等专项行动，打掉跑分洗钱团伙、电话卡GOIP团伙、买卖对公账户团伙、第四方洗钱平台团伙。在打击涉毒犯罪工作中，坚持大案攻坚，破获毒品犯罪案17起，查处吸毒人员52人次。在打击涉网犯罪工作中，探索创新网络重案一体化作战模式，快侦快破3起公安部部督案件。全面落实反通信网络诈骗工作机制，立通信网络诈骗案件1400余起。在打击涉众经济犯罪工作中，以“蓝剑”专项行动为抓手，开展企业合法知识产权权益保护工作。深入推进“昆仑2020”专项行动，侦破侵犯知识产权犯罪案件6起，涉案金额逾500万元。推进“百城会战”专项行动，对23起涉税案件立案侦查。

【加强基层治理】 2020年，姑苏公安分局在全市率先构建派出所所长和社区民警“双进班子”，人管大队长兼任区联动中心副主任，人管大队整体搬迁至区联动中心合署办公，全面打通“双网融合”组织对接的各个节点，为平台贯通、数据共享、力量联动等提供坚强有力的保障。将社区民警、辅警、信息员、蓝盾志愿者等力量嵌入综治网格组织体系，把人、房、物、地、事、组织等治安要素纳入网格管理范畴，整合网格各方力量资源。疫情防控期间，依托“双网融合”累计核查反馈涉疫人员5万人次，并乘势推动全区流动人员、出租房屋等基础信息“清仓见底”。基层治理全联动。突出公共安全隐患排查整治、矛盾纠纷大排查大化解等重点，大排查大化解工作先后排查9类重点人员1000余人，化解不安定因素；积极配合开展“四类行业”等环境卫生整治2000余次，治安处罚5人，维护行政执法工作权威，创造良好执法环境。

【公安政务服务】 2020年，姑苏公安分局积极推动区级行政审批、出入境办理，派出所户籍等高频公安窗口业务整合进驻区行政服务中心和街道为民服务中心，做到业务全流程、一窗式办理。3月，与区司法局、区律师协会沟通对接，在全市首推律师“不见面”查询服务。5月，与区人社部门紧密协作，率先发布全市第一张人才落户准迁证。分局还在辖区为民服务中心、医院、高校等人员聚集场所安装30台便民服务一体机，积极构建“15分钟便民服务圈”，推动公安政务服务“一机办、马上办、就近办”。

【安全整治方面】 2020年，姑苏公安分局在道路交通安全整治方面，坚持隐患源头清零，共清理重点车辆隐患7000余辆，辖区重点车辆重大交通事故“零发生”；查处酒驾800余起、醉酒500余起，现场查处违法行为9万余起。在群租房安全整治方面，会同街道、331专班等相关部门，排查各种安全隐患，隐患整改率达100%。在危化物品安全整治方面，检查危险物品从业单位1862家次，发现安全隐患的，全部责令限期整改。在寄递物流安全整治方面，对寄递企业数据进行清理，对寄递企业落实“三个100%”及相关规章制度执行情况开展4800余家次日常检查，规范其经营行为。在重点目标安全整治方面，检查高职校、中小学、幼儿园、医院、党政机关等各类重要目标4000余家次。

【社会治安整治】 2020年，姑苏公安分局集中整治涉娼涉赌等群众反映强烈的突出问题，查处黄赌娼刑事案件20余起，采取刑事强制措施100余人；查处治安案件共150余起，行政处罚600余人。加强重点地区整治，查处有证棋牌室12家，停业整顿5家，取缔无证棋牌室85家，有效净化辖区社会环境。加强“非法一日游”整治，对苏州火车站、汽车北站周边“黄牛”“黑中介”“黑票务点”等乱象开展综合治理，累计治安处罚“黄牛”1500余名，关停“黑中介”“黑票务点”23家，打掉招工诈骗团伙2个共26人，破获涉及全国10余个省市的案件200余起，有力稳定景区、站区的社会治安秩序。

【队伍建设】 2020年，姑苏公安分局深化党建引领。对机关各部门的党组织关系重新进行调整组合，基本实现一部门一支部，在“两会”安保、“姑苏八点半”夜经济品牌打造、苏城码推广等工作中，突出展现基层党组织在业务实战中的战斗堡垒作用。优化警力配置。凭业绩说话、用实力证明，同等条件下优先提拔选用有基层派出所领导班子任职经历人员，先后启动8轮次干部调整，真正让想干事的有机会、能干事的有舞台、干成事的有地位。在全省范围率先推出警务人才“星光计划”，开发建设“星光平台”，通过发布“兼职任务”，实现难题上榜、能人揭榜，努力以“伯乐”的慧眼识别培养警务工作的“千里马”。强化教育训练。制作“微课程”提升警情处置规范化水平，其中《涉疫纠纷警情处置》微课程在法制支队条线获奖；制定出台《姑苏分局警种专业培训实施办法》，提升条线民警和承担条线业务基层所队民警的业务能力。实行暖警爱警。分局先后制定出台警察职业仪式规范、离退休民警走访慰问办法、青年民警发展纲要等文件，将从优待警工作落到实处、润到细处；开展惠警团购活动；推进民警休假、民警伤亡抚恤和大病特困补助等政策制度，全年受省部、市局、分局等委托慰问在职、退休、患病住院等民警187人。强化从严治警。深入开展“坚持政治建警全面从严治警”教育整顿工作，把教育整顿工作与扫黑除恶“打伞破网”结合起来，深入治理顽瘴痼疾。强化队伍风险滚动排查，大力构筑组织、家庭、社会“三位一体”监督防线。深入推进每月廉勤分析机制，坚持无禁区、全覆盖、零容忍，坚持重遏制、强高压、长震慑，用好监督执纪“第一种形态”，持续正风肃纪。

【“小觅葑”志愿者服务队成立】 2020年7月1日，“小觅葑”志愿者服务队成立启动仪式在姑苏公安分局葑门派出所举行。市文明办副主任、市志愿者总会会长汪苏春，市公安局副局长、姑苏区副区长、分局局长马景亮等领导出席。要求志愿者服务队工作要着力打造好“1+4”党建联盟服务矩阵，画好文明城市创建的“同心圆”，擦亮守护辖区平安的“金招牌”。要以此次“小觅葑”志愿者服务队成立为契机，不断放大志愿服务的社会效应，总结提炼工作经验，将姑苏蓝盾志愿者打造成为全区乃至全市“共居一地、共保平安”的金字招牌。 （钟 华）

2020年7月1日，“小觅葑”志愿者服务队成立

*顾成君 摄*

## 检 察

【概况】 2020年，姑苏区人民检察院（简称“区检察院”）坚持以习近平新时代中国特色社会主义思想为指导，全面贯彻区委和市检察院决策部署，认真落实区二届人大四次会议决议，忠诚履行法律监督职能，全力维护社会公平正义，努力守护人民群众美

好生活，各项检察工作取得新成效。年内，获得“全国文明单位”“全国检察宣传先进单位”等集体荣誉17项，“全国检察听证互联网直播试点工作先进个人”“全省检察机关网信建设标兵”等个人荣誉31项，有4件案例入选省检察院公告案例或典型案例。

【服务民营经济】 2020年，区检察院自觉服务“六稳”“六保”，制定《服务保障民营经济健康发展打造法治诚信营商环境实施方案》，联合区工商联成立姑苏区法治营商检企联盟，推出服务民营企业“126行动计划”。坚持法治护航与法治引导“两手抓”，开通企业来访绿色通道、“蓝鹰领航”微信服务平台，开展“菜单式”普法宣传、涉企风险提示，形成了检察服务民营企业新机制。强化企业涉案人员羁押必要性和起诉必要性审查，探索企业限期合规从宽制度，避免“案子办了，企业倒了”。在办理某企业虚开增值税发票案件中，引导该企业主动补缴税款、开展合规整改、堵塞管理漏洞，并联合属地街道帮助解决疫情带来的经营困境，该企业成为首批复工企业之一，积极为防疫物资生产提供能源保障，以实际行动回馈社会。

【社会治理】 2020年，区检察院着力发现案件背后存在的深层次社会治理问题，共向相关单位发出检察建议16份，撰写风险研判报告43份，推动金融借贷、房地产交易、物业收费、医疗器材采购等行业领域开展专项整治。针对苏州城区大型工程运输车辆屡闯禁区、事故频发的问题，报请市检察院召开工程运输车辆治理座谈会，向相关职能部门公开送达检察建议，推动全市开展交通运输领域安全整治。立足公益诉讼检察职能，联合行政机关对建筑扬尘、河道污染等问题开展监督整治，全力守护蓝天、碧水、净土。围绕社会关心的热点、重点领域加强以案释法，至社区、商业街开展禁毒、防范金融风险等互动式普法，联合苏州市车管所将“拒绝酒驾”作为申领驾驶证的“必修课”，开设“检读民法典”、野生动物保护、网络信息安全等法治“云课堂”，相关课程入选全省民法典普法短视频优秀作品。

【古城保护更新协作】 2020年，区检察院围绕落实名城保护“两个条例”，积极发挥检察职能作用，做到保护古城“原汁原味”与促进古城“盘活焕新”协调兼顾，得到市委常委、区委书记黄爱军批示肯定。与主管部门协调建立文物保护和检察公益诉讼联动协作机制，设立古城保护数据分析室，实现文物数据库信息共享。联合办理阊门、胥门古城墙保护案、洙泗泉井保护案等一批历史文化资源公益诉讼案件，探索建立古城墙保护“三专一网”管理机制。助力打造大运河文化带中“最最精华的一段”，持续跟进督促横塘驿站修缮工程，推动大运河周边文旅环境整治。围绕打响“姑苏八点半”夜经济品牌，针对山塘街石狸的现状，提出系统化保护、特色化市场运作建议，促进历史文化资源保护与经济发展共赢，被《检察日报》头版头条报道。

【打击刑事犯罪】 2020年，区检察院共受理各类刑事案件1459件1792人，依法批准逮捕202件281人，提起公诉1086件1303人。加大对群众关注的重大、热点领域刑事案件办理力度，起诉信息网络犯罪案件12件41人、涉众型经济犯罪案件28件46人。加强职务犯罪检察工作，对监委移送的职务犯罪案件起诉15件15人。坚持少捕慎诉原则，依法不批准逮捕127人、不起诉242人。在办理李某某涉嫌交通肇事导致直系亲属一死一伤的案件时，综合考量案件情节，并以公开听证方式充分听取多方意见，依法做出相对不起诉决定，彰显了国法、人情的统一，入选省检察院公告案例。落实扫黑除恶“治本”年要求，结合办案发出检察建议，推动城乡接合部区域治理等工作，被表彰为全省扫黑除恶专项斗争成绩突出集体，办理的1起恶势力团伙犯罪案入选《苏州市扫黑除恶专项斗争典型案例指引汇编》。充分发挥诉前主导责任，在市检察院指导下，在全国率先试点侦查取证法律指引机制，试点半年共向侦查机关提供取证指引56次，进一步提高了办案质效，市检察院党组书记、代检察长李军在最高检第二届新时代检察工作论坛中做经验介绍。

【法律监督】 2020年，区检察院牢固树立双赢、多赢、共赢理念，构建监督者与被监督者的良性互动关系，共同推进严格执法、公正司法。深化刑事诉讼监督，监督侦查机关立案19件，撤案29件，纠正漏捕漏诉31人。在办理1起伪造国家机关公文骗取公积金案件中，通过周密审查、自行补充侦查，全面摸清制售假证章的上下游关系，引导侦查机关立案10件。办理羁押必要性审查案件23件，依法变更强制措施22人，纠正刑罚执行违法违规情形15件。针对疫情期间监视居住场所存在的卫生防疫及生活保障等问题，制发检察建议，有效杜绝安全隐患。办理各类民事诉讼监督案件50件，发出民事检察建议18件，提请市检察院抗诉1件。在办理一起民事执行监督案中，加强与法院协作配合，优化执行方式，帮助被执行人解决其残疾女儿的基本生活保障问题，体现司法善意和温情。办理行政检察监督案件7件，在办理孟某工伤行政确认监督案件中，兼顾劳动者及用工企业合法权益，全面充分审查案件，依法提请市检察院抗诉。

【公益诉讼】 2020年，区检察院制定公益诉讼调查规范，着力提升公益诉讼精准度和规范性，发出行政公益诉讼诉前检察建议55份，回复率100%。组织开展检察建议“回头看”，确保问题整改落实到位。在安全生产、食品药品等领域发挥检察作用，对销售假冒伪劣及过期食品药品、老旧小区电梯安全、街巷消防隐患等问题发出检察建议，与吴门桥、金阊、虎丘等属地街道，以及区市场监督管理局、综合执法局等职能部门协作配合，形成公益保护合力，全力守护群众食、住、行安全。针对部分药店非法销售含激素的皮肤消毒产品问题发出的行政公益诉讼诉前检察建议，被转化为全省“两会”的代表建议，省卫健委高度重视，在全省开展专项整治。加大国有资产和弱势群体权益保护力度，履行支持起诉职能，协助市社会福利总院解决精神残疾患者权益保障资金长期缺位的问题，帮助农民工拿回应得劳动报酬59万元。

【服务疫情防控】 2020年，区检察院积极配合上级疫情防控工作安排，全院干警至火车站、社区等一线支援防控工作602人次，获评区“优秀一线抗疫青年突击队”。精准打击涉疫犯罪，依法提前介入、办理生产销售假口罩和借销售体温计之名实施诈骗等涉疫案件20件20人，全力保障疫情期间社会稳定。主动向企业问需问难，线上发放调查问卷500余份，联合司法行政部门帮助6名正在接受社区矫正的企业主解决经营性请假难的问题，助力企业复工复产。落实全国人大常委会相关决定，着力解决野生动物保护难题，在“法眼识动物”平台开通举报买卖、食用野生动物及线索流转功能，与主管部门、社会各界形成野生动物保护合力。

【救助维稳】 2020年，区检察院严格落实“群众信访件件有回复”要求，畅通线上线下诉求渠道，完善来信办理、审查分流、督办互评制度，切实提升群众信访办理效果，共接收各类信访225件，按期答复率100%。设立人民调解工作室，引入社会力量共同调处轻微刑事案件，促成刑事和解43件，有效化解社会矛盾。检察长带头接访，在办理1起申请立案监督案件时，帮助信访人找回关键证据，并引导其通过民事诉讼解决诉求。通过司法救助助力脱贫攻坚，办理司法救助案件33件，发放司法救助金19万元，多名被害人或家属通过书信、口头方式表示感谢。创新运用“司法救助+公开听证”方式开展释法说理，做好息诉服判工作，为一位80岁高龄的来访人解开了心结。

【未成年人保护教育】 2020年，区检察院坚持对侵害未成年人犯罪“零容忍”，提起公诉18件19人，均从重提出量刑建议。积极开展未成年被害人心理救助，为6名未成年被害人提供专业的系统化心理疏导和治疗，帮助其及早修复心理创伤，回归正常生活。加强对涉罪未成年人的教育挽救，对涉嫌买卖野生保护动物的未成年人朱某依法做出不起诉决定，并引导鼓励其在守法前提下发展兴趣爱好、规划学业和职业，朱某现已成为某省森林资源监测中心调查员。积极开展涉未成年人教育机构从业人员违法犯罪记录审查工作，在区委政法委牵头下，联合教育、市场监管、公安等多部门，对全区近600所教育培训机构、1万3千余名从业者开展专项查询工作，排查、清退3名有性侵害违法犯罪前科的人员。加大与团委、妇联、教育等部门的协作，推动“姑苏护蕊”儿童防性侵项目在全区47所小学实现全覆盖。推出的“成长守护”亲职教育系列课程，上线“学习强国”平台。打造未成年人法治教育特色品牌，与景范中学共建“少年文保所”，培养未成年人对古城保护的使命感和责任感。

2020年9月，姑苏区未成年人刑事办案与司法保护座谈会召开　　区检察院　供稿

【区检察院推出律师远程阅卷系统】 2020年，区检察院推出律师远程阅卷系统，创新运用数字证书许可（USB key）加线上平台支持的全新模式保障律师阅卷权利。系统上线当天，该院便向100余名律师发放USB key。律师通过在远程阅卷系统网站填写、上传个人身份信息及执业证件，注册申领专属数字证书。经USB key和手机验证码双重认证后，律师可以在系统中输入嫌疑人身份证号码搜索相关案件并申请阅卷。检察机关确认律师身份和案件代理关系无误后，将案卷资料上传至远程阅卷系统。律师凭USB key和短信形式发送的阅卷密码，获取案卷资料并线上完成阅卷工作。

【全国检察听证互联网直播试点】 2020年11月，区检察院被高检院指定为检察听证互联网直播试点单位，为全国首批3家之一、全省唯一的开展检察听证互联网直播的试点单位。区检察院严格按照高检院统一决策部署，认真谋划推进，大胆尝试创新，在听证室建设方面做出了积极探索和有益尝试，为听证直播全面部署积累了实践经验。一马当先，跑出规划建设加速度。第一时间成立公开听证工作领导小组，按照高检院听证室建设要求，制定“三年要领先、五年不落后”的标准，悉心规划建设方案。加速推进听证室建设，3周内即完成公开听证业务及直播的各项硬件和技术准备，建成125.28平方米的听证室，全部软硬件设施安装到位。全程规范，分门别类明确流程。主动承担试点责任，不等不靠，自我加压，4周内即由检委会讨论通过《公开听证实施办法及细则》，针对“四大检察”中各类业务的特点，分别制定实施细则，明确案件适用范围、程序要件、组织实施等，形成完善的公开听证配套机制，规范公开听证全流程，同时对法警参与公开听证进行了专门规定。突出特殊情形下的流程规范，如依职权决定举行民事申诉公开听证前，对被申诉方拒绝参加的，明确告知其缺

2020年6月，区检察院开展全国首批检察听证直播

区检察院 供稿

席的不利后果，必要时由办案检察官亲自送达。双管齐下，抓好听证实战演练。坚持“硬件打造”与“实战应用”双管齐下，务求听证室建设和听证业务准备2项工作取得“双实效”。精心挑选真实案例进行模拟演习和听证实战，严格按照公开听证流程实施。技术加持，增强公开听证效果。听证过程中，区检察院依托软硬件技术设备优势，2次参加高检院组织的中国检察听证网直播测试，全程演示模拟听证流程，效果良好。听证过程中，充分运用多媒体示证系统，全面客观地出示案件证据，确保司法救助过程公开公平公正，有效维护救助申请人的合法权益，促进检察机关职能职责的广泛宣传。

（丁 进）

## 法 院

【概况】 2020年，姑苏区人民法院（简称“区法院”）以习近平新时代中国特色社会主义思想为引领，深入贯彻党的十九大及十九届二中、三中、四中、五中全会精神，全力履行法定职责，各项工作取得了新进展。全年共受理案件21909件，审执结18708件。面对常态化疫情防控对审判执行工作的新要求，干警主动加班加点，力争多结案、结好案，全年未结案件同比下降2.02%，审判执行的质量和效率保持良好运行态势。年内，区法院获得全省法院2018—2019年度集体二等功。

【依法办案】 2020年，区法院依法惩治影响群众安全的犯罪，审结刑事案件1211件，判处罪犯1558人。严厉打击危害公共安全犯罪，审结“醉驾”、无资质车辆运输危化品等危险驾驶案件464件，维护群众出行安全。保持严惩毒品犯罪的高压态势，结案25件。坚定不移惩治贪腐，审结职务犯罪案件8件8人。

坚持法、理、情融合，妥善审结民商事案件9352件。打造“反家暴天平港湾”民生司法品牌，切实推动与公安、妇联、社区联动反家暴司法协作。在金阊法庭设立“暖心驿站”，为家暴受害者提供温馨的临时庇护所。关爱未成年人成长，被省高院、团省委确定为网络领域省级“青少年维权岗”创建单位，以第一等次通过中期评估。

以规范执行为根本，全年执结案件7575件。出台环境资源案件专业化执行实施意见，探索有效修复环境的裁判执行方法，省高院以专刊形式予以推广。重构家事执行流程，全市首发探视权中止令和执行告诫书，打出保护妇女儿童权益“组合拳”。秉持善意文明执行理念，灵活采取查封手段，竭力保障企业生产经营能力，获评全市法院善意文明执行典型案例。

依法履行行政审判职能，支持监督依法行政，助力法治政府建设，审结行政案件570件。发挥裁判的价值引领作用，“赵某诉苏州市人事考试院考试违纪行政处理案”确立了考生配合检查的义务规则，支持依法行使监考权，获评中国十大影响性诉讼。积极参与网格化社会治理机制建设，与辖区8个街道合力建设无讼网格。强化审判力量下沉与网格联动，推动纠纷源头化解。

【疫情防控】 2020年，区法院积极协助配合做好辖区疫情防控工作，共组织发动17名突击队员、超1000人次志愿者，深入社区、火车站、分流点参与一线战“疫”。获评区“优秀一线抗疫青年突击队”“抗疫先锋”。强化在疫情防控中的精准司法服务和担当作为，出台执行战“疫”硬核十五条，为企业纾困解难，获得区委、区政府、区委政法委主要领导批示肯定。

【扫黑除恶】 2020年，区法院紧扣扫黑除恶决胜年工作重点，深化“打财断血”，细化黑恶案件财产保全执行精准对接，执行到位105.28万元。创新推出“八问四查”，持续深入“套路贷”专项治理。就非法经营成品油、借贷平台买卖客户信息等乱象发出司法建议20份，助力“行业清源”。连续3年获评“全省法院优秀司法建议”。陈某某恶势力团伙等涉劳务中介市场系列案入选全市扫黑除恶典型案例。

【古城保护】 2020年，区法院主动将司法服务扫尾清零攻坚作为主题奋斗年的重点项目，有力助推虎丘综改、桃花坞项目等“骨头案”的解决。积极发挥法律专长，参加非法一日游整治、违法建设专项治理等各类协调、会商、研判40余次，助推古城的保护、发展与提升。成功调处顾家花园控保建筑协议搬迁系列纠纷，助力彰显古城文化特色的名人故居得以有效保护。

【惠民助企】 2020年，区法院启动“天平护航”创优营商环境项目，出台《助力“苏州最舒心”实施意见》。对拥有60多家门店的“怡家乐”成功实施预重整制度，不仅使企业免于倒闭，200余名员工免于失业，还保住了73%为区内企业的300余家供应商的合作关系；采用“示范判决+专业调解”相结合，妥善调处涉及近240家商户的苏纶场商业综合体等系列租约纠纷。

【诉讼服务】 2020年8月，区法院分调裁审中心揭牌启用，该中心规划“七区、二室、一角”，功能布局更趋合理。提供“当场立、网上立、自助立、跨域立”的立案方式，全面保护当事人诉权。针对疫情期间邮寄立案激增，启用立案专用电子邮箱。借助互联网成功帮助辖区群众及企业向新疆、云南等地完成跨域立案54件。倾力打造“诉讼服务，精致姑苏”司法为民亮丽名片。

【特色审判】 2020年，区法院牵头建立的苏锡常太湖生态环资司法保护联盟再发力，全链条打击破坏野生动物资源的犯罪行为。牵头苏州段沿岸沿线6家检察院，建立深化大运河生态资源司法保护“1+6”合作机制。1起污染环境案（王某某等污染环境案）入选最高院环资审判指导与参考案例，1起非法收购出售野生动物案（何某等非法收购、运输、贩卖珍贵、濒危野生动物案）获评全省环资保护十大典型案例。

【民事诉讼】 2020年，区法院作为民事诉讼程序繁简分流改革试点法院，强化责任担当。全年受理小额诉讼案件1908件，同比增长71.12%，平均审理期限同比缩短8天，高效解纷再提速。全年司法确认327件，为当事人节省诉讼费累计55万余元。

2020年8月7日，姑苏区法院分调裁审中心揭牌

杨晓迪　摄

2020年12月，驻姑苏法院诉服中心的“智艳人民调解工作室”与姑苏法院速裁法官一起为群众调解纠纷

潘政 摄

【司法公开】 2020年，区法院不断拓展司法公开的深度和广度，庭审网络直播8519场，裁判文书上网18645份。探索“订单式”普法宣传新模式，精准把握群众需求，开展针对性突出、形式多样的普法系列活动。探索云媒体时代展现司法形象的新途径，创新推出《姑苏法院云报》。不断加强自媒体建设，继续擦亮“小法槌，大能量”微信案例特色品牌，持续传递法治正能量。 （陈轶群）

## 司法行政

【概况】 2020年，姑苏区司法局主动深化优化职能，推动司法行政工作品质有效提升，为区委、区政府中心工作提供优质的法律服务和坚强的法律支撑。年内，区人民调解委员会获得司法部“大排查、早调解、护稳定、迎国庆”专项活动表现突出集体荣誉，区司法局获得全省“七五”普法中期先进集体、2019年度全省司法行政系统绩效考核优秀单位等荣誉。

【行政复议】 2020年，区司法局坚持复议为民，办理行政复议申请35件，办结28件。探索行政复议和行政调解对接机制，引入第三方开展风险排查和法律释明，推进行政争议的实质性化解，以调解、和解等方式化解争议终止结案达34.38%。建立常态化行政司法联席会议机制，定期通报姑苏区出庭应诉情况以及行政案件败诉情况。

【法治营商环境】 2020年，区司法局开展“享法姑苏、法企同行”系列活动，组建6支法律服务团，分片分组进驻产业园，为企业发展提供全生命周期法律服务。先后建立法律助企微信群5个，走访企业100余家，开展企业家研讨会24次，开展企业法律讲座直播78场，受理化解劳资纠纷200多件，为7个非遗传承人项目提供律师+公证面对面法律服务。在全省创新推出苏城存证App，通过区块链技术信任力+公证国家公信力的双重增信作用，实现了从创意构思、制作生产、授权销售以及侵权证据固定的全流程保护。

【七五普法】 2020年，区司法局认真部署“七五”普法终期评估验收工作，对全区33家成员单位和8个街道进行“七五”普法考核，圆满完成“七五”普法各项任务。围绕疫情防控、垃圾分类、法治化营商环境等重点工作，围绕《民法典》、社矫法等重点法律法规，开展集中宣传、知识竞赛、微视频展播等活动。系统梳理挖掘大运河（姑苏段）法治文化资源，升级完善山塘法治文化体验线路，新建和升级金阊新城实验小学校法治宣传教育长廊、新民桥法治农贸市场等9处法治文化阵地，获评市法治文化建设示范点1处。认真做好省级民主法治示范村（社区）申报和复核工作，9个社区获评省级民主法治示范社区；全区有省级84个，占比50%。

【公共法律服务体系】 2020年，区司法局通过政府实事工程，优化平江街道、苏锦街道公共法律服务中心基础建设。全面开展“法援惠民生”专项活动，

制定法律援助负面清单，实现案件应援尽援，全年累计受理法律援助案件1205件、12348电话咨询4428人次、线下接待咨询875人次。结合“阳光扶贫”活动，向全区低保家庭发放法律服务卡，提供上门法律服务。全年累计办理公证12468件，其中安置房更名公证951件，减免公证费用25.92万元。全年实施25个公共法律服务项目，其中律师驻队项目参与重大执法案件讨论8场、审查及协助规范执法案卷272份、提供法律建议7项；律师服务征收项目成功调处132件涉拆纠纷。

【非诉讼服务】 2020年，区司法局在全区8个街道成立“街道非诉讼服务中心”和“街道诉讼与非诉讼网格对接中心”，在168个社区设置非诉讼服务调解处置岗，实现非诉讼服务三级平台覆盖。全年累计调解矛盾纠纷8929件，调解成功8846件，调解成功率99.07%。与区法院联合出台《关于推进民商事案件调解程序前置的实施意见（试行）》，8类民商事纠纷可分流至各街道调委会组织前置调解，全年受理调解程序前置诉讼案件468件。建立健全民商事纠纷中立评估机制，发挥律师在提高审判效率、参与纠纷化解中的积极作用，共有606件案件进入中立评估程序。

【社区矫正】 2020年，区司法局结合《社区矫正法》出台这一契机，成立区社区矫正委员会，加强对全区社区矫正工作的领导协调。全年完成社区矫正调查384份，解矫209人，入矫231人，累计接收安置帮教333人，期满解教277人。截至12月31日，全区在册社区矫正对象211人、刑释人员1109人、后续照管对象219人，全年做到“四无”：无疫情、无感染、无违规、无重大刑事案件发生。积极走访社区矫正对象及其经营的企业，开出全省第一张经常性跨市县活动审批单。

【律师队伍建设】 2020年，区司法局坚持党管行业，成立律师行业党委、纪委，完善行业组织架构。建立党建指导员制度，选派机关党员定点对接律师党支部，树立行业党建标杆。印发《姑苏区、保护区关于促进律师行业高质量发展扶持政策》，给予符合条件的7家律所共计115万元扶持资金奖励。强化执业保障，与区公、检、法3部门对接，开通户籍在线查询、电子诉讼信息送达、远程阅卷功能。严格日常管理，全年线上线下巡查325次，下发11份限期整改通知书。 （李慧慧）

2020年12月13日，姑苏区律师行业党委、纪委成立

区司法局 供稿

# 名城保护

古城保护与管理

城市规划与建设管理

城市管理

# 古城保护与管理

## 综 述

【概况】 姑苏区、苏州国家历史文化名城保护区古城保护委员会（简称“区古保委”）挂苏州市古城保护办公室牌子。其内设4个处室，分别是办公室、规划保护处、项目管理处、综合协调处。主要职能涉及古城保护相关法规、政策的宣传与贯彻落实，组织参与相关规划方案、技术规范等拟订编制，文物保护及相关行政审批，古城保护相关项目的统筹管理等。2020年，区古保委根据区委、区政府的决策部署，认真牵头贯彻落实《苏州国家历史文化名城保护条例》，扎实有序推进保护与更新各项工作。

【名城保护条例贯彻落实】 2020年，区古保委完善配套制度，起草制订《苏州历史城区保护补偿补助工作指导意见》，经区政府常务会议审议通过，并以文件形式印发落实。为推动该指导意见的实施，发挥保护区在古城保护方面先行先试的引领作用，鼓励社会各方投入资金、技术与人力参与古城保护，组织评选公示了平江历史街区友苏美术馆、墨客园、祯彩堂等10处古建老宅保护利用示范单位并给予资金补助奖励。注重规划统筹，牵头区住建、城管和相关国资公司，走访城区5个街道，组织各界座谈、征询意见、建议，并通过专家论证，形成《姑苏区、保护区历史文化名城保护“十四五”规划（2021—2025）》草案；对平江、金阊、沧浪、双塔、虎丘、吴门桥6个街道的“三整合”改革关于文物及古城保护职能落实情况进行专题调研，形成《姑苏区街道“三整合”改革古城保护专题调研报告》。制订《姑苏区名人故居保护修缮利用示范项目三年行动计划》。参加《苏州市姑苏区分区规划暨城市更新规划（2020—2035）》编制座谈会、初步方案意见会、中期成果论证等，参与平江片区重点功能区

2020年10月22日，《姑苏区、保护区历史文化名城保护“十四五”规划（2021—2025）》草案征求意见座谈会召开

区古保委　供稿

建设规划编制、修订工作，参加古城街坊城市设计项目论证和历史地段提升与编制工作。

【古城保护项目管理】 2020年，区古保委大力加强协调，通过现场督查、项目推进会、项目进度月报、倒排工期等，督促各项目责任单位全力以赴加快项目有序推进。完成曹沧洲祠修缮项目、陶氏宅院（桃园）修缮项目等。推进片区规划师制度的贯彻落实，试点建立片区规划师工作室，调动首批18位片区规划师参与山塘历史街区、道前片区、平江历史街区等相关项目方案评审、项目论证等。联合姑苏团区委开展“古城更新·青春训练营”青年片区规划师助手选聘工作，进一步充实片区规划师队伍力量。全年共组织业务会商和方案讨论、论证、评审等会议15次，各领域专家参与共计20余人次。严格执行专项资金审批程序，提高资金的使用效率。截至年底，会同财政局审查18个古城保护专项资金项目的用款申请，合计审查拨付古保资金4.5209亿元。

【古城保护信息平台正式运行】 2020年9月，区古保委古城保护信息平台正式运行。该项目于2017年9月完成概念方案，同年10月通过专家论证，2018年7月完成招投标，2019年11月基本完成建设。该项目以建成全国首个综合化的古城保护信息平台，打造国内历史文化名城智慧建设亮点品牌为目标，建成了一份历史文化名城保护名录、一个数据枢纽中心、七大应用系统（数据采集系统、GIS应用系统、保护对象管理信息系统、古城项目管理系统、动态监测系统、片长通、后台管理）。平台上的保护对象数据范围覆盖了整个保护区，涉及历史文化街区、历史地段、文控保、园林、古城墙、古构筑物等19类共4000多个保护对象，收录数据9.7万多条、图纸4000多张。

【古城历史文化遗存信息化建设项目通过专家立项评审】 2020年11月19日，在区大数据办的组织下，区古保委古城历史文化遗存信息化建设项目通过专家立项评审。为进一步挖掘古城文化资源，保留历史文化遗存信息，区古保委历时半年，经过档案梳理、多方研商和现场查勘，选择水文化遗产信息挖掘、传统民居和推荐历史建筑信息采集、不可移动文物空间信息留存、古城墙和古牌坊测绘等内容作为此次古城历史文化遗存信息化建设项目内容。通过本项目的实施，为项目对象建立数字化信息档案，实现对历史文化遗存的数字化展示，为今后文物保护管理、文物修缮审批、古城文化资源整合、文旅深度融合提供基础信息支撑。

【《姑苏区名人故居保护修缮利用示范项目三年行动计划》出台】 2020年，为进一步加强对名人故居的保护，推动名人故居的再利用，姑苏区、保护区出台《姑苏区名人故居保护修缮利用示范项目三年行动计划》，力争通过为期三年的保护修缮和开发，形成古建保护的示范标杆，提升名人故居的活力，体现新时代的社会经济文化效应。姑苏区现存的名人故居主要建于明清及民国初期，涉及名人110余人，其中状元故居有10多处。项目重点选择平江片区和32号街坊内的部分名人故居作为试点。首期选择沈瓞民故居、舒适旧居等10处名人故居；二期根据2021年全区名人故居资料梳理情况，选择5~8处开展重点保护修缮和利用。计划将曹沧洲祠（清末民初吴门医派名医曹沧洲故居）、陶氏宅园（东吴绸厂业主陶伯渊故居）、沈瓞民故居（辛亥革命元老沈瓞民故居）分别按照“吴门医派”“江南丝绸”“红色基因”主题开发利用。对部分名人故居根据其建筑风格，计划引入时代元素并结合地域特色，打造主题精品项目。

## 文物保护

【概况】 2020年，区古保委完善文物管理机制，起草并经区政府常务会议审议通过《姑苏区关于进一步加强文物保护和管理的实施意见》并发文落实。结合职能要求，制定《姑苏区文物消防安全专项整治三年行动实施方案》《姑苏区文物古建安全专项整治三年行动实施方案》，进一步推动姑苏区文物古建安全与消防管理。

【文物安全】 2020年，区古保委压实文物保护安全责任，督促协助各街道与辖区内文物保护单位签订保护管理责任书，不断强化文物属地监管责任，完善文物安全季度联合检查机制，邀请市文物局，联合区住建、国资、消防等部门对市保单位和控保建筑开展文物安全联合检查，至第四季度共检查各类文控保单位29处，发现存在各类安全问题的有15处。迅速发送关于报送文物安全检查问题隐患整改情况的通知，督促做好问题整改与跟踪。结合区安委办关于开展既有建筑安全隐患排查的要求，各相关部门、街道开展文物建筑安全问题隐患调查，20天排查文物建筑288处，在居住类文物建筑中发现不同程度各类隐患的有160余处。联合平江街道、虎丘街道在怀德堂凌宅、西园戒幢律寺开展文物消防安全演练，提高文物消防应急处置能力。

2020年10月10日，区古保委组织第三季度文物安全检查（盛宣怀故居） 区古保委 供稿

【文物修缮】 2020年，区古保委推进文物保护修缮，积极推动百花洲城墙抢险工程、胥门南段城墙绿化处置以及阊门段部分城墙修缮实施。强化应急抢险管理。实施城墙监测，对系统显示阊门段城墙超过沉降预警值的情况，及时向属地街道发函，第一时间现场指导、督促和跟踪预警区域的情况处置；有效协调指导并防止汛期百花洲小区段墙砖脱落的险情加重。全年办理涉及文物管理的领导批示信访和姑苏建言5件、阳光信访平台1件、市文物局转交1件、12345联动平台10件，共计17件。

【文物修缮审批】 2020年，区古保委稳妥做好文物保护修缮审批工作，7月1日，区古保委正式承接相关文物保护修缮审批事项。起草《姑苏区政府承接市文化广电和旅游局职能划转行政审批事项实施方案》和《姑苏区不可移动文物保护（修缮）工程及古城墙维修、保护性设施建设等工程项目方案审批、审核管理办法（试行）》，做好修缮审批服务。推进完成了省保单位横塘驿站修缮、中张家巷29号保护修缮工程。截至年底，受理了对冯桂芬祠、武安会馆、阊门段城墙、顾家花园、艾步蟾故居等10个修缮方案的审批，其中冯桂芬祠、阊门段城墙、元宁公所、蒲林巷近代住宅、长洲县城隍庙等7个方案完成批复。

【首份保护名录公布】 2020年7—8月，区古保委组织并顺利通过了市、区文物部门评审和相关专家的权威论证，完成保护区首次19类保护对象普查工作，编制公布保护区首份完整详细的保护对象名录，详细收录历史文化街区、历史地段、文保单位、控保建筑、古城墙、苏州园林、古树名木等19类，共4000多个保护对象，共计数据9.7万多条、图纸4000多张。古城保护信息平台获中国地理信息产业协会颁发的“2020地理信息产业优秀工程银奖”，为构建姑苏区文物保护与管理责任体系和长效管理机制提供了重要的家底清单。启动策划开展“守护古城 情系姑苏”古城保护对象标识设计创意征集活动，塑造古城保护对象系统印象。

【区古保委受理首个文物保护工程审批】 2020年7月，区古保委成功受理苏州历史文化名城保护集团有限公司关于冯桂芬祠（偏厅）维修及环境整治工程方案的审批申请，这是区古保委受理的首个文物保护工程审批，标志着姑苏区承接文物保护工程方案审批职能的工作迈出了关键性的一步。冯桂芬祠地处姑苏区史家巷20号，建于光绪元年（1875），是一处中等规模的名人专祠建筑群，于1991年被公布为苏州市文物保护单位。由于建设年代久远，偏厅木结构因虫蚀、腐朽等病害发生了坍塌；加之保护范围内环境风貌与文物本体不相协调，亟须进行修缮整治，使冯桂芬祠得到妥善保护。

## 古城保护与修缮

【概况】 2020年，区古保委认真做好古城保护项目管理和文物保护修缮，牵头启动名人故居保护修缮利用项目，完成桃园、曹沧洲祠、横塘驿站、中张家巷29号等修缮保护项目，孝友堂张宅局部建筑（建新巷30号）、方宅局部（47-1号）收储完毕。

【陶氏宅园修缮工程】 2020年5月25日，陶氏宅园（桃园）修缮工程全部完工。陶氏宅园（桃园）为苏州市文物保护单位，位于32号街坊盛家浜8号，曾为东吴绸厂业主陶伯渊的宅子，故被称为“陶氏宅园”。2003年，盛家浜4号、6号、8号连为整体，冠名

2020年5月，陶氏宅园修缮工程完成

名城建设集团　供稿

“桃园”，总建筑面积1268平方米，占地面积2100平方米。桃园内共有8座建筑，由庭院或廊轩相连，其中大部分是民国建筑。根据姑苏区、苏州国家历史文化名城保护区2018年专题会议纪要精神，桃园修缮工程由盘门片区（沧浪街道）委托保护更新公司负责项目的实施及后期招商运营，项目于2019年10月10日正式开工。针对屋顶漏水、椽子和门窗木构件开裂残损等情况，在市文物部门的关心指导、区古保委的精心组织和沧浪街道的大力支持下，建设方苏州历史文化名城保护与更新置业有限公司、施工方苏州香山古建园林工程有限公司、监理方苏州市恒信建设监理咨询有限公司通力合作，虽受疫情影响，但通过精密谋划、精细组织，全方位掌控项目进展、施工质量，切实做到疫情防控与项目推进两不误，高质量、高效率地完成施工，使其成为32号街坊保护与更新项目的启动之作，也是古城保护“姑苏样板”的一次成功推进和有效探索。

【中张家巷29号修缮保护项目】 2020年9月，区古保委组织召开中张家巷29号修缮保护项目验收会，与会专家和代表对中张家巷29号项目现场进行了踏勘，详细考察修缮保护工程的完成情况与施工质量。经验收合格，项目通过了文物保护工程验收。中张家巷29号是平江片区古城保护示范工程

古建老宅修缮的第一个项目，总建筑面积265.90平方米。该项目由苏州姑苏古建保护发展有限公司作为建设主体，北京清华同衡规划设计研究院有限公司长三角分公司负责设计。

【曹沧洲祠修缮工程】 2020年5月，曹沧洲祠修缮工程启动；11月，曹沧洲祠修缮工程完成并通过市文保所预验收。曹沧洲祠位于瓣莲巷4号，建于清末民初，坐北朝南，现存两进，主要建筑有门厅、享堂及东厢楼，总占地面积420平方米，建筑面积376平方米。曹沧洲（1849~1931）是晚清吴门医派代表人物之一，以善治温病著称，著有《曹沧洲医案》等书。2002年，曹沧洲祠被公布为苏州市控制保护建筑。曹沧洲祠部分建筑残损严重，存在一定的安全隐患，亟待修缮。根据姑苏区、苏州国家历史文化名城保护区2018年专题会议纪要精神，曹沧洲祠修缮工程由盘门片区（沧浪街道）委托保护更新公司负责项目的实施及后期招商运营，项目于2020年2月取得苏州市文物保护工程开工备案表。

【横塘驿站修缮工程】 2020年12月1日，横塘驿站修缮工程通过市文物局组织验收。项目占地面积388.7平方米，维修建筑面积44平方米。横塘驿站作为全国仅存的两座邮驿之一，是大运河江南段的标志性建筑，是苏州通往石湖、太湖等地的水路要隘。1982年，横塘驿站被公布为江苏省文物保护单位，2012年，被列入苏州市政府《大运河苏州段遗产保护规划》古代运河设施和管理机构类遗产。驿站于1993年落架大修，后屋顶漏水严重，造成木构件开裂变形，存在安全隐患。项目由江苏省文物局、苏州市文物局和姑苏区人民政府共同出资修缮，由吴门桥街道作为建设主体并委托苏州历史文化名城保护与更新置业有限公司组织工程实施。建设内容主要包括横塘驿站主体修缮、补齐防汛挡墙缺失部分、完善排水系统、美化围墙外立面、增添绿植等。项目总投资约97万元。

【阊门段城墙抢修临时加固工程】 2020年12月18日，阊门段城墙抢修临时加固工程通过区古保委组织验收。阊门南段城墙全长约550米，南连金门，北通阊门，为夯土外包城砖结构，现状仅有夯土和下部条石基础遗存。此次加固工程范围全长约11.2米，项目由金阊街道作为建设主体，苏州梁林古建园林规划设计有限公司设计，苏州思成古建园林工程有限公司负责施工。

（葛　纯）

## 桃花坞历史文化片区综合整治保护利用

【概况】 桃花坞历史文化片区位于苏州古城西北部，以桃花坞大街为核心，西、北至护城河，东至人民路、南到东中市、景德路，占地约1.84平方千米。桃花坞历史文化片区综合整治保护利用工程于2010年启动实施，项目以“整治环境、改善民生、传承文化、发展旅游”为指导思想，围绕唐寅、泰伯和“非遗”三大亮点，挖掘和保护传统文化，旨在打造吴文化的重要窗口、非物质文化遗产的集中展示区和古城旅游的新亮点。桃花坞一期工程包含唐寅故居文化区和泰伯庙・阊门西街文化区。唐寅故居文化区，占地面积7.1万平方米，东至西大营门，西至廖家巷，南至大营弄、前新街，北至桃坞才苑，主要包括唐寅故居遗址、唐寅祠、文昌阁、文化产业综合街区、展示馆、文化特色酒店6部分，致力于打造以文化创意为核心，集文创科技研发、商务活动、艺术展览、休闲旅游等功能于一体的文化街区；泰伯庙・阊门西街文化区，占地面积约4.8万平方米，以阊门西街为主轴，分东西两侧，东至杨家院子巷，西至五峰园弄，南至东、西中市，北至桃花坞大街，包含五峰园、泰伯庙、余宅花园、曹沧洲故居等文保控保建筑，将以吴地始祖泰伯为核心，打造集传统中医文化、苏式园林酒店、主题餐饮、数字艺术创意于一体的特色街区。二期工程突出文化旅游融合发展，以“沟通一期、服务一期、配套一期”为目标，实施桃花坞大街、创意产业园、桃花坞旅游集散中心等地块改造，将一期两片区域进行串联，完善功能布局，展示一期工程形象。2020年，桃花坞历史文化片区综合整治保护利用工程主要围绕资金协调、工程建设、征收搬迁、招商运营等方面开展工作。

【工程建设】 2020年，桃花坞历史文化片区综合整治保护利用工程积极落实疫情防控责任，同时结合项目实际，科学制定复工方案，稳步推进一期唐寅故居文化区各项验收手续办理和西街文化区地块建设工作。

推进二期项目建设和前期手续办理。桃花坞旅游集散中心项目于2020年10月份开工建设，已完成主体结构封顶；元宁公所地块已完成项目建议书审批，在推进环评、稳评工作；创意产业园地块完成建筑测绘，房屋安全结构检测；朴园南侧路河、廖家巷南扩、校场桥路河西延已完成方案设计和项目建议书审批，在开展稳评、环评工作。

【文旅融合与招商】 2020年苏州国际设计周分会场活动在桃花坞唐寅故居文化区成功举办，通过苏州国际设计周活动，扩大了唐寅故居文化区的影响力，推动了项目的招商运营工作。加快桃花坞文化创意设计产业园项目招商运营工作。配合区国资、区经科局等部门成立入驻企业许可（业态）审查及装修方案审查小组，对试运行阶段入驻的商户、项目业态、入场装修等方面进行评审；推进合资公司成立及项目正式合作协议的签订。

做好泰伯庙·阊门西街文化区招商准备工作。先后与北京大地风景文旅集团、中交文旅集团等单位进行接洽，针对西街文化区建筑格局、业态定位、运营管理等方面进行研究，完成泰伯庙·阊门西街文化区初步业态方案设计。西街文化区主要以吴地始祖为核心，以特色的业态、文化的传承和独特的环境为载体，同时与泰伯庙、五峰园联系起来，打造集聚人气的阊门西街休闲旅游特色街。（凌　培）

## 虎丘地区综合改造

【概况】 苏州市虎丘地区综合改造工程（简称“虎丘综改”）是市委、市政府重点工程项目，项目范围北起312国道，南到沪宁铁路，西至苏虞张连接线，东至十字洋河，区域面积为3.5平方千米。2013年，市政府明确将312国道以北F地块（沪宁高速以南、312国道以北、西塘河以西）纳入虎丘综改项目范围，自此，虎丘综改区域面积达4.3平方千米。

主要建设内容包括区域内征收拆迁、基础配套设施建设以及相关文化旅游设施建设等内容。区域内主要有虎丘山风景名胜区、山塘历史街区等著名景点，有社会福利院、幼儿师范学校、虎丘婚纱市场等。项目以“绿楔入城、轴带相连、一心多点、多面望山”为规划结构，功能上突出文化旅游、婚纱产业、生活居住3个方面，兼具社区活动、商业等功能，努力将虎丘地区打造成为吴文化的核心区域和苏州的“城市客厅”，“历史人文首推之地、旅游休闲首访之地、生态宜居首选之地、城市品牌首席之地”。

【征收工作】 虎丘综改核心区（不含山塘四期）共涉及搬迁4031户（住宅3865户，非住宅166户）。截至2020年年底，累计完成3948户（住宅3796户，非住宅152户），完成率达98%。

【项目建设】 2020年虎丘综改建设方面根据年度目标及建设时序，重点围绕道路、景区等项目展开建设工作。

道路方面，截至年底，完成虎阜路西段（金湾街

一榭园　　　　苏州虎丘投资建设开发有限公司　供稿

至虎丘路)、金鸡墩路(金湾街至虎金路)、虎金路(虎阜路至金鸡墩路)、木桥路(金鸡墩路至城北西路)的工程建设,正在推进虎金路下穿、虎阜大桥改造等工程。

景区方面,截至年末,完成虎丘景区内的一榭园、花神苑(北区)项目建设,正在推进虎丘景区塔影园项目建设及民俗博物馆布展工作。

山塘四期项目:山塘四期项目范围较大,区域内征收搬迁工作未全部完成,加之受区域内桐泾路北延等工程的影响,尚不具备全面启动的条件。根据市政府整体策划、分期实施的指导要求,初步选定虎阜大桥至五人墓周边区域作为山塘四期试点段,并完成试点段现场测绘、房屋检测等工作。

【文旅商业合作】 2020年,华侨城集团有限公司作为国内文旅产业的龙头企业,与苏州虎丘投资建设开发有限公司携手,计划依托5A级虎丘山风景区的优质旅游资源,重点发展文化旅游、新型服务业等产业,提升虎丘山风景区历史文化高地属性,打造以虎丘山风景区和山塘历史街区为核心的中国历史文化巅峰体验目的地,将其建设成为世界级文化旅游标杆项目。苏州虎丘投资建设开发有限公司、华侨城集团、泓生资本3方完成合资公司苏州虎丘华泓投资有限公司的工商注册事宜。苏州虎丘华泓投资有限公司完成了虎丘综改片区的总体规划和策划设计工作。

(马雯妮)

## 渔家村项目

【概况】 渔家村文化旅游项目是石湖景区和上方山“三园”工程的二期工程,项目于2012年5月启动。作为市、区两级政府重点项目,姑苏区政府确定与苏州市国发集团联合打造渔家村项目，助推项目建设，促进项目招商，助力产业定位探索，从而打造一张苏州标杆性的文旅新名片。渔家村项目总投资16.54亿元，截至2020年12月累计拨付资金84325.9万元，占总投资的50.98%。

【项目建设】 2020年，苏州越城遗址文化旅游发展有限公司（简称“越城公司”）扎实推进渔家村项目建设。

博物馆建设。考古博物馆总投资约1.3亿元。越城公司作为苏州考古博物馆建设主体单位，积极配合市文广旅局、考古所对博物馆项目的推进。紧抓工程进度，完成项目全部施工图审查、预算评审报告、场地平整施工等开工建设前期手续。办理完成年度建设资金申请，专项资金拨付至博物馆建设专用账户。10月份通过公开招标方式产生施工及监理单位，并按照既定工程计划启动博物馆建设工作。

二期渔家水乡建设。渔家水乡作为渔家村项目核心区域，已完成规划提升和图纸设计。完成对现行规范和二次设计工作量的梳理工作。

东北角新城地块。根据2019年市政府78号专题会议纪要精神，东北角地块通过公开取得，被纳入渔家村文化旅游项目整体开发。根据资规姑苏分局的指导意见，重新调整《渔家村酒店概念规划设计》方案文本的指标数据。方案文本上报至市资规局，市资规局同意开展沧浪新城控制性详细规划相关控制单元调整工作。

【招商运营】 2020年，越城公司努力探索，积极推进项目招商运营。

《渔家村项目文旅商创意策划设计方案》落地。由第三方公司开展策划的《渔家村项目文旅商创意策划设计方案》完成第二次专家评审会议，并确定了最终策划成果。

酒店项目调研。推进酒店业态的招商工作，在推进与酒店意向品牌开展招商对接的同时，通过实地项目调研，了解酒店行业各业态及形态的运营现状及发展潜力。积累了一批较有实力的优质型意向企业，如丽世酒店管理（上海）有限公司、开元酒店集团、世茂喜达酒店集团等。

招商文案编制。编制了关于《渔家村项目文旅与金融融合业态规划》的汇报文案，内容包括市场分析、文化包装、产品策划及重点商业运营思路等，从而尽快激活项目产业运营的整体发展蓝图。

《面若桃花》项目合作。越城公司与《面若桃花》剧组开展紧密对接工作，并取得相关合作事项：通过场地赞助及资金投资的方式在项目后期打造中共享其IP授权，用于渔家村项目未来整体推广。该剧是由姑苏区委宣传部与苏州广电总台共同打造的青春短剧，用于展现苏州的文旅特色和文化魅力。

“石湖串月”活动。第三届“石湖串月”中秋民俗文化节及“健康走石湖　小康看姑苏”2020“迎国庆　庆中秋”大运河健康跑作为渔家村文化旅游项目举办。

（吴易濛）

# 城市规划与建设管理

## 住房和建设

【概况】 姑苏区、苏州国家历史文化名城保护区住房和建设委员会（简称“区住建委”）为正处级建制，挂人民防空办公室牌子。区住建委下设有12个内设机构，均为正科级建制。下属姑苏区房屋征收与补偿办公室、姑苏区房屋征收与补偿中心、金阊泵房管理所、沧浪泵房管理所、平江泵房管理所、苏州市直属房屋所、姑苏区建设工程质量安全监督站、姑苏区建设管理中心、姑苏区住房保障和物业管理中心、苏州市市政设施管理处、姑苏区绿化管理站共11个事业单位。2020年，区住建委围绕全区中心工作，抢抓机遇，团结奋进，在区域环境提升、基础设施完善、民生服务提质和行业管理规范等方面取得阶段性进展。

【公房管理及修缮解危】 2020年，姑苏区直管公房回收租金10059.17万元；受疫情影响，为450户非居住承租户减免租金1137万元；办理直管公有住房房改售房132处，面积7027平方米；办理房卡使用权有偿转让920户，无偿更名290户；完成直管公房修缮1.96万平方米，惠及居民538户。

【住房保障】 2020年，姑苏区完成2823户住房保障申请家庭审核工作，向7769户（次）住房保障家庭发放租赁补贴1605.51万元；管理公租房房源3900多套，修缮490套；向64户家庭发放购房补贴2484.86万元；受理542户保障性住房上市交易申请。

【物业管理】 2020年，姑苏区指导小区选举成立业主委员会（含物管会）20个；接受物业服务企业合同备案36份；完成维修资金交款审批520批次，涉及居民9931户、金额12149.48万元；维修资金续筹审批59批次，涉及居民218户、金额218.98万元；特种设备维修资金交款审批18批次，涉及金额2057.93万元；维修资金使用审批336批次，涉及102个小区、金额1533.03万元；维修资金拨付审批347批次，涉及91个小区、金额1500.08万元。翠锦苑、恒业铂金大厦等3个物业项目成功创建省级物业示范项目，江湾雅园、海胥澜庭、觅渡翠庭等7个物业项目成功创建市级物业示范项目；翠园社区子城益家红色共享物业服务项目成功获评江苏省党建引领物业服务工作示范点。

【泵闸管理】 2020年，金阊、平江、沧浪泵管所共计管理泵闸设施126座，市河道管理处管理调度泵闸翻改建、大中修及城区防汛、换水调度等内容。姑苏区联合市河道部门加强对区管泵房的检查考核，对泵闸日常维修保养项目打包采购，保障泵闸修建到位、保养到位，确保换水、排涝效果。

【绿化景观建设】 2020年，姑苏区完成市管绿地取水点项目，在临河原市管绿地内新建24座泵站、取水井；完成中心城区架空线整治和入地；第一批绿化恢复4400平方米，启动7000余平方米区管绿地设施修复更新工程；对近80万平方米重点绿地实行物业化管理；首次对5000余株柳树“打针”防治柳絮，对2289株法桐行道树进行“健康体检”；实施东北街等12条城区步行街1234个树穴提升，新增和更换绿地内分类垃圾桶749只；启动主城区27000余株行道树修剪；编制姑苏区绿化和景观提升工作实施方案（2021—2023年），计划分3年推动6大类29项绿化工程，新建及改造提升绿化面积约375万平方米；参加2020年首届江南花卉艺术展览会，姑苏区以“硬核担当”为主题的绿雕展点获得金奖。

【市政建设】 2020年，姑苏区继续以古城核心区域为整治重点，启动北寺塔、会议中心和平江3个片区的架空线整治和入地工作，涉及128条街巷。完成颜家巷等11条街巷整治工程，总里程约4.5千米；完成枫桥路等道路维修15.64万平方米，平侧石更换11223米。完成111座桥梁常规检测和10座桥梁结构检测，对人民桥等759座桥梁实施维修加固；安装及维修东环高架、南环高架等声屏障1174平方米，疏通泄水井6333座次，安装及修复落水管956米。集中开展内环高架沥青路面养护工程、城区道路自来水窨井整治工程、麻布浜桥路专项养护工程等11项专项养护工程，专项养护面积5.7万平方米。配合“姑苏八点半”夜经济品牌建设，完成中张家巷道路环境提升工程、观前主街市政改造工程、宫巷石板路面改造工程等，完成中街路（景德路—东中市）、葑门路（东环路—莫邪路）专项大修工程，按计划实施杨枝塘路大修工程。按进度落实轨道交通5号线竹辉路站、南园路站等12个站点的最终恢复工程，以及6号线临顿路站等14个站点、8号线时家桥站等4个站点的交通疏解工程。推动土地储备地块周边配套前期开发工作，启动13个项目的前期调查工作，完成3条规划道路前期手续。指导和泰家园为老服务中心等10个项目的无障碍设施改造。

【项目动迁】 2020年，姑苏区有169个征收搬迁项目，涉及2579户，面积约103万平方米。全年累计完成征收搬迁1417户，面积46.19万平方米；62个项目实现清零，其中启动5年以上项目清零35个，完成交地3380亩；发布28张房屋征收决定，完成初步认定180批次1553户，完成最终认定125户，作出裁决和补偿决定100户，执行强制搬迁5户，强制拆违1户，解危搬离2户。加强政策研究，将全流程管理贯穿于征收搬迁过程的各个环节，全年完成征收（协议搬迁）补偿方案论证62个；加强规范会办管理，组织会办38次；指导选定劳务合作单位82家（次）；组织挂牌17个项目21次380户432套，保障在外过渡群体的稳定；注重信访维稳工作，接待市民来访132批240人次，来电142人次，信

2020年9月4日，区征收办开展年度房屋征收与补偿业务培训　　区住建委　供稿

访92件，信访件数量比去年下降47%；组织编写全流程百问百答方案，推动征收搬迁工作“标准化建设”；开展2020年房屋征收业务培训，提升队伍水平；探索党建引领征收，践行“党建+征迁”模式；加强征收搬迁安全管理、环境治理、扫黑除恶工作，下发、转发安全生产通知44份，出具整改通知单60余张，发放安全生产宣传物料500余份。

【建筑安全管理】 2020年，姑苏区排查既有建筑3837幢，面积480.9万平方米，套间数5.4万套，户数5.3万户；全年对被鉴定机构鉴定为C、D级的危房发放70份解危通知书；全区建制村4处，没有经营性自建农房。建立危险隐患房屋“一房一档”202件，督促房屋安全责任人完成危房整改85幢；通过项目带动等方式，对建筑新村、留园路108号等成幢危房实施整体搬迁。

【建筑行业管理】 2020年，区管建筑业企业1653家。受理企业首次申报563家，企业全资子公司间重组、分立489家次，增项申请135家次，升级申请6家次，简单变更申请892家次；对60家企业进行企业资质动态核查，总计124个资质，敦促资质不达标的企业限期整改。受理企业信息登记及变更114家，审核通过106家；人员信息登记、变更及调动101人，审核通过99人；发放2020年度信用手册56份；受理外地进区企业信息登记130家，审核通过109家。全区保障农民工工资支付实名制管理工作基本落实到位，至年底，区实名制系统在建项目223个，已考勤项目222个，已开专户220个，已完成代发205个；区管大型建设项目74个、小型建设项目18个；缴纳至系统中心账户审核的保证金54笔，系统总金额1290.66万元；农民工欠薪投诉调处金额128.77万余元。

【建筑施工安全监管】 2020年，姑苏区强化建筑施工安全监管及疫情防控工作，全年对全区约300个各类工地全覆盖检查12轮次，发现各类问题2000余个并督促整改到位；参与约谈企业，向市质安监站、市城建监察支队上报违规施工信息7次，共督促整改7处重大安全隐患，处置4处违法建设；指导属地街道做好小型（临时）建设工程的监管工作。全年未发生建筑施工领域安全生产亡人事故。

【居民家庭改厕扫尾】 2020年，姑苏区居民家庭改厕扫尾涉及建筑新村、光荣墩（一期）、白塔东路49号、城东新村4个改厕项目。至年底，建筑新村、白塔东路49号实现清零，光荣墩（一期）签约率94%，城东新村签约率88%。

【城中村（无地队）改造】 2020年，姑苏区继续推进城中村（无地队）改造。2018年启动的劳动东路北地块和新塘村1、4、5、6组旧城改建及光荣墩（东环路）旧城区改建项目等9个城中村（无地队）改造项目，田多里清零，总体签约率为92%；2019年启动的砻糠桥（留园2队）、谈埂上（新庄3队）、刘家坟（新庄12队）、冶坊浜二期、陆家村共5个城中村（无地队）改造项目，总体签约率为89%；2020年下半年启动旺家墩、界石浜东、蔡家村、肖金村、杨家浜桥5个城中村（无地队）共15个项目，至年底旺家墩子项目野家屯、蔡家村子项目二十间实现清零，整体签约率92%。

【小区环境改善提升】 2020年，姑苏区完成华阳花苑、劳动路92号等5个小区46幢居民楼的环境改善提升工程，惠及居民约800户，华阳花苑改造项目申报2020年江苏省宜居示范区项目；福星小区一、二期于2020年9月开始施工，年底完成工程量的40%；完成佳安别院、新元二村、狮林苑等16个小区改造提升的招标前期手续；完成平江片区重点功能区1号地块、32号街坊2个住建部试点项目的方案设计。

【海绵城市建设】 2020年，姑苏区做好海绵城市建设试点区省级考核的各项前期准备工作；在广济公寓、华阳花苑、福星小区等老旧小区整治项目中落实海绵理念，因地制宜建设透水铺装、雨水花园、下沉式绿地等各类海绵设施，共计投资约450万元；劳动路小学、沧浪新城第四实验小学变更增加各类海绵设施，共计增加投资约150万元。

【既有多层住宅增设电梯】 姑苏区以粤海广场为试点推进既有多层增设住宅电梯工作，2020年1月，完成首批3台电梯增设，兑现了“让百姓坐电梯吃年夜饭”的承诺。截至2020年底，共完工9台，开工3台，通过联合审查尚未开工6台，另有30台在前期流程中。完成居民增梯财政补贴3台60万元，社区工作经费补贴9台7.2万元。

【燃气管理】 2020年，姑苏区开展瓶装液化石油气非法经营专项整治行动，制定《姑苏区瓶装液化石油气非法经营专项整治方案》，截至12月底，共打击“黑气点”和“黑气贩”10次，收缴违规钢瓶41个，开具安全生产行政执法文书4份。对全区瓶装液化气居民用户开展入户安检工作，共入户安检17731户，免费为居民更换阀门2017个，更换连接软管4233.5米，对6365户使用非正规液化气的进行置换；以贯彻落实《江苏省燃气管理条例》为契机，督促餐饮用户安装燃气泄漏报警装置，全区1469户餐饮用户中，完成安装燃气泄漏安全保护装置或改为用电的占99.6%。

## 河长制工作

【概况】 2020年，全区259名河长认真履行职责，有力推动了治河护河工作顺利开展。2020年三级河长共巡河1万余次，全面查找发现影响河道水环境及风貌的问题，交办、督办限期处理，切实抓好整改落实。

【河道管护】 2020年，姑苏区对古城西北片区桃花坞河等5条河道总长度6000余米实施背街水巷改造工作。通过河道高质量管护，共拆除违法建设155处近1.2万平方米，恢复绿地约2万平方米，清理杂沉船60条，清理各类垃圾、垦种约2万平方米，制止劝说各类违法行为2000余起。全年达到高质量管护标准的河道有110条（段），完成不少于总河道数50%的目标。做好35条河道市级建设生态美丽河湖申报验收工作。承接市级水务部门下放的水土保持方案审批、取水许可等6项职能，全年完成现场勘查70余次，组织专家评审21场，完成审批53件，按时办结率100%。

【水污染防治】 2020年，姑苏区水污染防治成效显著。51个“十个必接”、52个重点行业污水接纳系统建设全部落地，水质自动监测系统等4大类12个水污染防治重点工程项目全部完成；全区水功能区达标率、省考断面优Ⅲ比例均达100%，创“水十条”实施以来的最好成绩。完成桃花坞河等5条河道立体空间全要素整治，因地制宜建设“海绵城市”，布置亲水设施，做好周边文化遗产保护与发掘，在提升河道整体风貌的同时，实现水文化与地域文化的融合。

【河长制宣传】 2020年，姑苏区加大河长制工作宣传力度，通过电视台、电台、报纸等传统媒体和微信公众号、App等新媒体加强河长制宣传，及时发布河长制工作情况，宣传治河成果，曝光存在的问题，积极引导公众自觉参与爱河护河行动。全年共发布工作动态12期，在市级以上媒体发布河长制工作信息30余篇。

（陈姝雯）

# 自然资源和规划

【概况】 2020年，苏州市自然资源和规划局苏州国家历史文化名城保护区（姑苏）分局（简称“资规姑苏分局”）认真贯彻落实各项部署要求，不断完善体制机制，加快推进古城保护更新，持续优化营商环境，服务落实民生实事，为姑苏区高质量发展做出积极贡献。获年度全市“激励干事创业、奉献火红年代”先进集体等称号。

【规划编制】 2020年，资规姑苏分局在全力配合完善苏州市国土空间总体规划（2035）等重大规划编制工作的基础上，快速、高标准地推进姑苏区各类规划编制，为全区高质量发展和国土空间开发保护提供规划支撑。率先在全市各板块中开展分区规划暨城市更新规划。在新一轮国土空间规划改革的背景下，第一次系统性、综合性地编制全区范围的分区规划，强化规划传导作用。初步研究明确重点实施项目，提出“姑苏记忆”、运河东岸文化艺术公园等“旗舰”更新项目。推进姑苏区北部区域总体规划研究。进一步促进姑苏区北部区域整体发展，强化资源综合利用，提升产业发展能力。对接北部经济区一体化创新发展领导小组指挥部，确定区域功能定位与发展策略，为姑苏北部区域发展提供研究指导。推进古城区整体交通政策研究。基于古城交通拥堵等现状问题，加强古城区整体交通政策方面研究。对接市交通局、市土地储备中心、区古保委等15个政府部门，梳理古城交通现状，分析古城交通的重点难点。提出古城交通模式转型落实措施，并组织开展专家研讨会、成果咨询会等会议。组织开展各类规划研究。针对姑苏区古城保护、空间环境提升等需求，组织开展古城保护示范工程（平江片区）重点功能区公共空间节点综合整治详细设计、古城保护示范工程（平江片区）重点功能区街巷空间节点综合整治详细设计、苏州古城历史地段保护与发展规划、石路地区转型发展研究规划、苏州古城传统民居修缮导则、姑苏区城市公共空间整治规划与分类管控体系研究。

【规划审批】 2020年，资规姑苏分局全面落实市、区优化营商环境和工程建设项目审批制度改革部署安排，切实履行好各项服务职能，牵头开展建设工程方案联合审查，积极推进网上报批，提高服务效率。稳步推进“工改”。市工程建设项目审批管理系统上线后，根据分层审批要求，实现联合审查在资规姑苏分局窗口“一窗受理”，牵头15个部门线上协同交互联审规划方案。全年联审办结方案71项，平均用时9.5个工作日。推进日常项目审批。办理建设方案技术审查、建设工程规划许可证及变更提前服务、市政工程方案技术审查、建设工程规划许可证（市政工程）提前服务、私房建设工程规划许可、零星建设工程规划许可、国有土地使用权划拨初审、用地规划许可证变更、用地预审与选址意见书审批、临时用地项目审核等，全年共计完成审批573件。促进低效建设用地再开发。牵头制定低效建设用地评价标准，开展低效建设用地绩效分析，建立低效建设用地再开发项目库，为全区旧城更新、城市修补提供了解决路径。组织开展了天安云谷、中海竹辉饭店改造等15个项目入库和再开发相关工作，新兴织造、友谊宾馆等项目已进入改造建设。

【监察巡查】 2020年，资规姑苏分局全面落实全市自然资源和规划系统从严管理、全市系统法治工作等会议精神，严守耕地红线，坚决制止耕地“非农化”行为。做好农村乱占耕地建房问题专项整治。结合区情实际牵头制定区级工作方案，组织开展全面自查和下发图斑重点核查，对发现的问题加强分析研判。加强日常巡查。制定建设项目巡查方案并按计划实施，完成2019年第四季度和2020年第一、第二季度土地卫片的现场核查和上报。完成南京督察局下发的3宗闲置土地图斑的核查和销号。配合推进“靓丽姑苏”违法建设专项治理工作。开展私房巡查400余人次，联合市规划监察支队对10户违法建设进行处理。

【用地保障】 2020年，资规姑苏分局立足姑苏区开发强度已达87%、土地资源匮乏的发展症结问题，着力提升全区资源集约利用水平，促进资源高效配置。做好重点项目涉土保障。完成苏州华贸中心、平江悦城市中心、苏州大学附属第一医院二期工程、城北路改建工程、桃花坞历史片区综合整治保护利用工程项目相关保障工作。推进产业用地更新。落实产业用地更新“双百”行动方案，推动产业用地落地。配合推进征收征地工作。配合做好2019年第2、3、4批次城市建设用地的土地征收工作，做好2016年第10批次和2020年第1批次城市建设用地的土地征收及农用地转用工作，配合姑苏区征收办做好房屋征收、协议搬迁工作，落实虎丘湿地公园协议搬迁项目（城北段）扫尾清零相关工作。 （阮　映）

胥门万年桥　　区城管委　供稿

# 城市管理

## 综 述

【概况】 姑苏区城市管理委员会（简称“区城管委”）挂综合行政执法局、苏州火车站地区综合管理办公室2块牌子，为正处级建制，内设8个处室，下辖13个事业单位，分别为：行政执法直属大队、行政执法机动督查大队、火车站地区执法大队、区环卫所、区道路停车和地下管线管理站，以及8个片区、新城综合行政执法大队。

【城市管理制度建设】 2020年，区城管委落实行政执法三项制度，制定《重大行政执法案件集体讨论制度》《重大行政执法决定法制审核制度》；制定《行政应诉制度》并落实行政机关负责人出庭应诉要求。队伍管理方面，出台《姑苏区城市管理委员会法制员制度》，开展法制员重新推荐选任工作，在机关处室及各基层单位选任专、兼职法制员并组织开展培训。定期编发《文明城市督查通报》，共督查整改完成各类问题9235处。

【综合行政执法】 2020年，区城管委持续推进综合行政执法工作，查处案件38426起，其中简易程序案件35823起、一般程序案件2603起。一般程序案件中，查处城管类案件1012起；查处安监、市场监管类案件82起；开展旅游执法专项行动，累计检查旅游团队495个，查处旅游案件15起；查处其他各类案件1493起。开展“微执法”专项行动，教育纠处“五乱”行为57683起，处罚案件8566起。

【“城暖姑苏”服务】 2020年，区城管委创建“有温度的姑苏城管”品牌，将柔性引导、审慎包容作为城市管理的一个重要方面。推广“城暖姑苏”专属品牌LOGO，推动城市管理服务站发挥基层作用，将城市管理党务、业务、服务深入融合，延伸到社区一线，紧密协同其他部门，打造多元治理格局，统筹群众、志愿者、社区等各方力量，共同参与城市管理，更好服务群众。推广不见面审批许可方式，承诺办理时间缩短至5个工作日，累计受理行政审批事项3532件。

【保洁作业】 2020年，区城管委提升文明城市创建效率。累计清理各类垃圾约36万吨（含七子山生活垃圾量），清洗路面3828.16万平方米，清洗隔离栏74.24万片。公厕提标改造建设共23座。按照《苏州市公共卫生间建设与管理规范》要求，打造重点公厕5座，大修公厕10座，改造提升古城区街巷公用面积小、投诉多的不达标公厕8座。

【城市违建治理】 2020年，区城管委率先在全市范围内启动“靓丽姑苏”违法建设专项治理行动，制定实施《姑苏区违法建设（先行试点区域）专项治理方案》，以“一环三路两片区”沿线周边和全区重点工程项目为先行试点重点攻坚区域，对区域内存在安全隐患、影响古城风貌等各类违法建设、破墙开门（开窗）行为进行集中整治，通过党员干部“三带头”示范，带头引领、自拆、助拆，提高拆违效能。开发违法建设防控平台系统，覆盖违法建设案件排查管理、认定管理、拆除管理全流程，为区违法建设专项治理工作专班决策提供数据支撑。累计拆除各类违法建设面积约21.3万平方米，提前完成年度违法建设拆除“争第一创唯一”目标。

【垃圾分类】 2020年，区城管委对全区470个小区实现“三定一督”模式全覆盖。建成21处厨余垃圾处置点，日处置厨余垃圾181.3吨，实现黄鹂坊桥等农贸市场、金域平江等小区、新天地商业广场等综合体厨余垃圾就地就近处置；建成何山大件（绿化）垃圾处置点和新郭绿化垃圾处置点。2020年5月推出“姑苏好运”微信小程序，上线累计接单663件，为辖区居民清运大件垃圾、装修垃圾402吨。完善垃圾分类执法保障，印发《姑苏区生活垃圾分类管理执法工作实施意见》和《生活垃圾分类管理执法指引》，细化处罚程序，统一处罚裁量基准。6月1日起实施垃圾分类，累计处罚违法案件1213件，处罚金额138590元。

## 市容市政

【概况】 2020年，区城管委加大城市管理综合执法力度，保障辖区内市容整洁有序，纵深推进各类工程项目开展。制定沿街商户、物业企业等6类市容环卫责任书，完成辖区内1.16万家责任单位“一店一档”信息录入工作，开展督查并通报不履行市容环卫责任问题1423起，查处市容环卫责任区内违法行为713起，处罚金额31.25万元。实施“双清”整治、户外广告设施整治提升接续行动，对119条道路的城市家具、两侧店招以下立面进行深度清洗、原色覆盖。共拆除各类违规户外广告设施1280处，面积2.64万平方米。完成里河新村片精细化管理示范区建设，平江新城核心区、九都街综合提升整治，葑门子城片区8条主次干道两侧建筑物景观整治，石路商圈片区“非接触性执法”正式试用。继续实施老旧片区“优+”工程，第2批交通安防综合整治区域进入长效管理阶段。

【第二批姑苏区老旧片区交通安防环境综合整治工程完成】 2020年，姑苏区的观前地区、彩香片、里河片、新庄硕房庄片、盘溪片等5大区域交通安防环境综合整治工程完成。扩建修补支路小路375条，新增植草砖停车位（含临时停车场）4503个，修补绿化72400平方米；设置闯单行线抓拍、违停抓拍、视频监控等车辆抓拍设备100套、人脸识别设备155套。

【环古城河景观提升工程完成】 2020年，区城管委完成环古城河景观提升工程，累计粉刷沿河的建筑立面约21万平方米，维修屋面5.6万平方米，修补围墙约0.8万平方米，调整店招62处，更换门窗0.9万多平方米，安装空调外机罩260个。其中，相门桥公园、觅渡桥公园、城南故道的绿化得到新提升，实现了古城河视线所及城市风貌的提升提档，成功打造了富有韵味、与时俱进的古城河上的苏城风光。

【观前商圈提档升级】 2020年，区城管委完成航天大厦等15处40个建筑节点的立面出新，767米市政路面更换本地金山石铺装，设置带观前LOGO的

2020年，环古城河景观提升工程（茅山塘段）　　区城管局　供稿

地标，调整观前街东、西侧牌坊，优化灯光照明，完成碧凤坊、太监弄沿线松鹤楼等10个建筑立面出新以及690米市政路面铺设及灯光照明。

【立面景观提升】 2020年，区城管委完成三香路—道前街整治工程主体部分，对红旗新村、三香新村等沿街居民楼以及万通大厦等商业建筑进行提档升级。对现有墙面进行重新设计或出新；对玻璃幕墙进行重新设计，优化夜景灯光。完成山塘街东段保护性修缮项目，通过对建筑部分构件进行适当整修，梳理提升街巷和河道的空间及景观。完成王天井巷、埃河沿、学士街等5条街巷，人民路、干将路42个支路口内延50米段立面广告整治工程。

【商家占道经营管理】 2020年，区城管委制定因地制宜规范占道经营实施细则、城市管理街区服务员制度、服务夜经济环卫保洁工作方案等，在“姑苏八点半”启动区和大型综合体用地红线范围内允许开展品牌展示和限时经营活动。针对地产特色水果上市引起的流动摊贩周期性问题，设置21个农特产品临时销售点，引导本地果农集中销售地产水果。在全区31个农贸市场开辟自产自销区，免费提供给本地农民销售自产水果、蔬菜。审批通过229个便民早餐摊点，经营时间延后半小时至9点30分。

## 火车站地区综合管理

【概况】 苏州火车站地区综合管理办公室（简称“站管办”），为市政府的派出机构，由区政府、保护区管委会管理。2017年3月,站管办职能划入区城管委,办公地址为苏州火车站北广场西侧汽车客运楼南楼5楼,具体负责火车站地区的日常管理工作。苏州火车站地区是指苏州火车站南、北广场及其周边和地下区域,总面积约143.2万平方米。2013年2月,苏州火车站地区综合改造工程全面完成,区域内设有铁路苏州站、汽车北站、北广场汽车客运站3个车站,日均发送旅客11万人左右,节假日高峰达23万人。配套设置公交线路52条,出租车日均流量7000辆。轨道交通2号线和4号线在此交会。2020年1月23日,汽车北站关闭,其班次分流到北广场汽车客运站和汽车南站。

【站区窗口示范建设】 2020年,站管办克服疫情带来的影响,及时完成社会主义核心价值观示范广场及站区立面粉刷项目。启动实施"警城运"联合执法行动,累计驱赶拉客黑摩的、残疾车1878次,查处违停机动车232辆、非机动车104辆,治安警告黄牛263名,治安拘留1名,行政处罚8名。建立重点区域深度保洁工作机制,落实火车站南、北广场顽固污渍、周边护栏、人行道板、果壳箱等常态化高温高压冲洗,着力达到"席地而坐"标准。

【站区志愿服务】 2020年,站管办启动2020—2021年度"名城之窗"志愿服务项目并实现"一站式、全时段"要求。2月初,每日投入10名志愿者参与防疫后勤保障和"苏城码"宣传工作;4月,建成启用站区心理咨询室,对旅客和执法队员开展心理援助服务活动;9月,调整志愿者工作模式,统筹运用城市会客厅、青年志愿先锋岗、旅游咨询服务亭、党群志愿服务中心等平台开展志愿服务活动。

【站区疫情防控】 2020年,站管办聚焦火车站地区重点防控人员排查,协调公安、城管、运管、火车站和客运集团等职能部门和单位,持续做好进出站人员体温检测工作。苏州火车站地区累计为旅客测量体温约3304万人次,接驳转运重点地区、港澳台地区、涉外人员近1.8万人;姑苏环卫消杀公厕14万余次,消毒车辆近26万辆次,消毒转运站4330次,发放消毒药水40.2吨。 (周登宇)

## 观前地区综合管理

【概况】 观前地区综合管理办公室(简称"观管办")成立于2002年8月,为苏州市政府派出机构,派驻拙政园历史文化片区管理,作为观前地区的牵头管理单位,担负着观前地区城市管理的协调、监督、综合管理职能。依据《苏州市观前地区管理暂行办法》,观管办负责对临顿河以西、干将路以北、人民路以东、因果巷和旧学前以南合围区域实施管理。辖区占地56万平方米,是集旅游观光、休闲购物于一体,融苏州传统文化与现代商贸于一身的城市中心商贸区。2020年,观管办紧紧围绕街道党工委决策部署,以打造"姑苏八点半"夜经济品牌,推动观前商圈全面提档升级为目标,积极探索管理运营一体化运作模式,扎实推进夜间经济繁荣发展,抢抓机遇,主动作为,使观前商圈的环境面貌、管理质量、业态水平、运营效果都取得了明显的提升。

【城管建设】 2020年3月底开始,"姑苏八点半"观前先行极建设正式启动,分3期对碧凤坊小公园、观前街主街、宫巷进行全面打造,立面、道路、灯光亮化、店招店牌、交通安防设施等施工项目同步展开。观管办积极发挥属地管理职能,规范施工现场管理,减少施工工程对市民游客和商户的影响。扎实做好执法管理保障,组织行政执法力量拆除施工改造涉及的违规违法搭建和违规户外广告,共拆除

2020年10月1日，观管办管理人员修复观前公园球型灯
观管办　供稿

违法建设61处2537平方米，拆除违法广告535处6316平方米。协调商户企业和相关单位，配合做好景观亮化施工，提前做好供电、自来水、污水管网预铺接入工作，协调处理各类事项500余次，涉及供电、电信、市政、绿化、给排水等多个部门，以务实有效的工作，保障改造施工项目按照时间节点高质量完成。新增碧凤坊美食广场、新艺广场、潮流集市等运营载体，创新推出外观时尚、功能多样的美食外摆17个，轻餐、文创类外摆21个，市集亭11个，新增游客休憩区5处。为市民和游客营造舒心的购物环境。举办观前街主街开街活动、观前啤酒节、中国好声音海选、街头艺人选拔大赛、国际设计周等各类活动65场次，带动了商圈的整体发展。

【公共服务】 2020年，观管办主动转变自身角色定位，将原来单纯的市容管理职能转变为“管理+服务”综合职能。会同区经科局和市、区交警部门，全面排摸观前道路通行“堵点”“卡点”和停车场地资源，重新优化调整观前交通组织方案，新增碧凤坊宫巷步行区，优化外地车辆禁行方案；梳理停车资源，配合交警、城管部门统一停车场数据接口，建设停车引导系统，缓解市民游客停车难问题；新划非机动车停车位80余处，每天安排20名管理人员专门做好非机动车停车管理，在满足市民游客非机动车停车需求的同时，规范提升市容管理环境。积极推进消费保障“电子围栏”建设，给广大市民游客营造高品质放心消费环境，开辟“无理由退货观前管理服务站”，为广大市民游客提供定点服务。高标准做好观前游客中心建设。创新开展智能导游系统建设，引入最新智能科技，融导游导览、互动体验、广告运营等内容于一体，在观东、新太监弄、观西和游客服务中心设置4处AI虚拟生命电子屏，增强了商圈科技体验感和趣味性。

【运管一体化】 2020年，观管办按照观前实体化运作方案，强化管理和运营队伍融合，管理和运营主体在同一目标框架下，按照街道党工委决策部署，统一管理运营思路、统筹管理运营资源，通过运管一体化，打通管理运营中间壁垒，在运营事项流程上形成受理、审批、保障“一扇门”服务，将原来的公司受理、城管审批、公安审批、场地保障等多环节流程简化为一张表受理、全过程服务，为商户企业举办活动提供便利；统筹市容管理和运营场地管理力量，按照第三方管理人员统一招标、全盘管理、统配使用的办法，提高管理运营资源利用率，提升运营载体效益和规范化水平。在街道的大力支持下，形成了执法带动管理的新模式，在观管办统一指挥下，整合执法队员、协管队员、第三方管理队员，成立新的机动执法管理中队，分区分组实施高密度的巡回执法管理，有效提升管控效果。结合全国文明城市创建迎检工作，将文明城市创建指标纳入日常管理标准，通过高标准开展创建迎检工作，推动市容管理工作升级。

【安全管理】 2020年，观管办始终紧抓新增运营载体的安全管理。一方面，加强载体建设中的安全管控，全面履行规划和市监报备，强化建设活动全过程安全管控，为新载体安全运营打下坚实基础。另一方面，加强大型活动安全管理，对活动安全预案、活动安保力量部署、舞台搭建和撤场等每个环节进行把关，以有力举措保障活动安全。观管办会同街道安监办，与辖区商户企业逐户明确安全责任，督促商家履行安全生产主体责任，对辖区所有商户的安全情况进行全面摸底排查，共检查商户2942家（餐饮商家686家，服装业商家1851家，其他405家），排查整改各类安全问题297处，排查“三合一”场所、群租房，清理“三合一”场所7处、群租房2处，检查发现违规使用瓶装燃气从事生产经营活动商家7家，收缴瓶装液化气15罐，以扎实的举措，为商圈安全健康发展创造良好条件。坚持一手抓商贸发展，一手抓疫情防控，把疫情防控作为各项工作的基础抓紧抓实。年初设立7个疫情管控卡口，封闭道路11处，安排协管队员、第三方人员、志愿者共2200余人次，实施24小时封闭管控，有效保证了辖区疫情防控工作落实。疫情防控等级下调后，认真落实促进企业复工复产要求，积极安排人员指导辖区企业、个体经营户有序复工复产，上门对340余家商户复工复产情况进行检查指导，以有力举措保障消费复苏和疫情防控工作取得双胜利。

（钟云菁）

## 生态环境

【概况】 苏州国家历史文化名城保护区（姑苏）生态环境局（简称“姑苏生态环境局”）为苏州市生态环境局派出机构，内设2个职能科室，分别为办公室（组织人事科、财务科）、综合业务科；下设1个参公管理事业单位，为苏州国家历史文化名城保护区（姑苏）生态环境综合行政执法局。2020年，姑苏生态环境工作深入贯彻习近平生态文明思想，认真落实省、市决策部署，坚定不移践行“绿水青山就是金山银山”理念，坚持目标导向、问题导向、结果导向，以改善环境质量为核心，坚决打好打赢污染防治攻坚战，不断提升生态环境治理体系和治理能力现代化水平，努力推动生态环境高质量发展。年内，姑苏区获评苏州市2019年度打好污染防治攻坚战专项考核优秀等次。

【机构变化】 2020年1月，设立苏州国家历史文化名城保护区（姑苏）生态环境局党组。2020年11月，苏州国家历史文化名城保护区（姑苏）生态环境执法局更名为苏州国家历史文化名城保护区（姑苏）生态环境综合行政执法局，挂苏州国家历史文化名城保护区（姑苏）固废管理与核辐射安全监督站牌子。

【生态文明建设】 2020年，姑苏区生态环境质量属于良好级别，植被覆盖率较高，生物多样性较丰富，生态系统稳定。全年新增绿地面积20万平方米，全区绿地面积达1334万平方米，绿化覆盖率19.06%。

【空气质量状况】 2020年，姑苏区国控站点PM2.5年平均浓度32.5微克每立方米，同比下降14.9%，达到国家空气质量二级标准，在全市国控站点中排名第一；空气质量优良天数比例83.6%，同比上升7.4个百分点，在全市国控站点中排名第二，各项指标均比上一年度有较大幅度的改善。

【大气污染防治】 2020年，姑苏生态环境局开展重点敏感区域微环境治理，对重点管控范围内企业、工地、餐饮、汽修等污染源进行动态清单管理，对彩香、南门、轧钢厂三个国控测点分别研究针对性对策，落实管控措施。开展夏季臭氧污染专项管控，对涉VOCs（挥发性有机物）工段进行全面细致检查，对排放超标情况依法严格查处。落实企业污染防治主体责任，引导企业夏季自主减排挥发性有机物，对企业进行现场帮扶指导。全力推进移动源污染防治，生态环境、交警部门联合开展柴油货车联合路检，对重点物流企业的柴油货车及建筑工地非道路移动机械尾气排放开展专项抽测行动，加大对加油站执法检查的力度，确保油气回收装置全部稳定运行。积极开展高排放机动车淘汰补助工作，审核通过13125辆车，发放补贴5250余万元。多措并举开展工地扬尘污染防治，区大气办组织相关执法部门开展建筑工地扬尘专项联合检查，对全区102个项目工地进行全面排查，发现问题及时上报。区大气办与姑苏检察院对存在问题且整改落实不到位的项目方实施联合约谈，促进检察监督和环保执法的有效衔接。加强市、区联动，联合市住建局质安站开展建筑工地扬尘“百日攻坚”专项整治行动。

【地表水环境质量】 2020年，姑苏区域水环境质量取得突破，省考江南运河轻化仓库断面、娄江外跨塘断面水质优Ⅲ比例达100%，江南运河、娄江、西塘河等29条区管河道水质达标率100%，京杭运河、西塘河等7个水功能区水质达标率100%，劣五类水体全部消除，创“水十条”实施以来的最好成绩。

【水污染防治】 2020年，姑苏生态环境局积极开展京杭运河水质提升攻坚行动，完成京杭运河30条入河支流支浜每旬一次水质监测分析；开展苏州全市范围内首例京杭运河入河排口封堵，完成全区范围内支流支浜排口排查整治及污水管网排查；区级层面3次召开部署会、6次召开工作例会，共同破解影响京杭运河水质达标的问题。有序推进重点河道水质提升整治工程，先后完成钱塘河水质监测监控系统建设，实施驳船浜、挹秀河生态修复治理，推进阳光内城河、羊王庙河（沧浪亭）水质提升治理项目，

里双河水质提升整治工程完成　　　　姑苏生态环境局　供稿

实施里双河水质提升整治工程，城区重点景观河道水环境质量显著提升。全力推进重点涉水环境问题整改，对“齐白桥河东岸隆胜兰郡小区雨污分流截污纳管不彻底”等多起涉水环境问题开展督办，协调市、区相关部门及属地街道，严格落实整治要求并完成整改。

【声环境质量】 2020年，姑苏区声环境质量总体较好，区域环境噪声等效声级平均值50.8分贝，区域声环境质量为二级（较好）；道路交通噪声等效声级平均值62.6分贝，道路声环境质量为一级（好）；各类声环境功能区昼、夜间达标情况基本保持稳定。

【土壤污染防治】 2020年，姑苏生态环境局完成涉及化工、医药、电镀等重点行业的61个地块的土壤环境信息采集工作和风险筛查，编制完成疑似污染地块空间分布报告。开展土壤修复项目生态环境执法检查，对土壤修复施工过程中二次污染的防治开展探索。积极落实经营性用地上市前土壤环境初步调查工作，与苏州市土地储备中心建立联动机制，在经营性用地上市前进行土壤环境初步调查和土壤调查评审，降低地块用地环节的环境风险。制定《姑苏区企业拆除活动污染防治管理规定》，在苏州第五制药厂等3个重点行业企业拆除活动中落实污染防治措施，做好残留污染物清理和安全处理处置，减少拆除环节二次污染。圆满完成人大对《土壤污染防治法》执法检查的各项工作任务。

【污染防治攻坚战】 2020年，姑苏区全面完成人大审议突出环境问题整改。区污防攻坚办坚持把突出环境问题整治同环境保护督察、实施3大保卫战和开展“263”专项行动等工作有机衔接、协同推进。同时，以点带面、点面结合，严格标准，重点攻坚，逐个问题整治，逐条措施落实。截至年底，20项问题全部完成整改，其中7项市级突出环境问题已全部上报市污防攻坚办，并通过销号核查。全面完成各级环保督察交办问题销号清零。认真落实《姑苏区贯彻落实中央环保督察“回头看”反馈意见整改方案》及《姑苏区省第三环境保护督察组交办问题整改销号工作办法（试行）》，确保各级环保督察交办问题高标准、高质量完成整改。截至年底，中央环保督察及“回头看”交办的12件信访、省环保督察交办的45件信访全部完成整改销号。严格督办各类曝光问题的整改。针对上级污防攻坚办及媒体曝光的突出环境问题，区污防攻坚办向相关责任单位发放督办单，明确整改要求，督促责任单位研究制定整改方案，定期调度整改进展，整改完成后开展后督察并实施问题销号制度，对所有问题实行闭环管理，保证所有整改措施得到落实，存在问题得到有效解决。全年市级媒体共曝光姑苏区环境问题11个，全部完成整改销号。

【环境保护宣传】 2020年6月5日，姑苏生态环境局在硕房庄社区举办2020年姑苏区纪念六·五世界环境日暨环保宣传月系列活动启动仪式，通过环保主题文娱节目表演、涂鸦彩绘、剪纸创意、帆布袋DIY等游戏互动的方式发动市民踊跃参与环保行动。环保宣传月期间，开展“生态环保进社区　绿色理念入民心”活动，与居民面对面交流，通过发放宣传资料、宣传解读政策、现场互动等方式引导社区居民加入环保行列。苏州硕房庄社区植物科普馆成功被评为国家自然学校，开展“‘荷颜悦色’荷文化体验行”等各项环保实践活动惠及周边居民。巩固并加强报纸、期刊、电视等传统宣传渠道的运用，在《苏州日报》开设专栏宣传生态文明理念，共发布专栏文章10篇，同时在报纸、引力播等平台发布各类宣传生态文明的新闻报道50余篇。年初开通“姑苏263在行动”官方微信公众号，用于发布姑苏区打好污染防治攻坚战最新工作动态，曝光环境问题，解读政策法规等，全年共发布推文200余篇。

【环境安全监管】 2020年，姑苏生态环境局深入开展环境安全隐患排查整治，区生态环境部门与应急管理部门建立联合工作机制，完成全区26家工业企业污染处理设施、危废贮存场所环境安全隐患排查，38家产废单位的危险废物管理计划备案和2家废弃化学品申报，对全区63家产废企事业单位完成应急预案编制并通过专家评审。开展危废固废处置专项整治，对辖区内申报危废单位的220家产废企业开展清查工作，及时了解产废动向，逐一登记。姑苏生态环境局、姑苏公安分局、区检察院联合印发《姑苏区严厉打击危险废物环境违法犯罪行为专项行动工作方案》，以专案形式，实施“重点行业、重点行为”精准打击，严惩涉危险废物环境违法犯罪大案要案。强化医疗机构危废及辐射安全监管。生态环境部门与民卫部门联合印发《关于姑苏生态环境局与姑苏区民政和卫生健康局建立联动工作协作机制的通知》，通过联合执法、信息共享、重大案件会商督办等形式，形成监管合力，提高对医疗机构的行政监管效率。开展核与辐射安全风险隐患排查工作。完成姑苏区2020年核与辐射安全隐患排查治理及风险评估报告。组织辖区内单位参加全市核与辐射安全生产工作宣贯培训，落实企业主体责任。结合生态环境部（国家核安全局）已开展的系统数据核查工作，重点核实系统内的单位信息、许可信息、台账信息、人员信息等各类信息与实际情况的一致性。

【环境监察】 2020年，姑苏生态环境局共出动执法人员4820人次，比上一年增加17.7%；检查企业2021厂次，比上一年增加39.3%；全年共立案21件，下达告知书18件，下达处罚决定书18件，处罚金额156.8万元；全年共受理环境信访1433件，较上一年整体下降39%，及时受理率、按时办结率均达到100%；全年累计备案危险废物管理计划280件，月度申报登记1724条；突发环境事件应急预案累计备案64家；累计对102个建筑施工项目完成夜间施工审批3424次；全年污染源监控系统数据传输有效率100%；选派人员参加部蓝天保卫战帮扶、省厅安全度夏互查、“百日会战”专项等异地执

2020年8月，姑苏生态环境局对全区涉气企业开展执法检查　　姑苏生态环境局　供稿

法，共出动13人次，累计异地执法79天。做好企业发展帮扶指导。开展疫情防控专项执法检查，要求被检查单位认真落实医疗废物、医疗废水管理等各项规定，防止发生二次污染；疫情期间帮扶企业，指导相关单位做好环境应急安全管理工作，对轻微违法行为免于行政处罚；督导开展“环保自检自纠”，对相关企业进行现场检查及指导，督促企业按照排污许可证要求规范管理。保障生态环境质量。保障水环境质量，开展“一断面一方案”涉水工业污染源排查整治工作，对发现的环境问题，责令企业及时整改到位；保障大气环境质量，开展VOC（挥发性有机化合物）专项执法和夏季工地扬尘专项执法行动，对全区重点行业、重点企业开展360度“全方位、无死角、全覆盖”式专项排查整治；保障声环境质量，开展绿色护考工作；保障环境安全，开展危废固废处置专项整治和环境安全隐患排查，按要求做好核与辐射监管工作。部门协作推动环保治理。全面开展汽修行业专项检查，联合市交通局、区城管委、区住建委、属地街道等单位，对汽修企业及内河港口码头开展现场检查，要求相关企业充分落实污染防治主体责任，对检查组发现的问题立行立改。开展医疗机构联合执法检查，联合民卫部门建立联动机制，提高对医疗机构的行政监管效率；联合姑苏区市场监督管理局对姑苏区检验检测机构开展联合检查，对涉嫌违法行为进行立案查处。自测监督形成合力提升管理效果。开展排污单位自行监测现场评估工作，对相关企业进行现场核查并进行评分，经检查合格率达到100%；按要求开展监督性监测工作，对列入苏州市重点排污单位名录的企业采用测管协同的方式，开展监督监测，并督促企业完成自行监测信息公开工作，督查排污许可证重点管理单位推进自动监测联网工作。

【绿色护考】 2020年7月5日和12日，姑苏生态环境综合行政执法局联合市文化市场综合执法支队、姑苏区综合行政执法局对辖区重点区域文化娱乐场所、建筑施工开展夜间执法检查，对相关点源进行了噪声监测，共检查点源10个，确保中考、高考期间各类噪声污染源能得到有效治理和管控。每日安排执法人员于22点至次日凌晨2点开展检查，共出动人员34人次，检查点位32个，处理问题24个。

（肖东昌）

# 经济

# 经济监督管理

## 财税审计

# 经济监督管理

## 发展规划管理

【概况】 2020年，姑苏区、苏州国家历史文化名城保护区发展和改革局（简称“区发改局”）围绕区委、区政府明确的战略要求，主动加强对姑苏区融入长三角一体化发展等国家战略的路径研究，准确把握战略性新兴产业、新经济、新业态等发展重点，不断调优产业规划布局。

【“十四五”规划编制】 2020年，区发改局根据习近平总书记对“十四五”规划编制工作的重要指示

2020年5月26日，姑苏区“十四五”规划专题调研会举行
区发改局　供稿

精神和省委、市委相关部署要求，在全市各板块中最早启动“十四五”规划编制工作。启动编制工作后组织开展5场专家座谈会、80余次实地调研，并面向社会及所有机关部门征求意见，共收到各类建言200余条，修改30余次，最终形成《姑苏区、苏州国家历史文化名城保护区国民经济和社会发展第十四个五年规划纲要和二〇三五年远景目标》。

【长三角一体化对接】 2020年，区发改局认真研究姑苏区融入国家战略特别是长三角一体化的切入口和结合点，牵头督促落实相关工作。对照《苏州市2020年长三角一体化发展工作计划表（姑苏区）》，收集整理各项工作进展情况，为区委、区政府决策提供参考。主动对接长三角地区，加强与上海等地的沟通联系，做好奥森时尚集团、均瑶如意文化、喜马拉雅等长三角一体化项目和沪苏合作项目的排摸与整合，全力推动姑苏区深度融入长三角一体化发展。根据习近平总书记推进长三角一体化发展重要指示和省、市落实的具体工作部署，姑苏区紧跟形势，积极落实，制定姑苏区关于贯彻《苏州市贯彻落实习近平总书记扎实推进长三角一体化发展重要讲话精神的实施意见》的具体方案。

【考核指标制定】 2020年，区发改局科学设定高质

2020年4月2日，苏州市营商环境创新年姑苏区系列活动启动仪式举行　　区发改局　供稿

量考核指标。根据区考核办统一部署，制定街道高质量发展考核总体框架及个性指标、加减分项目，发布《2020年度街道推进高质量发展考核实施方案》《2020年度区级机关服务高质量发展考核实施方案》，按照市考核办相关要求，组织召开姑苏区高质量考核工作研讨会，研究协调构建全区专项考核指标，助力高质量发展取得新成效。

【营商环境优化】 2020年，姑苏区推进营商环境创新优化，专题调研营商环境“难点”“堵点”“痛点”问题，制定出台《姑苏区优化营商环境创新行动2020》，设立全市首个营商环境服务中心。建立“直通车、联动轴、服务网”三级服务闭环机制，开展“法治诚信、智慧政务、改革创新、资源优化、企业服务”5大行动，积极践行“苏州最舒心”营商环境服务品牌。举办苏州市营商环境创新年姑苏区系列活动启动仪式，以及4期“有事您说话”民营企业家沙龙活动。认真履行区营商环境领导小组办公室职能，编制6期营商环境月报，跟踪督促营商环境创新年姑苏区15项系列活动、129项主题活动进展情况。组织召开金融顾问、新经济领域专家研讨会，进一步了解企业发展和面临的困难，推动重点领域实现重点突破。

【信用体系建设】 2020年，姑苏区推进行政许可、行政处罚“双公示”工作，通过“信用姑苏”网站累计公示行政许可信息12万余条、行政处罚信息500余条，姑苏区在三季度“双公示”测评中获得全省第一名。简化信用修复办理流程，通过“不见面”方式，成功修复88家企业172条不良信用记录。积极推进企业信用管理贯标及示范创建，24家企业通过江苏省信用贯标验收，2家企业获评信用管理市级示范企业。

# 服务业发展

【概况】2020年，全区完成服务业增加值757.8亿元，服务业增加值占比92.4%。

【产业园楼宇经济】 2020年，姑苏区共有各类产业园、楼宇156处，商务面积222万平方米，其中3万平方米以上产业园楼宇13个，1万~3万平方米产业园楼宇67个，0.5万~1万平方米产业园楼宇76个。全年全区产业园、楼宇实现所有行业的全口径税收28.38亿元，平均单位面积出税1293.84元每平方米，其中，产业园实现9.67亿元，平均单位面积出税1340.66元每平方米；楼宇实现18.71亿元，平均单位面积出税1245.01元每平方米。实现不含房地产开发经营及房屋建筑业的全口径税收20.66亿元，平均单位面积出税930.67元每平方米，其中，产业园实现6.56亿元，平均单位面积出税910.28元每平方米；楼宇实现14.1亿元，平均单位面积出税937.87元每平方米。全年打造了星辉1976科技产业园、“谷系列”新材料产业园、一带一路产业园、蓝·SPORT文化创意产业园、M+芯谷产业园5家重点示范载体项目。

链接：

姑苏区5家重点示范载体项目简介

2020年，姑苏区打造了5家重点示范载体项，分别是：

1.星辉1976科技产业园：原苏州新星织造厂，位于姑苏区络香路2号，占地面积约30亩，建筑面积24000平方米。①“党建引领”：坚持“条块结合、以块为主”原则，建立健全园区党建工作体系。②“一个鲜明特色”：打造以智慧城市领域的相关科技应用为主题的创新产业园。③“一个以上标志性企业”：一批意向入驻企业正在洽谈推进中，代表性的有格乐利雅（中国）艺术中心、爱芬（苏州）环保信息科技有限公司、极点数能（北京）信息技术有限公司（国家级高新技术企业）。④“一个高水平运营团队”：天玑星辉（北京）科技有限公司创立于2012年，天玑星辉（苏州）科技有限公司核心团队由商业地产行业资深专业人士组成。⑤“一个高水平展示窗口”：园区2、3号楼外立面设有2处经审批的广告发布位，可以对园区概况及招商情况进行有效展示；6号楼设有招商中心，内部设置多媒体展示终端，可以将园区情况直观地进行展示。⑥“一批为企服务的平台及功能”：园区内设置一站式工商注册、财税代办咨询服务点、金融服务平台、联合办公空间、物业综合服务系统等一系列特色化的服务场所及功能，为企业提供便捷服务。

2.“谷”系列新材料产业园：由拉瓦锡谷、中科创谷、城市智谷3个产业园组成，位于平江新城好百年商务大厦1号楼、5号楼和江苏有线大厦8楼。①“党建引领”：“谷”系列新材料产业园以“党建引领就是企业文化”为根本理念，发挥三谷三支部“引领、融合、创新”作用，打造“党建引领模式”“商会模式”“产业升级模式”和“高亩产模式”的示范标杆。②“一个鲜明特色”：产业园由拉瓦锡谷、中科创谷、城市智谷3个产业园组成，分别是由平江新城管委会、姑苏区新材料商会、姑苏区科技镇长团、中国科学院科技服务网络苏州中心等单位联合打造的专业的新材料产业园。③“一个以上标志性企业”：新益霖生物医药公司，主要从事生物医药中间体的研发生产，研发团队掌握了林可系列产品独特的生产加工工艺，为国内领先；优比邻企业，深耕于全球供应链和新材料，服务于产业转型和新材料应用，打造全球绿色分销平台。④“一个高水平运营团队”：新材料及化学学科带头人、高校导师、企业家导师。⑤“一个高水平展示窗口”：有展厅6个，拥有平江新城城市会客厅综合化展示场馆1个，其中配备产品展示区域近300平方米。智能化设备齐全，为入驻企业提供丰富多样的展示空间及呈现方式。⑥“一批为企服务的平台及功能”：产业园致力于打造特别专业的新材料企业产业升级平台，科技及新材料的公共服务平台，科技镇长团创业与科技服务的常态化工作平台，姑苏区创新创业和科技领军人才孵化平台，新材料企业家二次创业和海内外高层次人才引进的双创平台。

3.一带一路产业园：位于南环东路10号，建筑面积12800平方米。项目致力于打造集文创口岸、网络视听产业直播基地、人才窗口于一体的现代产业园。①“党建引领”：以创意思维激发“红色动力”，弘扬社会主义核心价值观，打造红色正能量流淌的“文创园区”。②“一个鲜明特色”：依托数字经济大背景，以市场化、产业化、国际化为基本运作思路，综合多种要素环节，打造具有集聚效应和示范效应的网络视听产业链。③“一个以上标志性企业”：星娱艺咖打造多元化“网红”经济，拥有3层独栋、3000平方米空间、500平方米演播厅。④“一个高水平运营团队”：江苏安和锦文化创意产业发展团队中不乏资深投资人、10余年地产操盘经验精英、创意设计团队、物业服务团队，成员平均年龄30岁左右，年轻富有朝气。⑤“一个高水平展示窗口”：成立区域性国际化的交流平台，打造文化新经济口岸——姑苏文创口岸，成立北欧一带一路设计中心、北欧科技和文化交流中心（苏州）、北欧智库、苏州芬兰校友会、芬兰·苏州商会等平台。⑥“一批为企服务的平台及功能”：园区打造路演空间、户外天台等多处公共空间，为企业思维碰撞提供场地与平台，创造更加优质的氛围。同时，园区通过建设“鸟窝空间社”企业孵化平台，为企业提供更加优质的服务。

4.蓝·SPORT文化创意产业园：原为苏州玻璃厂，位于姑苏区盘胥路188号，总占地面积约24800平方米，建筑面积约10094.83平方米。①“党建引领”：蓝·SPORT文化创意产业园“海棠蓝湾党群服务中心”整体布局沿袭党建引领的核心思路，以党建阵地为主、“网红打卡”为辅。②“一个鲜明特色”：以“全民运动＋夜经济”为理念，引入年轻人喜爱的特色业态作为配套，构造街区式消费场景，成为姑苏年轻人“打卡”新地标。③“一个以上标志性企业”：苏州奥蓝体育由苏州最大的青少年足球培训机构奥英青训与蓝神足球俱乐部共同投资，采用FIFA（国际足联）认证的人工草皮，是苏州乃至华东地区极具“网红”性质的球场和“打卡”地。④“一个高水平运营团队”：团队除了提供人性化办公空间、基础办公服务之外，更是链接多方渠道资源，定期开展专业度高的法律、财税、人力资源、职场交流等热门线下指导。⑤“一个高水平展示窗口”：在园内入口处及江南小剧场门口橱窗分别设有2处广告发布位，为入驻企业品牌及产品进行有效宣传及展示；园内火车内部品牌快闪店，作为苏州古城区第一个IP主题双层火车厢，实现大咖知识赋能与快闪文化的混搭交融。⑥“一批为企服务的平台及功能”：蓝·SPORT全维企服体系是蓝·SPORT文化创意产业园为入驻企业及在职员工倾力打造的全方位企业服务体系，功能主要包括“全链式”综合审批服务、天使金融平台、文艺展示平台、联合办公孵化区、管家式综合服务。

M+芯谷产业园　　　　区发改局　供稿

5.M+芯谷产业园：位于西环路3068号，有写字楼4幢，建筑面积为24815.60平方米。①“党建引领”：成立“金色助推器”党建联盟，以取长补短，互学互助。②“一个鲜明特色”：以光子芯片核心技术研发为基础，在智慧城市、智能制造、消费电子、IT领域等多场景实施落地应用，形成以光子芯片技术为核心的高端产业聚集。③“一个以上标志性企业”：1号楼围绕讯众科技布局消费互联网、工业互联网、TOG政务服务，打造呼叫中心全产业链。4号楼围绕OTN公司自主的人工智能、大数据平台、云和物联网、光子芯片等数字产业核心技术建立创新产业链。④“一个高水平运营团队”：名城商务公司组建专业产业园运营管理团队，招商部大力引进优质项目进驻产业园、引领产业发展。⑤“一个高水平展示窗口”：芯谷将建设OTN光子芯片实验室及3个科技展厅（OTN新半导产业展厅、OTN未来数字世界展厅、讯众科技体验中心）。⑥“一批为企服务的平台及功能”：原2号楼车库部分建设园区红领益企综合服务平台，按照名城商务金色助推器党建品牌，发挥名城商务线上一站式服务平台“E-Job企服平台”的作用，为入驻企业提供全方位、多功能的服务。

【总部经济】 2020年，姑苏区有9家市级总部型企业，65家区级总部型企业。全年总部企业全口径税收153410.31万元，一般公共预算收入69074.54万元。

市级总部型企业分别为：苏州热工研究院有限公司、苏州美瑞德建筑装饰有限公司、悉地（苏州）勘察设计顾问有限公司、苏州市东吴物业管理有限公司、苏州规划设计研究院股份有限公司、红蚂蚁装饰股份有限公司、苏州第一建筑集团有限公司、苏州工业园区园林绿化工程有限公司、中诚工程建设管理（苏州）股份有限公司。

区级总部型企业分别是：苏州福满家便利店有限公司、牙博士医疗控股集团有限公司、中国人民人寿保险股份有限公司苏州中心支公司、苏州苏糖名酒销售有限公司、北京外企德科人力资源服务苏州有限公司财务外包分公司、苏州市龙凤金店有限责任公司、北京五八信息技术有限公司苏州金阊分公司、苏州苏能集团有限公司、苏州市金阊人力资源有限公司、苏州市全创人力资源有限公司、苏州美联教育咨询有限公司、苏州园林设计院有限公司、苏州和信建设咨询有限公司等65家。

链接：

### 姑苏区市级总部型企业简介

姑苏区有9家市级总部型企业，分别是：

1.苏州热工研究院有限公司：该公司于2003年7月由原国家电力公司苏州热工研究所转制而成，目前是中国广东核电集团二级成员公司。注册资本金5.1亿元，员工上千名，设有电站寿命管理技术中心、再制造与电力安全中心、设备监理与质量管理中心、环境保护与辐射安全中心、在役检查与性能测试中心、设备管理中心、系统工程中心。下设深圳、宁德、大连、山

苏州热工研究院有限公司　　区发改局　供稿

东、广西分公司，另下辖检测技术有限公司。经过30多年的发展，通过对核电和火电技术的研究和广泛实践，苏州热工研究院打造了一支高素质的人才队伍，进入了国家核电科技创新体系，负责和参与了多项国家863项目、973科研项目、国家科技支撑计划项目、国家自然科学基金项目、国家核电重大专项课题的研究，涌现了一批又一批的科研成果和专利技术，承担了一大批包括国家核安全法规在内的国家核电标准的制订和修订任务，在核电领域具有较高的知名度和影响力。

2.苏州美瑞德建筑装饰有限公司：该公司成立于1998年11月，注册资金13700万元。是一家以室内设计、装饰为主体，并向幕墙、家具、景观、艺术品、机电设备安装等领域扩张的专业化装饰公司。公司连续15年位列中国装饰百强企业前茅，已获得鲁班奖、詹天佑奖、国家优质工程奖50多项。美瑞德被评为中国建筑业最具成长性百强企业、全国改革开放30年建筑装饰行业发展突出贡献企业、全国建筑装饰行业信息化建设先进单位，是中国驰名商标、高新技术企业，并连续多年跻身江苏省建筑装饰行业前三名。公司经建设部核定为建筑装饰工程专业承包一级资质、建筑装饰专项工程设计甲级资质、建筑幕墙施工一级资质、建筑幕墙专项工程设计甲级资质。拥有技术力量雄厚、设备先进的集办公、设计深化、新材料运用、信息化管理、工厂化配套于一体的研发中心，并在北京、上海、南京、深圳、新疆等地相继设有分公司和办事处。

3.悉地（苏州）勘察设计顾问有限公司：该公司组建于1983年，2003年改制成立，旗下拥有市政（道路、桥梁、给水、排水、城市隧道、燃气、环境工程）、公路、水利、规划、建筑、地下空间开发、轨道交通、城市景观、雕塑、照明、岩土、测量、勘察、咨询等专业的大型综合类甲级设计企业。从事工程设计、规划、咨询、勘察等服务。公司下设市政工程设计院、交通工程设计院、城市规划设计院、建筑工程设计院、轨道交通及地下空间设计院、工程勘察及岩土设计院、景观园林设计院等7大专业设计院，并在全国各地设立众多分支机构开展勘察设计业务。

4.苏州市东吴物业管理有限公司：该公司成立于2000年，隶属于苏州苏大教育服务投资发展集团，起源于苏州大学后勤社会化改革。公司注册资金2000万元，各类用工10000多人，下设34个子（分）公司，以“成为高校等大型单位后勤服务最佳供应商和新型管家”为目标，服务领域遍及北京、上海、天津、江苏18个省（市）近30多个城市，服务项目200多个，在管项目面积逾3000万平方米，服务类型涵盖高校、医院、科研院所、产业园区、金融机构、城市综合体、城市公众项目、企事业单位办公楼宇等。公司先后获苏州市质量奖、苏州市市长质量奖、江苏省质量管理优秀奖等荣誉。

5.苏州规划设计研究院股份有限公司：该公司成立于1992年3月，2003年公司改制，提供涵盖城乡规划、市政规划、交通规划、景观规划、建筑工程设计、市政工程设计、景观工程设计等规划设计和工程设计类服务。公司已经取得城乡规划编制甲级资质、工程设计市政行业（道路工程桥梁工程）专业甲级资质、工程设计建筑行业（建筑工程）甲级资质等多项资质，是江苏省同时具备城乡规划、市政工程（道路桥梁）设计、建筑工程设计三类甲级资质的知名民营规划设计公司之一。公司是高新技术企业，设立了历史文化保护研究中心、城市更新研究中心、交通研究中心、海绵城市规划设计研究中心、苏州传统民居特点与保护技术研究中心和古建研发中心，拥有研究员级高级工程师3人、高级职称员工89人、中级职称员工83人、国家各类注册工程师37人，拥有1项发明专利及20项实用新型专利，获得200余项国家级、部级、省级奖励及超400项市级奖励和荣誉。

6.红蚂蚁装饰股份有限公司：该公司组建于1999年，是以家庭室内装饰装修为主的家装企业。公司现拥有国家建筑装饰一级资质，是一家涵盖住宅装饰设计、苏式高品质施工、建材选购、家装体验、整体软装、木作产品定制配套等一站式全产业链的专业家装企业，公司全面布局江苏市场，在苏州、无锡、南京、扬州、常州、泰州、南通、盐城等地共设有26个分公司。是中国建筑装饰协会住宅装饰装修和部品产业分会会长单位、江苏省装饰装修行业协会住宅装饰分会会长单位，蝉联“全国住宅装饰装修行业质量服务、诚信五星级企业”称号，蝉联“全国住宅装饰装修行业优质工程奖”，是江苏省著名商标企业。

7.苏州第一建筑集团有限公司：该公司成立于1952年，2003年国有资产全部退出，公司体制改为民营的有限责任公司。公司注册资本40880万元，现有房屋建筑施工总承包特级、建筑设计甲级、2个总承包一级和5个专业承包一级资质。公司主要从事各类房屋建筑和市政工程、机电安装工程总承包施工，拥有土建、市政、设备安装和消防、设备租赁、管廊、轨道交通等10多个专业分公司，控股苏州市华丽美登装饰装璜有限公司、苏州恒信建设技术开发检测有限公司、苏州兴业建设发展有限公司等4家子公司，并开拓了外地市场，设立南京分公司、宿州分公司、灵宝分公司、珠海分公司、溧水分公司5家外地单位参与股权投资、分享资本市场收益，形成了开发设计、施工、安装、装潢、租赁等技术和装备齐全的集团型企业。拥有高、中级人才500多人，高级职称106人，其中研究员级高工6人。

8.苏州工业园区园林绿化工程有限公司：成立于1996年，是紧随苏州新加坡工业园区的启动而成立的园区第一家园林绿化公司，有着20多年市政园林景观建设历史。公司承接园林绿化工程等市政工程、工程勘察设计、风景园林工程设计、造林工程的规划设计和施工、规划管理、文化旅游资源开发、旅游景区的建设及运营管理、生态环境建设与保护及其相关技术服务，以及生态、环保、农业、园林科技领域内的技术开发、技术咨询、林木育苗，植物的研究、开发、种植、销售及养护等业务。公司拥有员工207人，本科及以上学历者占49.3%，各类技术管理人员、技工157人，其中专业技术骨干（高级工程师、高级经济、高级会计师、注册造价师、一级建造师等高级专业技术人员）46人。近年来，公司承接的项目先后获得了江苏省“扬子杯”优质工程奖、江苏省工程建设优秀质量管理小组活动成果优秀奖、苏州市“姑苏杯”优质工程奖、苏州市园林绿化示范工程奖、苏州市园林绿化优秀工程奖等荣誉，公司也获得高新技术企业、中国风景园林学会优秀管理奖（建设管理类）、江苏省民营科技企业等奖项，并多次获评苏州市建筑业优秀企业。

9.中诚工程建设管理（苏州）股份有限公司：成立于2002年1月，是专业从事工程造价咨询、工程项目管理、工程监理、招标代理政府采购、建筑信息化及软件开发的机构。具有工程造价咨询甲级资质、招标代理甲级资质、政府采购甲级资质、房屋建筑工程监理甲级资质、市政工程监理乙级资质、水利水电监理丙级资质、人防监理乙级资质。同时，中诚管理也是江苏省首批全过程工程咨询试点单位、江苏省工程造价咨询5A信用单位。公司设造价咨询部、项目管理部、工程监理部、招标代理部、全过程造价控制部、BIM信息研究部、工程前期咨询部、市场经营部、人事部、财务部等11个部门。公司有员工650人，95%以上均为专业技术人员。2019年获评市级总部。

【服务业集聚区】 2020年，姑苏区有市级服务业集聚区8个，区级服务业特色品牌集聚区8个。2020年服务业集聚区全口径税收116976.61万元，一般公共预算收入61303.25万元。

市级服务业集聚区分别为：苏大科技创新产业园、工投科技创业园、平江科技创业园、名城商务科技金融服务集聚区、苏州传化公路港、山塘历史文化保护街区、平江历史保护街区、平江新城高端商务集聚区。

区级服务业特色品牌集聚区是：国发大厦现代商务商贸集聚区、万融国际大厦金融商务服务集聚区、新联大厦研发设计集聚区、联实大厦电子商务集聚区、江南智造科技文化创意园电子信息集聚区、苏州自主创新广场现代科技商务服务集聚区、蓝·吴中大厦文化教育集聚区、金运科技创意园科技商务服务集聚区。

链接：

## 姑苏区市级服务业集聚区简介

2020年，姑苏区有市级服务业集聚区8个，分别是：

1.苏大科技创新产业园：由苏州自主创新广场（干将东路178号）、苏大科技创业园（十全街吏舍弄10号）、沧浪科技创业园（十梓街327号）、姑苏征信产业园（十梓街338号）、金狮科技文化产业园（金狮河沿45号）组成，园内共计入驻企业470家。2020年园内企业全口径税收15277.17万元，一般公共预算收入7007.54万元。

2.工投科技创业园：位于阊胥路483号，创建于2006年4月，由苏州创元资产开发经营有限公司、苏州市科技创业投资公司、苏州金创经济发展有限公司（原苏州市金阊区国有资产经营管理公司）合作投资建立，运行主体为苏州工投科技创业园有限公司。园区占地面积12587.4平方米，建筑总面积21158平方米，孵化面积为16586平方米。园内企业拥有92项知识产权，新增2家省高新技术企业。2020年全口径税收1646.62万元，一般公共预算收入810.44万元。

3.平江科技创业园：成立于2003年，先后建成了北环东路60—82号本部、东汇路78号东汇分园、官渎分园，共计建筑面积10000余平方米，其中孵化用房9000平方米，总投资1405万元，吸引注册资金1.7亿元。出税企业183家，有30家企业被认定为江苏省民营科技型企业。2012年被认定为江苏省三星级中小企业公共服务平台。2020年全口径税收348.23万元，一般公共预算收入168.68万元。

4.名城商务科技金融服务集聚区：名城商务科技金融服务集聚区于2017年调整成立，包含芯谷金融创新服务产业园（西环路3068号）、金创商务大厦（西园路609号）、金阊科技创业园（彩香路6号）、文化教育大厦（爱河桥路9号）、苏州农学院大学科技园（西园路279号）和名城·综艺大厦（西园路47号）共5个分园，2020年度全园共计入驻企业458家。2020年全口径税收17847.13万元，一般公共预算收入11946.58万元。

5.苏州传化公路港：定位于“物流平台整合运营商”，是一个以信息交易为核心、以公路运输为依托、以国内物流为基础，实现平台化和数字化经营，互联互通，提供供应链服务的平台。公路港平均每天发布信息2000条，通过各功能中心的有效协同运作，实现物流服务、物流载体和物流需求3大资源的集聚，为入驻公路港的第三方物流企业和货运司机提供一站式服务，提高运作效率。2020年全口径税收12090.41万元，一般公共预算收入6430.94万元。

6.山塘历史文化保护街区：占地面积35亩，建设面积23041万平方米，通过积极的业态调整、旅游策划、活动组织等，街区旅游及经济发展取得了突出成绩。近3年与上海环球金融中心合作，开辟景点联合销售模式，合作期内销售额指标稳步上升；深度挖掘山塘街的历史，打造周边文化，2019年完成了“七狸山塘”狸猫形象设计，并以此为主题开展了互动活动及文化产品的设计销售；在玉涵堂后花园以街区文化为中心设计的实景演出初见成效。2020年全口径收入1123.14万元，一般公共预算收入569.61万元。

7.平江历史保护街区：平江历史街区是苏州古城迄今为止保存最为完整的一个区域，堪称苏州古城的缩影。自2002年开始，实施拆除违章建筑、管线入地、铺设路面、疏浚河道、修缮古建、招商选资、完善旅游设施等项目，使平江历史街区再现了苏州古城的独特韵味，实现了历史文化保护和传承以及社会民生改善的双赢，相继获评“亚太文化遗产保护荣誉奖”“中国历史文化名街”“中国历史文化街区”等称号，并作为苏州古城保护的重要案例与代表，申报获评“李光耀世界城市奖”“国家古城旅游示范区”。2020年全口径收入2163.64万元，一般公共预算收入1291.09万元。

8.平江新城高端商务集聚区：规划占地面积33.9亩，规划建设面积19.3万平方米，东起江乾路，西至人民路，南起平川路，北至城北东路。包括金融服务主题楼宇万融国际、市级总部办公大楼国发大厦、高科技企业楼宇耀盛大厦、姑苏区信息服务综合示范园区江苏有线传输大楼等重点载体。建有2个楼宇社区，为入驻企业提供一站式的优质服务，使集聚区服务平台建设得到新的发展，服务质量得到新的提升。2020年全口径收入23516.36万元，一般公共预算收入11355.67万元。

## 物价管理

【概况】 2020年，姑苏区完成居民消费价格总水平涨幅控制在3.5%左右的预期目标，粳米、面粉等主要商品和服务价格未发现超过预期目标范围。根据疫情防控和价格调控需要，启动建立区级价格监测网络，配合推进农贸市场“平价菜摊”工作。完成机动车停车场收费备案93家，推进133家转供电主体清理规范转供电环节加价行为，落实传导一般工商业电费减免5%的政策。行政事业性收费新增2项水务涉企收费项目，区级管理收费项目有11项，其中涉企收费5项。做好“12345”“寒山闻钟”等有关价格政策的咨询，答复134件。

【价格调控】 2020年，在区价格调控工作领导小组领导下突出民生价格调控与监管，根据疫情防控和价格调控需要，快速启动建立区级价格监测网络，填补姑苏区在价格监测分析预警方面的短板。配合推进农贸市场“平价菜摊”工作，研究出台考核奖励办法，通过奖补资金保障可持续发展。

【收费管理】 2020年，全区行政事业性收费新增2项水务涉企收费项目，区级管理收费项目有11项，其中涉企收费5项，做到“清单之外无收费”。按要求调整数据口径，根据年度收费巡访，全区102家收费单位收费总额约1.8亿元。

## 农村工作

【概况】 2020年，姑苏区8个街道有7个涉农街道，全区32个股份合作社（村）涉农总资产35.81亿元，村级集体经济组织经营性收入2.56亿元，分红总额8825万元，惠及股民6.15万人，人均分红1434元。

【制度建设】 2020年，区委常委会专题研究讨论区涉农工作，印发《中共苏州市姑苏区委 苏州市姑苏区人民政府关于抓好“三农”领域重点工作促进乡村振兴的意见》，重点围绕增强党的基层力量和组织体系、强化“三资”管理、探索乡村振兴战略发展路径、股份合作社改革创新和强化资产资金安全管理等方面，将全年任务进行了细化分解，明确完成时限及要求，确保全年工作稳步有序推进。

【“三资”管理】 2020年，姑苏区规范产权交易。按照“应进必进”原则，股份合作社所有经营性资产全部进入省、市交易平台进行线上交易，截至年底，省、市平台累计分别录入合同1248份（成交3.09亿元）和1751份（成交3.51亿元），且交易价格有增幅；“清产核资”平台和市产权交易平台数据互通进展顺利。落实“姑苏e阳光”行动。完成“姑苏e阳光”平台维护升级，增设了留言互动功能；股份合作社财务、村务等数据全面上传，公开可查。清缴欠租长期合同整改。各股份合作社涉及清缴欠租合同93笔，总欠款1281万元，均完成整改，清缴完成率100%；20年以上长期合同合计8个，除白洋湾街道与市园林绿化管理局签订的2个合同正在协商解决外，其他均重新签订或解除合同。推行村级资金监管系统。7个涉农街道全部接入区村级集体资金监管系统，运营正常。

【农村创新发展】 2020年，姑苏区加快推动“一村二楼宇”项目。充分利用市“一村二楼宇”政策，积极争取指标，成熟1个实施1个，全区完成项目3个，分别是：苏锦街道花锦汇邻中心、金阊街道新兴村社区服务中心、白洋湾街道南部居住区农贸市场。苏锦街道新塘股份合作社和润家园西地块项目正在履行报批手续；苏锦街道“一村二楼宇”地块指标已确定，将稳步有序进行推进实施。鼓励抱团发展，在成功组建白洋湾街道久联投资公司和吴门桥街道友新实业公司2家联社性质公司的基础上，继续进行推广；白洋湾街道村级集体经济组织改革有序推进；苏锦街道新塘、新华2家股份合作社试点“强村带弱村”抱团发展模式，共同开发“一村二楼宇”项目。股份合作社资金与国资合作发展，利用股份合作社资金参与区属国资项目投资，专门为合作社推出债权投资产品，共实施4期9600万元。

【涉农其他工作】 姑苏区按照上级统一部署要求，于2019年3月针对辖区25艘有证渔船进行了退捕动员；同年7月，姑苏区全面完成辖区23艘重点水域和2艘其他水域的有证渔船退捕工作。对合法捕捞渔船、捕捞许可证核定相应作业类型的网具和数量进行依法评估后，由政府依法收回、注销渔船“三证”，集中处置统一销毁处理。按照省、市长江禁捕退捕补偿安置方案，发放安置补偿款项，截至2020年底共计发放386.79万余元，50名渔民全部得到妥善安置，享受社保待遇。区委、区政府高度重视，第一时间安排区发改局分别赴安徽滁州、盐城大丰、徐州睢宁、连云港灌南、河南南阳及对口帮扶单位贵州铜仁江口等地进行调研对接。经过多地多轮磋商，姑苏区与宿迁、徐州、淮安（盱眙）、连云港（灌南）等地分别签订了生猪保供合作框架协议，顺利完成市级下达任务。“阳光扶贫”扶贫走访。全年走访完成率99%以上，“阳光惠农”平台涉及扶贫资金的录入率达到100%。

## 金融工作

【概况】 2020年，姑苏区协调各金融机构对接中小微企业29594户，向6879户中小微企业投放贷款221.45亿元。全区有6881家企业加入苏州综合金融服务平台，发布3735项需求，授信规模达109.35亿元。制作金融产品汇编手册，汇总10多家银行产品，向中小企业发放。组织开展金融政策宣讲、综合金融服务进产业园等活动，把服务送到企业身边。全面加强金融风险防范化解，移交多个涉嫌非法金融活动的线索。

【小额贷款】 2020年，姑苏区有小额贷款公司5家，注册资金8.05亿元，其中农村小额贷款公司3家、科技小额贷款公司2家。

【担保行业】 2020年，姑苏区有融资性担保持牌机构4家，注册资金33.16亿元。

【再担保行业】 2020年，姑苏区有再担保公司1家（苏州市再担保公司），注册资金15亿元，年末在保余额131.12亿元。

【典当行业】 2020年，姑苏区在业典当公司有4家，注册资金6500万元，典当总额13786万元。

【商业保理】 2020年，姑苏区有商业保理公司4家，注册资金144869万元，资产总额356834万元。

【融资租赁】 2020年，姑苏区有在业融资租赁公司2家，注册资金47000万元，资产总额30254万元。

【资本市场企业】 2020年，姑苏区在全国中小企业股份转让系统（新三板）挂牌企业有17家，A股上市公司有1家。

表6-1 姑苏区小额贷款公司基本情况（2020）

单位：亿元

| 序号 | 企业简称 | 注册资金 | 年末贷款余额 |
|---|---|---|---|
| 1 | 鑫鑫农贷 | 4 | 9.06 |
| 2 | 广银农贷 | 0.5 | 0.59 |
| 3 | 凯润农贷 | 0.55 | 1.14 |
| 4 | 名城科贷 | 2 | 2.33 |
| 5 | 吴门科贷 | 1 | 1.67 |
| 合计 | | 8.05 | 14.79 |

表6-2 姑苏区融资性担保公司基本情况（2020）

单位：亿元

| 序号 | 企业简称 | 注册资金 | 年末在保余额 |
|---|---|---|---|
| 1 | 农业担保 | 16 | 55.67 |
| 2 | 国发担保 | 8.16 | 51.82 |
| 3 | 住房置业 | 4 | 287.72 |
| 4 | 中小微 | 5 | 0 |
| 合计 | | 33.16 | 395.21 |

表6-3 姑苏区典当公司基本情况（2020）

单位：万元

| 序号 | 企业简称 | 注册资金 | 年末典当总额 |
|---|---|---|---|
| 1 | 华夏典当 | 3000 | 8038 |
| 2 | 宝信典当 | — | 0 |
| 3 | 汇通典当 | 3000 | 5748 |
| 4 | 五爱典当 | 500 | 0 |
| 合计 | | 6500 | 13786 |

表6-4 姑苏区商业保理公司基本情况（2020）

单位：万元

| 序号 | 企业简称 | 注册资金 | 年末资产总额 |
|---|---|---|---|
| 1 | 城投保理 | 109869 | 304996 |
| 2 | 保信保理 | 20000 | 42287 |
| 3 | 名城保理 | 10000 | 4586 |
| 4 | 汇微保理 | 5000 | 4965 |
| 合计 | | 144869 | 356834 |

表6-5 姑苏区融资租赁公司基本情况（2020）

单位：万元

| 序号 | 公司名称 | 注册资金 | 年末资产总额 |
|---|---|---|---|
| 1 | 中融众联 | 17000 | 20130 |
| 2 | 中亚 | 30000 | 10124 |
| 合计 | | 47000 | 30254 |

表6-6 姑苏区新三板挂牌企业基本情况（2020）

| 序号 | 企业名称 | 街道属地 | 简称 | 代码 | 层别 |
|---|---|---|---|---|---|
| 1 | 苏州市姑苏区鑫鑫农村小额贷款股份有限公司 | 苏锦 | 鑫鑫农贷 | 832088 | 基础层 |
| 2 | 创元期货股份有限公司 | 沧浪 | 创元期货 | 832280 | 创新层 |
| 3 | 苏州基业生态园林股份有限公司 | 沧浪 | 基业园林 | 833222 | 创新层 |
| 4 | 苏州营财保安服务股份有限公司 | 金阊 | 营财保安 | 833599 | 基础层 |
| 5 | 苏州瑞光电子科技股份有限公司 | 沧浪 | 瑞光科技 | 833703 | 基础层 |
| 6 | 苏州市会议中心物业管理股份有限公司 | 沧浪 | 物管股份 | 834213 | 基础层 |
| 7 | 江苏中融外包服务股份有限公司 | 沧浪 | 中融股份 | 835047 | 基础层 |
| 8 | 苏州悦泰国际物流股份有限公司 | 虎丘 | 悦泰物流 | 836690 | 创新层 |
| 9 | 苏州小棉袄信息技术股份有限公司 | 吴门桥 | 小棉袄 | 836935 | 基础层 |
| 10 | 苏州智能交通信息科技股份有限公司 | 沧浪 | 智能交通 | 839192 | 基础层 |
| 11 | 江苏建院营造股份有限公司 | 双塔 | 建院股份 | 870355 | 基础层 |
| 12 | 苏州一品御工实业股份有限公司 | 沧浪 | 一品御工 | 870631 | 基础层 |
| 13 | 苏州中恒通路桥股份有限公司 | 双塔 | 中恒通 | 870917 | 基础层 |
| 14 | 苏州蓝水软件开发股份有限公司 | 吴门桥 | 蓝水软件 | 872388 | 基础层 |
| 15 | 苏州方向传媒股份有限公司 | 沧浪 | 方向传媒 | 872424 | 基础层 |
| 16 | 苏州众天力信息科技股份有限公司 | 金阊 | 众天力 | 873240 | 基础层 |
| 17 | 苏州麦禾文化传媒股份有限公司 | 双塔 | 麦禾传媒 | 873258 | 基础层 |

（姚　婷）

# 统 计

【概况】 2020年，全区统计工作紧紧围绕区委、区政府的中心工作，积极参加疫情防控，加强统计研究，拓展统计职能，认真开展第七次全国人口普查，不断提高统计数据和服务的质量，扎实开展各项工作，为姑苏区经济社会发展提供坚实的统计保障。（2020年全区各项统计报表收录在附录）

【统计服务】 2020年，区统计局全面提升统计服务水平。继续推进与调查对象建立新型合作关系，积极为被调查企业提供更多行业经济信息、宏观经济信息，以更加热情周到的服务赢得调查对象的支持配合，更好服务社会公众。提供统计快报、月报、年鉴等统计资料，提升统计信息透明度，在遵守国家有关保密规定的前提下，按照数据公布要求及时发布数据。推进统计基层基础建设，进一步规范街道、部门、社区统计工作，严格按照考评办法逐一对应，查漏补缺。继续深入开展部门统计基础建设，扎实做好部门统计工作。

【年定报工作】 2020年，常规的年定报工作是优化统计服务、发挥统计职能的基础。认真贯彻统计报表制度，严格按照制度规定的填报范围、口径、计算方法和标准，加强数据审核、查询和比对，切实提高统计数据质量。以应统尽统为原则，严格执行统计报表制度，充分利用年报培训、街道会议、短信等各种途径，加强与街道统计人员及统计调查单位的沟通和联系，加强对统计人员的业务指导，让企业统计人员高效完成各项年定报工作。

【统计调查】 2020年，区统计局根据市统计局要求，结合社会管理和民生发展的需要，以高质量发展为重点，严格按照统计法规和条例规范操作，认真开展住户调查、人口抽样调查、劳动力调查、企业采购经理、企业景气调查等工作。统计调查尽可能直接通过财务会计资料和生产经营记录等获取信息，促进企业配合调查。同时，做到直接调查、独立上报，确保调查统计数据能真实反映经济民生状况，进一步提高统计数据质量。

【名录库建设】 2020年，区统计局加大部门之间信息共享力度，做好名录库的日常更新、维护工作。将名录库的更新节点向街道延伸，把握好名录库的维护工作，加大培训力度，加快建立统一完整、上下联动、不重不漏、信息真实、更新及时的基本单位名录库。

【统计督查整改】 2020年，持续不断深化对国家统计局第6统计督察组督察反馈意见的认识。专题学习习近平总书记关于防范和惩治统计造假、弄虚作假重要讲话指示批示和党中央、国务院关于统计工作的重要文件，增强学深悟透习近平总书记关于统计工作重要讲话指示批示精神以及中央文件的主动性、自觉性和责任感，确保学习到位、领会到位。

迅速有效落实具体问题整改。对照督察反馈要求和时间节点，梳理问题清单，落实《姑苏区贯彻落实国家统计局第6统计督察组督察反馈意见整改方案》，出台《苏州市姑苏区党政领导干部防范和惩治统计造假、弄虚作假责任制实施细则》，强化部门责任，完善体制机制。积极对接机关部门和街道，协调落实整改《姑苏区关于国家统计局第6统计督察组督察反馈意见具体问题整改措施清单》中的4方面11项问题，加强沟通协调，推动整改落实全覆盖。认真开展企业统计数据质量核查工作，对全区520家贸易企业、218家服务业企业、15家建筑业企业、12家工业企业进行数据质量核查，确保数据真实准确。

【统计分析】 2020年，区统计局扎实推进统计监测与分析研究。不断强化月度、季度、半年、年度主要宏观指标，加大对重点板块、重点行业、重点企业、重点指标运行的监测力度和频度，真实反映经济量的合理增长和质的稳步提升情况，及时反映经济运行中出现的新情况和新问题。密切监测疫情下的经济运行状况，分析研判疫情对经济运行带来的冲击和影响。

【高质量发展监测评价】 2020年，区统计局协调做好2019年度苏州市推进高质量发展监测评价考核各项工作，牵头完成2020年度街道推进高质量发展共性指标考核相关工作，做好监测结果的测算分析反馈。强化市、区两级高质量发展进度监测，做好进度数据收集，加强分析测算比对，及时反映进展情况，推动部门及街道抓好工作推进。

【统计法治建设】 2020年，围绕局工作重点，结合全区“七五”普法活动，制定统计法治工作要点和统计行政执法工作计划。完成“七五”普法终期评估验收。做好领导干部违规干预统计工作记录调查。配合做好市局“双随机”执法检查，同步开展区“双随机”执法检查，共计检查16家企业，未发现违反统计法律法规的情况。

【第七次全国人口普查工作】 2020年，区统计局精心组织第七次全国人口普查工作，成立姑苏区第七次全国人口普查领导小组，组建领导小组办公室。确保全区各级人口普查机构、人员、经费等方面得到落实。高度重视“两员”（普查指导员和普查员）选聘，把政治素质较好、业务水平较高、能熟练运用信息技术、有群众工作经验、热爱普查工作的人员充实到普查“两员”队伍中来。会同宣传部门认真

2020年8月27日，姑苏区召开第七次全国人口普查工作动员会　　区统计局　供稿

做好普查宣传的策划和组织工作，通过各类宣传媒介，广泛深入生动宣传人口普查的重要意义，为普查工作营造良好的社会舆论环境。做好试点和正式入户登记。组织好登记前的准备工作，全面开展入户登记，查实查准姑苏人口总量、人口结构、人口迁移流动状况，确保普查数据客观真实、准确完整。

（张云芳）

## 商务商贸

【概况】 2020年，姑苏区实现社会消费品零售总额829.21亿元；完成进出口总额21亿美元，比上一年增长0.4%；新设立外资企业26家，新增注册外资2946万美元；实际使用外资1871万美元，比上一年增长206%。

【特色商贸】 2020年疫情防控期间，姑苏区全面做好大型商超、综合体的复工指导，确保正常运营。组织开展“姑苏八点半”“探班老字号”“品质生活苏新消费”等消费让利及“小燕直播”等老字号带货活动，开启苏州非遗美食文化传承之旅，积极举办第二届“夏巧之约”暑期购物节等消费活动，助推消费回暖。深度融入“双12苏州购物节”，以打造线上可感、线下可触的“品质好物、品质生活”姑苏双品节为目标，深化与头部电商平台的项目对接，精准导入合作资源，推出“1+31+N”系列主题营销活动和12亿元让利优惠，参与企业超1000家。成功举办“双12”三大商圈直播连线分会场启动仪式、区政府领导直播带货、哔哩哔哩“天官赐福”主题IP国风体验等重点活动，“双12”销售全线“井喷”。

【开放型经济】 2020年，姑苏区深化重点外贸企业联系制度，有序推进外资企业复工复产，举办“稳外贸谋发展”线上直播活动。组织企业参加天猫海外“春暖出海”、Lazada跨境“万商复苏”等系列合作计划，利用广交会、华交会等网上参展平台，推动中小企业多元化出口。完成第三届中国国际进口博览会组织工作，111家企业参会，现场采购成交金额203万美元。积极落实“苏惠外十二条”“惠外新八条”等惠企“政策包”，2020年度获得省、市两级外经贸扶持项目231个，争取资金1413余万元；法驰汽车获评2020年度全市外资企业年度特别贡献奖；苏州恒润进出口有限公司获评2020—2022年度江苏省重点培育和发展的国际知名品牌称号；苏州恒丰进出口有限公司获评2020—2021年度苏州市出口名牌。

【农贸市场建设】 2020年，姑苏区全面推进农贸市场“规划新建、改造升级、整治规范、业态提升、关停转向”五个一批系统工程，完成三元二村等6个市场整体改造、香花桥等3个市场农改超、大龙港等6个市场功能性提升，关停平一、湄长市场，启用彩香一村过渡市场。

## 招商引资

【概况】 2020年，姑苏区新增企业11680家，比上一年增长15.31%，新增注册资本625.52亿元，每家平均注册资本535.54万元，比上一年增长4.66%。其中，迁入企业1817家，比上一年增长62.96%。

【招商推介】 2020年，区经济和科技局（简称“区经科局”）持续开展综合性招商推介活动，展示传播姑苏独特的创新创意及城市文化，吸引更多战略投资商和高端优质项目深耕姑苏。4月，举办“姑苏八点半”夜经济全球招商云推介，3类共计20家夜经济标杆项目进行云签约，助力姑苏区产业提档升级。10月，依托第三届苏州国际设计周招商引资成果发布的重要平台，输送并签约展示中信出版集团、中建设计集团等20个优质文创设计项目，吸引更多新设计项目落地姑苏。

【项目引进】 2020年，姑苏区坚持项目引进，狠抓招商引资不松劲，聚焦文化产业、数字经济、商贸新消费、金融产业等重点领域，重点招引一批具有市场主导权和行业话语权的领军企业，推动喜马拉雅、索信达、国科美润达、百盛长发汇等标杆性、龙头性企业相继签约落地。

【2020苏州国际设计周开幕】 2020年10月30日，苏州国际设计周在观前街正式开幕。设计周以“产业赋能、城市互联”为主题，旨在通过发展大设计、优化国际合作，探索创意设计对城市更新、社群构建、价值消费的引领路径以及5G时代创意设计产业自身的数字化转型，助力苏州打造创意设计文化的城市新名片。启动仪式上，苏州市、姑苏区领导，法国、意大利、澳大利亚等国重要嘉宾，2020苏州国际设计周Q4设计消费季公益大使、文化名人潘长江，国际时尚设计师张驰以及国内外设计、艺术界嘉宾和苏州市各界人士300多人出席。此次开幕式拉开了长三角创城网络、长三角文旅互联合伙人行动的大幕，将积极推动苏州文化新经济建设融入长三角一体化战略。

自2018年启动以来，苏州国际设计周每年举办一次，始终将建设姑苏“设计之城”、服务苏州“产业之都”作为核心使命。2020年苏州国际设计周“走出展区，来到街区”，设置观前“设计新消费”主会场、桃花坞“文化新经济”主会场及众多分会场，践行“文化强市”战略，助力燃动全城设计热情，探索现代创意设计助力城市复兴的新方式。自10月30日起，苏州国际设计周正式向公众开放，持续至11月6日。

## 企业服务

【概况】 2020年，区经科局出台《姑苏区重点企业协调服务工作实施办法》，建立姑苏区重点企业服务平台，进一步增强横纵互联，加强外迁预警。全年接收重点企业外迁预警56家，协调挽留企业18家，涉及税源2.15亿元。制定《关于姑苏区重点企业协作保护机制的实施办法》，推出第一批265家重点服务企业名录，加强同相关部门的沟通协作，强化企业事前指导，让企业感受到“有温度的执法”。强化“一企一策”扶持和“一企一事”会办，全年共计召开政策会办会10次，会办项目142个，兑现产业扶持资金8300万元。

【政企互动】 2020年，区经科局推进姑苏区企业服务平台升级，不断优化营商环境，服务企业。出台关于姑苏区开展区领导挂钩联系重点企业走访活动暨“机关干部服务企业”推动企业复工复产行动的方案，区四套班子及相关部门深入全区238家重点企业，倾听企业需求，实现问题落实。

【经济表彰】 2020年，姑苏区开展全区经济工作表彰大会，分别授予151家优秀企业“杰出贡献企业”“行业领军企业”和“先锋总部企业”荣誉称号，进一步增强企业家的荣誉感和归属感。（朱　颖）

## 工业和信息化

【概况】 2020年，姑苏区致力于通过淘汰落后产能腾出发展空间、改善生态环境，完成关停及实施低效产能淘汰企业（作坊）30家。在全区开展网格化排查，严防“地条钢”死灰复燃。成功申报苏州市工艺美术大师25人，占全市近四分之一，有效助推姑苏区工艺美术产业可持续发展。围绕工业互联网驱动产业转型升级，成功获评星级上云企业33家。

【软件和信息服务业发展】 2020年，召开数字经济发展生态大会。培育3家苏州市软件和信息服务业“头雁”企业，2家“头雁”培育企业；4家企业获得省级工业信息安全服务支撑机构称号，数量居全市第一。全年全区软件和信息服务业收入完成13亿元，比上一年增长10.17%。加快5G建设及应用，建立5G建设联席会议制度，协同推进全区5G建设，姑苏区建成基站1404个，覆盖姑苏区商业圈、主干道等核心热点区域。积极推动5G+技术应用，4个项目获评市级5G示范应用项目。大力推进企业数据云平台三期项目建设，不断提升数据支撑能力。

【产业培育】 2020年，持续深化“强企圆梦”中小企业服务品牌建设，开展专题调研、理论培训、技能提升、实践学习、创新创业大赛等10个服务项目，有力提升了企业经营管理能力，拓展了创新创业思维。指导企业争取软件和信息化、新能源汽车补贴等扶持资金4637万元。积极参加创客中国、工业互联网推进大会、全球产业链对接大会、苏州电博会等产业活动和展会。扎实落实清理中小民营企业被拖欠账款工作，积极推进中小企业公共服务平台建设。

（朱　颖）

## 国有资产管理和经营

【概况】 2020年，姑苏区有国有一级企业5家，其中国有独资集团3家（名城保护集团、名城建设集团、名城发展集团）。国有二级企业27家，比上一年减少1家。企业总实收资本46.3亿元，总资产294.8亿元，负债177.9亿元，净资产116.9亿元（以上数据不含市级平台类企业）。

【国企经营】 2020年，区属各国资集团公司（均为一级企业）的资产负债所有者权益情况为：

名城保护集团，所属控股二级企业8家，资产87.0亿元，负债37.3亿元，净资产49.7亿元；

名城建设集团，所属控股二级企业8家，资产107.9亿元，负债80.9亿元，净资产27亿元；

名城发展集团，所属控股二级企业7家，资产33亿元，负债19亿元，净资产14亿元。

非集团公司的一级企业苏州金阊区国有（集体）资产经营管理公司，由名城发展集团管理，所属控股二级企业4家，资产66.6亿元，负债40.7亿元，净资产25.9亿元。

2020年成立苏州鸿北投资发展有限公司，由北部经济区一体化创新发展领导小组指挥部管理，资产0.3亿元，净资产0.3亿元。

【经营性资产管理】 2020年，区属国有企业经营性房屋资产完成租赁收入2.49亿元。区属国有企业经营性房屋资产总面积78.16万平方米，出租56.32万平方米，出租率72.06%。

2020年，全区各街道实现经营性资产租赁收入0.77亿元。街道经营性资产总面积21.38万平方米，出租19.53万平方米，出租率91.35%。

【国资监管】 2020年，姑苏区加大制度建设力度，对三区合并以来国资国企监管制度进行梳理，确定需要修订、废止和新增的一系列国资国企监管制度清单，启动区属国有企业对外投资、产权管理、借款担保、业绩考核、薪酬分配及违规经营投资责任追究等监管制度修订完善工作。至年底，草拟完成区属国有企业违法违规经营投资责任追究制度，对企业负责人履职待遇相关规定进行修订，形成讨论稿。进一步强化对国企投资运营日常监管，加强前期可行性论证和研究分析，加强投后管理，重点关注报告期内投资项目的风险变化。开展区属国有企业债务管理专项调研，规范企业举债融资行为，着重防范和化解区属国有企业债务风险。在集团监管层面，依据企业经营状况，严格控制债务增量，制定合理科学的偿债计划。加强监督检查力度，积极开展区属国有企业产权登记信息专项清查。通过产权清查，明确了以实际产权结构为基础确立国有资本管理关系的原则，对管理机制、风险控制、监督体系进行全面审视，由投融资管理、财务管理、业务管理各条线"会诊"，寻找可能存在的隐患。围绕国资国企在薪酬、人事、投资等方面的监管需要，完成国资监管信息化项目（一期）软件项目的招投标工作。

【"六保六稳"工作落实】 2020年，姑苏区积极落实租金减免政策。根据"苏惠十条"文件精神，出台应对疫情帮扶中小企业和个体户缓解房租压力的相关办法，累计减免中小企业租赁区级国有资产类经营用房租金0.92亿元，缓解承租户的经营负担。有效降低企业融资压力。区属国企名城发展集团出台落实"苏惠十条"实施细则，内容涵盖了延长投资期限、加强顾问服务、压降成本费率、协调金融机构等内容。名城科贷公司推出了给予符合政策的企业利率下浮10%的政策，为25家企业减免利息40.8万元；对无法及时支付到期本息的企业，给予1~3个月的宽容期。深入走访企业排忧解难。先后赴深圳平安综合金融服务有限公司苏州分公司、贝芽智能科技（苏州）有限公司等多家辖区税源企业开展"机关干部服务企业"活动，深入了解企业复工复产情况，及时宣传应对疫情影响的相关优惠政策。走访期间，共收集整理问题9个，现场解决5个，其余问题均得到妥善处理。倾力打造"姑苏八点半"夜经济品牌。以观前商圈为主体，打造碧凤坊美食夜市、观前主街和太监弄美食外摆、新艺广场群文舞台等夜间经济品牌项目，积极促进消费升级。

【国企优化经营】 2020年，区国资办进一步优化载体经济布局，按照"数字赋能、文化强区"的工作要求，通过产业转型升级、龙头企业集聚等打造标杆文创产业园。区属国资自有或经营管理的产业园共14个，可招商总建筑面积28.73万平方米。启动实施M+苏州芯谷、M+金狮"校园里"、M+驻这里创意设计产业园、M+视界创新产业园提档升级工作。为进一步推动全区古建老宅修缮，苏州姑苏古建保护发展有限公司与苏州园发建设管理有限公司共同组建苏州梓胥营造有限公司。大力发展数字经济，在M+芯谷产业园依托新入驻的讯众、OTN等科技型龙头企业，打造5G智慧园区样板，在智慧城市、智能制造、消费电子、IT领域等多场景实施落地应用，形成产业聚集、人才聚集、信息服务聚集的多元产业复合空间。目标产业聚集度达到60%以上。全面提速文创经济，依托《浮生六记》IP和平江路、山塘街等古城文化旅游资源，以加强品牌联盟的方式开发文旅路线及文创产品，推出多场景剧目，实现从演出品牌向文旅文创衍生的IP转换。启动山塘狸猫"山塘冬至，七里寻狸"、寻狸研学游等宣传活动。加强"繁华姑苏"和"颐和园"文创品牌在产品、产业、活动3个维度的合作。尝试非遗内容的开发与创新，引入施德明等国内外优秀设计师资源与该地非遗传承人、老字号、文创企业三方形成合力，将"非物质文化遗产"转化为"非物质文化潮流"。积极推动假日经济，打造一批精品主题度假酒店，努力发挥美学新经济的空间载体价值，把古城历史文化资源转化为新的生产力。加快推进与南通第一城的双子楼合作项目，引进喜来登和万怡酒店。推出桃花坞二期、唐寅故居文化区、平江历史街区6处古建老宅和仓街原染织二厂地块项目等资源，加快推动嘉佩乐酒店、安麓酒店等高端酒店集团项目落地。

【国企债务结构改善】 2020年，姑苏区增加政府投入，缓解区属国企资金短缺问题。全年区国有资本经营预算支出安排4576万元，全部用于对国有企业的资本金注入。联合昆山市、工业园区、高新区和国发集团共同发起设立姑苏古城保护与发展基金，与30多家机构进行对接，储备20多支子基金项目，成功召开合伙人会议和投资决策委员会会议。对区属国企经营情况开展调研和梳理分析，深入了解企业发行中期票据、超短融、私募债和REITs（房地产信托投资基金）、CMBs（商业房地产抵押贷款支持证券）等产品的需求和意向，积极谋划区属国企上市可行性分析和上市方案。探索合作政策性银行谋全局，与国开行、国开金融全面深化合作，对古城保护与更新、文化产业发展、文旅融合等重点项目梳理商洽，形成古城保护整体融资规划合作备忘录。加快股权转让，实现资金回笼。完成苏州市营财投资集团公司收购越城公司51%股权工作，市属国资营财集团和区属国资建设集团共同参与项目建设、管理与后期运营。完成苏州观前物业公司持有的苏州新国驿智能科技有限公司20%（出资额20万元）股权的公开转让工作。

【国企安全生产】 2020年，全区国资系统开展各类安全生产演习57次，组织消防安全生产培训及讲座87场（次），开展各类安全检查850次，发现并整改安全隐患1809处。全区国资系统安全生产总体形势平稳，风险可控。

【信访处置】 2020年，区国资办完成答复优化营商环境监督建言13件，完成答复省委书记信箱1单、省长信箱1单、市委书记信箱5单、市长信箱8单、区长信箱2单、公众监督网1单、江苏阳光信访—苏州平台17单、姑苏办信转2单、社会综合治理联动平台12345热线1429单、督办单1单、“寒山闻钟”263单，接待市民来访65批次97人。（金秋萍）

## 市场监督管理

【概况】 姑苏区、苏州国家历史文化名城保护区市场监督管理局（简称“区市场监管局”）主要承担姑苏区范围内工商、质监、食药监、知识产权、物价等方面工作。区知识产权局为挂牌单位。内设机构有办公室、人事教育处等14个。直属机构1个，为区市场监管执法大队。派出机构14个，分别为火车站分局、沧浪分局、双塔分局、友新分局、吴门桥分局、娄门分局、桃花坞分局、苏锦分局、观前分局、虎丘分局、金阊分局、留园分局、石路分局、白洋湾分局，其中除火车站分局外，其余13个以8个分局形式分别派驻街道与新城。2020年，区市场监管局在区委、区政府的坚强领导下，充分发挥职能作用，大力发扬“三马精神”“三铁作风”，统筹推进疫情防控，服务经济社会发展，市场监管领域各项工作取得了长足的进展，为促进古城全面振兴做出了积极贡献。年内区市场监管局被评为2020年度“法治苏州”先进集体。

【疫情防控】 2020年，区市场监管局快行动、强担当、重落实，全力打好疫情防控阻击战。第一时间成立6个工作专班，组建党员突击队、青年突击队、机关干部突击队，坚持下沉一线、全员战“疫”。抗疫期间，累计检查餐饮店8919户次，张贴《疫情期间就餐提示卡》3000余份，检查超市、卖场425户次，检查药店930户次，核对“苏城码”及个人信息

9000人次，依法暂扣不合格口罩1.76万只，依法立案79件，案值44.1万元；严查涉及防疫内容的虚假违法广告，立案查处34条；上报2万多例购买治疗发热、咳嗽药品的人员信息。率先建立进口冷链食品集中监管仓，成立工作专班和驻场工作组，按照全链条监管、全流程留痕、全过程溯源目标，明确监管仓内的岗位职责、工作流程和操作规范，制定作业监督、采样监测规范、清洁消毒指引等工作制度，明确不同岗位人员的防护级别和防护要求，做好做细人员健康管理和安全防护工作。

【四类行业】 2020年，区市场监管局开发运行“四类行业”负面清单查询系统和联合行政指导平台，采集录入联审联办服务信息2547条、负面清单数据信息622条；落实餐饮单位积分管理制度，全面推行餐饮单位明厨亮灶和“5S”管理模式，并纳入街道考核指标。持续深化“明厨亮灶”工作，积极推行餐饮单位积分量化管理措施，围绕提升核心区业态，开展西北街综合整治、华贸中心周边整治，有力推动“靓丽姑苏”建设。

【企业服务】 2020年，区市场监管局出台《姑苏区市场监管部门在疫情期间支持服务业复产复工十条意见》。率先推行农贸市场防疫监管工作措施8条，发布“宴十条”“面六条”等行业自律文件，率先在全省恢复餐饮店堂食，恢复餐饮店经营生日宴、满月宴，推出“姑苏味道·美食地图”，全力促进餐饮业加快复苏。开发个体工商户复工复产平台、餐饮单位复工平台，做好疫情期间复工复产备案管理；出台《关于做好姑苏区校外培训机构有序复工复课的通知》，对1448家培训机构开展全方位防疫体检。根据苏州市市场监管局免罚轻罚事项清单，坚持包容审慎监管，为受疫情影响的市场主体恢复经营创造过渡期，办理免罚、减轻处罚案件141件，免罚金额超420万元，全力促进惠企政策落地。大力推行动产抵押网上不见面审批，助企融资18.5亿元。

【消费维权】 2020年，苏州在全国首创的由政府出资先行垫付的线下购物无理由退货工作机制在姑苏区先行先试。区市场监管局牵头制定《“姑苏八点半”无理由退货指导手册》，推动无理由退货工作有章可循。不断扩大无理由退货承诺商家的覆盖面，实现了无理由退货由观前地区向其他地区辐射，由传统商贸业向旅游、服务以及餐饮等行业推广。全年累计无理由退货承诺商户5594家，退货12217件，金额1021.57万元。紧扣“凝聚你我力量”主题，积极开展计量科普、产品质量、物价知识等宣传，大力倡导科学消费、理性消费理念。积极开展中介机构专项整治行动，推行格式合同示范文本，加强流通领域商品质量执法抽查，约谈产品及服务质量不合格企业，深入推进保健品专项整治。围绕维权惠民，累计受理投诉、举报及咨询18780件次，比上一年增长69.3%，为消费者挽回损失250余万元，区域安全放心消费的环境基础日益巩固。

【食品安全】 2020年，区市场监管局牵头成功创建省级食品安全示范城市，牵头完成《关于深化改革加强食品安全工作的实施方案》《姑苏区党政领导干部食品安全工作责任清单》，压实各方责任。推行餐饮安全监管规范2.0版本，持续提升监管质效。凤凰街创建省级食品安全示范街，十全街、万达广场分别创建市级食品安全示范街。开展食品监督监测6645批次，千人抽检率6.95批次，超额完成上级下达的任务。深入开展食品安全放心工程“十大攻坚行动”专项整治，全面落实“长江禁捕”措施，加强农贸市场溯源管理，加强非洲猪瘟防控，落实农贸市场“以奖代补”等工作，全年开展专项检查23次，立案93件，有力地促进了食品行业规范发展。

【药械监管】 2020年，区市场监管局认真落实《药品管理法》《疫苗管理法》，夯实医院、卫生服务中心等各方责任，实现21家疫苗接种点多轮次全覆盖检查。审核上报药品不良反应监测报告800多例。开展中药饮片、二类精神药品、药品网络销售、无菌植入类医疗器械等专项检查10项，检查各类主体1513户次，监督监测药品70批次、保健品56批次，实现零售药店、三级监管医疗器械监管100%覆盖。年内高标准通过了苏州县区药械领域高质量发展绩效评价考核。

【特种设备监管】 2020年，区市场监管局围绕全区安全生产18项专项整治任务，成立整治行动专班，全力推进宣传教育、底数排查、隐患整治和业务培训，指导企业健全安全管理制度，明确责任事项清单，完善应急预案，签订安全承诺书，压实主体责任。充实一线监管力量，在800余家企业建立特种设备安全管理站，在传化物流园开展的叉车运行“九步法”试点初显成效。全年对在用的10940台特种设备全部拉网排查一遍，梳理整改隐患306处，立案20起，查封扣押设备37台（套），罚没款80.06万元，严格落实企业自查率、隐患排查率、督促整改率“三个100%”，实现特种设备零事故、零亡人的目标，辖区特种设备安全监管形势持续向好。

【知识产权】 2020年，区市场监管局牵头出台《姑苏区、保护区关于进一步推动创新促进知识产权发展的扶持政策》，兑现奖励资金136.3万元，苏州热工研究院有限公司获评2019年度国家知识产权优势企业，区内企业的1项专利获得2020年度市优秀专利二等奖。沧浪实验小学获评省知识产权教育试点学校，善耕实验小学和沧浪实验小学获评市级首批知识产权教育先进学校。全区专利申请量5579件，比上一年增长61.76%；商标申请13345件，有效注册商标8605件，比上一年增长2倍，企业创新的氛围明显浓厚。

【质量管理】 2020年，姑苏区建立“品牌植树育林行动群”“品牌培育企业库”，推动企业的质量管理和品牌建设。东吴物业获评江苏省省长质量奖，苏州建设集团获评苏州市市长质量奖，居家乐养老公司等7家企业获评苏州市质量奖。发挥强制性认证“保安全”底线作用，引导企业推广应用先进质量管理体系和方法，质量管理体系认证获证企业数量比上一年增加3%，有17名不同企业的骨干获评首席质量官，45名企业管理人员获得卓越绩效自评师证书。

【标准计量】 2020年，区市场监管局积极争取国际、国家标准化技术组织落户姑苏，居家乐养老服务中心、东吴物业顺利通过国家级服务标准化试点中期评估。区内企业主导或参与制定、修订国际、国家等各类标准44项，获批标准化技术组织1个。深入开展“计量服务中小企业行”活动、“小微企业质量管理提升”行动，逐步加强姑苏“标准化+”。

【信用监管】 2020年，区市场监管局召开公平竞争审核联席会议，对全区涉及市场准入、市场竞争等方面的文件开展合法性审查；推动企业年报组织领导，企业年报率创历史新高，达92.5%。推进跨部门“双随机、一公开”监管，最大限度做到对企业“无事不扰”。科学分解15批次2122户次的抽查任务，将“双随机、一公开”监管与企业信用风险分类结果有机结合，归集市场主体信息123580条，公示行政处罚信息397条、经营异常名录信息12759户，移出经营异常企业16179户，吊销长期停业未经营企业4636户。推进“数字市监”建设，升级药械终端应用系统、食品安全综合治理平台、执法办案信息系统，推动部门之间业务系统互联互通，加强监管信息归集共享和应用，推行远程监管、移动监管、预警防控等非现场监管。

【价格监管】 2020年，区市场监管局积极营造透明稳定的价格环境。以规范价格收费秩序、优化价格公共服务、维护群众价格利益为重点，加大节假日市场价格巡查，持续不断对景区景点、农贸市场、停车场等场所开展价格监督检查。加强涉企价费监管，对186家转供电主体开展综合检查，对银行开展涉企收费专项检查，对241家涉及转供电的5G基站进行核查，依法立案18家，责令退款450.9万元。

【执法维权】 2020年，区市场监管局突出主业主责，坚持把执法维权工作摆在更加突出的位置。出台《行政执法公示办法》《行政执法全过程记录办法》《重大行政执法决定法制审核办法》，全面推行行政执法“三项制度”，发布《行政执法十大典型案例》。制定《行政执法过错责任追究办法》《法制员工作制度》，不断提升依法行政能力。修订《业务指导手册》《内部管理规范》，明晰工作职权，促进规范履职。先后开展防疫物资专项检查保供行动，查处涉及口罩的案件12件；开展侵害消费者个人信息违法行为专项行动，先后对700家装修公司进行筛查，对2家公司依法立案，罚没19万元；开展假冒伪劣名酒专项整治行动，对48家名酒专卖店、10家酒类商行、6家酒吧开展突击检查，查获假冒伪劣名酒234瓶。建立市场监管领域跨区域知识产权快速协同保护机制，不断加大商标侵权、地理标志侵权、假冒伪劣等重点商品及服务违法案件的查办力度，累计查处商标侵权案50件，罚没入库90余万元。依托职能，持续推进扫黑除恶工作，整理移交恶意索赔人信息300余条。

【队伍建设】 2020年，区市场监管局推进“学树争”活动，开展“十大标兵、十大能手”评比，开展处室“月度流动红旗”评比，大力营造争先进位氛围。开展“八一之星评比”“国庆升国旗”“党建惠企”等主题党日活动40余次，着力打造“党建引领·红盾闪耀”机关党建品牌。各支部充分发挥战斗堡垒作用，主动将主题党日活动融入到疫情防控、食品安全、示范城市创建、垃圾分类、文明城市创建等各项工作中去，有效发挥了党建工作在各项工作中的引领作用。认真落实意识形态工作责任制，汇编下发《意识形态工作责任落实制度》等5项制度，落细、落实意识形态工作。建立重要事项会商、舆情监测和直报、定期督导评估等4项工作制度，确保上级各项部署不折不扣落到实处。 （张晗玥）

## 安全生产与应急管理

【概况】 2020年，姑苏区安全生产应急管理和防灾减灾救灾工作以习近平新时代中国特色社会主义思想为指导，深入学习贯彻落实习近平总书记关于安全生产、应急管理和防灾减灾救灾的重要指示精神，坚持以人民为中心的发展思想，强化安全发展理念，牢固树立安全生产红线意识和底线思维，推动安全生产、应急管理和防灾减灾救灾责任落实，开展重点专项整治、加强风险管控措施，推进应急管理和救援能力的提升，努力完成各项目标任务，为全区社会稳定、经济发展创造了良好的安全生产环境。

【安全生产专项整治】 2020年，姑苏区深入开展安全生产专项整治行动，排查消除各类隐患1.2万余处，发现突出问题640项，排查较大隐患54项，全部完成整改。专题研究，选准领域。区委召开书记专题会，结合省、市专项整治范围，在缩减10个不涉及领域、增加1个房屋安全领域的基础上，确定

2020年4月1日，全区安全生产暨"331"专项行动工作会议召开　　区应急管理局　供稿

在建筑施工、房屋安全、道路交通、火灾防控等18个重点领域开展专项整治行动。专班组织，全面展开。成立专项整治行动领导小组。建立健全信息报送和定期会商制度，坚持每月召开1次协调推进会，每周梳理汇总工作情况，总结经验做法，及时转发推广。专项督导，四级联动。在配合国家、省、市督导组开展督导工作的同时，成立4个区级督导组，对8个街道、18个领域专项整治牵头部门开展常态化督导。

【危化品监管】 2020年，区应急管理局在危险化学品领域，坚持强化风险源头管控，强化部门协同联动，强化主体责任落实，持续深入开展综合治理。严把许可准入。持续规范行政许可程序，强化现场核查，把好危险化学品市场准入关口。全区现有危险化学品经营企业301家（其中零售企业10家、批发经营单位290家、带储存经营企业1家），加油站21座。严抓专项整治。通过"大数据"指引、"网格化"联动、"铁脚板"核查、"大整治"问题归零的方法，开展违法违规"小化工"百日安全专项整治，全区8个街道167个社区1358个网格近1.5万人次进村入企，排查4.2万个场所，查实违法违规"小化工"4家。严控双重机制。通过推进安全生产标准化、双重预防机制建设、零售点规范化建设等工作，强化对企业安全生产工作的指导。辖区22家危化品企业完成三级标准化达标创建，所有加油站均开展了双重预防机制建设，10家零售经营企业现场开展了规范化建设。

【执法检查】 2020年，区应急管理局精准监管事故易发领域。通过外聘专家、联合检查等方式，对辖区200余处零星未办施工许可证的项目实施全覆盖检查，消除问题隐患2500余处。精准整治突出区域隐患。安全生产和"331"专项行动挂牌督办的114处重大隐患全部按期完成整改，解决了相王弄区域、德合水果市场等存续多年的问题隐患。精准防控安全生产风险。积极推进"331"领域"三类场所"合规化改造，改造完成"三合一"场所4197处、出租房（群租房）5439套、小餐饮场所3357处，有效消除重点场所火灾隐患。紧盯古城用气用电安全，餐饮场所全覆盖实施"瓶改管""气改电"，规范居民用气，统一供气渠道、车辆和人员，统一更换连接软管；开展电线清理行动，消除私拉乱接、架空线杂乱、飞线充电等隐患，防控系统性安全风险。

【四类场所整治】 姑苏区各类专业市场有19个，市场方安全主体责任普遍落实不到位，业态密集；城中村有44个，绝大多数消防设施不全，且人员复杂；老旧厂房有82个，租赁户997家，安全管理责任难落实，权责管理难理清。为此，区应急管理局按照"以点带面、连线成片，示范引领、整体提升"的工作步骤，形成火灾隐患整治、促进民生福祉持续推进的示范带动辐射效应。古旧老宅重技防、强预警。出台《姑苏区推进智能安防系统建设指导意见》，在公有、经营、居民自有3类建筑推广安装"五合一"智慧安防系统（包含线路火灾探测器、可燃气体探测器、无线数据传输器、无线烟感、简易喷淋），实现"五化"：报警自动化、接警智能化、处警预案化、管理科技化、服务专业化。专业市场严管理、谋转型。以“保留市场、重新定位、消除隐患、强化管理”为基本思路，打造机电五金城、观前小商品市场2个示范点，采取“一场一案”措施，对于发展前景不好、经营不善以及有意向改建的专业市场，支持其转营发展其他服务业，提高土地利用效率，优化区域产业结构，做到因“场”施策。城中村建设施、提能力。按照“短期加强综合整治，长期着眼征收拆迁”的思路，进一步完善小型消防站—消防亭—消防点基层三级消防体系，在15个未被列入拆迁计划的城中村增设微型消防车和消防水泵，整合网格员及志愿者队伍力量，综合运用常态化巡查、网格化监管等手段，提升城中村火灾防控能力。老旧厂房除隐患、抓规范。打造“两级两类”（两级：区级、街道级；两类：规范整治、改造升级）老旧厂房示范点，召开现场观摩会，明确整治标准，全区范围推广，“一厂一案”完成老旧厂房整治50个。规范整治27个老旧厂房，其中关停取缔8个；改造升级23个老旧厂房。

【应急救援】 2020年，区应急管理局重点围绕“理顺体制机制，加强部门协同，完善指挥体系”，着眼于“事前防、事中减、事后救”，在工作实践中，进行了积极探索。修编应急预案。修编《姑苏区突发事件总体应急预案》《姑苏区城市防洪应急预案》《姑苏区地震应急预案》《姑苏区自然灾害救助应急预案》等4件预案，并经区政府常务会议讨论通过发布实施。统筹应急队伍。全区各类基层应急队伍2700人，涉及自然灾害、安全生产、医疗救护和社会维稳4大类，队伍来自政府组织、委托聘用和社会志愿者组织。与苏州蓝天救援队等第三方签订合作协议，防汛防台、水面搜救、人员救护、机械运输等方面的应急力量得到加强。储备应急物资。按照市安委办和市防指要求，对应急物资进行全面清理、补充。购置麻袋、潜水泵、高扬程抽水泵及消防救援装备等。与多家商超签订应急物资战略储备协议，

2020年6月30日，姑苏区举办突发事件综合应急救援演练　　区应急管理局　供稿

提供食品、卫生、照明等日常应急物资合作保障。组织应急演练。组织开展综合抢险救援演练1次、专项预案演练15次，涉及地震灾害、水面救援、火灾逃生、筑坝排涝等多项综合性应急抢险救援项目，通过演练活动锻炼应急储备物资的高效调配和应急力量的快速部署。

【安全生产宣传】 2020年，区应急管理局积极推动安全生产宣传教育“五进”活动，凝聚全社会安全发展共识，提升全民安全文明水平。充分利用微博、微信等新媒体和轨交、主干道等传统宣传阵地，以“线上线下”同步的方式，开展“5·12”防灾减灾宣传周、“安全生产月”、“7·28”唐山大地震纪念日等系列宣传活动。协调11个部门设立安全生产宣传咨询台，开展安全生产月宣传咨询日活动，通过体验互动、应急演示、发放宣传资料等方式全方位普及安全防范知识，提高人民群众的安全意识。在葑门横街、胥江社区和百家巷建设消防驿站、安全科普馆和实训基地。利用安全宣传阵地开展应急演练培训、安全科普宣传等活动，普及安全防灾避险救助知识，提升居民安全意识，筑牢安全生产思想防线。组建各级宣讲团，注重发挥工会、行业协会等的作用，通过召开研讨会、企业家座谈会等方式深化宣讲活动。

【责任体系健全】 2020年初，制定《区委常委会成员、区政府领导班子成员2020年安全生产重点工作清单》《区领导带队开展安全生产专项整治行动督察督导工作规则》，明确区委、区政府领导安全生产责任，区四套班子成员常态化开展“四不两直”抽查暗访，全面落实安全生产“党政同责、一岗双责”。消除市、区部门监管空白区。区安委办牵头邀请市交通局运管处，协调区有关部门成立“两客一危”工作专班，推进挂靠车辆专项清理工作；主动对接市水务局河道管理处，做好沿河老旧房屋的排查巡检，分段分类实施加固，严防因河道清淤引发坍塌事故，填补了姑苏区部分领域监管空白区。消除区、街道两级职能模糊区。印发《姑苏区安全生产工作职责规定及任务清单》《姑苏区重点行业（领域）牵头部门与街道安全生产职责边界清单》，以清单化的形式，明确安委会成员单位安全生产工作责任，厘清部门与街道之间的职责边界。消除企业主体责任落实断档区。区应急、人社、检察院等部门成立安全生产联动工作协调小组，定期开展安全生产宣传，委托第三方专业机构进驻企业，免费开展风险评估和相关培训工作。区督导组、各行业部门相关人员和街道相关人员深入企业一线，通过召开座谈会、调阅台账、现场检查等方式，督促企业落实安全生产主体责任。

【制度机制完善】 2020年，区应急管理局积极推动区安委办实体化运作，充分发挥区安委办统筹组织、指导协调、监督检查、巡查考核等职能作用，促进形成安全生产齐抓共管的工作格局。完善组织架构。增补分管住建、教体文旅等方面的区委、区政府领导担任安委会副主任，调整安委会组成部门。在14个部门增挂安全生产监督管理处牌子。健全工作制度。制定《姑苏区安全生产委员会工作规则》，出台安全生产警示提示、约谈、督办、述职和履职报告等5项制度，强化部门协作。 （杨　柳）

# 财税审计

## 财　政

【概况】 姑苏区、苏州国家历史文化名城保护区财政局（简称“区财政局”）为姑苏区政府、保护区管委会工作机构。2020年，区财政局以习近平新时代中国特色社会主义思想为指导，全面贯彻党的十九大和十九届二中、三中、四中、五中全会精神，落实积极的财政政策，履行公共财政职责，牢固树立“以政率财”理念，充分发挥财政功能性作用，财政事业改革发展取得明显成效。

【财政收入】 2020年，姑苏区完成一般公共预算收入638099万元，完成调整预算100%，比上一年实绩增长1995万元，增长0.31%，税收占比88.4%。国有资本经营收入预算2196万元，全年完成国有资本经营预算收入2258万元，完成年度预算的102.8%。一般公共预算收入分科目情况如下：增值税完成240383万元，比上一年减收1436万元，下降0.6%；企业所得税完成91351万元，比上一年减收4151万元，下降4.3%；个人所得税完成62355万元，比上一年增收1652万元，增长2.7%；城市维护建设税完成34213万元，比上一年增收1023万元，增长3.1%；房产税完成34346万元，比上一年减收8505万元，下降19.8%；印花税完成7446万元，比上一年增收322万元，增长4.5%；城镇土地使用税完成4501万元，比上一年减收643万元，下降12.5%；土地增值税完成87996万元，比上一年减收5965万元，下降6.3%；耕地占用税完成627万元，比上一年减收627万元，下降50.0%；环境保护税完成982万元，比上一年减收139万元，下降12.4；其他税收收入14万元，比上一年减收384万元，下降96.5%；专项收入完成27248万元，比上一年减收989万元，下降3.5%；行政事业性收费11875万元，比上一年增收4005万元，增长50.9%；罚没收入完成5656万元，比上一年减收658万元，下降10.4%；国有资源（资产）有偿使用收入完成26105万元，比上一年增收15542万元，增长147.1%；其他收入完成3001万元，比上一年增收2948万元，增长5562.3%。

【财政支出】 2020年，姑苏区完成一般公共预算支出716191万元，完成调整预算的96%，比上一年增长20.8%。政府性基金年度支出总预算223578元，为上年结余及上级支出指标。全年累计完成政府性基金预算支出92390万元，完成年度预算的41.3%。全年累计完成国有资本经营预算支出4576

万元，完成年度预算的100%。一般公共预算支出分科目情况如下：一般公共服务支出50301万元，完成年度预算的96.7%，比上一年增长15.9%；国防支出8万元，完成年度预算的43.2%（均为上级指标）；公共安全支出26401万元，完成年度预算的94.8%，比上一年增长15.6%；教育支出175205万元，完成年度预算的97.2%，比上一年增长29.3%；科学技术支出13316万元，完成年度预算的89.9%，比上一年增长24.6%；文化旅游、体育与传媒支出22575万元，完成年度预算的97.6%，比上一年下降26.6%；社会保障和就业支出150181万元，完成年度预算的95.2%，比上一年增长42.5%；卫生健康支出33407万元，完成年度预算的93.9%，比上一年增长72.9%；节能环保支出22119万元，完成年度预算的97.6%，比上一年增长4.0%；城乡社区支出167129万元，完成年度预算的95.4%，比上一年增长24.9%；农林水支出1813万元，完成年度预算的95%，比上一年增长4.6%；交通运输支出73万元，完成年度预算的33.9%（均为上级指标）；资源勘探信息等支出15125万元，完成年度预算的93.5%，比上一年下降58.4%；商业服务业等支出2823万元，完成年度预算的89.9%，比上一年增长6.1%（均上级指标）；援助其他地区支出6069万元，完成年度预算的100%，比上一年增长6.5%；自然资源海洋气象等支出400万元，完成年度预算的96.5%；住房保障支出23373万元，完成年度预算的90.5%，比上一年增长20.7%；灾害防治及应急管理支出3703万元，完成年度预算的98.3%，比上一年增长84.9%；债务付息支出2170万元，完成年度预算的100%，与上年持平。

【民生保障】 2020年，区财政局共发放最低生活保障金、尊老金、养老援助扶持、抚恤救助金等各类民生扶持资金2.48亿元；教育上，保障各类生均经费预算标准，其中幼儿园生均标准提高至800元，持续推进“五年行动计划”新建改扩建学校建设项目，2020年除教育人员经费外，共安排各类教育项目经费6.38亿元；制定合理的公共卫生服务机构财政保障机制，落实基本公共卫生服务经费1.24亿元；安排儿童口腔健康幸福工程、母婴阳光工程、预防接种安全提档工程、社区卫生服务机构提升改造项目、基层中医药服务能力提升工程等实事项目1437万元；积极保障公共文化事业发展，安排专项资金3000万元，分三年落实到位；支持江苏省大运河文化旅游发展基金运行，推动大运河文化带建设；坚持以人为本，确保人才开发资金落实到位，统筹安排各类人才资金4750万元；安排社区党组织为民服务专项、社区党员活动经费等各类党建经费4783万元，有效推动党建引领社会治理工作；安排经费1.74亿元，保障社工经费有序到位，改善社区工作者待遇水平；全面落实国家、省、市关于做好新型冠状病毒肺炎疫情防控工作的决策部署，安排各类防疫资金6585万元。全面推动古城保护。围绕历史文化名城保护和提升六大工程、平江片区重点功能区建设等项目，积极申报城建资金计划，争取长效资金保障，累计拨付古保项目、“六大工程”以及2018—2020年新增整治项目资金19.57亿元。合理安排土地资金专项奖励，为重点项目区级配套、债务控降、古城保护和管理大数据中心、新校建设五年行动计划等提供资金支持。落实“两扫”专项保障，安排征收搬迁工作经费5000万元，加快推进全区征收搬迁扫尾清零工作；安排“两小”行动、文明城市飓风行动、老旧小区长效管理、垃圾分类等环境卫生综合整治经费12260万元，用于姑苏区小区综合环境提升、垃圾分类等工作。加大实事项目投入。累计拨付中心城区架空线整治和入地工程经费23406万元，净化城市空间，改善城市面貌，保障城市运行安全。累计拨付海绵城市试点及“厕所革命”经费9758万元，持续改善居民生活环境、提升小区品质，提高百姓获得感、幸福感、安全感。

【财政监督】 2020年，区财政局进一步优化财政监督机制，统筹安排财政监管资源，有效衔接日常监督与专项监督，按照“突出重点、统筹兼顾”的原则，制定检查方案，让监督检查由单一的合规性财政财务收支检查向全方位监督转变，切实提升日常监督的执行质量。2020年，累计实施政府采购项目521个，预算金额22.62亿元，实际采购金额21.38亿元，节约资金1.24亿元，节支率为5.8%；共完成评审项目117个，累计审定金额18.18亿元，累计审减达6568万元。全年累计审核限额以下行政事业单位国有资产购置1018笔，采购金额2924.5万元。审核批复各类资产报废报损144笔，报废金额3947.9万元；审核资产调拨50笔，调拨金额1099.1万元。

【财政改革】 2020年，区财政局积极构建全方位、全过程、全覆盖的预算绩效管理体系，加快推进预算和绩效管理一体化建设。选取区人社局、区档案馆开展部门整体支出绩效管理，推动提高部门整体绩效水平。将16家预算单位的22个预算项目纳入管理范围，涉及预算资金2.96亿元，资金领域涵盖民生保障、古城保护、产业发展、教育卫生、人才就业等方面，项目类型包括实事项目、政策补贴、信息化建设、基础设施建设等。将绩效理念和方法融入预算编制、执行、监督全过程，形成“预算编制有目标、预算执行有监控、预算完成有评价、评价结果有应用”的管理闭环。积极开展专项资金和政府实事项目绩效管理，对服务业引导资金、人才开发资金等专项资金实施全过程绩效管理，对小区技防监控系统建设项目、餐饮服务食品安全提升工程项目等2项政府实事项目开展重点评价。稳步推进国库集中支付电子化改革，通过实行人民银行清算、部署电子签名、试点授权支付等措施，进一步强化财政资金安全，提高预算单位财务主体意识。全面推进政府采购项目全流程电子化改革，进一步强化采购人主体责任，保障公平竞争，优化全区营商环境。

（金秋萍）

## 税务

【概况】 国家税务总局姑苏区（苏州国家历史文化名城保护区）税务局（简称“区税务局”）于2018年9月正式成立，行政级别为副处级。按区税务局机构职能划分，区税务局承担姑苏区属内资企业、个体工商户的日常管理、税源管理等工作。设有13个内设机构（副科级）、1个派出机构（副科级）和1个事业单位（副科级）。其中派出机构为区税务局第一税务所，负责区级重点税源集中管理、风险应对和区直机关事业单位社会保险费征收管理等工作；事业单位为区税务局信息中心，负责该单位信息化建设的技术支持、保障工作，承担税收管理信息系统的技术和设备运行维护工作等。2020年，面对突如其来的新冠肺炎疫情冲击以及艰巨繁重的改革发展任务，区税务局坚决落实省、市局和区委、区政府决策部署，牢记初心使命，大兴实干之风，聚焦税收职能，统筹推进疫情防控和支持经济社会发展，全力服务“六稳”“六保”大局，较好完成全年各项任务。年内，区税务局被市总工会授予“苏州市五一劳动奖状”。

【税费征收】 2020年，姑苏区注册登记正常企业6.22万户、正常个体户5.07万户、市本级和姑苏区机关事业单位564户、各类学校165户，涉及参保学生24.78万人。面对疫情防控和减税降费的影响，区税务局严肃组织收入工作纪律，坚决禁止违法违规组织收入行为。关注经济税收发展态势，及时掌握重点行业、重点企业税源变化，深化收入预测分析，积极争取调库资源，为地方经济高质量发展提供了坚实的财力保障。全年累计组织税收收入173.23亿元，比上一年减收45.35亿元，下降20.7%；非税收入5.41亿元，比上一年减收0.85亿元，下降13.6%；社会保险费（国库）收入78.31亿元，比上一年减收22.95亿元，下降22.7%；完成区级一般公共预算收入57.19亿元。

【减税降费】 2020年，区税务局坚决落实各项减税降费政策，特别是阶段性减免企业社保费等支持疫情防控的税费优惠政策，减轻市场主体税费负担，积极助力企业复工复产。全区新增减税降费43.83亿元。依托增值税发票等税收大数据，开展税收分析，定期向区委、区政府汇报复工复产及税收分析情况。全面推进首次个人所得税汇算清缴工作，完成2019年度个税汇算清缴申报175131人，通过退税91839人次，完成退税6000余万元。落实企业社保费减免政策，多渠道全方位宣传，助力企业复工复产。推进环境保护税开征，全年减免相关税收763.64万元。

【税收监管】 2020年，区税务局进一步加强风险防控，统筹任务管理，努力完成上级推送的各类综合风险任务。全年共下发年度指令性任务107户、

2020年11月4日，区税务干部到雷允上等企业，为在疫情中受到较大影响的企业送上税收优惠“红包”

区税务局　供稿

大企业任务13户，简易风险应对6户、专项风险应对7户、注销风险评估21户，完成纳税评估应对任务223户次，应对成效1.54亿元。按规范要求办理移送税务稽查手续，移送稽查案件22户，直接移送公安1户。全面推行3项制度，组织开展重大执法决定法制审核，全年共开展42户重大执法决定法制审核、14户重大纳税评估案件集体审议工作。贯彻《长江三角洲区域申报发票类税务违法行为行政处罚裁量基准》《长江三角洲区域税务轻微违法行为“首违不罚”清单》，落实疫情期间对逾期申报或逾期报送相关资料的纳税人免予行政处罚的规定，促进涉企行政执法严格规范、公正文明。加强税院协作，区税务局司法涉税协作共实现欠税执行入库139万元。

【税制改革】 2020年，区税务局高质量完成改革任务。全面推进首次个人所得税汇算清缴工作，组建个税汇算团队扩大点对点服务范围，全覆盖式走访区所有党政机关事业单位，对应汇算20人以上的开展分类精准辅导，对建筑公司和劳务公司等人口流动大、容易出现身份冒用的企业，突出强调冒用身份信息需承担的法律责任，提高汇缴成效。根据社保费和非税收入征管业务规程以及征管职责，区税务局积极优化社保费网格化管理机制，将社保费和非税收入日常征缴事项全面融入纳税服务和社会化征收管理。

【营商环境优化】 2020年，区税务局围绕姑苏区优化营商环境创新行动的工作任务，稳步拓展网上办税事项范围，积极推进便民办税、智能办税，实行“全程网上办”“最多跑一次”清单，大力推广“非接触式”办税缴费服务，优化办税流程，主动配合相关部门搭建“直通车”“联动轴”，提升纳税服务水平，提高纳税人满意度。结合“便民办税春风行动”的推进，组建纳税服务团队、土地增值税清算团

队、党员志愿服务团队，扎实开展2020年营商环境创新年系列活动。多次举行线上直播、录播的税务政策宣讲活动，面向姑苏区广大企业及涉税专业机构宣传税收优惠政策，使纳税人足不出户就可以得到“面对面”的政策解读。继续推进“纳税人之家”的建设工作，扩大行业覆盖面，与创业产业园、企业孵化器等建立长期合作，根据不同行业、不同规模的企业需求定期开展不同主题的政策辅导。积极响应区委激励干部担当“1+N”系列文件精神和“火红年代干事创业主题奋斗年”部署要求，推荐选派8名中层骨干挂职街道、深入社区开展锻炼服务，助力区域经济创新发展。

【党建工作】 2020年，区税务局坚持把党的政治建设放在首位，深入学习《习近平谈治国理政（第三卷）》、党的十九届五中全会精神、习近平总书记视察江苏重要讲话指示精神等，牢固树立“四个意识”，坚定“四个自信”，做到“两个维护”。落实意识形态工作责任制，牢牢把握意识形态工作领导权。落实总局对完善新“纵合横通强党建”机制体系的要求，上下联动、左右贯通，积极发挥双重领导的特殊优势。严格规范“三会一课”制度，依托“学习强国”“学习兴税”平台强化党员先进性教育。把“不忘初心、牢记使命”作为加强机关党建的永恒课题和党员干部的终身课题，建立健全长效制度。响应区委、区政府号召，踊跃参加抗击疫情志愿活动，积极参与区“姑苏八点半”、社区垃圾分类指导、资助贫困学生等，扩大“税韵先锋·情满姑苏”党建品牌的影响力。压实管党治党的政治责任，充分发挥好基层党组织日常监督、党员民主监督和纪检专责监督的作用，实现监督全覆盖。认真落实总局“回头看”工作，持续做好“六个专项整治”工作，认真做好宣传发动，扎实开展自查自纠。日常用好监督执纪“四种形态”，特别是第一种形态，及时发现问题，抓早抓小、防微杜渐。 （黄司璇）

# 审 计

【概况】 姑苏区、苏州国家历史文化名城保护区审计局（简称“区审计局”）是区政府、保护区管委会职能机构，有内设机构5个，分别为：办公室、财政金融审计处、行政事业与资源环境审计处、固定资产投资审计处、法规综合处（企业审计处）。2020年，区审计局共开展审计项目19个，审计查出主要问题涉及资金7.44亿元。组织对187个项目开展竣工结算审计，审结项目108个，核减8188.97万元，平均核减率14.02%。在市级以上媒体刊物发表信息宣传共30篇。为保障姑苏区经济社会持续健康发展做出了贡献。

【财政预算执行审计】 2020年，区审计局在财政同级审和部门预算执行审计中，重点关注财政收支规模与结构变动、一般性支出压减情况、预算安排与执行、存量资金统筹使用及国有资产管理情况等重点事项，对政府债券、上级转移支付资金、财政资金提质增效3个专题进行融合审计，全年共促进盘活存量资金2749万元、拨付上级资金3212万元。结合财政同级审，探索开展区级专项资金绩效审计调查，重点关注服务业引导、科技项目、文化旅游产业3项涉企资金，共涉及7038万元。财政同级审工作报告得到区人大常委会高度评价。

【经济责任审计】 2020年，区审计局在区委理论学习中心组（扩大）学习会上就姑苏区经济责任审计情况进行汇报，邀请省审计厅党组成员、副厅长葛笑天同志就经济责任审计理论与实务做专题辅导，增强全区领导干部经济责任审计思想意识。在区财政局项目中，首次对国资职能开展审计监督。在名城发展集团项目中，关注国有房产、文化演出活动门票效益，促进提高资产运行质量。在吴江盛泽镇交叉审计项目中，探索开展自然资源资产审计，聚焦土地出让流程、生态环境保护、重大资产处置等相关风险点。

【政府投资审计】 2020年，区审计局贯彻执行《姑苏区公共工程审计监督管理办法》，依法规范和完善投资审计工作，加快投资审计转型发展。在山塘历史街区风貌整治审计项目中，重点关注项目建设进度、施工主要节点、建设支出核算等方面，促进提高古城保护专项资金的使用效益。遵循“1000万以上必查和中介机构全覆盖”的原则，首次抽取16个区政府投资建设项目，针对工程合同竣工结算审核质量、工程建设管理情况、中介机构审计管理等方面开展抽查。根据“姑苏八点半”项目特点、工程风险点、造价控制需求，提供全方位审计服务，助力打造夜经济品牌。

【审计监督】 2020年，区审计局出台《姑苏区内部审计工作办法》，明确要求各街道、各国资公司、各相关部门和单位应当建立内部审计制度、设立内部审计机构。搭建内部审计工作指导和监督平台，在区教体文旅委、虎丘街道、名城保护集团公司试点推行协作机制。推动姑苏区内审协会换届，实现姑苏区内部审计片区化，提升内审监督质量，着力打造“改革创新特别奖”。健全巡审联动机制。召开巡察审计工作协作配合领导小组会议，选派审计人员参加省委巡视、区委巡察及清风行动督查，做到人力资源同步搭配、工作成果同步享用、巡审效力同步叠加。

【跟踪审计落实】 2020年，区审计局落实政策跟踪，发挥审计建设性作用。成立应对新型冠状病毒感染肺炎疫情防控资金和捐赠款物专项审计工作领导小组，将疫情防控资金、捐赠款物相关政策落实情况跟踪审计作为1项重大政治任务，重点审计了2274.31万元财政资金、681.27万元捐赠资金，延伸至14个公益组织、政府机构和单位，促进专项资金及时拨付、合理使用。出台《关于进一步加强“六稳”“六保”政策落实情况审计监督的具体措施》，在应对疫情、保持经济平稳健康发展跟踪审计中，调查27家单位对2395家企业落实减免房租等惠企政策的情况，推动落实60户顺延租期的企业享受租金减免71.28万元，切实帮助企业纾困解难。在新增财政资金直达市县基层跟踪审计中，聚焦全区7031.43万元新增财政资金的分配方向、拨付情况、使用效益，全力保障财政资金惠企利民。在清理拖欠民营中小企业账款跟踪审计中，发现并重点督促2家单位清理4.23万元欠款，促进优化中小企业营商环境。同步开展政府隐性债务化解跟踪审计，密切关注财政、金融、企业经营投资等方面存在的风险。完成江口县帮扶资金管理使用情况专项审计，重点关注帮扶资金分配管理使用、产业帮扶政策措施落实、帮扶项目绩效等情况，促进脱贫攻坚。参与水污染防治条线审计项目，围绕精准治污、科学治污、依法治污，助力打好污染防治攻坚战。

【审计管理优化】 2020年，区审计局始终坚持“审计质量是审计工作生命线”的理念，不断完善制度

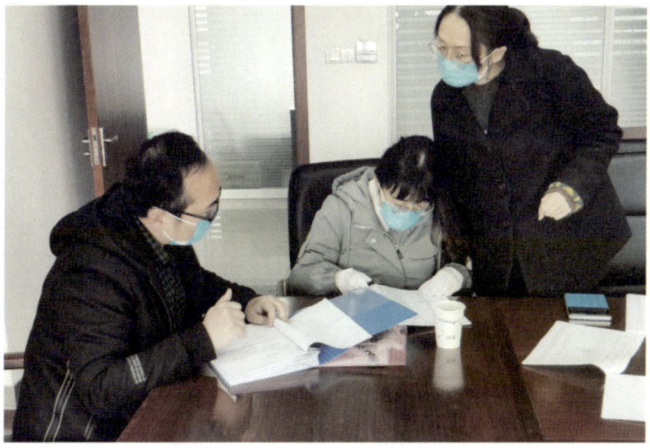

2020年3月6日，区审计人员在查阅区红十字会捐赠款物的相关台账　　区审计局　供稿

措施，创新工作思路，全面提高审计质量。紧紧围绕“财政同级审+”“经责审+”，构建“大审计”格局，统筹融合不同类型的审计项目。积极配合上级审计机关开展审计联动，推进跨层级、跨专业、跨区域审计资源的优化配置，改善统筹审计组织方式。全面推进审计信息化建设，结合“硬核”姑苏火红年代干事创业主题奋斗年项目，细致谋划、多层次开展大数据审计。首次实现对全区150家预算单位和3家国企集团财务数据采集全覆盖，与3家区属国企集团达成定期采集财务数据的协议。采取“业务+数据双主审”模式，形成1个应用案例和3个数据分析模型。首次单独立项信息系统审计，明确12个经济责任审计项目网络安全审计的范围和重点，保障网络安全责任制落实到位。持续加强审计质量全过程管理，制定《姑苏区审计局审计项目质量控制操作指引》，从计划、实施、报告、整改等方面全流程规范审计行为，严格控制项目时间，把控项目完成情况。制定《姑苏区审计发现问题容错纠错操作办法（试行）》，从有利于发展、改革、纠偏、反腐四个维度审视审计事项，提高审计处理的综合效应。大力推动审计整改落实，制定《姑苏区审计整改工作实施办法》《姑苏区审计局审计发现问题整改销号办法》，首次将审计整改纳入姑苏区高质量考核体系中，通过编制“整改销号清单”、细化整改销号标准，督促被审计单位层层落实整改责任。在促进财政资金提质增效方面，推动出台《姑苏区区级财政专项资金管理办法》，在深化预算管理、强化国有资产管理、细化议事决策制度等方面推动区财政局、区城管委、金阊街道等相关单位建立健全11项制度办法。

（江莉渊）

# 文化

教　育

文化事业

体　育

旅　游

科学技术

# 教育

## 综述

【概况】 2020年，姑苏区小学入学率、巩固率、毕业率达100%，学前3年教育毛入园率达100%，有学习能力的残疾儿童入学率达100%，公办学校吸纳外来人口子女比例为86.39%。义务教育方面，全区共有小学49所（含4所民工子弟学校），在校学生52280名。全区共有7所省实验小学校，百年老校18所。学前教育方面，区域内共有幼儿园77所，其中区管65所、分园4所（公办园50所，民办园19所）、市管8所（公办园6所，民办园2所）；区管幼儿园在园幼儿总数21653人，市管幼儿园在园幼儿总数3883人，合计25536人；省、市优质园63所，在园幼儿占比95.5%。特殊教育方面，有1所特殊教育学校，在校学生142人，该校为江苏省特殊教育现代化示范学校。社会教育方面，现有老年大学1所、社区学院1所、街道社区教育中心8个、社区市民学校167个、民办非学历教育培训机构157个。另有教师发展中心、少年宫2家直属单位。师资队伍方面，公办小学（含特殊教育、发展中心、少年宫）在编教职工3047人，其中专任教师3035人。专技岗位本科及以上学历2688人，占比88.57%；中级及以上职称2215人，占比72.98%；40周岁以下青年教师1619人，占比近53.34%；女教师2562人，占比84.42%。公办园在编教职工577人，其中专任教师573人。专技岗位本科及以上学历513人，占比89.53%；中级及以上职称330人，占比57.59%；40周岁以下青年教师295人，占比51.48%；女教师556人，占比97.03%。

【教育经费投入】 2020年，姑苏区全面落实教育优先发展战略，保证了预算内教育拨款逐年增长，均高于当年财政经常性收入的增长率。姑苏区财政对教育拨款为18.6494亿元，增幅为29.67％。2020年教育费附加下达8239万元，主要用于改善办学条件。下拨公用经费8505万元，公办幼儿园扶持资金11850万元。投入1600万元采购教学设备，为实现教育经费“三增长一提高”目标奠定基础。2020年财政按教师工资总额的2%安排预算769.2万元，足额专款用于学校教师培训。积极开展财务内部审计及经费调研工作，年内完成审计项目132个，其中维修项目113个、经济责任审计项目19个，增收节支562万元。

【教育规划建设】 2020年，姑苏区、苏州国家历史文化名城保护区教育体育和文化旅游委员会（简称

"区教体文旅委"）全力推进姑苏区小学幼儿园新校项目建设，完成沧浪新城第四实验小学、劳动路实验小学2个项目的建设，开工建设江乾路小学、胥台实验幼儿园等10个小学幼儿园新校建设项目，推进金星小学、金星幼儿园等5个新校建设项目前期手续办理工作。夯实暑期校园维修工作，安排29所小学、20所幼儿园进行维修改造，涉及改造资金约1360万元，各项目均完成竣工验收。启动湄长幼儿园和爱心艺术幼儿园的校舍安全加固和综合改造项目，保障学校校舍安全。

【教育集团化办学】 2020年，姑苏区出台《姑苏区基础教育集团化办学实施方案》，重组和新建10个公办小学教育集团，在苏州大市率先实现区域全覆盖。首创集团化办学职权清单和集团总校长负责权限清单，建立"双维度考核"机制，激发动力活力。成功经验在长三角城市群教育科研论坛上做主题分享，形成全市首创、辐射全省的集团化办学"姑苏样板"。

【教育质量建设】 2020年，区教体文旅委改革创新不断深化。制定清单赋权赋能，公办小学集团化办学全域覆盖。高分通过江苏省示范性县级教师发展中心创建，实施集团化办学背景下教师发展专业服务系统年度建设。推进"小初融合建设"项目，出版发行小初衔接读本3册。信息化应用全线升级。编制《延迟开学期间姑苏区学生居家学习指导手册》，平稳支持全区师生在线学习，实现疫情防控期间"停课不停教，停课不停学"。云平台登录总计700百万人次，推出200余个教师在线研修课程、51场次"云教研"，14所学校通过"智慧校园"市级评审。质量管理稳步提升。完成省义务教育标准化建设监测和学生学业质量监测。制定《姑苏区外来民工子弟学校学业质量提升三年行动计划方案》。新增省级前瞻性教改实验项目1个、省级课程基地和学校文化建设项目2个。建成大数据题库资源2678套，上线学习课程150余个。学业大数据组卷9559次，生成各类报告63442份，采集数据达531896条。

【教育协调发展】 2020年，姑苏区新建学校施教区科学划分，全区招生平稳有序。开展"提升网络文明素养"主题思政教育，出台《姑苏区学校心理健康辅导手册》《指导学生合理使用电子产品的建议》，出版《姑苏符号》吴地文化校本教材。推进"一校一品"体育特色教育，新增全国青少年校园足球特色学校1所、江苏省足球后备人才示范学校1所、江苏省体育特色学校6所、江苏省青少年校园足球特色幼儿园1所。承办苏州市"市长杯"校园足球联赛。成立区青少年科技创新教育协会、区青少年科教实践中心。学前教育提质。巩固无证园清理整顿成果，推进准看护点关停执法工作。落实七色花等3所幼儿园民改公工作。出台《关于推进全区普惠性民办幼儿园建设的实施意见（试行）》。开展"课程游戏化再推进"园长专题培训，通过优质公办园"品牌输出"提升集体办幼儿园管理。民办教育提升。出台《关于加强全区民办学校和校外培训机构管理的工作意见（试行）》，下拨民办教育发展基金59.5万元。2个社区教育中心获评市级建设单位，1个团队获市社区教师能力大赛一等奖，1人获评省"百姓学习之星"，1人获评省社区教育先进工作者。举办区第七届全民终身学习活动周活动，开展活动28场次，直接参与居民10530人。注重多元并进。新建2个融合教育资源中心，特殊教育工作质量和水平不断提高。打造全区少年儿童综合素质提升平台，建成科教、劳动等6大指导中心。推进"一宫两部N拓展点"运行，拓展点增至5个，培训5032人次。

【师资队伍建设】 2020年，姑苏区引进9名教育人才。招聘新教师222人，其中研究生123人。深化

2020年7月，年度基层党建"书记项目"之"助燃火红年代，打造'师德·师能·师魂'工程"活动举行

区教体文旅委　供稿

"机关——基层""公办——民办""全额——自收自支""东部——西部"等双向挂职机制。全委系统开设培训班次93个，完成第一届委青干班培训，成立姑苏教师合唱团。调优干部梯队结构。制定姑苏区教育事业单位干部职数和机构设置有关规定，提拔44名副校职及以上干部，任免151名校级干部，40周岁以下正校职干部占比提高8.3个百分点。暑期交流教师220人，涉及学校占比100%。开展师德师风专项治理。试行教师职业道德契约化管理。组织学习《十项准则》，印发《教师师德师风手册》5000余册，命名16名区"行动榜样"、15名市优秀"园丁先锋"。表彰先进突出示范。4家单位获评省、市"四有"好教师团队建设试点单位，3人获评"苏州市教育领军人才"，3人获评"苏州市名教师"，14人获评"苏州市青年拔尖人才"，30人获评"苏州市中小学学科带头人"；考核奖励831名区级以上骨干教师。

【学校安全维稳】2020年，区教体文旅委坚守"安全红线""稳定底线"，全面压实安全主体责任，健全学校安全工作责任体系和安全管理制度体系。严格校园防控，保障复学复课。扎实开展校园和校车安全专项整治工作，排查整改校园安全隐患513项、校车安全隐患5项，开展燃气安全专项整治，务求把风险隐患消除在萌芽状态，切实构筑全区学校安全生产治理体系，提升治理能力。严格落实各校日常自查，采用第三方检查、责任督学督查、"四不两直"巡查等形式加强校园安全的检查、督查力度，完善学校安全督导考评机制，及时督办校园管理问题隐患整改。安排专项资金，对59个学校原有技防设施设备进行更新改造。开展实操性应急演练，加强应急处置和疏散演练的规范指导。推动警校紧密合作，防控校园欺凌行为。

【教育环境优化】2020年，区教体文旅委制定《姑苏区教育体育和文化旅游委员会经费审批管理制度（试行）》，提高各类运维经费、扶持资金使用效果。对22名大学生发放生源地助学贷款，对1227名小学生（幼儿）发放家庭经济困难学生生活补助。安全卫生工作有力。有序实施垃圾分类。推进学校安全技防设施标准化。校园灯光照明监测和学校近视防控工作落实到位。法治宣传不断加强。加强规范性文件和重大决策合法性审查，推进"放管服"改革，落实政务公开。开展"法润校园，伴你成长"系列活动和"姑苏护蕊"志愿者行动，推进禁毒日、《民法典》等宣传，建成1所法治宣传教育基地。

【教育督导考评】2020年，区教体文旅委落实市政府教育目标责任考核、省教育现代化监测、省义务教育优质均衡监测、省学前教育普及普惠监测等工作，不断提高区域教育现代化和优质均衡水平。完善"5+1+N"素质教育督导模式，完成对3所小学、2所幼儿园的综合督导。落实每月对学校、幼儿园挂牌督导，切实提高挂牌督导实效。完成对学校、幼儿园等教育事业单位的年度综合考评，研究制定教育集团年度考评方案并实施。（魏姝航）

## 学前教育

【概况】 2020年，姑苏区域内共有幼儿园77所，其中区管65所、分园4所（公办园50所，民办园19所），市管8所（公办园6所，民办园2所）；区管幼儿园在园幼儿总数21653人，市管幼儿园在园幼儿总数3883人，合计25536人；省、市优质园63所，在园幼儿占比95.5%。学前3年教育毛入园率达100%。

【配套幼儿园治理】 2020年，区教体文旅委出台《关于推进全区普惠性民办幼儿园建设的实施意见（试行）》，明确了普惠性民办幼儿园的认定要件、认定程序、经费管理及奖补政策。福星幼儿园、阳光城幼儿园、长盛幼儿园转为普惠性民办园，百晟幼儿园完成签约。根据国家、省、市关于城镇小区配套幼儿园治理工作要求，通过召开专题会议、制定工作进度预排表、邀请律师提供专业建议等形式，指导3所幼儿园依法依规做好民转公工作。七色花实验幼儿园、常青实验幼儿园、平江新城幼儿园顺利整改为公办园。

【优质园创建】 2020年，区教体文旅委继续动员公办、民办幼儿园开展创建工作，鼓励有条件的幼儿园积极准备创建省、市优质幼儿园。根据年度创建计划，通过架构创建帮扶结对姐妹园、上报创建工作月报、区级资料、现场预查评估等形式，指导创建申报幼儿园做好迎检准备工作。2020年11月，福星幼儿园等5所幼儿园顺利通过市优质园现场评估；9月下旬，虎阜实验幼儿园接受省优质园专家团的现场复审工作，并获得专家们的高度评价。

【准看护点治理】 2020年4月、10月，区教体文旅委召开准看护点治理工作推进会，统一思想、明确目标，梳理治理工作计划及措施，明确各准看护点最迟于2021年6月底前全面关停。按照“属地管理”原则，在前期摸底排查、专项督查的基础上，各街道根据辖区内准看护点的实际情况确定关停时间和治理计划，7所准看护点均计划于2021年6月底前关停。

【园所内涵建设】 2020年，区教体文旅委以课程游戏化项目建设为抓手，各园结合实施方案，扎实开展实践研究，提高办园水平。组织开展姑苏区“课程游戏化再推进”园长专题培训，提供交流平台，促进办园主动发展、创新发展、优质发展，进一步加强园所内涵建设。提升集体办幼儿园管理，以“品牌输出”的形式将公办幼儿园的优质师资辐射至集体办幼儿园，优化教师队伍。在教师发展共同体层面构建“项目引领，区域推进”的“项目研究共同体模式”，以点带面开展合作交流等研究，不断促进区域内各园保教质量的优质均衡发展。 （郁梦嘉）

## 义务教育

【概况】 2020年，姑苏区有公办小学45所，在校学生49308人；特殊教育学校1所，在校学生142人。全区有18所百年老校，小学均为苏州市教育现代化学校。有合格外来工子弟学校4所，在校学生有2972名。

【随迁子女积分入学】 2020年，区教体文旅委根据《苏州市流动人口积分管理办法》《苏州市义务教育阶段流动人口随迁子女积分入学实施细则（试行）》相关规定，办理全区申请积分入学1508人。其中，准入公办学校的1387人，准入率92.00%；安排至民办学校并由政府购买学位的121人。

【德育品牌活动】 2020年，区教体文旅委全面贯彻党的教育方针，切实把立德树人作为教育工作的生命线，旗帜鲜明地加强思想政治教育，推进习近平新时代中国特色社会主义思想进校园、进课堂、进师生头脑，将社会主义核心价值观教育融合到教育教学的各个环节中去。出台《"落实立德树人根本任务，打造新时代思政课堂"教学工作推进建议》，指导区域推进思政课建设，举办"提升网络文明素养"等专题思政教育系列活动。深化"扣好人生第一粒扣子""在国旗下成长"等主题教育，扎实开展"网上祭英烈""向国旗敬礼""我们的节日""八礼四仪""童"字系列等教育实践活动。举办2020年姑苏区小学班主任成长营项目培训，开展区班主任基本功大赛和区班主任文化节活动，采用"赛训一体、以赛促建"的方式，不断促进班主任工作专业化、规范化、实效化。

【课程建设】 2020年，姑苏区新增"基础教育前瞻性教学改革实验项目"省级1个、市级2个，"中小学课程基地与学校文化建设项目"省级1个、市级3个，"特殊教育发展项目"省级1个，"中小学品格提升项目"市级2个，"苏州市创新人才培养项目"3个，"苏州市教育教学成果奖"4个；新增一批省绿色学校、省科学教育综合示范学校等。

【学校体育工作】 2020年，区教体文旅委坚持开齐、开足体育课，保证学生每天1小时的校内体育活动时间。以监测手段评估体育教学质量，推进学生身体素质水平提升。全区新增全国青少年校园排球特色学校1所、江苏省体育特色学校6所（小学5所、幼儿园1所）、苏州市特色体育项目学校9所。蓬勃开展"阳光体育活动"，积极参加苏州市第十五届运动会的小学生田径、乒乓、篮球、排球、手球、游泳、足球、模型、无线电测向定向等各项比赛，获优秀组织奖、人才输送奖一等奖。

【学校艺术教育】 2020年，区教体文旅委以《姑苏区学校艺术教育特色项目建设方案》为引领，以区级艺术教育项目基地校为龙头，鼓励和扶持校园艺术特色项目社团化发展，实现"一校一品"，争取"一校多品"。2020年，全区有1所学校获得"江苏省艺术特色教育学校"称号，14所学校获得"苏州市艺术特色教育学校"称号。积极组织学校参加苏州市第五届中小学生艺术节系列活动，学生艺术实践工作坊获一等奖1个、二等奖2个，朗诵比赛获小学组二等奖，舞蹈比赛获小学组二等奖，书画作品比赛获特等奖6个、一等奖3个、二等奖17个、三等奖18个，中小学美育改革创新案例评比获一等奖2个、二等奖4个、三等奖7个。

【学校科技教育】 2020年，区教体文旅委成立姑苏区青少年科教实践中心；积极组织2019—2020学年度"姑苏区青少年科技创新奖"申报评选活动；成功举办姑苏区首届青少年无人机比赛，42支队伍近200名选手参赛；开展姑苏区小学科技辅导员培训活动。苏州市善耕教育集团平江新城实验小学校成功申报为江苏科学教育综合示范学校。姑苏区学生首次获评第五届"苏州市青少年科技创新市长奖"。

【国际理解教育】 2020年，区教体文旅委持续推进国际理解教育工作，鼓励学生开展跨文化研究性学习，组织学校开展"小使者云外交"国际理解教育主题作品评选、"苏州少年，狮城故事"研学标识设计大赛及第四届"友城绘"江苏省青少年国际绘画展活动。指导苏州市彩香教育集团彩香实验小学校与日本东村山市立化成小学开展线上视频友好交流，进一步助力与国外友好学校间的深度交流和合作。

【传统文化教育实事项目】 2020年，区教体文旅委完成姑苏地方文化校园读本系列丛书《姑苏经典》和《姑苏符号》2套12本书的出版和发放工作。各校因地制宜开展活动，2套丛书逐步融入姑苏学子的精神生活，成为他们传承姑苏文化的“良师益友”。

【姑苏区成功申报成为全国青少年校园足球试点县（区）】 2020年，姑苏区作为江苏省仅有的2个县（区）成功申报成为全国青少年校园足球试点县（区）。近年来，姑苏区校园足球整体水平不断提升，全区共有全国青少年校园足球特色学校17所，国家级体育传统项目（足球）学校和校园足球重点校1所，江苏省足球后备人才示范学校2所。姑苏区有序构建教学、训练、竞赛和保障体系，优秀足球后备人才不断涌现；逐步建立姑苏区各小学足球教练员和裁判员档案资料库，推动全区校园足球标准化、高质量发展；大力深化区域教育战略合作，广泛借助社会专业力量推动校园足球工作。1月，成功举办了“姑苏杯”全国青少年足球邀请赛；11月，成功承办了2020年苏州市“市长杯”青少年校园足球联赛（小学组）总决赛，有78支代表队1000余名运动员参加。

（汤文波　汪敏敏　吴妍彬　曹　磊　黄麟云）

链接：

## 苏州市平直教育集团简介

【概况】 苏州市平直教育集团成立于2020年8月，集团北靠子城乐益，南望乌鹊沧浪，西拥文庙府学，东邻东吴博习。集团在这方教育的沃土和精神的圣地中汲取智慧，架构起发展的立体式“平直坐标”，孕育了兼收并蓄的“平直·根”文化，并着力构建出鲜明的集团办学理念：培根、铸魂、启智、润心、健体。培养平直学子热爱苏州地方文化，发扬中华传统美德，继承红色基因，接纳四海文明，用健全而优秀的人格赢得未来的幸福，造福国家社会。

苏州市平直教育集团5所成员学校分别是苏州市平直实验小学校、苏州市南环实验小学校、苏州市盘溪中心小学校、苏州市姑胥小学校、苏州市湄长小学校。其中苏州市平直实验小学校和苏州市盘溪中心小学校2所百年老校在各自“心平志直”和“抱朴出新”的校训引领下，紧抓集团成立机遇，与时俱进，不断创新，焕发新的办学活力，探寻新的发展路径。苏州市平直教育集团有285名教师，115个班级，4897名学生。集团师资力量雄厚，拥有江苏省特级教师1人、苏州市名校长1名、苏州市名教师1名、苏州市学科带头人11名、姑苏区学科带头人58名。

5所成员校文化特色鲜明、学生综合素养发展亮点纷呈：平直实小的游泳特色、南环实小的手球运动、盘溪中心小学的校园男足、姑胥小学的非遗项目“苏式彩蛋”、湄长小学的校园女足。立足“平直坐标”，心怀“平直情结”，苏州市平直教育集团未来发展的蓝图已跃然纸上：从水平的维度讲，5所成员校将同心同行、文化融通、资源共享，以高峰带动高原，实现均衡发展，彰显教育的宽度；从垂直的维度看，5所成员校将以在各自原有基础上的同向提升作为目标，兼收并蓄，自我更新，倾力实现教育教学质量的全面提高。苏州市平直教育集团将以“集而团、均而优、驱而动”作为激发5所成员校发展的内生动力，促进成员校相互学习提升、相互感染渗透，努力实现集团内优质教育资源的总量增长与均衡发展。

【苏州市平直实验小学校】 苏州市平直教育集团平直实验小学校创办于清宣统元年（1909），

苏州市平直实验小学校培育苏式儒雅学子　　苏州市平直教育集团　供稿

学校初名简易模范识字学塾第三塾，后改名为长洲县第三初等小学堂。

百年平直，在沉淀中谋发展。建校至今，秉承先贤白居易“平易、尚实、淡薄”遗风，以校训“心平志直”4字凝练表达尊重传统、不忘文化之根、追求卓越的办学理念与育人追求。平直师生谨记“做文章前先做人”的先哲理想，读书立志，心存高远，立身、立校。

迨至新中国成立，万象更新。教育主张不教之教，教育方针深入人心。洎乎改革开放，学校精心擘画，构筑“真、善、美”课堂。立名师、着项目、推课程、保基础、提质量、筑特色，获评为“江苏省实验小学校”；倡公平、重内涵、强队伍、优资源，全面推进学校教育现代化。任重道远，尽得莘莘学子以育之；言传身教，践行素质教育而念兹。文脉传承与开拓创新相生相成，海纳百川与办学特色相辅相融。儒家文化之“儒、廉、孝”共汇在当下的机遇与挑战中，共生在现今的包容与追求中。

在一代代平直人的薪火相传和不懈努力下，学校事业蒸蒸日上，取得了令人瞩目的成绩，获得了良好的社会声誉。近百名教育工作者传道授业，1600多名莘莘学子书海泛舟。千年学府，百年新学，苏州市平直教育集团平直实验小学校在苏式文化的浸染中潜心默默，培育温润如玉般的苏式学子精神气质。平直人会去丰富自己的教育坐标，在更大的坐标上，继续书写平直的教育史。

**【苏州市南环实验小学校】** 苏州市平直教育集团南环实验小学校创办于1981年，原名南环中心小学校。作为惠民工程于2009年到2013年

苏州市南环实验小学校映带美术馆内景

苏州市平直教育集团　供稿

重建，学校更名为“苏州市南环实验小学校”。

学校秉承“爱·包容·自在”的校训，“崇爱、励行”的校风，“怡教、启真”的教风，“乐学、思进”的学风，并着力打造“家文化”体系，形成“萦家校之温暖，撷学习之乐趣，获人生之幸福”的办学理念，使惠民工程在学校得以延续，真正普惠于民。学校自重建起就萃取“兰亭”为文化符号，为儿童之性情定格，为儿童之魂魄筑梦。通过建设“小兰亭”特色文化项目，开发特色文化课程，凸显“映照童心　带动成长”的文化育人功能，打造“小兰亭”特色文化品牌。走从“艺术驱动”到“文化带动”到“立德树人”的办学之路，塑“俯仰天地　快然自足”品质人生，从而达成“小兰亭，大胸怀”的培养目标。同时，学校将“萦家校之温暖，撷学习之乐趣，获人生之幸福”的“家文化”办学理念有机融合，引领每位学子在文化艺术的滋养熏陶下，养智慧之心灵，塑家国之情怀。

【苏州市盘溪中心小学校】　苏州市平直教育集团盘溪中心小学校于1915年建校，学校秉承“为了孩子一生的幸福和发展”的办学理念，坚持“德育为先、能力为重、全面发展”的育人目标，在办学实践中加强校园文化的建设，造就独具特色的“小盘龙”文化。

“小盘龙”文化秉承自校训“抱朴出新”，教师和孩子们共同塑造了可爱的“小盘龙”卡通人物形象，它既是学子成长的玩伴，也是教师心目中性格纯真、朝气蓬勃的盘溪学子的化身。学校力求让孩子在地域文化的浸润下，在民间艺术的熏染下，从传统文化的本真出发走向未来；让孩子在学习生活中踏实践行，培养处理矛盾、解决问题的能力；不断创新，增长智慧，形成灵动飞扬的个性。终有一日，龙游天下，实现远大抱负。

每逢学校有活动，孩子们便展现出自己多才多艺的一面：翩翩起舞，宛若惊鸿；拨动琴弦，犹如天籁；他们乐于用手中的画笔描绘头脑中的奇思妙想，利用学到的科学知识打造属于自己的快乐。孩子们就在这样的校园中茁壮成长。

为了丰富孩子们的课余生活，学校将民间传统艺术引进校园。学生们在“第二课堂”时段向民间艺术家学习剪纸等民间手工技艺，感受传统文化的魅力。现如今，孩子们身上洋溢的青春色彩，已经借由足球完全释放了出来。足球成了校园的新名片。优异的成绩来自每天的勤奋练习和不间断的练习赛。学校足球队的孩子们每天挥汗如雨，即使跌倒也从不哭泣，脸上更多了一些坚韧和自信。百年校园似乎也变得年轻

苏州市盘溪中心小学校丰富的社团活动

苏州市平直教育集团　供稿

起来，她时刻注视着这群飞扬奔跑的孩子，那悠远而慈祥的目光里，是孩子们前程似锦的未来。第一个百年已矣，下一个百年已行，盘溪学子将会用坚实而又轻盈的脚步，走出精彩的人生。

盘溪古朴的校园正焕发出新的神采，孕育着新的希望。锐意进取的苏州市平直教育集团盘溪中心小学校，将以更坚定的步伐，在教育的道路上笃志前行！

【苏州市姑胥小学校】 苏州市平直教育集团姑胥小学校建立于20世纪90年代初，是一所新村配套小学。学校始终秉持"为每一个孩子奠定最佳的人生基础"的教育理念，以"勤勉、砺志"为校训，勉励师生躬耕不辍、行路不止，不断地磨砺自己，勤出智慧、焕发力量，活化内在创造力，呈现教师寓教于乐，学生寓学于乐的校园气象。学校建设的最终愿景是让姑胥毕业的孩子有幸福甜美的未来，在姑胥工作的教师有幸福甜美的体验。

学校重视文化建设，确立树人之魂。以"悦纳"文化阵地为中心，精心设计"廊文化""园文化"与"墙文化"。"党建长廊"记录着党员学习与党课活动，是"红色"宣传阵地；三味书屋书香阵阵，百草园里汗水见证生命的绽放；"党建墙""荣誉墙"墙墙见景显情，创优争先，传承红色精神。

学校注重榜样引领，激活立德之源。"悦纳"教育以人为本，适性而教、适兴而学。"悦纳"骨干教师团队带头树师德、爱学生，重学习、抓科研，扎根课堂、关心学生生活、扶贫帮困；立足"悦纳"，打造第二课堂，陪伴学生走过"姑胥四季"。

学校突出非遗传承，夯实文化之脉。开设"悦纳"课程"浓墨蛋彩"，借"苏式彩蛋"带领学生悦纳苏式传统民俗和风土人情，体悟作为

苏州市姑胥小学校的学生在制作彩蛋

苏州市平直教育集团　供稿

小小非遗传承人的骄傲与责任。2020年，学校成功申报苏州市级非物质文化遗产代表性项目保护单位，姑胥师生肩负责任，让宝贵文化遗产绽放新的光彩。

近悦远来追抱朴，纳新吐故觅知恒。30年的办学历程中，学校形成了优良的办学传统，积累了丰富的办学经验，教育质量、办学水平稳步提升，学校形象、办学声誉蒸蒸日上。"纳四方学子，悦师生成长"，怀着对文化育人的追求和敬畏，苏州市平直教育集团姑胥小学校在"悦纳"文化特色教育的道路上不断追寻与探索。

【苏州市涓长小学校】 苏州市平直教育集团涓长小学校坐落在苏州市城南涓长新村内，成立于1996年。学校本着发展学生、成就教师、提升学校的办学思想，努力追求"每个孩子适合他的教育"，以"办好老百姓家门口的学校"为办学目标，坚持人民教育家陶行知先生的"平民教育"思想，坚持"教育是为人民服务"的理念；以"至美致长"为校训，追求教育内涵发展，落实立德树人根本任务，不断创新管理模式。以国家课程为基础，结合学校足球、舞蹈、剪贴画、书法等特色社团活动，培养仁爱、乐

苏州市湄长小学校"足球进课堂"全面开展

苏州市平直教育集团　供稿

学、正直、坚毅和充满梦想的优秀小公民，让每一个孩子成为最好的自己，在充满快乐的校园内健康成长。　　（苏州市平直教育集团）

## 特殊教育

【概况】 2020年，姑苏区有特殊教育学校1所，在校生142人，专任教师54人。学生与教师之比为2.6∶1。专任教师具有大学专科及以上学历者占100%，具有中级及以上职称占87.3%。全区特殊教育招生17人。全区特殊教育学校建筑面积0.7802万平方米，占地面积1.1229万平方米。

【区域融合教育资源中心建设】 2020年，姑苏区新建学前和小学各1个融合教育资源中心，推动已建成的16个融合资源中心的内涵建设，促进全区特殊教育工作质量和水平稳步提升。

【特殊教育专业团队建设】 2020年，区特殊教育学校组建心理辅导教师团队，做好疫情期间线上心理帮扶工作；组建融合教育教师团队，给普通学校的特殊学生进行1对1辅导。学校涌现出了一大批榜样教师：全国先进工作者、江苏省教育科研先进个人、苏州市最美劳动者、苏州市优秀教育工作者、苏州市教育科研先进个人、苏州市周氏奖励金获得者、姑苏区第二届教学能手、姑苏区劳模班主任。

（区特殊教育学校）

## 社区教育

【概况】 2020年，姑苏区有社区学院1家、社区教育中心8家、社区市民学校167家、民办非学历教育培训机构157家、老年大学1所。社区教育管理人员5人，专职5人，兼职1400人，志愿者35034人。全区有全国社区教育示范街道8个、省级标准化社区教育中心8个、省级社区教育市民学校167所，市民学校100%达到省级标准化市民学校建设标准，有市级学习型街道8个。发挥全国社区教育示范区的作用，终身学习网络覆盖率100%。从业人员继续教育年参与率72.7%，居民社区教育活动年参与率72.8%，老年教育普及率30.96%，主要劳动力平均受教育年限13.5年，新增劳动力平均受教育年限15.3年。

【社区教育建设】 2020年，姑苏区深入贯彻落实苏州市教育局等十四部门《关于加强社区教育工作推进学习型苏州建设的意见》文件精神，奋力跑出"姑苏社教新节奏"。沧浪街道、白洋湾街道社区教育中心获评苏州市示范性社区教育中心建设立项单位；双塔街道的走读子城、吴门桥街道的"行走大运河"等4个社区教育游学项目"开花结果"；《国学在创新居家养老教养模式中的途径研究》等3个省级社区教育课题成果显著。虎丘街道的赵轶被评为省社区教育先进工作者，社区居民陆炳奎被评为江苏省“百姓学习之星”，社区教育工作者季赵量、曾慧、金丽娜的《红色摇篮探寻之旅活动策划方案》在苏州市首届社区教育教师能力大赛中获一等奖。举办了姑苏区第七届全民终身学习活动周，活动周期间全区围绕“姑苏全民智学，助力双战双赢”主题，开展内容丰富、形式多样的全民学习活动28场次，直接参与居民10530人，营造了全民参与学习型社会建设的浓郁氛围。

【校外培训机构监管】 2020年，姑苏区坚持“服务为本、科学公正、标本兼治、注重实效”的原则，围绕校外培训机构规范管理的工作目标和任务，出台《关于加强全区民办学校和校外培训机构管理的工作意见（试行）》。进一步引导和促进民办教育的健康发展，规范校外培训机构的办学行为，提高人民群众满意度。对照教育部办公厅印发的《禁止妨碍义务教育实施的若干规定》，重点排查辖区内培训机构是否从事国学培训活动，排摸出4家机构涉及国学内容培训（无违规行为）。有效落实校外培训机构安全整治，校外教育活动导向正确，顺应社会主义核心价值观。加强日常督查，每季度完成1轮全覆盖巡查工作。完成机构年度年检工作，全年有121家机构通过年检，有2家未申请，4家有条件通过。

（许方红）

## 校外教育

【概况】 2020年，姑苏区少年宫注重“指导+实践”，加强6大中心建设，进一步融通整合，以“科学规划、管理转型、提升品质”为导向，构筑“一宫两部N拓展点”格局，继续践行校外教育多元方式，提升校外教育品质，锻铸校外教育优质品牌，实现姑苏区校外教育高质量发展。全年共开设了近400个班级，设置了35种不同的课程活动，培训5032人次，助力形成全区“好、精、活”的校外素质教育局面。

【科教实践活动】 2020年10月31日至11月1日，苏州市第十五届运动会中小学生车辆模型比赛在姑苏区少年宫顺利举行。来自全市中小学的33支代表队240名小运动员齐聚少年宫，进行趣味盎然的车模比赛。11月9日，由姑苏区教体文旅委联合姑苏区科协举办的2020年姑苏区首届青少年无人机比赛在区少年宫拉开帷幕。来自姑苏区各学校的42支参赛队近200名“小飞手”参加了比赛。11月17日，姑苏区青少年科技创新奖颁奖典礼暨科教实践中心启动仪式在姑苏区少年宫举行。姑苏区科教实践中心由区科协联合区教体文旅委共同打造，是苏州市首个青少年科教实践中心，特聘中国科学院国家空间科学中心研究员潘厚任为科教中心指导专家。作为青少年科技教育的延伸和补充，姑苏区科教实践中心以培养创新精神和实践能力为重点，组织好全区青少年科教培训，承担好科普志愿者骨干的专业化培训，指导好各类科普科创类竞赛活动。2020年，苏州市青少年科技创新大赛评审基地落户姑苏区科教实践中心，推动中心更好地激活青少年的创造智力和自身蕴藏的创新潜力，更好地成为姑苏区青少年与科技辅导教师铸就梦想的大舞台。

【“寻城记”研学活动】 2020年，区少年宫紧密围绕姑苏古城文化研学主题，以文化为核、以教育为本、以旅游为形，充分整合古城优质资源，结合历史文化名城保护和“苏式校园”品牌打造，全面推出姑苏少年“寻城记”研学活动。共设计6条线路，主要以姑苏区少年宫大儒巷校区为起点，围绕平江历史街区展开，途经平江路、大儒巷、仓街、肖家巷等著名街巷，有昆曲博物馆、评弹博物馆、城墙博物馆、状元博物馆，有耦园、双塔等名胜古迹，还有双塔集市、东升里文化艺术长廊等，非遗体验有绘制脸谱、中医养生、观前街老字号探秘等。与区总工会联合开展了亲子研学；与来自区内平江实验学校分校、金阊外国语实验学校等5所学校的学生开展研学活动，累计接待近300人。研学活动让广大未成年人走出校门，在吴文化一脉相承的深厚沃土上，通过现场活态体验，深入感受优秀传统文化浸润，增强文化自信，让优秀的传统文化代代相传。

【少先队工作】 2020年，姑苏区少先队开展“寻访小康路，争当小先锋”系列活动；围绕“十四五”开局开展“红领巾相约2035”系列活动；围绕苏州市实施垃圾分类条例，组织全区少先队员开展“垃圾分类我能行”等活动，姑苏区10大教育集团44所小学均积极参与。在《辅导员》《中国少年报》等全国性报刊上刊登文章、信息7篇，在江苏少先队微信公众号上发布少先队活动信息19条。在2020年的辅导员技能大赛中，姑苏区分获2项省特等奖、1项省二等奖、3项市特等奖、3项市一等奖、4项市二等奖，获评“江苏省少年军校先进单位”1家，“江苏省优秀少年科学院”1家，“江苏省优秀红领巾社团”4个，多篇案例、论文获省一、二等奖。

【劳动教育活动】 2020年5月，区少年宫组织开展了以“保护地球家园，共创美好世界”为主题的第二届姑苏区小学生劳技展示活动。围绕“垃圾分类”和“变废为宝”2个关键词，举办垃圾分类线上知识竞赛、环保手工制作大赛。垃圾分类线上知识竞赛主题活动共有9.8万人次参与线上答题，43所学校215名学生代表进入线上团体PK赛。在环保手工制作大赛中，全区学生踊跃参与，一件件废旧物品在巧手雕琢下，变成一件件精美的手工艺品，529件优秀作品在庆六一活动中得到展出，引起了热烈的反响。疫情期间，组织全区学生开展“我与新时代偶像共抗疫”活动，将劳动教育渗透入超长假期，发挥家庭场域对劳动教育的重要作用，指导家长配合学校开展家务劳动和行为养成教育。活动以“画出时代新偶像”和“宅出假期新姿势”为主题，强调技能掌握、情操陶冶、责任担当，让孩子们在特殊时期，收获特殊的成长经历。活动共收到近3000幅书画作品和725个短视频。进一步落实五育并举，关注劳动自主教育模式，在带城实验小学校率先启动学生午餐自主管理，引导学生树立正确的劳动观、价值观，帮助学生提高动手能力、自理自立能力、组织协调能力，培养规则意识、责任意识与合作意识。

【文艺系列活动】 2020年疫情期间，姑苏区少年宫按照“停课不停学，离校不离教”的要求，开展一系列线上活动。承办了姑苏区小学生阅读节系列活动，全区数千名小学生参与“好书齐推荐，累积正能量”主题阅读活动、“翰墨星万卷，书香必满园”阅读角展示主题活动、“美文润心田，诵读表真情”主题征文活动、诵读大赛。与“情调苏州”联合举办主题为“绘‘疫’动我心”的“把苏州寄给TA”画信活动，收到近2万幅画信作品，学生们用天马行空的想象，描绘出自己眼中的战“疫”，传递着满满的爱与信心。12所学校与湖北、四川、贵州、宁夏、新疆等地的学校结对进行画信交流活动。学生们将苏州优美的风貌、现代化的建筑、古朴的园林，描绘在一张张小巧的明信片上，同时附上真挚的问候，把苏州的祝福送给远方的伙伴。湖北、新疆等地结对学校的学生也纷纷回信，表达感谢。为丰富学生的暑假生活，组织开展了“我的假期，我来嗨！”系列活动。“我的平安假期，安全小报我来画”“我的快乐假期，亲子才艺我来秀”“我的美好假期，精彩瞬间我来拍”等活动共计收到近万份学生作品。孩子们在活动中发现美、展现美、创造美；在活动中增长知识、开阔视野、提高素养，度过了一个快乐、安全、有意义的假期。9月30日，姑苏区少年宫组织少年宫交响管弦乐团的孩子们开展“童心颂祖国”国庆快闪活动，庆祝中华人民共和国成立71周年。除此之外，近2万人次参与“最美祝福暖师心”2020姑苏区小学生教师节祝福活动；3000余人次参加口腔卫生、近视防控、“一盔一带”等11期“蒲公英公益大讲堂”活动；“送课进校　约课进宫”活动、新年音乐会等常规活动如期举行，少年宫全年各项活动累计参与人数达13.82万人次。

【校外教育优质化】 2020年，区少年宫加强与“好梦想校外教育指导服务站”合作，着眼于校外教育的公益性、均衡性、公平性，立足打造优质的15分钟校外教育便利圈，推进“一宫两部N拓展点”校外教育体系建设。9月，副市长曹后灵调研姑苏区少年宫平江科技特色拓展点和平江新城拓展点，对少年宫拓展点工作给予了高度肯定，并表示拓展点的设立是对校外素质教育积极的、有益的探索。加强传统艺术社团精品化建设，重点推进交响乐团、表演社、昆曲社、评弹社的招募工作，采取“区内学校推荐+现场专家考核”的形式择优录取。表演社团参与编排了“2086时间拼图・泰伯庙行走计划”中的课本剧《泰伯奔吴》。新增烘焙、创意美术手工（黏土制作）、无人机、科技模型等社团，挖掘更多优质教育资源，拓宽艺术实践平台，提升少年儿童艺术实践能力。引进苏扇、剪纸、竹刻等非遗手工制作项目，开设非遗社团体验课程。整合提升书画艺术教育资源，协助姑苏少儿书画社开展各类宣传、展评活动，在省教育厅组织的第四届“友城绘”青少年国际绘画展中获优秀组合奖。　（区少年宫）

表7-1　姑苏区教育体育和文化旅游委员会下属学校及幼儿园（2020）

| 序号 | 集团名 | 校名 | 地址 | 校长 |
|---|---|---|---|---|
| 1 | 苏州市平江教育集团 | 平江实验学校 | 干将东路518号 | 蒋利军 |
| 2 | | 平江实验学校分校 | 三新路58号 | 柯　晴 |
| 3 | | 大儒中心小学校 | 南石子街10-2号 | 孙霞芳 |
| 4 | | 桃坞中心小学校 | 石幢弄34号 | 王　勤 |
| 5 | 苏州市平直教育集团 | 平直实验小学校 | 平桥直街99号 | 董　晨 |
| 6 | | 南环实验小学校 | 南环新村内校园街66号 | 叶莲芳 |
| 7 | | 盘溪中心小学校 | 南环西路大龙港新村内 | 卞晓春 |
| 8 | | 姑胥小学校 | 金塘新村西侧 | 孙　苹 |
| 9 | | 润长小学校 | 涠长新村18幢旁 | 陈　凯 |
| 10 | 苏州市至德教育集团 | 劳动路实验小学校 | 枣市街1166号 | 陆　静 |
| 11 | | 三元实验小学校 | 三元二村内 | 范　畴 |
| 12 | | 新康小学校 | 桐泾南路199号（新康花园内） | 沈　娟 |
| 13 | | 姑香苑小学校 | 劳动路姑香苑内 | 程　喆 |
| 14 | | 彩虹小学校 | 彩虹新村内 | 潘　琼 |
| 15 | 苏州市吴门教育集团 | 沧浪新城第一实验小学校 | 长吴路66号 | 季　斌 |
| 16 | | 沧浪新城第二实验小学校 | 吴中西路1000号 | 施惠芳 |
| 17 | | 沧浪新城第三实验小学校 | 友联一村86幢 | 欧阳湘 |
| 18 | | 沧浪新城第四实验小学校 | 新郭港路266号 | 金卫国 |

续表

| 序号 | 集团名 | 校名 | 地址 | 校长 |
| --- | --- | --- | --- | --- |
| 19 | 苏州市沧浪教育集团 | 沧浪实验小学校 | 十梓街221号 | 姚　敏 |
| 20 | | 带城实验小学校 | 葑门路208号 | 严莉萍 |
| 21 | | 草桥实验小学校 | 草桥弄4号 | 项　军 |
| 22 | | 东大街小学校 | 东大街222号 | 吴　瑜 |
| 23 | | 杨枝小学校 | 杨枝新村63-2 | 章春玮 |
| 24 | 苏州市虎丘教育集团 | 金阊新城实验小学校 | 藕前路8号 | 张　瑾 |
| 25 | | 虎丘实验小学校 | 苏州金阊新城白洋街666号 | 许　缨 |
| 26 | | 阳光城实验小学校 | 北环西路2089号 | 纪慧芬 |
| 27 | | 新庄小学校 | 新庄新村内 | 金慧琴 |
| 28 | 苏州市金阊教育集团 | 金阊实验小学校 | 广济路86号 | 杨明媚 |
| 29 | | 金筑实验小学校 | 虎北路786号 | 蔡晓瑛 |
| 30 | | 留园中心小学校 | 营坊场2号 | 周利人 |
| 31 | | 山塘中心小学校 | 山塘街508号 | 许　凯 |
| 32 | | 八一小学校 | 桐泾北路291号 | 凌　涛 |
| 33 | 苏州市彩香教育集团 | 金阊外国语实验学校 | 桐泾北路10号 | 秦琳娜 |
| 34 | | 彩香实验小学校 | 彩香一村三区10幢南 | 杜小敏 |
| 35 | | 胥江中心小学校 | 盘胥路铁链浜 | 张晨依 |
| 36 | | 城西中心小学校 | 彩香二村109号 | 曹振元 |
| 37 | | 三元第三小学校 | 三元三村258号 | 孙晓莉 |
| 38 | 苏州市善耕教育集团 | 善耕实验小学校 | 平江新城平河路文里街168号 | 吴　珏 |
| 39 | | 平江新城实验小学校 | 平江新城平泷路1281号 | 吴　敏 |
| 40 | | 勤惜实验小学校 | 平江新城江天路128号 | 俞　辰 |
| 41 | 苏州市敬文教育集团 | 东中市实验小学校 | 中街路203号 | 侍作兵 |
| 42 | | 敬文实验小学校 | 皮市街341号 | 吴永华 |
| 43 | | 学士中心小学校 | 景德路403号 | 沈志慧 |
| 44 | | 崇道小学校 | 东汇支路7-9号 | 董　萍 |
| 45 | 苏州市姑苏区特殊教育学校 | | 海红坊6号（本部）<br>大铁局弄14号（北校区）<br>剪金桥巷38号（南北校区） | 侯　芳 |
| 46 | 苏州市平江实验幼儿园 | | 平江新城江星路石曲街66号 | 陆　蓉 |
| 47 | 苏州市挹秀幼儿园 | | 北环路挹秀新村内 | 沈　婷 |
| 48 | 苏州市虹桥幼儿园 | | 久福里长鋆村20号 | 郑宇航 |
| 49 | 苏州市姑苏区大儒实验幼儿园 | | 南石子街10-1号 | 温　艳 |
| 50 | 苏州市姑苏区沧浪实验幼儿园 | | 孔付司巷5号 | 陈丽芳 |
| 51 | 苏州市姑苏区杨枝实验幼儿园 | | 杨枝新村59幢对面 | 华　静 |
| 52 | 苏州市姑苏区新康实验幼儿园 | | 桐泾南路181-2号 | 龚燕红 |
| 53 | 苏州市姑苏区南环实验幼儿园 | | 南环新村普悦街99号 | 王　玥 |

续表

| 序号 | 集团名 | 校名 | 地址 | 校长 |
|---|---|---|---|---|
| 54 | | 苏州市阊西实验幼儿园 | 干将西路1323号（三元一村内） | 何 晅 |
| 55 | | 苏州市虎丘中心幼儿园 | 三花二村100号 | 张晓岚 |
| 56 | | 苏州市姑苏区金阊新城实验幼儿园 | 金阊新城藕前路2号 | 徐 燕 |
| 57 | | 苏州市虎阜实验幼儿园 | 白洋街668号 | 凌 萍 |
| 58 | | 苏州市平江中心幼儿园 | 临顿路菉葭巷32号 | 薛 勤 |
| 59 | | 苏州市姑苏区鼎尚幼儿园 | 苏站路588号 | 杨晓枫 |
| 60 | | 苏州市姑苏区东环幼儿园 | 东环一村2幢旁 | 张 君 |
| 61 | | 苏州市姑苏区东环第二幼儿园 | 东环五村40幢旁 | 苏霞铮 |
| 62 | | 苏州市曹家巷幼儿园 | 东中市193号 | 高 磊 |
| 63 | | 苏州市曹家巷幼儿园（刘家浜分园） | 景德路石塔横街7号 | |
| 64 | | 苏州市姑苏区北塔幼儿园 | 桃花坞大街38号5幢 | 徐莉霞 |
| 65 | | 苏州市姑苏区双塔中心幼儿园 | 凤凰街129号 | 郁 岚 |
| 66 | | 苏州市姑苏区双塔中心幼儿园（钟楼分园） | 钟楼新村10幢-1 | |
| 67 | | 苏州市姑苏区红旗幼儿园 | 南园新村261号 | 花月红 |
| 68 | | 苏州市姑苏区红苹果幼儿园 | 养蚕里新村102幢 | 吴茵倩 |
| 69 | | 苏州市姑苏区玉兰幼儿园 | 南园北路玉兰新村38幢 | 吴 影 |
| 70 | | 苏州市姑苏区三香中心幼儿园 | 三香新村内18幢西 | 张 雁 |
| 71 | | 苏州市姑苏区胥江幼儿园 | 胥江新村28幢旁 | 吴 薇 |
| 72 | | 苏州市姑苏区大龙港幼儿园 | 大龙港新村内 | 史 云 |
| 73 | | 苏州市姑苏区友联幼儿园 | 友联一村88幢 | 王渊勤 |
| 74 | | 苏州市姑苏区友联幼儿园（胥江府分园） | 桐泾南路333号胥江府6幢 | |
| 75 | | 苏州市姑苏区金塘幼儿园 | 金塘新村韩家桥堍 | 陆怡蓉 |
| 76 | | 苏州市姑苏区葑门中心幼儿园 | 里河新村99幢 | 徐 静 |
| 77 | | 苏州市姑苏区彩虹幼儿园 | 彩虹二村17幢边 | 吴晓红 |
| 78 | | 苏州市姑苏区彩香村幼儿园 | 彩香一村二区8号 | 邵 飞 |
| 79 | | 苏州市姑苏区彩香二村幼儿园 | 彩香二村138号 | 顾蓓艳 |
| 80 | | 苏州市姑苏区彩香一村第二幼儿园 | 彩香一村四区内 | 陆 乐 |
| 81 | | 苏州市姑苏区三元新村第二幼儿园 | 三元二村内 | 束 燕 |
| 82 | | 苏州市姑苏区留园幼儿园 | 留园路28号 | 李 勤 |
| 83 | | 苏州市姑苏区留园幼儿园（航西分园） | 航西新村14幢 | |
| 84 | | 苏州市姑苏区新庄幼儿园 | 新庄新村内 | 陆晶莹 |
| 85 | | 苏州市姑苏区清塘幼儿园 | 清塘新村一幢 | 俞凤珠 |
| 86 | | 苏州市姑苏区观景幼儿园 | 观景新村内 | 陈 岷 |
| 87 | | 苏州市姑苏区爱心实验幼儿园 | 白洋街166号 | 沈晓敏 |
| 88 | | 苏州市姑苏区红苹果实验幼儿园 | 平江新城平泷路61号 | 战绍文 |
| 89 | | 苏州市姑苏区平江新城幼儿园 | 江宙路128号 | 褚 卫 |
| 90 | | 苏州市姑苏区七色花实验幼儿园 | 江天路138号 | 鲍 瑛 |

续表

| 序号 | 集团名 | 校名 | 地址 | 校长 |
|---|---|---|---|---|
| 91 | | 苏州市姑苏区常青实验幼儿园 | 金阊新城藕前路999号 | 张伟文 |
| 92 | | 苏州市姑苏区湄长中心幼儿园 | 湄长新村54幢南 | 史　云 |
| 93 | | 苏州市阊西第二实验幼儿园 | 三元四村内 | 何　晅 |
| 94 | | 苏州市姑苏区胥台实验幼儿园 | 胥涛路128号 | 陆　蓉 |
| 95 | | 苏州市阳光城幼儿园 | 北环西路2087号 | 吴玉兰 |
| 96 | | 苏州市长盛幼儿园 | 北环西路899号长盛花园4幢 | 刘　莺 |
| 97 | | 苏州市姑苏区福星幼儿园 | 亿象城内福星小区南 | 杜元林 |
| 98 | | 苏州市姑苏区百晟幼儿园 | 文里街188号 | 刘　思 |
| 99 | | 苏州市姑苏区星加幼儿园 | 养育巷古吴路乘马坡巷10号 | 李思娟 |
| 100 | | 苏州市姑苏区天筑幼儿园 | 天筑幼儿园80幢 | 张丽川 |
| 101 | | 苏州市新康幼儿园 | 桐泾南路桐馨苑内 | 曹春凤 |
| 102 | | 苏州市新沧幼儿园 | 桐泾南路798号新沧花园内 | 曹春凤 |
| 103 | | 苏州市威斯顿宝石幼儿园 | 闾胥路宝石御景园3幢 | 林晓蓉 |
| 104 | | 苏州市友新快乐幼儿园 | 友新新村内 | 陈　恺 |
| 105 | | 苏州市聪明岛幼儿园 | 干将西路三元一村内 | 郑　红 |
| 106 | | 苏州市姑苏区苏大吉的堡幼儿园 | 干将东路178号苏大北小区 | 王巧霞 |
| 107 | | 苏州市姑苏区小哈福幼儿园 | 人民路万达广场3188号 | 侯艳婷 |
| 108 | | 苏州市同源幼儿园 | 竹辉路186号 | 韩朝霞 |
| 109 | | 苏州市姑苏区领秀幼儿园 | 南门路领秀江南西区 | 卢　蓉 |
| 110 | | 苏州市快乐幼儿园 | 三香路357号 | 陈丽君 |
| 111 | | 苏州市姑苏区百花洲幼儿园 | 西大街36号 | 徐　梦 |
| 112 | | 苏州市姑苏区星光耀贝街幼儿园 | 虎池路1589号星光耀花园二期 | 丁苗苗 |
| 113 | | 苏州市姑苏区育心慧幼儿园 | 祖家桥20号 | 丁　宁 |

# 文化事业

## 综　述

【概况】 2020年，姑苏区文化事业工作以习近平新时代中国特色社会主义思想为指导，紧紧围绕文化民生和“文化强区”目标任务，突出抓好文旅、文教融合，努力用文化软实力为姑苏“硬核”发展提供人文支撑。

【文化战“疫”】 2020年，区教体文旅委积极组织区文化馆官方网站上线，大力开展线上、线下公共文化服务。先后组织拍摄了“抗疫一线、隔屏相见”非遗大师网课20节，录制了百行长诗《致敬，冬日里的逆行者》，快板和漫画《众志成城》，歌曲《我在你左右》《2020摇篮曲》《想对你说》《雪花漫天》，微视频《姑苏抗疫十二时辰》等文艺作品，征集书法、美术、摄影原创作品429幅。图书馆及时将1000册《新型冠状病毒感染防治实用手册》送到防疫一线。“书香姑苏”微信公众号发布疫情防控科普知识3期、防控资讯34条，开展线上阅读和活动5期，服务16254人次。

【群文节目获奖】 2020年，姑苏区原创作品《戤壁书》《小儒弄10号》《吴地课堂》均入选江苏省“五星工程奖”。区文化馆、沧浪街道选送的评弹与快板《小儒弄10号》在第三届“通州杯”全国曲艺中进行了新作展演；苏锦街道、文化馆选送的小品《白居易审瓜》在江苏省第二届“戏剧小戏小品”中进行了展演。

【姑苏运河文化艺术节系列活动】 2020年，区教体文旅委指导各街道在线上线下举办了姑苏运河文化艺术节系列之苏州“腊八节”、“轧神仙”庙会、“吴地端午”民俗文化节、孔子文化节、“石湖串月”、白洋湾山歌节等民俗活动，进一步亮化“姑苏运河文化节”民俗文化品牌。

【“姑苏小剧场”项目】 2020年，《浮生六记》园林版文化IP取得了良好的社会效益。在此基础上，陆续推出了昆博厅堂版《浮生六记》、园林3.0版本《浮生六记》、现代“网红”舞台剧《八仙梦山塘》等一批姑苏特色夜演剧目，加入快闪、直播、古风市集等创新元素，提升沧浪亭、昆曲博物馆、可园、山塘街游客互动性，增强游客的体验感。6月中旬《浮生六记》园林版被市委宣传部推荐为苏州唯一的文化体验点，代表苏州向中央、省、市级媒体团展现“姑苏八点半”品牌特色，以及经济社会发展和古城保

《浮生六记》园林版　　孙健　摄

护亮点，接受包括新华社、中央广播电视总台、《人民日报》、《求是》杂志等中央、省、市级50余家媒体的宣传采访，取得了良好的社会效应。

【"街头艺人"演出项目】 2020年9月，区教体文旅委推出"姑苏八点半　舒心夜相伴"姑苏区"街头艺人"演出项目。按照"文化+创新""文化+创意""文化+创造"的新思路，以打造具有高传播影响力的"街头艺人"表演IP为目标，在观前街、平江路、山塘街、石路等区域，推出了涵盖音乐、舞蹈、曲艺、杂技等类别的"街头艺人"项目，营造姑苏夜经济全民参与的浓厚氛围。该项目提升市民游客文化体验参与度、融合度。其主题宣传歌《姑苏八点半》中国风rap，取得点击率近10万、网易云音乐榜单第70名的成绩，广受关注。

【书香姑苏】 2020年，姑苏区整合公共图书馆、东方娃娃杂志社和辖区3家试点幼儿园的优质阅读资源，创新推出绘本阅读推广工作坊项目。组织实施"春诵夏弦　夜读姑苏"系列活动。为响应"姑苏八点半"品牌，丰富图书馆夜间开放服务内涵，满足市民夜读文化需求，针对不同的读者在区图书馆、沧浪分馆、昭庆寺分馆分别推出"嗨起来，睡衣阅读趴"系列活动、"烟雨江南　印象苏州"系列活动和"地道风物　姑苏雅集"等主题活动。新建巡特警支队"书香姑苏驿站"图书流通服务点。区图书馆开展了"我们的节日""童心坊""泡泡园""悦读妈妈"等读者活动66次，参与人数1115人。接待读者25.65万余人次，借阅图书16.4万余册次。开展"水滴"阅读志愿者培训、共享工程培训共计1907人次。"七彩阅读"服务项目入选中图学会"'为人找书，为书找人'书目推荐阅读推广"优秀案例。

【姑苏区图书馆"七彩阅读"服务项目入选中图学会学术论文和业务案例征集二等案例】 2020年11月，姑苏区图书馆在"阅读疗法"理论指导下，推出"七彩阅读"服务项目。初步建构了在区域性的公共图书馆开展"阅读疗法"的工作机制，筛选了可以作为"阅读疗法"的书目，开展"七彩阅读"小组读书会。国内公共图书馆对"阅读疗法"的实践仍处于起步阶段，缺乏相关的实践研究，本项目填补了该方面的空白。研究表明，"阅读疗法"在公共图书馆的应用具有推广价值，它适用于各行各业及各年龄段的一般心理问题的读者。通过建立图书馆员、高校专家、心理咨询师的联合工作机制，可以有效推动"阅读疗法"在公共图书馆的开展。

## 非物质文化遗产保护

【概况】 2020年，姑苏区制定出台《姑苏区濒危非物质文化遗产代表性项目保护办法》，重新修订《姑苏区非物质文化遗产项目代表性传承人认定与保护管理办法》《姑苏区非物质文化遗产代表性项目评定与管理办法》等文件，从政策层面为非遗保护传承工作提供全方位保障。

【第四批区级非遗传承人】 2020年，姑苏区开展了第四批区级非物质文化遗产代表性传承人的申报和评审工作，经推荐、评审、认定，姑苏区第四批非物质文化遗产代表性传承人有18人；年内，姑苏区新增7个第五批江苏省非物质文化遗产代表性项目代表性传承人、7个第五批苏州市非物质文化遗产项目代表性传承人。

表7-2 江苏省第五批非物质文化遗产代表性项目代表性传承人名单

| 序号 | 姓名 | 性别 | 项目名称 | 申报地区 |
|---|---|---|---|---|
| 1 | 顾凤珍 | 女 | 吴歌（白洋湾山歌） | 姑苏区 |
| 2 | 周莹华 | 女 | 苏绣（苏州发绣） | 姑苏区 |
| 3 | 沈柏平 | 男 | 盆景造型技艺（苏派盆景技艺） | 姑苏区 |
| 4 | 於为平 | 男 | 青铜失蜡铸造技艺 | 姑苏区 |
| 5 | 颜虎金 | 男 | 传统鸟笼制作技艺（苏派鸟笼制作技艺） | 姑苏区 |
| 6 | 宋玲玲 | 女 | 针灸（宋氏耳针） | 姑苏区 |
| 7 | 闵大联 | 男 | 闵氏伤科疗法 | 姑苏区 |

表7-3 苏州市第五批非物质文化遗产代表性项目代表性传承人名单

| 序号 | 项目类别 | 姓名 | 性别 | 项目名称 | 所属街道 |
|---|---|---|---|---|---|
| 1 | 传统技艺 | 陈　文 | 女 | 苏州缂丝织造技艺 | 平江街道 |
| 2 | 传统技艺 | 冯文祥 | 男 | 苏州金银丝镶嵌技艺 | 金阊街道 |
| 3 | 传统技艺 | 周　斌 | 男 | 苏州装裱技艺 | 双塔街道 |
| 4 | 传统技艺 | 丁学芳 | 女 | 苏州象牙雕刻技艺 | 平江街道 |
| 5 | 传统技艺 | 陆晓华 | 男 | 苏州民族乐器制作技艺（传统鼓艺制作） | 虎丘街道 |
| 6 | 传统美术 | 吴永林 | 男 | 苏州剪（刻）纸技艺 | 平江街道 |
| 7 | 民间文学 | 胡文明 | 男 | 苏州灯谜 | 双塔街道 |

表7-4 姑苏区第四批非物质文化遗产代表性传承人名单

| 序号 | 姓名 | 性别 | 项目类别 | 项目名称 | 所属街道 |
|---|---|---|---|---|---|
| 1 | 纪永明 | 男 | 传统技艺 | 明式家具制作技艺 | 白洋湾街道 |
| 2 | 金　磊 | 女 | 传统技艺 | 苏州民族乐器制作技艺（仿古乐器） | 白洋湾街道 |
| 3 | 卢招娣 | 女 | 传统技艺 | 苏绣（古旧绣品修复） | 金阊街道 |
| 4 | 俞承铣 | 男 | 传统技艺 | 民间打击乐器（钟艺制作技艺） | 虎丘街道 |
| 5 | 陈　元 | 男 | 传统中医药 | 传统针灸 | 虎丘街道 |
| 6 | 王国兴 | 男 | 传统技艺 | 苏州民族乐器制作技艺（二胡制作） | 虎丘街道 |
| 7 | 周　江 | 男 | 纹织技艺 | 纹织技艺 | 平江街道 |
| 8 | 方　红 | 女 | 传统技艺 | 库缉 | 平江街道 |
| 9 | 张书超 | 男 | 传统技艺 | 苏州织造官府菜制作技艺 | 平江街道 |
| 10 | 胡志斌 | 男 | 传统技艺 | 茉莉花茶制作技艺 | 平江街道 |
| 11 | 陈瑞陆 | 男 | 传统技艺 | 糖粥制作技艺 | 平江街道 |
| 12 | 吴明涛 | 男 | 传统音乐 | 古琴艺术（吴门琴派） | 双塔街道 |
| 13 | 裴琴子 | 女 | 传统音乐 | 古琴艺术（吴门琴派） | 双塔街道 |
| 14 | 朱永兴 | 男 | 传统技艺 | 苏工琥珀雕刻技艺 | 双塔街道 |
| 15 | 赖杭宇 | 男 | 传统技艺 | 金银细工制作技艺 | 双塔街道 |
| 16 | 张莉琴 | 女 | 传统技艺 | 制扇技艺（三面扇制作技艺） | 双塔街道 |

续表

| 序号 | 姓名 | 性别 | 项目类别 | 项目名称 | 所属街道 |
| --- | --- | --- | --- | --- | --- |
| 17 | 陈晓君 | 女 | 传统技艺 | 缂丝织造技艺 | 吴门桥街道 |
| 18 | 金国荣 | 男 | 传统美术 | 剪纸(真丝剪纸) | 吴门桥街道 |

【非遗进校园】 2020年,区教体文旅委组织开展了7期“姑苏出发—非遗之旅”系列,“百年名校、千年非遗”非遗进校园等活动。

【非遗保护】 2020年,区教体文旅委组织非遗联合会非遗大师参加知识产权保护培训班,对非遗大师文创作品著作权及商标权实施法律援助服务,努力用法律为非遗传承人保驾护航。

【姑苏文化智库组建】 2020年,区教体文旅委牵头组建姑苏文化智库,联合苏州大学高校科研力量,开展全区濒危非遗项目课题调研。（卓　函）

## 文化产业

【概况】 2020年,姑苏区评审评定区级扶持文化产业项目21个,下拨资金450万元;市民卡公司等2家企业新晋为市优秀新兴业态文化创意企业,共计向上争取资金337.8万元。全区评审评定高端人才4人、区级文化创新创业领军人才(团队)2人、文化产业紧缺人才8人,扶持人才项目4个,共获扶持资金155.4万元。

【文化推介】 2020年,姑苏区举办苏州国际设计周活动,定位长三角,积极启动苏州设计中心规划设计暨“联合国教科文组织手工艺与民间艺术之都—苏州设计中心”建设,组织召开长三角联盟赴姑苏考察。设置观前“设计新消费”主会场、桃花坞“文化新经济”主会场及众多分会场,让城市街区变为创意展区,共计有27场展览、25场活动、3场设计直播和16个分会场的精彩活动。举办腾讯互娱“苏城遇谜城”活动,活动以数字化破局,电竞文化遇见城市文化,打造城市新标签,用年轻人热爱的电竞文化,赋能城市文化经济新发展。做强做靓“繁华姑苏”集合品牌,繁华姑苏LOGO完成定型,标识运用了手拎袋等场景;完成“姑苏八点半”“福运姑苏”等3大系列产品的研发设计,推出60多款IP产品;与好时跨界合作定制了“好时×繁华姑苏”联名冰激淋。主办繁华姑苏夜间集市,5件作品参加第七届“紫金奖”文化创意设计大赛苏州赛区暨首届苏州文化旅游创意设计大赛,其中繁华姑苏福运礼盒获二等奖,3件作品获入围奖。完成实体自营店、淘宝店、有赞、大众点评、支付宝口碑等渠道注册或布局。在由金阊街道主办的首届“轧神仙”文化IP创意产品设计大赛中,参与主题文创展策划布展活动,设置繁华姑苏展区。

【产业招商】 2020年,区经济和科技局聚焦数字文化产业,先后对接腾讯文娱互动、阿里本地生活、中国动漫集团、抖音、快手、咪咕视讯、爱奇艺影视等头部企业;聚焦文商旅融合新消费领域,积极接触具有国际知名度和行业影响力的“网红”店、品牌店、旗舰店,对接新加坡嘉佩乐酒店、国家图书馆、故宫文创、茑屋书店、均瑶如意文化、几何书店等企业;聚焦重点城市,多次赴北京、上海、成都等文化产业发达城市招商,先后对接了深圳创意协会、雅昌文化集团等20多家企业。近2年来,喜马拉雅苏州城市公司、中信出版长三角总部、中建设计院以及二局投资公司、奥森时尚集团、中国黄金城市会客厅、茑屋全国供应链公司——郁栞文化公司、阅文集团潇湘书院、中联投文化《玄音妙境》、汇张思畅园高端酒店等一批优质项目已经落地；国家文化科技创新联盟城市合伙人总部、北京华胥氏、中国网+数字剧场、椰岛游戏《江南百景图》等项目即将落地。

【昆曲《浮生六记》升级版打造】 2020年，苏州历史文化名城发展集团倾心打造《浮生六记》IP，助力“姑苏八点半”夜经济品牌建设，精心打磨沧浪亭《浮生六记》3.0升级版，同时推出厅堂版和游船版；全年《浮生六记》园林版演出38场、厅堂版演出8场，共计46场；全年有关于《浮生六记》的媒体报道55篇。为进一步提升《浮生六记》品牌影响力，名城发展集团结合《浮生六记》现有知名度，在平江路游客中心推出首个线下国潮文创集成店“浮生集”，走出了从演出品牌向文旅文创衍生、将传统文化创造性转化的新一步。

【“繁华姑苏”品牌打造】 2020年，苏州历史文化名城发展集团以繁华姑苏集合品牌打造为“核”，一手抓产品开发，一手抓体系建设，累计完成“福运姑苏”等6大系列近100款原创产品的研发设计，与“老万年”“乾生元”“雷允上”等老字号发起“苏派·新浪潮”合作计划。其中，筷乘波涛跃龙门筷、与颐和园联名的咖啡杯套装两款产品获得了2020年红点奖之CGD当代好设计奖，“福运姑苏”御守礼盒获得首届苏州文化旅游创意设计大赛二等奖。至年底，“繁华姑苏”品牌完成了管理机制建设，累计有40余家老字号、在地企业及非遗工作室入驻繁华姑苏集合平台，共计提供近500款产品在平台上销售。

【苏州国际设计周活动策划】 2020年，苏州历史文化名城发展集团策划了2020年国际设计周桃花坞“文化新经济”主会场、观前街国美会场展馆“繁华姑苏”展及“Q4设计消费季”城市艺术板块。桃花坞“文化新经济”主会场以“繁华姑苏—新经济、新设计、新生活”为主题，设置“姑苏文化新经济从理念到实践”“姑苏文化新经济生态圈”“繁华姑苏平台企业展示区”“繁华姑苏IP战略合作伙伴联展”等，系统展现姑苏区自获批国家文化新经济开发标准试验区2年多来的丰富工作成果；观前街国美会场展馆围绕“新势能”“新流量”“新经济”3大板块，赋能姑苏文化产业，推动城市互联未来战略合作，助力姑苏文化新经济建设；“Q4设计消费季”城市艺术板块，包括《无语看波澜：新园林故事》当代艺术展、“苏州城市艺术地图”发布、“千年园林爵士之夜”等多项活动，展现传统城市、古典园林与当代艺术、新苏式生活的融合空间及其独特魅力。

（朱　颖　王晓昀）

# 体 育

## 综 述

【概况】 2020年，姑苏区体育工作坚持以习近平新时代中国特色社会主义思想和习近平总书记关于体育工作的重要论述为指导，坚持发展以人民为中心的体育事业，按照年度工作计划和上级指示要求，紧密结合姑苏区实际和疫情特殊情况，科学有效开展工作，确保各种任务要求落到实处，不断提升广大群众的获得感、幸福感、安全感，促进了姑苏区全民健身事业的深入发展。

【体育设施】 2020年，区教体文旅委重点围绕提升百姓的获得感、幸福感，着力解决百姓身边健身场地少等问题。着重突出抓好社区百姓健身房管理使用的研究和探索，采用“专职管理者+”和“社区兼管+”模式，努力为社区居民提供贴心方便的服务。持续突出抓好社区健身场地设施的完善。立足既有资源，上下联合，一体推动，结合城市升级、新城建设、老新村改造等工程建设，新建和更换了社区健身设施30套。着力打造“10分钟体育休闲生活圈”，逐步推进健身场地设施提档升级，真正解决好市民出门几步就有健身场地的问题。开展体育场地普查。根据全国体育场地普查统一部署要求，完成了对1237块场地的普查，为下一步维修、建设、管理打下了良好的基础。持续推进学校体育场地对外开放。通过调研勘察、科学论证，完成3所小学校体育场地对社会开放。推进健身步道并入大运河慢行系统建设，全区共增加健身步道约15千米，实施步道沿线配套建设，提升步道体育服务能力。对照高质量发展考核要求，把体育高质量场地建设目标纳入对街道的高质量发展考核指标，增强了街道的积极性、主动性。与规划、住建、园林、水务、国土等部门协商对接，推进城市慢行系统、虎丘湿地公园、金阊新城体育公园、桥下空地等体育场地设施建设事宜，增加体育元素。

【体育产业】 2020年，区教体文旅委推荐新城文体中心、苏州市民卡有限公司申报省体育专项扶持资金，推荐浩博体育有限公司、原色体育服务有限公司、农林担保有限公司等申报市级体育产业专项资金。累计完成近800家体育企业的基础数据核实，新核实体育类经营单位69家及抽样样本经营单位财务数据120家。推荐“行走大运河，精彩看姑苏”活动为国庆黄金周苏州市体育旅游精品项目。配合“姑苏八点半”夜经济项目，在姑苏商圈组织了3次体育夜市活动并拉动消费。

【体育指导】 2020年，区教体文旅委抓好对体育组织的培育。指导成立了姑苏区足球协会、网球协会、扑克牌运动协会等一批新的体育组织，对区属的体育组织进行调研，落实年检、双随机抽查、等级评估等。采用定向委托、服务购买等方式加强对体育组织的扶持。抓好市民体质监测。平时通过各监测站点积极为市民提供体质测试服务，9月完成960人的体质监测任务。抓好体育指导员队伍建设。为全区所有社会体育指导员统一购买保险，摸底建档，实行规范化管理，解决好“谁来指导健身”的问题。采取市、区、街道结合的方式，抓好社会体育指导员业务技能培训，帮助提高其一线指导的能力，使其真正成为市民身边最贴近、最管用的“健身指导教练”。年内组织社会体育指导员技能再培训100多人，在全区近300个健身站点配备近4000名等级社会体育指导员，带动各站点的全民健身。

## 体育活动

【概况】 2020年，姑苏区着重开展了“翼”起跑、“潮”向前“云”夜跑活动，“足球狂欢夜”活动，体育夜市等“姑苏八点半”系列活动，进一步宣传推广了“姑苏八点半”夜经济品牌和中超联赛，实现了文化、体育、旅游大融合，获得了较好的社会效应，助推了姑苏经济发展。积极通过网络、App平台等，给市民做好健身指导服务，让大家不出门或者少出门一样可以愉快健身，共提供服务5000多人次。开展特色体育活动。举办了苏州市大众体育联赛2020苏州市水上运动会暨运河名城·中国大河争先赛、“健康走石湖　小康看姑苏”——2020大运河健康跑、2020“姑苏杯”第二届华东地区健美健身邀请赛、“共圆小康梦”广场舞大赛、第五届门

2020年5月28日晚至31日晚，“翼”起跑、“潮”向前，姑苏八点半“云”夜跑活动举行　　　　蒋新民　摄

球比赛、武术比赛、“姑苏杯”青少年体育舞蹈艺术节、老年人健步走活动等，较好地活跃了市民文化生活。积极组队参加了苏州市第十五届运动会。共组织小学组、职工组、民族组、老年组、残疾人组5个组别，有400多人次报名参加了71个项目，其中老年组和小学组共取得了25个第一、18个第二的较好成绩。

【姑苏八点半“云”夜跑活动】 2020年5月28日晚至31日晚，“翼”起跑、“潮”向前，2020姑苏八点半“云”夜跑活动顺利举行。活动由区教体文旅委主办，由姑苏区田径协会承办。区机关和各街道在职人员以及跑步爱好者约1000人参加。活动主要设置3条路线，分别为：线路1起点为平江路（干将东路进口处碑亭），终点为观前街（玄妙观）；线路2起点为山塘街（古戏台），终点为石路（苏宁易购前方广场）；线路3起点为南门（南门地铁站金逸影城门前广场），终点为盘门（售票处前广场）。

【“姑苏八点半，足球狂欢夜”活动】 2020年7月25日晚，区教体文旅委在观前街区举办了“姑苏八点半，足球狂欢夜”活动。活动现场举行街头花式足球表演、小学生特色足球表演、足球啦啦操表演，邀请部分足球俱乐部、体育企业开设摊位，赠送消费券，售卖中超纪念品、足球运动产品等。此次活动主要结合观前街开街仪式和中超苏州赛区揭幕日，从7月25日至9月28日，观前街区部分“网红”餐饮店持续开展“足球夜、美食节”活动。

【姑苏区体育夜市暨百姓健身房启用仪式】 2020年8月7日晚，区教体文旅委在观前街举办“姑苏八点半，足球狂欢夜”体育夜市暨百姓健身房启用仪式，大力宣传推广中超联赛，推进全民健身事业发展，深入打造“姑苏八点半”夜经济品牌，进一步激发经济活力，助推姑苏经济腾飞。

【“健康走石湖　小康看姑苏”大运河千人健康跑活动】 2020年9月30日，“健康走石湖　小康看姑苏”——2020大运河健康跑活动在姑苏区石湖景区隆重开幕。活动由区委宣传部、区教体文旅委、苏州日报报业集团主办，区城管委、吴门桥街道、石湖景区管理处承办。活动吸引了来自苏州、无锡市区、宜兴、江阴等地的近千名跑步爱好者。

【姑苏区第二届健美健身邀请赛】 2020年10月25日，2020“姑苏杯”第二届华东地区健美健身邀请赛在苏州市全民健身中心举办。比赛由区教体文旅委主办，姑苏区健美健身运动协会承办。赛事得到中国健美协会、江苏省健身健美运动协会等单位的有力指导，吸引了全国11个省区市20余个市的健身俱乐部、体育学院健身健美队、健身爱好者选手200余人参加，包括传统健美、古典健美、传统健美元老、男子健体、女子比基尼等多个项目。

【姑苏区广场健身舞海选大赛】 2020年10月29日晚，由区教体文旅委主办，姑苏区体育舞蹈协会承办的姑苏区广场舞海选大赛在石路银河广场举办。大赛以“共圆小康梦、幸福舞起来”为主题，用广场舞的形式反映全民健身成果，讴歌群众幸福生活。来自全区8个街道的9支队伍近200人参赛。

【姑苏区第五届门球比赛】 2020年11月10日，由区教体文旅委主办，姑苏区门球协会承办，桂花公园管理处协办的姑苏区第五届门球比赛决赛在桂花公园门球场圆满落幕。比赛共有31支代表队250余人参加。根据疫情防控要求，比赛按照“大比赛，小赛场；大统筹，小分散”的原则，在“尽量分散，减少聚集”的前提下，在比赛的第一阶段采用了分会预赛方式，减少比赛期间人员聚集，并在第二阶段淘汰附加赛中，决出前9名。

【全国老年人健身大联动姑苏区分会场活动】 2020年11月11日，由区教体文旅委主办，市老年人体育协会承办，虎丘山风景区管理处协办的2020年全国老年人健身大联动姑苏区分会场——老年人健康行健步走活动在胥门古城墙广场举行。来自苏州市区、市级机关、街道、社会群众团体组织的800多名老同志参加了健步走活动。

【姑苏区在市第十五届运动会获佳绩】 2020年11月13日，苏州市第十五届运动会落下帷幕。市运会作为四年一届的苏州市民体育盛会，规模大、层次高。姑苏区专门成立市运会区参赛筹备委员会，围绕“确保强项，突破弱项，积极备战，争创佳绩”的备战原则，精心组织400余名运动员参加比赛，获得老年组团体总分第一，科技智力类小学组团体总分第一、金牌总数第一，竞技类项目小学组金牌总数第三的好成绩。

【首届“姑苏杯”青少年体育舞蹈艺术节】 2020年11月21日，中国关心下一代工作委员会健康体育发展中心“青艺杯”青少年艺术展演暨首届“姑苏杯”青少年体育舞蹈艺术节在市体育中心体育馆盛大开幕。该届艺术节由中国关工委健体中心、区教体文旅委主办，姑苏区体育舞蹈协会承办，苏州市体育中心、姑苏区关心下一代工作委员会、共青团姑苏区委员会协办，共有近500名青少年参加。

【姑苏区第五届武术比赛】 2020年12月8日，苏州市武术邀请赛暨姑苏区第五届武术比赛在观前街玄妙观广场举行。作为“冬至大如年”民俗文化节的活动之一，比赛吸引了来自全市的21个团队约300名武术爱好者齐聚一堂，选手们以武会友、交流切磋、竞显风采，呈上了一场精彩纷呈的“武林盛宴”。比赛由区教体文旅委和平江街道联合主办，姑苏区武术协会承办。比赛项目分拳术和器械两部分，其中拳术组的比赛主要为太极拳，器械组的比赛包括刀、枪、剑、扇等多种器械项目。 （吕丽红）

表7-5 2020年姑苏区参加苏州市第十五届运动会获奖情况

| 序号 | 获奖单位 | 奖项名称 | 授予单位 |
|---|---|---|---|
| 1 | 区教体文旅委 | 群众体育工作优秀集体 | 苏州市全民健身工作指导委员会 |
| 2 | 姑苏区 | 代表团体育道德风尚奖 | 苏州市第十五届运动会组织委员会 |
| 3 | 区教体文旅委 | 优秀组织奖 | 苏州市第十五届运动会组织委员会 |
| 4 | 姑苏区 | 突出贡献奖一等奖 | 苏州市第十五届运动会组织委员会 |
| 5 | 姑苏区 | 人才输送奖一等奖 | 苏州市第十五届运动会组织委员会 |
| 6 | 姑苏区 | 青少年体育工作优秀组织奖二等奖 | 苏州市第十五届运动会组织委员会 |
| 7 | 姑苏区 | 学生部科技智力类小学组团体总分第一名 | 苏州市第十五届运动会组织委员会 |
| 8 | 姑苏区 | 老年组团体总分第一名 | 苏州市第十五届运动会组织委员会 |
| 9 | 姑苏区 | 学生部科技智力类小学组金牌总数第一名 | 苏州市第十五届运动会组织委员会 |
| 10 | 姑苏区 | 学生部竞技类项目小学组金牌总数第三名 | 苏州市第十五届运动会组织委员会 |

# 旅游

## 综述

【概况】 2020年，姑苏区以全域景区化为目标，立足苏州“一核四城”发展战略中“核”的定位，推进古城“大景区”建设，发挥全域旅游在古城保护和经济高质量发展中的引领作用。年内，盘门景区和七里山塘景区获评“苏州最美夜间景区”；在“苏州有礼”旅游文创商品大赛中，姑苏区获得金奖1件、银奖1件、铜奖5件，获奖名次和获奖数量均居全市第一；山塘公司等4家单位获评文化和旅游部江苏培训基地现场教学点；“‘南方夫子寻根传承’苏州研学旅游”“流动的博物馆”2个项目获评年度苏州旅游创新产品（业态）。

【省级全域旅游示范区成功创建】 2020年6月，姑苏区成功入选第2批全省全域旅游示范区名单，跻身23家省级全域旅游示范区之列。姑苏区围绕全域旅游示范区创建指标体系全面筹划，注重统筹协调，完善相关政策措施，制定创建提升方案，召开创建推进会和迎检工作会，发动全员参与创建。清明小长假期间，现场督察重点景区，并根据上级反馈情况，梳理问题清单39条，及时反馈给涉及的23家单位落实整改。充分做好全域旅游示范区会议评审准备工作，区政府领导带队赴省文旅厅参加现场会议评审。

【文旅规划】 2020年，区教体文旅委编制姑苏区“十四五”文化旅游规划和全域旅游发展规划，通过规划引领发展，结合全域旅游示范区创建，将姑苏区打造成特色鲜明、内涵丰富的国际品牌旅游目的地。起草《姑苏区全域旅游扶持政策》，加大对文旅融合重大项目、重点企业、特色产品、优质商品、复合型人才等的培育和扶持力度。课题“一街一路的保护与利用——历史文化名城保护的姑苏实践研究”入选2020年度省市协作研究项目和苏州市“干将”精品课程。

【文旅行业安全生产】 2020年，姑苏区深刻汲取火灾事故等安全事故的教训，全力以赴做好文旅行业安全工作，制发《姑苏区文化和旅游行业安全生产专项整治行动实施方案》，召开全区文化和旅游行业专项整治工作会议，做好第二阶段大检查相关工作，在全行业组织开展全覆盖拉网式的安全生产大检查、大排查、大整治，全面提升文旅行业安全生产规范化管理水平。全年完成省文旅厅交办的2家单位（文化国旅和石路天虹纯开娱乐公司）安全隐患问题的整改工作；观前地区南都娱乐商务会所因疫情期间私自营业且在营业期间将大门等消防通道关闭而被市文化综合执法支队吊销娱乐经营许可证，法定代表人被治安拘留且纳入严重失信名单。会同相关部门指导成立拙政园片区应急救援联勤联动小组，制定联动机制，开展专项消防演习。

【文旅行业监管】 2020年，区教体文旅委根据自身职责完成文化市场行政许可、旅行社备案等相关工作；完成星级饭店和星级旅行社的复核工作，切实提高旅行社和星级酒店的服务质量和管理水平；指导辖区旅行社、星级酒店、网吧等企业，做好文明城市迎检工作，共发放文明餐桌桌贴1000份、文明旅游小卡片20000份。会同相关部门继续做好非法“一日游”的打击工作，多次召开非法“一日游”整治工作专题会议，就非法“一日游”出现的问题进行研判和部署；制定《姑苏区旅行社（服务网点）注册登记内部审核调查机制指引》等规范性文件；组建非法拉客专项整治工作领导小组，以姑苏公安分局为主体成立了工作专班，并制定《姑苏区旅游景区及周边治安突出问题专项整治行动方案》，会同区综治执法局及各属地街道对拙政园、留园、西园、寒山寺、山塘街等重点景区周边和新丝绸之路展览馆、新东吴珍珠馆等购物店、火车站窗口地区等进行巡查；同时，在北寺塔等热门景区周边的地铁出入口设置漫画广告，在原汽车北站等换乘中心设置语音提醒，提示游客自觉抵制“不合理低价游”，维护自身合法权益，提高游客的防骗意识。

【文旅行业疫情防控】 2020年，姑苏区面对突发的新冠疫情，迅速落实疫情防控各项工作。印发《关于全区歌舞娱乐场所、网吧、游艺场所、景区景点、体育场馆、校外培训机构等单位暂停营业开放的通知》，要求取消全部演出等活动，关闭图书馆、文化馆、体育场馆等公共文化场所，关闭上网服务场所、游戏游艺、歌舞等娱乐场所，关闭旅游景区，暂停旅行社及在线旅游企业经营团队旅游及“机票+酒店”旅游产品。疫情防控形势好转后，在牢牢守住疫情防控防线前提下，指导全区各文旅企业复工复产，恢复运营，并组织企业积极申报江苏省重点旅游企业纾困资金，组织区相关旅行社申报“来苏州都挺好”奖励资金，支持文旅企业渡过难关。84家旅行社办理暂退质保金3162万元，13家旅行社获得2020年江苏省旅行社企业奖补资金221万元，11家单位获得2019年度苏州市旅行社企业奖补项目资金200万元。

【全市旅游文创商品比赛获奖】 2020年底，在由苏州市文化广电和旅游局组织开展的“苏州有礼”旅游文创商品大赛中，姑苏区获得金奖1件、银奖1件、铜奖5件，获奖名次和获奖数量均居全市第一。此次活动，全市共评出33件获奖作品，其中，姑苏区的拙政园苏砚文韵（文房礼盒）作品获得金奖，旗开得胜（旗袍）吊坠作品获得银奖，远山系列—手环、玉兰花耳环（大）、冠云香薰、璇玑—园林迷宫玩具和观景—转心杯5件作品获得铜奖，获奖作品占全市获奖作品总数的21%。这次姑苏区选送的旅游商品地域特色鲜明、创新创意不断、制作工艺精湛，是全区文旅融合创新发展的重要成果。

## 旅游服务

【概况】 2020年，区教体文旅委根据疫情防控要求，指导姑苏区景区常态化开展疫情防控和分时预约，推进文明城市创建和垃圾分类工作。根据假日旅游景区开放管理工作要求，指导节假日期间姑苏区景区的安全有序开放，严格控制接待游客量。优化游客消费环境，景区及周边196家商户承诺30天无理由退货。配合做好节假日旅游市场检查及山塘街、平江路等重点景区游客流量控制等工作。组织开展姑苏区景区从业人员业务能力提升线上培训，姑苏区景区、江口县景区从业人员80人参加，全部完成培训课程并获文旅部江苏培训基地颁发的培训合格证书，景区人员服务水平进一步提升。

【文旅融合产品研发】 2020年，姑苏区在文旅资源“统起来、用起来、火起来”上下功夫，凸显姑苏水巷风貌、吴地文化、苏式生活的鲜明特征，创新推出“姑苏八点半”夜游产品，共吸引622.83万人次以上，占同期姑苏区旅游总人次的31.76%。夜游产品有效带动促进了姑苏区商圈和历史街区景区夜游经济全要素发展，激发了文旅融合消费新热点。推进“研学姑苏”基地项目，城东小学完成校舍腾清；指导区少年宫完成“研学姑苏”6条线路设计；开展6场体验活动，共200人次参加。与苏州市文广旅局合作开展苏州文化微旅行线路征集活动，评选出10条入选线路。推出“苏州人游苏州”一日游旅游产品等。

【旅游大数据分析平台建设】 2020年，姑苏区旅游大数据分析平台建设项目纳入全区大数据二期项目，对接项目承建单位细化工作任务，实现精准管理、精准服务，不断提高旅游服务质量，改善旅游发展环境。

2020年，“研学姑苏”体验之旅活动举办

区教体文旅委　供稿

【旅游宣传推介】 2020年，姑苏区通过编制旅游导览图、“网红打卡”地图以及投放地铁广告、编制专业报刊、发布微信宣传消息和抖音视频等多种宣传手段，加大对“姑苏八点半”等旅游新产品和姑苏区全域旅游工作的宣传力度。开展姑苏旅游宣传语征集活动，6.2万人次关注，共收到5167条宣传语投稿，确定姑苏区旅游宣传语为“水韵江南　风雅姑苏”。构建多种旅游网络宣传推广渠道，指导辖区旅游企业与同程、携程、八爪鱼、驴妈妈、飞猪、苏州旅游总入口等营销平台合作，加大宣传推广力度。成功举办苏州入境旅游自媒体平台全球推广活动、旅居中国的外国人市场推广活动和“姑苏八点半，百名网红探”夜游线路体验活动，央视、《中国日报》（海外版）、《新华日报》、交汇点等各大媒体多次报道。策划拍摄的夜游宣传片《姑苏八点半，江南不夜城》和夜游微电影《三生花草梦姑苏》，均在“学习强国”平台播出。重视新媒体“网红”主播等的营销带货能力，积极参加“姑苏八点半”“舒心夜相伴之仲夏夜魔方”营销活动，做好姑苏区主场直播。9月19日至10月11日，走进上海省际联动，开展“姑苏八点半”文化旅游推广灯景展活动。

【假日旅游秩序维护】 2020年，姑苏区为切实做好疫情防控和假日旅游工作，推动消费回补，根据文化和旅游部发布的《文化和旅游部办公厅关于推进旅游企业扩大复工复业有关事项的通知》等相关文件精神，会同市、区各相关部门和属地街道，切实加强节假日期间旅游市场安保工作，创新假日旅游安全工作体制机制，优化全区假日旅游专班值班制度，全力维护全区假日旅游市场秩序平稳有序。结合平江历史街区和七里山塘景区开放式景区的实际情况，制定平江历史街区和七里山塘景区安保方案和应急预案，严格按照景区安保方案和应急预案，做好安保工作，确保节假日期间全区文旅市场的安全。

**【七里山塘景区和盘门景区获评“苏州最美夜间景区”】** 2020年12月，在苏州市文化广电和旅游局组织开展的“苏州最美夜间景区”评选活动中，姑苏区七里山塘景区和盘门景区获评“苏州最美夜间景区”。七里山塘景区是国家AAAA级景区、中国历史文化名街，位于国家重点旅游城市苏州古城的西北部，拥有全国重点文物保护单位1处、省级文物保护单位2处、市级文物保护单位8处、控保建筑9处、古迹遗址11处、古牌坊9处、其他古迹40余处，为桥文化、水文化、吴文化、民俗文化浓缩之地，为苏州会馆、公所集中之地，被明代民歌《大九连环》咏为与杭州西湖齐名的“天堂之地”，文化内涵十分丰富。盘门景区位于苏州古城西南隅，占地24.86公顷，拥有国家和省级文物保护单位瑞光塔、水陆城门和吴门桥。盘门夜间活动以姑苏光影秀为核心，打造了一个集梦幻、惊喜、浪漫于一体的千年古城墙视觉盛宴。“盘门三景”瑞光塔、吴门桥和盘门城楼，配上缤纷绚烂的灯光，与为夜间灯光秀而搭建的风车、蒲公英、海豚等场景交相辉映，宛如童话中的魔法世界。（沈文虹　杨占武）

2020年，七里山塘景区获评“苏州最美夜间景区”　　区教体文旅委　供稿

# 科学技术

## 科技工作

【概况】 2020年，姑苏区修订出台《姑苏区、保护区关于促进科技高质量发展的扶持政策》，配套印发《姑苏区关于加快培育和发展高新技术企业的实施细则》《姑苏区技术转移体系建设补助实施细则》，加大科技投入，扶持政策进一步加码助力。全年认定国家科技型中小企业205家；100家企业申报高企培育入库，入库76家；103家企业申报高企，38家申报成功。认定“瞪羚”企业7家。4家企业获得省科技进步奖。2020年申报各级各类科技项目、资质认定、高企入库等项目553项。全年省、市、区拨付经费4469.9万元，其中省、市拨付经费3069.88万元，比上一年同期增长40.3%。全年技术合同登记523项，成交额10.1亿元。

【载体建设】 2020年，姑苏区新增省级工程技术研究中心1家、市级3家，新增市级众创空间、省级众创空间、市级孵化器各1家。8家省级以上科技企业孵化器参加省级绩效评价工作，其中1家被评为优秀（A类）、6家被评为良好（B类），共获得82.6万元绩效资金。

【人才引育】 2020年，姑苏区积极开展常态化对接，探索建立吸引集聚创新创业团队的有效机制。全年成功申报省科技副总6人；申报市领军人才两批12人，3人成功入选。

【产学研合作】 2020年，姑苏区举办“技联东南大学”“技联复旦大学”“数字经济发展生态大会暨大院大所合作发展大会姑苏行活动”等产学研活动。

（朱　颖）

## 科学普及

【概况】 2020年，姑苏区科学技术协会（简称“区科协”）面对疫情，全区科普宣传工作改线下活动为线上活动，侧重线上与网络宣传，侧重发挥区老科协、区青少年科技教育协会、区全科医学会等团体的优势，开展富有成效的科普宣传。年内，苏州市平江实验学校学生孙妤萱获得苏州市政府颁发的青少年科技创新“市长奖”，实现了姑苏区“市长奖”零的突破；指导教师高曦平获“耕耘奖”称号；苏州市平江实验学校获“摇篮奖”称号。

2020年11月17日，姑苏区举办青少年科教实践中心启动仪式　　　　区科协　供稿

【姑苏区青少年科教实践中心】 2020年，为贯彻落实好总书记的讲话精神，进一步激发姑苏区青少年学生、科技辅导教师以及科普志愿者参与科学探究、创新实践的热情，区科协联合区教体文旅委在姑苏区少年宫打造苏州市首个青少年科教实践中心。在市科协的大力支持下，姑苏区青少年科教实践中心作为市级科普项目，获得了20万元的市级财政支持。姑苏区科协投入专项资金50万元，历时半年，完成了中心领导架构、三年规划的制定和近千平方米场室的改造、内部环境的布置。11月17日，区科协、区教体文旅委联合举办姑苏区青少年科教实践中心揭牌仪式和青少年科创成果展示活动，“引力播”App当日点击量突破百万。该项目为全市第一，省内领先。

【“我心中的科学家”少儿征文大赛】 2020年，为引导广大青少年从小树立崇高理想和远大志向，大力营造全社会尊重人才、吸引人才、用好人才的良好氛围，为姑苏区实现高质量发展提供创新驱动力，在7月10日首个“苏州科学家日”来临之际，区科协、区教体文旅委联合组织开展“我心中的科学家”全区少儿征文大赛。大赛共收到征文作品972篇，经专家评审，产生一等奖5名、二等奖10名、三等奖20名、激励奖60名，苏州市吴门教育集团沧浪新城第二实验小学校、苏州市敬文教育集团敬文实验小学校、苏州市虎丘教育集团金阊新城实验小学校分别获得“优秀组织奖”。

【“科学3分钟”微视频征集】 2020年，为大力普及科学知识、弘扬科学精神、提高全民科学素养，在苏州市第三十二届科普宣传周期间，区科协组织开展“科学3分钟”2020年全区优秀科普微视频征集评选活动。全区各学校积极组织、推荐，共有20件作品入围，经专家评审，苏州市敬文教育集团敬文实验小学校的《生态垃圾分解桶模型》等14件作品获奖。

【科技扶贫】 2020年8月，区科协组织科技工作者到贵州江口县开展对口帮扶工作。根据当地的实际需求，区科协专门邀请苏州市水产技术推广站2位专家，为当地小龙虾养殖户送去养殖技术，助力当地龙虾小镇的建设。姑苏区青少年科技创新教育协会与江口县第二小学校共同建设青少年科学实践基地，未来还将组织姑苏区青少年到江口县开启研学之路，通过亲身体验江口的科普特色，与江口县的青少年们加强交流、加深友谊。同时，姑苏区青少年科技创新教育协会的2位资深科技辅导教师还为当地中小学科技辅导教师带去了2场精彩讲座。

【姑苏区首届青少年无人机比赛】 2020年11月9日，为激发青少年对航天航空的兴趣，从小树立航天航空报国远大志向，区科协联合区教体文旅委在区少年宫举办了姑苏区首届青少年无人机（4轴航拍竞技无人机）比赛，区内42所学校的187名学生参加了比赛，一起挑战无人机直线竞速赛、绕标竞速赛、场地竞速赛、趣味飞行赛等5大项目。目前，区少年宫也是苏州市唯一的青少年无人机驾照考试点。

2020年11月9日，姑苏区首届青少年无人机比赛举办，图为在阳澄湖航空模型训练基地进行外场比赛　　区科协　供稿

【少儿科普项目建设】 2020年，区科协在评估以往少儿科普项目的基础上，继续支持姑香苑小学“智能制作”工作室的建设，下拨10万元引导资金。支持平江新城实验小学校“锦趣苑”童趣“AI”蔬菜种植实践基地建设，下拨5万元引导资金。平江新城实验小学校的少儿科普项目“童趣AI体验中心”被评为苏州市科普场馆、江苏省青少年特色科学工作室、江苏省青少年科技创新基地，学校入围2020年江苏省科学教育综合示范学校省级终评。全年姑苏区在各类科技比赛中获奖颇丰：6月，沧浪新城第二实验小学校获世界机器人大赛总决赛青少年机器人设计大赛团队一等奖、获评全国青少年人工智能活动特色单位；12月，金阊外国语实验学校获评2020年度中国教育信息化STEM年度最佳实验学校，平江新城实验小学校获2020VEX世锦赛中国总决赛最佳设计奖、2020VEX世锦赛中国总决赛别出心裁奖。

（宋玉波）

# 社会

人力资源和社会保障

民政和卫生健康

退役军人事务

# 人力资源和社会保障

## 综　述

【概况】 2020年，姑苏区、苏州国家历史文化名城保护区人力资源和社会保障局（简称“区人社局”）紧紧围绕全面落实疫情防控和经济社会发展“双胜利”部署要求，致力于人社事业高质量发展，按照姑苏区委“两个聚焦”惠民助企行动计划总要求，以“实绩党建、民本先锋”品牌为引领，强化落实重点工作，稳步推进提质增效，服务能力和水平均迈上新台阶。2020年，姑苏区高层次人才一站式服务中心成立，并获“姑苏区青年文明号”称号。人才服务直通车品牌获2020年度苏州国际精英创业周落户企业联盟暨苏州市留学人才协会十佳创新服务案例。12月，举办“智汇创新　沪苏共融”苏州市大学生公共创业实训基地10周年回顾暨黄浦·姑苏创业孵化示范基地共建活动。上海市和苏州市，黄浦区和姑苏区分别签署了就业创业工作战略合作框架协议，将全面开启深度合作，共同探索沪苏就业创业工作高质量发展新模式。区人社局党组获评2020年度姑苏区机关党建优秀书记项目；区人社局青年突击队获“2020年度姑苏区优秀抗疫青年突击队”称号。

【高层次人才一站式服务中心建设】 2020年，姑苏区按照“放管服”改革和优化营商环境工作要求，建立完善姑苏区高层次人才一站式服务中心，打造全区统一的高层次人才一站式服务平台，充分运用“互联网+人才”服务优势，把5×8小时申报受理模式延伸为7×24小时全程受理，推行“一站式受理、一站式办结、一站式答复”，实现“一网申报、一网通查、一网通办”，平台涵盖人才乐居、优秀人才贡献奖励、职称初定、高技能人才、校园引才等29个服务模块，累计服务辖区各类企业人才28万人次。推进完善平台二期建设，新增人才引进、档案管理、社会化引才、人才数据库、紧缺人才等业务模块。为贯彻落实《市政府关于调整人才落户相关政策的通知》《关于落实苏州市调整人才落户相关政策的操作细则》等文件精神，结合人社系统“放管服”改革要求，自2020年5月1日起，姑苏区内“先落户再就业”人员落户业务由姑苏区高层次人才一站式服务中心受理，在全市首推“人社+公安”人才落户一站式服务模式，大大提高了人才落户办理效率。5月12日，新政实施以后的苏州大市范围内首张户籍准迁证，从姑苏区高层次人才一站式服务中心发出。

【职业培训机构安全管理】 2020年，区人社局严格规范许可审批，与消防、住建部门形成消防验收联合会办机制，按照有关法律法规严格审核并做好机构日常管理工作，全年开展日常审批17项，日常开班管理15家，培训工种14个，开班备案162个，初级培训2832人，中级培训3026人，高级培训350人。完成姑苏区民办职业培训学校2019年度办学能力和诚信评估工作，辖区共有25家机构通过年检，2家机构整改，10家机构不合格。疫情防控期间，对民办职业培训机构疫情防控工作加强指导检查，有序审批恢复民办职业培训机构线下集中培训。强化日常监督管理，累计走访机构71家次，稳妥处理各类投诉纠纷16起。落实消防安全责任要求，及时关注应急事项，帮助机构协调各部门处理突发状况，保障培训机构平稳健康发展。

## 人才开发引进

【概况】 2020年，姑苏区重点围绕北部经济区、“姑苏八点半”夜经济、文化新经济、数字经济战略等产业方向，邀请新一代信息技术、人工智能、数字经济、文化新经济、文商旅融合等姑苏先导产业领域人才嘉宾91名，携带项目91个，嘉宾硕士以上学历占比79.1%，其中博士学历27名，参会总规模达130人。举办“一带一路”高端人才创新峰会、“姑苏八点半”苏式生活体验、高层次人才创新创业投融资对接会等活动。通过姑苏“双创”合作洽谈，成功落户项目61个。充分发挥创业周公共平台作用，组织开展公共平台人才项目常态化对接7期，梳理平台项目853个，遴选258个发往各板块、招商载体深度对接，为创业周储备优质人才项目。成功举办第七届姑苏创新创业精英团队大赛，征集参赛项目173个，举办线上互联网+科技产业分赛和街道分赛6场，入围决赛项目44个，推动部门街道、载体

2020年6月19日，姑苏区创新创业大赛举办

区人社局　供稿

企业开展线上对接，落实项目跟踪制度，为人才项目提供全程化、精准化、专业化服务。落实上一年度大赛落户项目扶持资金53万元。修订完善《姑苏区创新创业人才项目社会化引进办法》，进一步扩大奖励范围、提高奖励上限、拓展引才渠道、落实引才奖励，为人才引育拓源提质，新备案社会化引才合作机构21家，引才9人，54份引才奖励申请材料，该年度拨付奖励补贴22.2万元。开展市级社会化引才备案审核工作，通过区级初审9人。

【高层次人才引育】 2020年，姑苏区充分发挥高层次人才政策导向作用。高端人才奖励计划申报，通过市级复审18人，奖励资金140.14万元。优秀人才贡献奖励申报通过124人，奖励资金471.5万元。姑苏重点产业紧缺人才计划申报，通过市级复审138人；人才乐居工程申报1398人，审核通过1226人，涉及单位167家，拨付乐居租房补贴696.46万元。其中，市属单位45家373人，补贴金额249.52万元；区属单位122家853人，补贴金额446.94万元。企业通过中介机构招才引智引才补贴成功申报1家。推荐苏州混凝土水泥制品研究院有限公司、苏州希格玛科技有限公司申报省博士后创新实践基地，均通过市级复审。摸排省双创博士在苏创新创业及资助资金使用情况，8名双创

博士自2010年以来为姑苏区创造经济效益约2.6亿元。落实2019年优秀人才贡献奖励资金442.74万元，2019年度人才乐居工程租房补贴583.54万元，2020年度姑苏重点产业紧缺人才计划补贴资金652万元，博士后创新体系建设资助62万元。发动高层次和急需紧缺人才高级职称考核认定申报，共12人通过市级复审，累计6人获得高级职称。开展全省乡土人才高级专业技术资格申报工作，2人通过市级复审。开展职称评审及初定工作，评审申报系统审核491人，缴费328人，职称初定申报198人，通过161人。努力提升企业高层次人才引育质效，完善市场评价、社会荐才机制，推进实施紧缺人才“倍增工程”，修订区级紧缺人才政策，围绕区重点产业目录，评定科技、服务业和文化紧缺人才33名，资助资金214.2万元。举办猎才联盟紧缺高层次人才猎聘会，开发中高端人才线上招聘“云选才”平台，为企业人才招聘提供“远程化”“可视化”人才招聘及面试功能，全区279家企业提供1215个岗位，最高岗位年薪达80万元。开展“校园苏州日”——走进东南大学、复旦大学引才环境推介和毕业生招聘会活动，累计组织姑苏区229家企业，提供优质岗位3980个。通过“相约苏州·同战疫情”线上校园引才招聘会平台，组织234家单位发布岗位信息4025条。

【技能人才培养体系完善】 2020年，姑苏区推进实施职业技能提升行动。贯彻实施《苏州市职业技能提升行动实施方案(2019~2021年)》，开发一站式培训线上平台，丰富学习内容素材，设置疫情防控、人社服务、安全生产、法律法规、职业技能、在线直播6个篇章。开展防疫项目培训，助力企业复工复产，共288家企业完成8万多名员工线上培训并进行补贴申领，拨付补贴资金2441.64万元。全力开展职业技能等级认定，新增12家技能等级认定备案企业，共开展15个批次的考核认定，合计认定345人。鼓励校企合作，积极推进企业新型学徒制，11家单位完成备案，计划培养学徒共计451人。全区548人申领安全技能提升培训补贴20.52万元。按照脱贫决胜之年的要求，委托江口县就业局开展职业技能培训班3期，共培训180名学员，其中建档立卡贫困人员153名。组织江口县23名建档立卡人员到姑苏区开展轨道交通安检员职业技能提升培训。加快推动高技能人才创新培育，打通高技能人才与工程技术人才的职业发展通道，对58名取得国际职业资格证书的人才开展比照认定，21人符合申领要求，拨付奖补资金5.15万元。制定出台《姑苏区高技能人才培养提升计划实施细则》，围绕人才培养、平台建设、人才激励等方面，全面提升姑苏区高技能人才队伍建设水平。推进实施高技能人才载体平台建设，组织开展2020年姑苏区技能(专技)名师工作室申报评选工作，张礼东民族乐器制作技能(专技)名师工作室等15家工作室入选，其中2名老字号企业领办人入选名单，助力老字号企业的传承保护、创新发展。组织苏帮菜传承人屈桂明，王金山缂丝大师工作室传承人华惠英参加首届中国江苏乡土人才“三带两助”建设成果展。全年共引进培育高技能人才3508名。

【“匠心传承·筑梦姑苏”传统技艺人才创意创客比赛】 2020年，姑苏区结合“姑苏八点半”主题，以“姑苏见面礼”“品牌伴手礼”为切入点，举办2020年“匠心传承·筑梦姑苏”传统技艺人才创意创客大赛，共征集参赛项目34个，15个项目入围决赛，决赛期间还同步开展项目展示，助力传统技艺人才对接文创开发公司，签约项目4个。修订《姑苏区职业技能竞赛活动经费补贴办法》，举办5场涵盖西式面点师、美容师、美发师、防水工、茶艺师、评茶员、网络与信息安全管理员等7个工种的职业技能系列竞赛活动，对符合国家职业资格等级认定条件的，核发相应工种高级工证书1304张。

## 劳动就业创业

【概况】2020年，区人社局认真贯彻落实“六稳”“六保”决策部署，紧密链接重点人群就业需求，有效实施稳就业、扩就业系列政策，兜牢民生底线，同时为打造苏州“就创业首选城市”蓄能助力，汇聚多方资源，持续营造良好就创业氛围，在稳就业保就业的基础上，提升就创业工作公共服务水平，稳步推进全年就创业工作。

【助企政策落实】2020年，区人社局落实阶段性减免社会保险费、企业稳岗返还补贴等政策，开辟劳务派遣企业申请稳岗返还政策绿色通道，减免社会保险费33.09亿元，发放稳岗返还补贴合计1.55亿元，惠及企业2.98万家、职工20.95万人。建立重点企业定期联系机制，发布《姑苏区新冠肺炎疫情期间企业劳动关系二十问》，打造“惠企服务直通车”工作品牌，开展政策在线解读、为企服务“五进”等活动，累计服务企业1.18万多家次。

【营商环境优化】2020年，区人社局加强企业用工管理指导，编印《姑苏区企业用工管理与风险防范劳动用工手册》，推行小微企业人力资源助理派遣服务、HR劳动关系移动门诊服务。深化“放管服”改革，取消6项业务证明材料，5项业务改为告知承诺制。推进“不见面”审批，推出网办业务“云教学”服务，参保企业网上申报率84.4%。

2020年6月24日，姑苏区惠企服务直通车启动

区人社局　供稿

【用工服务机制健全】2020年，区人社局响应企业诉求，健全用工服务机制。针对企业冬季用工荒，开展企业用工服务“八个一”攻坚专项行动，建立3项常态化服务机制。提供持续化专项用工服务，成立姑苏区人力资源机构服务联盟，建立重点企业缺工报告制度，落实为企服务专人联系服务制度。开辟精准化用工引智渠道，开展“乐业姑苏·为企服务周周行”活动，与徐州、安徽、河南等地深化校企合作、劳务对接，进一步打通企业招工渠道。开展集中化劳动者护育行动，加强联动执法，取缔2家职业“黑中介”，净化劳动力市场环境；坚持“引育共重”，加强高技能人才培养，全年新增高技能人才3848人。

## 劳动人事关系

【概况】2020年，区人社局科学组织事业单位公开招聘，面向社会公开招录事业单位工作人员68名；组织2020定岗特选选聘21名优秀应届毕业生，有994人报名。此次定岗特选依托市级平台，结合全市“校园苏州日”活动，走入北京大学、清华大学、东南大学、复旦大学、上海交通大学等学校，涉及全国8个城市11所名校。根据区域发展需要，配合区教体文旅委、区民卫局开展校园招聘，充实专技人才储备，全年共提供岗位239个，报名人数2000余人，录用160人；根据姑苏区教育事业发展和人才队伍建设需要，引进10名教学和科研能力较强、富有创新精神的中青年专业技术人才。举办2020年全区新录用事业单位工作人员初任培训，有72名学员参训。

【劳动监察】 2020年，区人社局建立“一站式”服务机制，构筑和谐劳动关系。开展和谐劳动关系企业培育创建，联合司法部门开展“法企同行”系列服务活动，建立物流行业劳动关系先锋服务站，培育市级劳动关系和谐企业36家、区级和谐企业112家、区劳动保障信誉等级单位212家。推进预防关口前移，联合区检察院、区应急管理局建立企业工伤预防与安全生产联动机制。成立劳动维权“一窗式”受理平台，形成人民调解、劳动保障监察、劳动人事争议仲裁“一站式”服务体系。成立姑苏区根治拖欠农民工工资工作领导小组，制定《姑苏区保障农民工工资支付工作考核办法》，举办根治欠薪现场推进会，组织企业开展三期专题培训，开设农民工工资争议调解仲裁庭，对拖欠工资的劳动争议案件限期1个月审结。全年处理欠薪线索案件62起，涉及农民工1183人、金额2000余万元。

【劳动仲裁】 2020年，区人社局共接待劳动维权信访咨询9951人次，受理投诉举报4926件，其中协调处理4717件，协调处理率达95.76%，合计维权金额1180余万元，案件处理数同比增加85.8%。处理劳动争议案件974件，涉案金额8130万元，其中受理案件824件，结案596件，结案率72.33%；调解撤诉407件，调撤率68.28%。巡查用人单位1268户次，开展执法检查25场次，检查用人单位756户，取缔非法中介39家，规范人力资源服务机构52家。

【事业单位人员管理】 2020年，区人社局精准规范，夯实人员调配，全面实施事业单位聘用制度，严格岗位设置，规范人员管理，做好事业单位人员借用、调动、解聘等人员调配。提升工资业务精细化水平，规范开展事业单位工资核定、绩效管理、遗属补贴等工资福利审批工作。围绕工作实绩，科学选拔任用，强化监督，指导区机关及街道下属事业单位做好股级干部推荐方案审批备案工作，健全股级干部信息库，完善档案专审，推进股级干部管理科学化、规范化、制度化。完善事业单位考核评价机制，做好上年度考核工作，确定652名事业单位优秀嘉奖人员名单；配合区纪委监委、主管部门做好事业单位人员奖惩，规范事业单位工作依法履行职责。为激励事业单位工作人员聚力攻坚、勇于担当，积极做好脱贫攻坚、抗击新冠肺炎疫情等各类表彰推荐工作，对标先进、见贤思齐，营造比学赶超的良好氛围。

## 社会保险

【概况】 2020年，区人社局秉持“想民所想、急民所急”理念，将社会保障作为改善民生的重要支撑，全面增进全区居民福祉。进一步落实惠民政策，增强社会保障能力。围绕全区重点工作的开展，认真落实各项工作部署和工作要求，加强党建引领，严格内控管理，进一步强化服务意识，创新管理体系，不断提升服务辖区企业和居民的水平。年内，苏州市姑苏区社会保险基金管理中心获评2019年度苏州市青年文明号。

【社会保险】 2020年，姑苏区社保部门立足工作职责，扎实做好“六稳”工作，全面落实“六保”任务，保民生促发展，进一步织牢织密保障基本民生的安全网。截至年末，姑苏区共有企业职工养老保险参保单位32307家，参保职工238830人，人均缴费基数4159元。全年实现社保新增83208人。贯彻落实好阶段性降低社会保险费率和疫情防控期间社保费阶段性减免缓的政策，惠及辖区3.6万余家企业、参保人员38万余人，全年为企业减免养老、失业、工伤、医疗保险费33.09亿元。通过开展“社保在身边　服务零距离”活动，深入企业广泛宣传，征求意见，切实减轻企业和群众负担。

【审批服务便民化】 2020年，区人社局坚决落实国家、省、市、区关于审批服务便民化及“放管服”改革工作要求，把人民群众是否满意作为衡量工作成效的标准，进一步在“减”字上做文章，在“优”字上下功夫，进一步优化营商环境，打造质效一流的服务。优化“不见面”服务，努力让“数据多跑路，群众少跑腿”，全年共受理“苏州社保”微业务2596件，完成部平台转移业务726笔。推进“一件事”“基层赋权”工作，开展“赋权指导月月行”活动。加强业务培训，不断提升“社保大讲堂”老品牌效应，组织9场基层协管员培训，参加人员700余人次。

【退休人员社会化管理服务】 2020年，区人社局以“高起点、广覆盖、优服务”为宗旨，全面实施“365”幸福工程，打造“乐龄姑苏”特色品牌，努力通过人性化、个性化、全方位的社会化管理服务，为辖区老年人营造一个和谐、温馨的大家园，引导老年人共享改革发展成果，不断提升老年人晚年生活质量。积极探索“互联网+老年服务”的模式，提高为老服务水平，2020年陆续推出“乐龄先锋云讲堂”“乐龄姑苏云展馆”两大品牌。全区社会化管理人员有22.24万人，其中，区内企业退休人员20.73万人，异地企业退休人员3304人，国企退休人员1829人，居民养老待遇享受人员5512人，征地人员4386人。全年共走访社会化管理人员71.7万人次，人均走访3.22人次；开展各类活动2.56万场次，参与人员142.5万人次，人均参与活动6.41场次。

（邱佳怡）

# 民政和卫生健康

## 综　述

【概况】 2020年，姑苏区、苏州国家历史文化名城保护区民政和卫生健康局（简称“区民卫局”）在区委、区政府的正确领导下，紧紧围绕党的十九大精神及区委、区政府的中心工作，深入贯彻落实中央、省、市、区各项决策部署，全面投入疫情防控人民战争、总体战、阻击战，全力推动民政和卫生健康领域探索性、引领性、创新性发展，圆满完成各项工作任务。年内，区民卫局获全省抗击新冠肺炎疫情先进集体、苏州市无偿献血先进奖（集体）等荣誉称号。

【实事项目建设】 2020年，区民卫局共实施政府实事项目6项，全力提升辖区群众幸福感、获得感。加强社区卫生体系建设。完成吴门桥街道沧浪新城社区卫生服务中心及双桥社区卫生服务站改造项目，新建平江街道梅巷社区卫生服务站、大儒巷社区卫生服务站及白洋湾街道第二社区卫生服务中心（一期）项目。开展儿童口腔健康幸福工程。累计筛查适龄儿童7236人，实施窝沟封闭4229人，封闭牙齿9818颗，平均每人封闭2.3颗牙齿，较去年增加0.1颗。完成预防接种安全提档工程。完成辖区14家社区预防接种门诊提档升级，包含疫苗接种告知系统建设、全景视频督导呼叫系统建设、预防接种门诊预约系统建设。开展母婴阳光工程。全年为4500名婚姻登记对象实施婚前医学检查；为辖区47296名0~6岁儿童进行体格发育评估和疾病筛查；建立2家儿童自闭症筛查试点，共筛查410名儿童；完成儿童视力筛查24746人；完成0~3岁儿童先天性心脏病筛查5534例；为辖区20284名妇女提供“两癌”检查服务。开展姑苏区基层中医药服务能力提升工程（二期）。建成横街中心小针刀中医特色诊疗工作室，全年完成辖区5万名50周岁以上居民中医体质辨识15.18万人次，0~6岁儿童中医药健康管理3.1万人。

## 社区建设

【美好社区建设】 2020年1月，姑苏区召开社区治理和服务创新姑苏推进会，持续深化社区治理和服务创新力度，深化“社区治理和服务创新五大行动”，发布姑苏区社工职业化体系发展报告和美好社区美好指数。9月1日，召开姑苏区增强“六项能力”打造“美好社区”全面推进社区治理和服务创新工作会议，发布2020年上半年姑苏区“美好社区美好指数”，组建社区治理“专家智囊团”“媒体观察团”“居民顾问团”，为社区治理和服务创新工作谋金点子、找明路子、树好牌子，加快推进社区治理现代化进程。开展新一轮优秀社区工作法遴选，全区评选出10个优秀社区工作法。开展2019年度美好社区创建活动星级社区评比，平江街道历史街区、金阊街道白莲社区等96个社区分别被评为美好社区创建活动五星、四星、三星、二星、一星社区，五星、四星、三星、二星、一星社区分别获得10万、8万、6万、4万、2万元的奖励。开展2019年度社区协商民主优秀示范项目评选。启动建设8个社区协商民主建设示范项目。

**【社区工作者队伍建设】** 2020年，姑苏区出台《关于加强姑苏区社区工作者职业体系建设的实施意见》，构建社区工作者职业体系建设总意见和管理办法、招聘录用、培训交流、激励培养、考核管理的“1+5”职业体系框架，有效提升队伍建设科学化、规范化水平。组织3名选手参加全市举办的全科社工技能大赛，姑苏区获得团体三等奖，双塔街道陈佳瑶获得个人第二名的好成绩。

**【社区居委会换届选举】** 2020年，姑苏区组织做好社区居委会换届选举培训、制定指导手册等工作，进一步细化居委会换届选举工作方案和流程，确保规定精准、程序精确、操作精细，切实保障选举工作在法治轨道上进行，重点做好“五个依法”，即依法推选居民选举委员会、依法进行选民登记、依法提名确定候选人、依法组织投票选举、依法确定当选人，坚持法定程序不变通、规定步骤不减少、规范时间不缩减。

2020年1月11日，社区治理和服务创新姑苏推进会举行　　区新闻中心　供稿

## 社会事务

【婚姻登记】 2020年，婚姻登记窗口总办件量7821件，其中结婚登记4879对、离婚登记2942对。推进婚姻登记机关行风建设，深入查找在服务群众方面存在的突出问题，开展专题学习、座谈交流、编制服务指南、优化功能场所、建立工作台账的“五个一”活动。持续推进婚姻登记规范化建设，推行婚姻登记免费拍照服务。

【区划地名】 2020年，姑苏区以优化营商环境为主向，地名日常管理更趋规范；全面推进街道地名规划编制工作，启动率达到100%，完成编制论证达75%。继续做好地名普查成果转化工作，推动地名文化建设，初步完成《中国标准地名词典》《中国标准地名志》和《江苏省标准地名词典》《江苏省标准地名志》姑苏区部分的编纂工作，《苏州市姑苏区标准地名志》编纂工作基本完成。

【儿童福利】 2020年，姑苏区成立区未成年人救助保护中心，以区未成年人救助保护中心、儿童福利指导中心为枢纽，指导街道儿童“关爱之家”开展困境儿童帮扶工作。在金阊、吴门桥2个街道建设省级儿童“关爱之家”，委托专业社会组织运营，开展困境儿童建档立册、文体心理教育帮扶等活动，护航困境儿童成长。落实“明天计划”“福彩圆梦·孤儿助学工程”等各项儿童福利政策，发放困境儿童基本生活费补贴127.43万元。

【慈善工作】 2020年1月19日，姑苏区召开区慈善总会二届二次会员大会暨基金会三届四次理事会，审议通过2019年工作报告和2020年慈善资助计划及经费预算，同时通过了会员调整名单，由区民卫局局长、党组书记钱艳虹担任姑苏区慈善总会常务副会长。开展慈善捐赠活动，年初举行2020年姑苏区慈善募捐仪式，共筹集善款626.54万元。积极参与疫情防控工作，全年姑苏区慈善基金会收到抗击疫情捐款161.18万元，捐物价值66万元；截至年底共支出救助款项129.78万元，物资价值66万元。

【慈善救助】 2020年，姑苏区落实慈善救助项目，全年开展健康牛奶护苗计划、姑苏慈善爱心卡、阳光乐龄计划、暑期助学等项目，为全区7.046万户次低保、低保边缘家庭的中小学生提供了价值20.4357万元的免费牛奶，为全区所有低保、低保边缘困难家庭发放爱心卡援助金256.914万元，支出28万元为全区300余名低保、低保边缘孤老提供送美食、送健康、送文化等“六送”服务，为292名低保、低保边缘、一般困难家庭学生发放助学款51.08万元。全年累计支出慈善救助金983.38万元，占上一年总收入的89.41%。

【困难残疾人补助】 2020年，姑苏区落实2项残疾人补贴发放工作。发放残疾人生活补贴和护理补贴共2251.95万元，其中，低保残疾人生活补贴342.74万元，一户多残依老养残家庭残疾人补贴75.43万元，无业精神智力残疾人补贴516.43万元，无业重度残疾人补贴712.92万元，残疾人护理补贴604.43万元。根据姑苏区基层审批服务赋权工作要求，9月完成残疾人“两补”赋权街道工作，制定下发《关于进一步规范残疾人两项补贴资金管理和发放工作的通知》。

【流浪乞讨救助】 2020年，姑苏区开展“夏季送清凉”和“寒冬送温暖”专项救助行动。各街道、公安等部门累计巡查1207次，耐心反复劝离火车站地区、石路观前地区、小游园等地流浪乞讨人员357

人次，护送至救助站17人次，设立救助引导牌66个，发放矿泉水等降温防暑用品58件。

【惠民殡葬】 2020年，姑苏区做好疫情期间清明祭扫管理工作，在息思墓园开展祭扫活动，大力推广“苏城云祭扫”平台预约祭扫服务。全年共核发免费殡葬补贴683.38万余元。

## 社会组织

【概况】 2020年，姑苏区社会组织管理工作深入贯彻中央和省、市“关于促进社会组织健康有序发展”的一系列指示精神，坚持以提升社会组织活力为目标，一手抓培育发展，一手抓严格管理，不断提高社会组织提供公共服务和参与基层社会治理的能力。截至年末，全区共有注册登记社会组织568家（其中民办非企业单位467家、社会团体101家），备案社区社会组织1987家。

【社会组织培育扶持】 2020年，姑苏区推进社会组织孵化培育。优化调整公益坊功能布局，扩大受育社会组织范围，建立完善公益坊运行绩效考核机制，注重发挥绩效考核机制的激励作用，促进社会组织培育发展。完善社会组织扶持政策，修订《社会组织发展扶持办法》。新政策根据社会组织的不同类型和不同发展阶段，采取空间支持、财政补助、初创补贴、发展激励、能力提升等方式，对符合条件的街道公益坊运营、社会组织专职人员、荣誉等予以资金扶持，全年向35家社会组织发放扶持资金72万元。

【社会组织人才培养】 2020年，姑苏区分层次、分类别开展社会组织从业人员培训，提升社会组织服务能力以及规范化运作水平；坚持开展社会组织领军人才、重点人才评选活动，成文文、刘海林、洪嘉敏等3人获2020年“姑苏区社会组织重点人才”称号。

【社会组织品牌化建设】 2020年，姑苏区组织开展社会组织优秀服务项目和优秀项目案例评选活动，有10个服务项目（案例）获评，3个服务项目（案例）入围。抓好社会组织等级评估，全年新评3A等级10家、4A等级1家、5A等级1家。注重加大对各类社会组织典型案例的宣传，扩大社会组织的影响力，树立社会组织服务品牌。

【第八届微公益创投活动】 2020年，姑苏区采取支点型服务项目与社区社会组织联合申报承接的方式，由16个成熟社会组织带动12个社区社会组织，开展老年人、残疾人、困难家庭等服务项目，共开展活动2247场，服务超30000人次，提高了社会组织开展社区公共服务的能力，打造了一批深受群众欢迎的优秀公益服务项目。

【社会组织监管】 2020年，姑苏区建立社会组织管理工作联席会议制度，及时会同相关部门研究解决社会组织工作中的问题和困难；注重加强事中事后监管，对25家社会组织开展“双随机”抽查，有419家社会组织完成年检，年检率达90.9%；加大“僵尸”型社会组织清理力度，全年注销143家，行政撤销7家；开展行业协会商会收费专项整治，采取实地走访、集中座谈、台账检查等方式，对全区44家社会团体涉企收费进行检查，及时发现并解决问题，进一步规范行业协会商会收费行为。

## 医政管理

【概况】 2020年，姑苏区在册医疗机构293家，其中，门诊部（健康体检中心）26家，社区卫生服务机构33家（在营31家，停业2家），各类诊所164家（口腔诊所47家，中医诊所40家，综合性诊所36家，医疗美容诊所15家，其他26家），护理机构5家，内设医务室65家。全年发放医疗机构执业许可证13家，中医诊所备案9家，养老机构内设医疗机构备案1家。组织对279家医疗机构进行校验，责令暂缓校验医疗机构1家，责令整改单位39家。全年注销医疗机构20家。

【医疗机构星级评审】 2020年，区民卫局根据《姑苏区医疗机构星级管理实施办法》，按照《姑苏区医疗机构星级管理评分标准》，组织对40家医疗机构进行当年度星级评审。分“基本情况”“管理规范”“依法执业”“服务优良”4大部分，结合日常监督、专项检查、质量考核、投诉纠纷、医疗事故、群众满意度、统计信息等情况综合评定，共评出三星级单位7家、二星级单位17家、一星级单位7家、不予评级单位4家，未参加评级单位5家。

【医疗机构安全生产】 2020年，姑苏区成立医疗机构安全生产领导小组，从医疗质量安全领域、消防安全领域、房屋安全领域、特种设备安全领域等4个领域，在全区医疗卫生机构开展3轮全覆盖安全生产专项整治行动，发现安全隐患856个。加强与属地街道的密切配合，对安全隐患的整改实施跟踪督办、闭环管理、对账销号，推动问题隐患整改落实。截至年底，完成整改853个，隐患整改完成率为99.65%。

【中医药工作】 2020年，姑苏区基层中医药服务能力提升工程二期项目被列入区政府实事项目，投入460万元，开展中医医联体“三个一”工程（打造一个中医特色诊疗工作室，孵化一个中医特色护理服务，培养一批百姓认可的社区中医医师）、社区中医药服务“百千万”工程（开展百场中医健教活动，惠及数千名百姓免费享受基层中医药发展成果，为5万名50岁以上居民提供中医治未病及个性化健康教育服务）。验收通过白塔中心、白洋湾中心、沧浪亭中心、桐星中心中医馆建设项目，实现全区14家社区卫生服务中心中医馆全覆盖；完成友联、虎阜、双桥、彩二、竹辉社区卫生服务站中医阁建设工作。

【无偿献血工作】 2020年2月，姑苏区在防控新型冠状病毒肺炎疫情的关键时刻，召开无偿献血工作电视电话会议，并通过“苏州姑苏发布”微信公众号发出倡议书，号召广大市民参与无偿献血。全年姑苏区无偿献血3784人次，献血量121.36万毫升。

## 社区卫生

【概况】 2020年，姑苏区实现全部居民健康档案开放系统的升级改造，并在严格核档的基础上，逐步对签约居民开放，共开放48.40万份，全区居民累计建档86.28万份，建档率90.11%。高血压、糖尿病规范管理人数分别为6.04万和1.88万。筛查工作稳步推进，全区完成心脑血管筛查6.57万人，肿瘤筛查1.44万人，慢阻肺筛查1.65万人，儿童哮喘筛查1.02万人，骨质疏松筛查2.30万人。全年拥有家庭病床1011张。

【社区卫生管理】 2020年，姑苏区新建平江街道大

2020年1月4日，双塔街道里河社区卫生服务站正式投用　　区民卫局　供稿

儒巷社区卫生服务站和双塔街道里河社区卫生服务站，姑苏区社区卫生服务机构总数达31家。完成4家社区卫生服务机构的提升改造，分别为吴门桥街道沧浪新城社区卫生服务中心打造皮肤、儿童妇幼特色门诊，双塔街道横街社区卫生服务中心建成小针刀、儿童中医特色诊疗工作室，吴门桥街道双桥社区卫生服务站、平江街道梅巷社区卫生服务站提升改造。

【社区卫生特色服务】 2020年，姑苏区积极落实新冠肺炎疫情防控工作要求，持续加强疫情防控宣传和健康教育，强化院感防控，做好转运接驳、密接监测、样品采集、流行病学调查、业务指导、健康宣教等各项工作。录制防护视频、创新苏州话版短片等。各社区卫生服务机构做好预检分诊，投入工作人员1.8万人次，预检分诊140.82万人次；派出446人次参与密接转运，累计转运479人；1044人次进驻隔离点做好医学观察随访，累计随访47056人次；177人次赴昆山进行涉外接驳转运，累计转运1191人；472人次参与各类核酸采样工作。在预约上门和家庭病床服务领域，姑苏区被省卫健委确认为2020年度家庭医生服务模式创新建设单位。在“医联体、医共体支持下的签约服务上下联动”“居民主动注册、首席家庭医生服务机制”领域，留园中心和润达中心分别被省卫健委确认为2020年度家庭医生服务模式创新建设单位；平江新城中心成功创建省星级家庭医生工作室。在双桥社区卫生服务站建成的以基本操作技能为主导、急救技能为特色的小型培训示范教室正式启用，以保障基层护理人员的基本操作演练需求。医联体合作方面，突出“全科+专科”培育方向，积极打造“一机构一特色”，南环中心骨科建成省级基层特色科室，还建成7个市级基层特色科室；娄江中心联合苏大附儿院设立儿童哮喘防治点。3家名医工作室分别在白塔、白洋湾、润达中心落地。在药联体专家指导下，编写完成《姑苏区社区慢病合理用药手册》，促进社区安全、有效、合理、经济用药。持续开展姑苏区基层中医药服务能力提升工程，开创专科医联体合作新模式。基层27名护理骨干参加中医适宜技术的培训，同时接受基层中医师进修，传承“吴门医派”。帮扶横街中心打造小针刀、儿童中医等特色诊疗，帮扶娄江中心开展耳鼻喉科中医适宜技术，23种市中医院自制制剂在全区社区卫生服务机构使用，带动全区中医适宜技术推广应用。在市中医院指导下，开展社区中医药服务“百千万”工程和“冬病夏治穴位贴敷进社区”活动，向居民普及中医基本理论知识及养生保健技术。截至年末，全区开展中医健康教育讲座126场，完成辖区5万名50周岁以上居民中医体质辨识15.18万人次，0~6岁儿童中医药健康管理3.1万人。

## 公共卫生

【概况】 2020年，姑苏区扎实落细落实各项新冠病毒疫情常态化防控举措，做好疫情防范，累计报告确诊病例6例，规范做好处置工作。建成区疾控中心新冠病毒核酸检测实验室。14家社区预防接种门诊的疫苗接种告知、全景视频督导呼叫和预防接种门诊预约系统全面投入使用。全年新建省、市、区健康场所87个，健康场景2个。启动社会心理服务体系建设试点，实施师生心理健康“心航计划”。儿童口腔健康幸福工程筛查7236人，窝沟封闭4229人。扎实开展母婴阳光工程，新婚夫妇免费婚检率达95%，0~6岁儿童健康管理率99.05%，为20284名适龄妇女提供免费“两癌”筛查。

【爱国卫生工作】 2020年，全年新建省健康社区7个，市健康社区、健康单位15个，区健康家庭65个；新建虎丘街道仁安社区健康小游园等健康场景2个。结合疫情防控，深入开展爱国卫生运动，全区累计集中整治农贸市场127个，整治背街小巷927条，整治城中村34个、城乡接合部24个，整治建筑（拆迁）工地185个、老旧居民区448个，动员群众清除卫生死角5607个，清理垃圾杂物4244.27万吨；共下发灭鼠告知书10000份，投放灭鼠药4吨，新增毒饵站6425个；委托第三方开展外环境蚊蝇孳生控制和消杀服务，投放防蚊贴168000个、捕蝇笼8600个，试点在25个社区投放太阳能灭蚊灯640个。

【精神卫生工作】 2020年，姑苏区共随访患者17292人次，面访患者3681人。启动社会心理服务体系建设试点，依托苏州市精神卫生中心开通24小时心理援助服务热线和新冠肺炎疫情线上App心理疏导服务平台，提供心理热线援助、心理危机干预线上咨询服务。沧浪新城社区卫生服务中心开设心理咨询门诊。实施师生心理健康“心航计划”项目，在辖区44所小学校开展心理健康调查。推进儿童注意缺陷多动障碍干预项目，对儿童注意缺陷多动障碍实施早期介入，有效干预和矫治，构建医教结合ADHD干预新模式。全年全区共组织开展大众精神卫生知识宣传活动60场次，受益3737人次；患者家属护理教育96场次，受益3840人次。

【疾病防控】 2020年，姑苏区适龄儿童一类疫苗接种23.1819万针次。累计建立居民健康档案874211份，建档率91.30%；累计管理高血压95497例、糖尿病29140例、冠心病4520例、脑卒中4952例、肿瘤9001例。登记管理职业人群高血压106例，慢病自我管理小组65个。儿童口腔健康幸福工程筛查7236人，窝沟封闭4229人、牙齿9818颗。推进“健康苏州531”系列行动计划扩大免疫项目；含麻疫苗免费加强免疫补种初三学生6200针次，接种率81.36%；肺炎疫苗免费接种65岁以上户籍老年人12646针次，累计接种率32.63%；水痘疫苗免费接种适龄儿童第1剂8031剂次，接种率96.82%，第2剂7848剂次，接种率94.01%。辖区14家社区预防接种门诊的疫苗接种告知系统、全景视频督导呼叫系统和预防接种门诊预约系统全面投入使用，实现了全省领先、全市率先的“有声”视频督导。PCR实验室顺利通过省、市级验收，具备新冠病毒核酸检测能力，满足区疫情常态化防控要求。

【妇幼保健】 2020年，姑苏区实施重大妇幼卫生服务，推进“两癌”筛查政府实事项目，为20284名适龄妇女提供免费筛查。规范开展孕产妇艾滋病、梅毒、乙肝母婴阻断，孕期初筛检测的孕妇共计8026例，初筛检测率99.8%，住院分娩产妇共计25903例，艾滋病、梅毒和乙肝检测率为100%。扎实开展母婴阳光工程，完成1157对孕前优生健康检查，新婚夫妇免费婚检率达95%。孕产妇健康管理率97.12%，访视率97%。0~6岁儿童健康管理42743人，健康管理率99.05%。开展托幼机构儿童“六一”健康检查工作，完成25845人，体检率98.17%；深入推进儿童视力防控工程，为24746名在园儿童进行视功能检查并建立视力健康电子档案。产妇数5342人，活产数5415人，早孕建册5258人，早孕建册率98.43%。完成0~3岁儿童先天性心脏病筛查19110例。规范母婴保健专项技术服务许可及人员资格管理，参考人员共计62人，考核合格55人。加强托幼机构卫生保健管理，完成48家托幼机构卫生保健合格评审，完成1家新开园所的招生前卫生评价工作。对74家托幼机构卫生保健工作进行日常督导；免费提供避孕药具21668人次，加大生殖健康知识宣传和健康教育力度，开展相关咨询、指导、随访服务57840人次，提供计划生育技术服务39456人次。

【监督执法】 2020年，姑苏区卫生行政部门和监督机构出动监督人员12800人次，监督单位4887家次，组织开展医疗机构废弃物专项整治工作摸底、医疗美容专项、医疗机构重点监管形态专项、中医诊所专项、打击非法医疗美容专项、健康体检专项、职业病危害防控专项、节日消毒产品监督巡查和抽检、春秋季学校卫生专项、中高考保障卫生监督专项、计划生育和母婴保健技术服务专项等6大条线共20余个专项检查，严厉查处违规违法行为，不断提高监管对象的服务水平，增强守法意识。高标准、高质量完成376件国家和江苏省“双随机、一公开”抽检任务，完结率100%。全年共对90起卫生健康违法行为进行立案处罚，处罚金额22.66万余元，移交给区综合执法局涉嫌职业卫生违法案件3起。对30户次医疗机构的不良执业行为实施计分共计112分，对35名医务人员的不良执业行为实施记分共计144分，有力保障医疗服务质量和医疗安全。着力落实新冠疫情常态化防控，全年出动卫生监督人员29043人次，共计指导服务各类单位9395家次，覆盖医疗卫生机构、疾控中心、医学观察点等高风险场所2013家次，覆盖商超、宾馆旅店、农贸市场、车站等重点领域7382家次。完善综合监管及预警共享平台建设，全年平台采集各类在线监测信息约3.6亿条，产生并处理预警信息约100次，有效实现了全覆盖、全流程、全时段在线动态监管。启用姑苏区医疗机构监管平台的非法行医哨点监测功能，全区共有哨点单位197个，查处非法行医行为13起（其中2起移交司法机关）。实施公共场所卫生、放射诊疗许可935件。

【卫生应急】 2020年，姑苏区完善卫生应急组织体系，制定完善各类应急预案，充实卫生应急物资，建立卫生应急视频会商平台，规范全区传染病疫情报告和管理制度。4月，通过“线下桌面推演+线上观摩学习”的方式开展了“姑苏八点半卫生应急桌面推演”，演练由平江街道、区民卫局联合开展，各街道、各公立社区卫生服务机构在线观摩学习。通过此次突发事件卫生应急桌面推演，切实检验姑苏区在救治应急方面的处置能力，有效推进全区公立医疗机构应急救治能力的提升。

## 卫生信息化

【卫生统计信息】 2020年，全区实有床位数13999张，其中医院13870张，占床位总数的99.1%。全区卫生机构人员总数25146人，其中，卫生技术人员19854人，其他技术人员1378人，管理人员1285人，工勤技能人员2629人。卫生技术人员中，执业（助理）医师7264人，注册护士9394人，药师（士）971人，技师（士）1032人，其他卫生技术人员1193人。

【健康信息平台建设】 2020年，姑苏区围绕“便民惠民”目标，在区域健康信息平台（一期）基础上，开展区域健康信息平台（二期）建设工作，于11月开始实施建设，当年完成原创业系统公卫和医疗数据采集、第一轮需求规划调研、姑苏养老顾问小程序和管理平台开发等。启动卫生行政许可审批系统研发建设，12月完成整体系统需求框架设计和数据对接标准的更新。

【药品管理】 2020年，姑苏区按照省、市级基本药物制度落实任务，分级分层优化药品配备，以国家基本药物制度为主导，进一步完善姑苏区“1+X”用药模式（“1”为国家基本药物目录，“X”为非基本药物目录），调整后，配备区级药品总数865个，其中基药品规数455个，非基药410个，基药品规数占比52.6%。同时，稳妥推进国家集中采购中选药品工作。3批中选药品计53个，全部增补进区级药品配备。

## 老龄事业

【概况】 截至2020年底，姑苏区户籍人口中，60周岁以上老年人有23.54万人，占全区户籍总人口的31.48%。其中60~69周岁老年人有119852人，占老年人口的50.91%；70~79周岁老年人有73101人，占老年人口的31.05%；80~89周岁老年人有35310人，占老年人口的15%；90~99周岁老年人有6895人，占老年人口的2.93%；100周岁以上老年人有199人。

【居家养老】 2020年，姑苏区以“虚拟养老院”为依托，进一步深化居家养老服务内涵，不断推动居家养老服务标准化发展，全年政府购买居家养老服务20575户32573人。探索建设“家庭养老夜间照护床位”，为419户老年人提供夜间照护服务。为辖区359户老年人家庭进行免费适老化改造。

【社区养老】 2020年，姑苏区在全市率先推行综合为老服务中心建设，完成新、改扩建8个综合为老服务中心，新增日间照料中心8个。在全区范围内推广养老顾问制度，开发“养老顾问”微信小程序，进一步促进供需精准对接。启动姑苏区老年人“幸福助餐工程”管理与服务平台项目，建设从订餐、配餐、结算、派送、统计到监管的全过程信息系统。在全市率先试点“物业+养老”模式，在虎阜、四季晶华2个社区建立原居安老服务响应中心，为辖区老年居民提供“菜单式”便民服务。

【机构养老】 2020年，姑苏区深化“放管服”改革，落实养老机构备案制度，完成苏州阳光护理院、苏州仁杏三香老年公寓等14家养老机构的设置备案。开展养老院服务质量提升专项行动，对辖区养老机构进行全覆盖的现场安全检查，全面解决全区9家养老机构的消防审验问题。推动养老机构服务分层，新建西园护理院、星健老年公寓等养老机构。

【敬老月活动】 2020年，姑苏区为迎接全国第三十三个老年节，进一步构建养老孝老敬老的社会环境，弘扬中华民族孝老爱老的传统美德，营造全社会敬老爱老的浓厚氛围，在全区组织开展2020年“敬老月”系列主题活动，共开展60余场“敬老月”系列活动。

## 家庭救助

【概况】 2020年，姑苏区有低保户2381户2889人，低保边缘、重病困难对象535户555人，特困人员111人，一般困难户近2800户，共发放各类救助资金8293.07万元。在全年低保专项治理中，严格按照救助政策进行落实处理，共清退低保户18户23人、低保边缘户5户6人、特困人员2人。推进“一户一档一策”提档扩容工作，依托区慈善总会、慈善基金会、阳光扶贫等平台为救助对象提供适合家庭实际的精准帮扶措施。

【计生管理服务】 2020年，姑苏区稳妥实施“全面二孩”政策，提升计划生育管理服务质量，积极开展流动人口社会融合和卫生计生均等化服务项目，进一步完善计划生育家庭奖励扶助制度，加强联系人制度落实。全区共办理生育登记5113例，流动人口登记1835例。累计办理再生育行政许可73例（其中赋权前办理57例，赋权后街道办理16例）。始终坚持计划生育“一票否决”制，2020年共审核了“一票否决”事项377人次。

【计生奖励扶助】 2020年，姑苏区加大对计划生育家庭的扶助关怀力度，为4388人发放农村计划生育奖励金260.454万元；为2896人发放计划生育特别扶助金2467.362万元；为323户计划生育困难家庭发放公益金70.7万元；为1389名计划生育特殊困难家庭成员购买了家庭健康保险，强化了计生特殊家庭抗风险屏障。登记持“独生子女父母光荣证”的企业退休（到龄）一次性奖励人员7019名，协助市级发放一次性奖励金6440人次，开展无业人员独生子女父母奖励金发放1610人次，共计4.83万元。

（王　玲）

表8-1　2020年姑苏区人口与计划生育情况统计

单位：人

| 单位 | 期初人口数 | 期末人口数 | 出生总数 | 死亡总数 | 女性初婚总数 | | |
|---|---|---|---|---|---|---|---|
| | | | | | | 19周岁及以下 | 23周岁及以上 |
| 姑苏区 | 734995 | 738812 | 3268 | 5302 | 3216 | 0 | 2713 |
| 白洋湾街道 | 40664 | 43505 | 468 | 229 | 384 | 0 | 315 |
| 平江街道 | 113055 | 112445 | 359 | 991 | 0 | 0 | 0 |
| 金阊街道 | 131914 | 131958 | 426 | 998 | 1062 | 0 | 888 |

续表

| 单位 | 期初人口数 | 期末人口数 | 出生总数 | 死亡总数 | 女性初婚总数 | | |
|---|---|---|---|---|---|---|---|
| | | | | | | 19周岁及以下 | 23周岁及以上 |
| 沧浪街道 | 87991 | 87383 | 261 | 555 | 0 | 0 | 0 |
| 双塔街道 | 91756 | 91342 | 422 | 769 | 854 | 0 | 741 |
| 虎丘街道 | 79581 | 79034 | 317 | 804 | 0 | 0 | 0 |
| 苏锦街道 | 52280 | 54991 | 339 | 190 | 0 | 0 | 0 |
| 吴门桥街道 | 137754 | 138154 | 676 | 766 | 916 | 0 | 769 |

| 单位 | 育龄妇女人数 | 已婚育龄妇女人数 | 现家庭只有一孩数 | 有效领证人数 | 往年出生补报 | | |
|---|---|---|---|---|---|---|---|
| | | | | | | 女性数 | 计划外 |
| 姑苏区 | 140844 | 90506 | 63539 | 16715 | 243 | 124 | 0 |
| 白洋湾街道 | 8752 | 6365 | 4015 | 704 | 57 | 26 | 0 |
| 平江街道 | 18853 | 12174 | 7697 | 2232 | 22 | 13 | 0 |
| 金阊街道 | 24379 | 13263 | 9320 | 1911 | 67 | 31 | 0 |
| 沧浪街道 | 15814 | 10072 | 7432 | 2666 | 8 | 3 | 0 |
| 双塔街道 | 17709 | 9229 | 7057 | 2151 | 28 | 14 | 0 |
| 虎丘街道 | 15612 | 10416 | 7059 | 1819 | 0 | 0 | 0 |
| 苏锦街道 | 9199 | 7173 | 4810 | 822 | 18 | 10 | 0 |
| 吴门桥街道 | 30526 | 21814 | 16149 | 4410 | 43 | 27 | 0 |

# 退役军人事务

## 综　述

【概况】 2020年，区退役军人事务局紧扣退役军人事务领域治理体系和治理能力现代化目标，不断强化党建引领，积极创建“心心向戎”退役军人工作品牌，着力打造“五心”惠军行动支部，在全区成立了1支由退役军人和退役军人工作者组成的“戎光·退役军人志愿服务总队”，并在8个街道退役军人服务站和社会企业内设立志愿服务分队，有近3000名退役军人志愿者。同时，构建横向到边、纵向到底，覆盖全员、专业规范的三级退役军人服务保障体系，双拥优抚、军转安置、就业创业、权益维护各项工作质效提升。区内有退役军人2.2万余人，各类优抚对象2400余人。

【全国示范型退役军人服务中心（站）创建】 2020年4月8日，姑苏区召开全区创建全国示范型退役军人服务中心（站）会议，会议布置了首届退役军人创业创新大赛相关工作以及创建全国示范型退役军人服务中心（站）相关工作。7月，姑苏区召开创建全国示范型退役军人服务中心（站）推进会，会议上各街道就创建进展情况进行汇报；市委常委、区委书记黄爱军调研姑苏区退役军人（居家乐）服务站和白洋湾街道退役军人服务站，查看姑苏区创建全国示范型退役军人服务中心（站）有关进展等情况。12月，退役军人事务部组织开展2020年度全国示范性退役军人服务中心（站）验收工作，姑苏区退役军人服务中心和辖区8个街道退役军人服务站通过了相关验收。

## 双拥优抚

【双拥工作】 2020年，姑苏区全力支持部队建设发展，进一步巩固和发展良好的军政军民关系。开展春节、“八一”走访慰问活动，向苏州军分区、驻苏部队、苏州武警支队等12家驻区部队赠送慰问品。关心关爱疫情防控一线部队医务人员及其家属，慰问联勤保障部队第904医院苏州医疗区7名援鄂医护人员的家属。区双拥办协同吴门桥街道，积极与苏州武警支队协商，将位于横塘东街的原武警支队二中队驻地用于农贸市场改造临时疏导点3个月，优质高效推进改造工程的同时，确保辖区居民的“菜篮子”不受影响。深入推进“双拥在基层”活动，开展区“情系退役军人，服务传递关怀”建军节活动、"幸福兵站再出发，火红年代谱新篇"市区街共建共庆"八一"建军节等系列活动，为退役军人和各类优抚对象送去了慰问关爱与节日的祝福。先后打造虎丘中心小学"少年军校"、吴门桥街道等一批双拥亮点。"苏妈妈"拥军服务队、西美社区"幸福兵站"等双拥阵地富有特色。

【优抚工作】 2020年，全区有各类优抚对象2400余人，其中重点优抚对象303人、军属561人。按照优抚对象抚恤、补助、优待标准，为伤残军人、"三属"、在乡老复员军人、带病回乡退伍军人等各类优抚对象发放抚恤及补助共计1344万元，为义务兵及现役军人发放优待金和奖励补助金共计909.8万元。春节、"八一"建军节期间向全区符合条件的在乡"三属"、在乡复员军人、残疾军人、在乡"两参"人员、60周岁以上农村籍退役士兵等优抚对象和部分优抚对象遗属、企业退休"两参"退役人员发放市、区各级节前慰问补助共计914.28万余元，涉及3337人次。发放伤残军人丧葬补助费、离退休军人一次性抚恤金共计526.17万元，共计24人。在纪念抗美援朝出国作战70周年之际，为全区206位志愿军老战士、老同志颁发"中国人民志愿军抗美援朝出国作战70周年"纪念章。在疫情期间，发动各街道退役军人事务站开展形式多样的"云祭扫"活动，利用各类媒体资源做好新闻报道，营造尊重英雄、崇尚正气的良好风尚。

## 移交安置

【概况】 2020年，姑苏区建立健全军转干部、转业士官安置机制，拓宽培训渠道，精选培训项目，提高退役军人素质技能。定期举办退役军人专场招聘会，开展"线上不打烊"招聘，确保退役军人就业形势稳定。全区做好安置计划分配军转干部工作，并接收符合政府安排工作条件的退役士兵和自主就业退役士兵。

【安置政策落实】 2020年，姑苏区做好军转安置政策宣传，鼓励各单位在有人员需求时优先接收军转干部。全年安置计划分配军转干部13名；及时高效接收退役士兵，为符合政府安置条件的退役士兵进行积分选岗，拓宽退役士兵就业渠道，安置符合政府安置条件的退役士兵7名。选送9名军转干部进高校培训，帮助军转干部调整知识结构、提升专业能力。全年接收符合政府安排工作条件的退役士兵和自主就业退役士兵，发放自主就业退役士兵一次性经济补助金和符合政府安置条件的退役士兵待安置期间生活费补助金。

【退役军人就业创业】 2020年，受疫情影响，区退役军人事务局联合市退役军人事务局和市人才市场实施"就业服务不打烊、网上招聘不停歇"的线上招聘活动，坚持每月发布2次网上招聘信息，为广大退役军人与用人单位提供网上面试、网上签约、网上报到的便利。组织并举办了2场线下大型退役军人专场招聘活动，共有124家单位参加，提供356个职位3273个岗位，吸引有就业意向的退役军人及军属入场达1300人次，初步达成就业意向计926人次。抓住基层"两委"换届时机主动对接相关部门，面向全苏州市退役军人举办姑苏区社区工作者招录工作（退役军人专场），辖区8个街道共提供40个岗位进行招录，共有53人报名，经筛选、面试等环节，实际录取32人。

【退役军人帮扶】 2020年，姑苏区结合退役军人信息数据采集工作，采取上下结合、逐人统计的办法，对姑苏区退役军人生活状况进行全面梳理和排查分析，建立姑苏区困难退役军人及其他优抚对象"一本账”，为实施精准帮扶救助提供可靠依据。列入困难“一本账”人员有161名。通过发放帮扶关爱基金、开展经常性走访慰问等多种途径，为困难退役军人及其他优抚对象排忧解难，动员更多的社会力量参与。2020年苏州市困难退役军人帮扶关爱基金对姑苏区符合低保及低保边缘家庭、重大疾病等救助标准的26名困难退役军人进行帮扶，帮扶金额共计7.8万元。

【退役军人社保接续】 2020年上半年，区退役军人事务局根据《关于做好部分退役士兵社会保险相关信息统计工作的通知》要求，开展区退役士兵社会保险相关信息统计工作，采集人数为2748人。下半年，在江苏省社保接续实施办法出台后，按苏州市退役军人事务局统一部署，开展社保接续申请办理工作。

【退役军人权益保障】 2020年，区退役军人事务局接收并处理上级各类信访平台来信来访计83件，接待来访162批次1000余人次。梳理出市级机关专业士官（志愿兵）、部分企业军转干部、企退“两参”人员、部分下岗失业志愿兵等多个群体，了解其

2020年9月17日，苏州市退役军人党员“微党课”巡回授课活动（姑苏区专场）暨“红帆引航”公开党课开讲

区退役军人事务局 供稿

主要诉求，及时、依法解决问题，做好退役军人信访工作。组织“戎耀今生”首届江苏省退役军人微党课竞赛活动成果巡讲，开设姑苏区退役军人事务局“心心向戎”红帆引航公开党课。课堂里，6位授课者以微党课的形式向大家讲述了老、中、青3代退役军人自己及身边的动人故事，涵盖了抗疫、抗洪、为民服务、提升党性修养、忠诚与感恩等多项内容。

（刘　路）

# 街道

# 街道概况

# 街道概况

## 平江街道·拙政园历史文化片区

【概况】 平江街道（拙政园历史文化片区）地处古城中心，东起东环路，西至埃河沿、河沿下塘、河西巷河，南接干将路，北以沪宁高速公路为界与相城区接壤，区域面积8.68平方千米，下辖23个社区，户籍人口11万余人。苏州市观前地区综合管理办公室与拙政园历史文化片区综合行政执法大队合署办公。

辖区资源丰富，园林集中，文物荟萃，历史文化气息浓郁，是苏州的文化中心和旅游餐饮中心。辖区内集中了美罗商城、人民商场、第一百货等商业载体；有拙政园、狮子林、平江路、苏州博物馆等文化旅游资源；有平江中学、景范中学、市立医院东区、苏州市口腔医院等优质的教育、医疗资源；有得月楼、松鹤楼等具代表性的苏帮菜传承单位，以及稻香村、采芝斋、叶受和、陆稿荐等百年老店，是极具代表性的苏式生活集中地之一。区内拥有9处国保单位，9处省保单位，36处市保单位。除了拙政园、狮子林等园林，还有太平天国忠王府（博物馆）、民俗博物馆、园林博物馆、戏曲博物馆，还有平江历史文化保护区和拙政园历史文化保护区。平江历史街区内小桥众多、小巷密集，有古民居、古牌坊、古树、古井等众多古城风貌遗存，尽显“小桥、流水、人家”的江南水乡风韵。2020年，平江街道获江苏省夜间文旅消费集聚区、苏州市商业特色街培育创建示范街区等省级、市级荣誉34项。

【经济建设】 2020年，平江街道（拙政园历史文化片区）完成地方公共预算收入5.6315亿元。随着“姑苏八点半”“双12苏州购物节”的成功举办，观前商圈消费体验加快提升，恢复疫情前水平；美罗观前店全年累计销售29.57亿元，比上一年增长49.44%。2020年观前商圈营业总额超230亿元。成功举办苏州国际设计周等各类活动76场次。重点打造16个产业园、5个楼宇，红蚂蚁产业园改造工程取得实质性进展。完成46家文化旅游产业企业的排摸和对接，促成中联投、和德致信、百盛长发汇等项目改造落地。平江路—观前街文旅商贸资源联动成效显著，“冬至大如年”等一系列民俗文化活动顺利举办。

【城市建设】 2020年，平江街道（拙政园历史文化片区）持续推进环境治理，以文明城市迎检为契机，重点围绕“3片、29条路、28个街巷、2个市场周边”开展“飓风行动”，创建成绩年终排名全区第一、全市第九。迅速启动违法建设专项治理行动，围绕平江重点功能区、环护城河沿河风貌带、城市出入口等重点区域，累计拆除违章建筑369处12332平方米。稳步推进垃圾分类，立足区域实际，探索出“宣、督、建、罚”四环工作法，经过9个批次分批推进，辖区内74个小区全部实现“三定一督”，建成垃圾分类点位159个，覆盖约36757户。2020年征收搬迁项目，街道全年实现14个项目清零（其中8个启动5年以上项目、5个启动5年以下项目、1个新开项目）、2个项目奖励期内居民户清零，同时圆满完成了轨道交通6号线、北园路拓宽工程等重点项目的28个目标任务，完成所有征收补偿决定办理工作，累计搬迁住宅146户、非住宅28户、纯违章1户，保持了街道在该项工作上的全区领先地位。通过实施3个100%老宅腾迁试点和平江片区重点功能区搬迁项目（一期），平江片区内已有20座古建老宅整宅清零，总建筑面积约14133平方米。

【社会建设】 2020年，平江街道（拙政园历史文化片区）加快民生实事项目落地，完成年度区政府实事项目北寺塔社区、历史街区社区、拙政园社区服务用房建设。推进为民服务中心、分中心及联合工作站服务模式，推进完成新湘苑东环联合工作站对外运行。全市首家社区医养融合综合体梅巷为老服务中心—梅巷社区卫生站投入运营，累计服务近千人次；齐门社区日间照料中心探索引进社会餐饮企业运营。抓好疫情防控“护卫舰”，成立5支突击队，发动185个党支部1436名党员参与防疫工作，不断优化防控手段，组织疫情防控应急演练26次，发放防疫宣传材料近2万份。建成街道集成指挥中心，划分151个基础网格，整合公安、城管、司法、市监等工作力量，建立8个联动工作站。加强专兼职网格员队伍建设，共配备69名专职网格员、141名副网格长、604名兼职网格员，强化网格队伍的业务和能力建设，切实提高队伍素质，实现“第一时间发现、最快时间解决”。

【党的建设】 2020年，平江街道党工委高度重视意识形态工作，制定《2020年度平江街道意识形态工作重点任务清单》《2020年度平江街道领导班子成员意识形态工作责任清单》《2020年度平江街道党工委领导班子落实意识形态工作责任制主要职责任务》，进一步推动意识形态工作主体责任落实深化、细化、实化。出台《平江街道举办论坛、讲坛、讲座、年会、报告会、研讨会等活动审批制度》，抓各类阵地管理，建强守好网络阵地，提高用网治网水平。组织形式多样的习近平新时代中国特色社会主义思想和十九届四中、五中全会精神宣传活动，举办“‘点赞中国之治’云演讲”“弘扬‘三大法宝’再创‘火红年代’主题大讨论”等活动，进一步提升“学习强国”平台覆盖率和参与度。打造区域党建特色，永林社区构建社区党组织“1+8+N”组织新体系，打造“微循环”先锋服务品牌；新湘苑社区以党建引领社区网格化治理，打造“三新聚力”社区服务品牌。

【“观前·冬至大如年”民俗文化节】 2020年12月20日，“观前·冬至大如年”民俗文化节在观前新艺广场盛大开幕。平江街道将“观前·冬至大如年”融进大运河文化带城市民俗活动，融入“双12苏州购物节”，围绕“民俗文化、文创经济、消费经济”等要素，深入挖掘观前文化特色，突出“节庆庙会、时

2020年6月28日，平江街道开展“夜经济点亮繁华姑苏，红动力领航精彩平江”庆祝中国共产党成立99周年主题活动　　梅章杰　摄

尚文创、过年大集”等元素和符号，营造“观前·冬至大如年”吉庆祥和的节日氛围。冬至是吴地风俗中重要的节令，开幕式以“冬至大如年　吉祥购物季”为主题，分为“贺冬大典·祭祖、喜迎大年·团圆、冬至大礼·迎新、冬至大愿·祈福”四大篇章，推出一大批具有浓郁地方特色的文化活动，集中展示了优秀的民族文化传统及民俗人文历史。同时街道与市非遗办合作，精选苏绣、剪纸、缂丝等近20种非遗项目，采取实物陈列、传承人制作技艺展示、现场讲解等形式，充分展现了非遗的独特魅力，尤其是非遗的文创衍生品开发取得的丰硕成果，营造了浓厚的节庆氛围和良好的文化旅游环境。开幕式当天观前街及周边商圈人流量达20万人次，较上一年同期增加21.9%，活动起到了吸引人气、集聚人流、拉动消费的积极作用。充分利用“苏州姑苏发布”“精彩平江”公众号等新媒体矩阵的融合宣传优势，整合资源，切实增强与居民、游客的互动交流，让文化活动由“独角戏”变成“大合唱”。

【疫情防控】2020年，平江街道全员参与扎牢疫情防控，紧盯景区、商圈、背街小巷、农贸市场、养老机构、宾馆酒店等重点场所，不断优化防控手段，发动185个党支部千余名党员参与防疫工作。一线组织疫情防控应急演练26次，切实提升街道社区疫情防控能力。深入开展机关干部走访企业行动，主动对接“减税降费”政策、“苏惠十条”姑苏方案落地，累计为符合减免条件的127家承租户减免租金258.7万元。

（史瑜霞）

## 金阊街道·阊门历史文化片区

【概况】金阊街道（阊门历史文化片区）东邻观前商圈，西接京杭运河，南达里双河，北至护城河，区域面积约8.85平方千米，户籍人口约13.16万人，常住人口近20万人。下辖29个社区、2个村级集体经济平台、2家物业公司。

2020年3月7日，金阊街道召开“硬核姑苏　首善金阊‘三聚焦　三争先’”动员大会　金阊街道　供稿

金阊街道（阊门历史文化片区）位于姑苏区核心地带，既是苏州市委、市政府所在地，也是传统古城风貌和现代城市功能互补交融的“双面绣”。辖区内人文、商业资源丰富，既有苏大附二医院、电信公司、移动公司、热工院、体育中心等20多家机关企事业单位，也有鳞次栉比的江南风格民居建筑群，“小桥流水”式街巷230多条，古桥梁、古驳岸、古城墙、古牌坊、古井、古砖雕门楼260多处，寒山寺、枫桥胜迹、环秀山庄等名胜景区亦坐落于辖区之内，其中环秀山庄和艺圃被联合国列入了世界文化遗产名录。街道民俗底蕴丰富，作为“轧神仙”活动的主要实施区域，已连续承办8届“轧神仙”民俗文化活动，累计参与人次达430余万；此外，街道还拥有国家、省、市、区级非物质文化遗产10多个，苏式花灯制作大师汪筱文、二胡乐器制作大师封明君获评国家级非遗传承人。2020年是极不平凡的一年，疫情防控、经济发展、古城保护、征收拆迁等重点工作接踵而至，面对各项任务挑战，金阊街道（阊门历史文化片区）紧紧围绕“硬核姑苏、首善金阊”目标定位，强化“团结拼搏、居安思危、求真务实、勇创一流”四种意识，在攻坚、落实、创新中扛起“硬核”

担当，彰显“首善”作为。年内，获得全省基层党员冬训工作示范街道、全省助残先进集体、省级民主法治示范社区等荣誉称号。

【经济建设】 2020年，金阊街道（阊门历史文化片区）完成一般公共预算收入7.43亿元，比上一年增加4.5%。在册企业25411家，全年新成立市场主体数955家，引入注册资本39.26亿元。苏州澎睿智能科技有限公司、苏州蚁巢链企业管理有限公司等26家优质企业入驻西环科技产业带、石路商圈，产业集聚效应不断强化。重点项目稳步推进，华贸中心建设提档加速，国展中心二期、新华饭店等载体升级进展顺利，同济地块、苏大附二院配套综合楼等项目按序时推进。完成热工院1号综合楼租赁签约，完成星辉1976产业园改造，载体更新盘活步伐加快。推动石路商圈转型升级，举办“姑苏八点半，石路YE璀璨”中秋、国庆消费节系列活动，商圈实现营业额1.2亿元，创历史新高；举办双12“冬至大如年，石路万物街”主题活动，商圈营业额较去年同比增长94.6%，年轻群体消费率提升36.3%。制定租金减免方案，为承租街道房产从事生产经营活动、受疫情影响的困难中小企业和个体工商户减免3个月房租，全年共办理减免201户，减免金额218万元。街道班子成员主动、高频上门联系企业，听取

2020年10月1日，“姑苏八点半，石路YE璀璨”活动开幕
金阊街道　供稿

企业建议、纾解企业困难，全年共争取到各项扶持资金1400余万元，企业服务不断优化。对接科技人才项目31个，辖区企业1人获评市科技创新领军人才、3人获评区级科技创业领军人才，269人获市级人才乐居项目补贴。

【城市建设】 2020年，金阊街道（阊门历史文化片区）完成金阊医院搬迁工作，街道5年以上征收项目全部清零。建筑新村改厕搬迁项目、麻布浜旧城改建项目、桃花坞工程二期（金阊段）实现清零，完成区政府下达的7项征收任务。金门商市“清风行动”高压推进，安全隐患有效缓解，低端业态逐步淘汰。拆违治乱“秋风行动”纵深推进，全年完成拆违33378平方米。垃圾分类投入专项经费420余万元，全面完成186处垃圾亭点位建设和68个小区“三定一督”覆盖。安全生产隐患挂牌单位全部清零销号，智能充电桩建设指标超额完成。全面完成学士河、环城河等14条高质量管护河道打造工作，拆除两岸违建1200多平方米。做好水质提升工作，对轻化仓库断面相连的“四横六纵”河道直排点进行排查整治，区省考断面优Ⅲ比例首次达到100%，水功能区达标率100%。彩香国控点大气环境改善率列市区第一，国控点PM2.5平均浓度创历史最好水平。以大运河文化带建设为主线，深挖辖区红楼文化、阊门寻根、商贾文化、漕运文化底蕴，成功举办“轧神仙”、“枫桥夜泊”大运河文化诗会等大型民俗文化活动，精心打造“阊门十景”“红色铁铃关”“中街探幽”3条不同主题的微旅游路线。

【社会建设】 2020年，金阊街道（阊门历史文化片区）完成运河、学士、中街路、三元一村等10个社区改造升级。全面推进综合为老服务中心、日间照料中心、助餐点建设，基本实现“15分钟老年人助餐服务圈”打造目标，三元综合为老服务中心创新整合康养照护、医疗卫生、文化学习、便民服务四大功

能，提供“六助”（助餐、助医、助浴、助学、助洁、助急）服务。打造“金相邻”社区建设品牌，推动“邻里守望、互助互爱、幸福和美”社区文化理念浸润肌理。落地全省首个“读者小站·江南书房”，全市首个“喜马拉雅·有声社区”赋予社区建设全新内涵。全区率先完成网格化联动工作站和基础网格的百分百实体建站、实体运行、实位坐班，网格治理提质增效。以中街路区域为试点探索实践“巷管家”治理模式，实现古城保护、城市更新、基层治理统筹提升。针对辖区老街巷、老商圈、老新村3大区域特质，打造“三型三示范”城市更新项目，辖区人居环境、商圈功能、古城品质显著改善。凝聚街道、社区、党员志愿者、居民群众、辖区单位等各方力量战疫情、抗汛情，妥善应对各类突发状况。全年605件信访案件办结率达100%，攻坚化解重复信访积案22件，超额完成目标任务。

【党的建设】 2020年，金阊街道（阊门历史文化片区）专题研究全年全面从严治党工作要点，班子成员、各处室及下属单位结合“一岗双责”要求，制定个性化责任清单。调整、制定涉及工程建设、财务管理、人员考勤、公务接待、纪检监察等领域的制度9项。始终保持执纪问责高压态势，全年立案11起，活用“第一形态”处理22人次。用活用好“三项机制”，对“汛情期间危房居住人员撤离安置机制”进行风险备案，完成姑苏区首例失实举报澄清正名，为干部干事创业消除顾虑、撑腰鼓劲。打造“廉网哨站”，创新实施“清单+案例”提升基层监督精准性。开设“廉勤贴士”指尖课堂，创作《小巷拾廉》《清风三颂》等倡廉文艺作品，在潜移默化中强化广大干群廉洁意识。

【“轧神仙”民俗文化活动】 2020年5月6日至8日，一年一度的姑苏区“轧神仙”民俗文化活动举行，此次活动通过“云创赛”“云享惠”“云逛街”“云祈福”“云课堂”“云帮扶”“云助力”7大“云”主题，将文创产品征集、3D“轧闹猛”、祈福祖国、小游戏开发、民俗知识科普、精准扶贫、助企搭建等元素相互融合，打造了一场全新面貌的民俗盛事，使现代与科技相得益彰，虚拟与现实共融合，为民俗节庆日赋予新内涵、注入新活力。此次活动共吸引线上参与人数高达120万人次，真正实现了文化惠民。

【疫情防控】 2020年，金阊街道坚持“三个全”，落实常态化疫情防控。宣传发动全覆盖，切实做到底数清、情况明。通过公告、微信群、公众号等“线上+线下”的方式，第一时间宣传落实疫情放防控最新，强化各主体责任意识，每日进行疫情口径要点指导。走访排查全动员，切实做到方法对、数据准。快速建立由社区干部、社区民警、网格员、卫健人员组成的“四位一体”工作组，多方联动，高效做好人员摸排、数据统计核对、核酸检测等工作。针对重点人群，分类走访排查，并做好巡查督促，提振居民抗疫信心。管控措施全到位，切实做到措施实、管控严。严格加强小区检查管控，对所有进出小区的居民开展“体温检测+‘苏城码’核验”。严格加强重点场所监管力度。针对养老机构开展多次专项检查；针对农贸市场、商超等人流量较大、人员流动较多的场所，做好防控工作的同时兼顾到消防等安全问题。

（方　芳）

## 沧浪街道·盘门历史文化片区

【概况】 沧浪街道（盘门历史文化片区）地处古城西南，东起竹辉桥，西至桐泾南路，南沿环古城风貌带及巴里河南岸线，北至干将路，城市特征、古城特点突出。辖区总面积6.17平方千米，下辖21个社区居委会，常住人口约11.37万人。辖区内有文保单位和控保建筑49处、古井200余口、古街巷23条，街道依托文化底蕴，打造了“文化沧浪”品牌。辖区内有企业事业单位17860家、个体工商户14280家。年内，获得全省基层党员冬训工作示范街道、全省校外教育辅导站工作先进集体、全市“激励干事创业、奉献火红年代”先进集体等荣誉称号。

【经济建设】 2020年，沧浪街道(盘门历史文化片区)完成一般公共财政收入5.65亿元。全面推动产业转型升级，千方百计推动南门商圈复兴，加快推进南门水产市场搬迁、半导体总厂招商、原市第五人民医院规划落地。同时主动推进存量载体提优改造，对全国创业孵化示范基地大森创业园整体提档升级，以商会楼宇的崭新概念，打造“谷·姑苏社”新品牌；同步加快推进姑苏69阁、会议中心、恒润大厦二次改造，让老载体焕发新容光。精准发力，创新推动特色区域经济。将金狮产业园打造为苏州首家“校园里”主题产业园，构建“工”字形学院文化产业片区；大力推进吴宫泛太平洋酒店升级、枣市街80号招商、道前32号街坊改造，发展运河文化产业，引入数字经济、新材料等高科技产业，打造“科文一体，中西融合”的“C位”科技文化集聚区。持续用力，有效推动企业项目落地。加大项目建设和招商力度，中泰证券、臻诺曼丹月恒酒店管理、匪石嘉德建筑设计、阳驰电子等15个项目相继落地。同时积极举办创新创业大赛、国际精英周等活动，全年对接优秀项目35个，落地人才项目9个。凝心聚力，深入推动改革，优化营商环境。深入贯彻“三整合”改革，创新打造沧浪街道党群服务1号店，加快实现“一网通办”“一网统管”，不断优化营商环境，提高服务效能。优化企业外迁预警机制，将每月20日作为服务走访日，强化联系服务走访。

【城市建设】 2020年，沧浪街道(盘门历史文化片区)发扬“打硬仗啃硬骨头”的沧浪精神，“五加二”“白加黑”，清理城市洼地、优化城市环境、提升城市品质。全力推进文明创建。在文明城市创建过程中，瞄准老城区的痛点难点，积极开展“今日大扫除”，决战决胜文明城市创建工作，先后清理卫生死角6763处、垃圾1176余吨。创设小区“一榜一台”激发居民公德意识，辖区风貌有了质的提升。古城保护深入推进。完成胥门南百花洲段城墙抢险加固项目并通过验收，对18处文保单位进行文物保护责任书签订，完成河道清淤6185米，修缮开裂老旧房屋500余平方米，拆除翻建危桥1座，重点推进大气监管治理工作。拆迁征收工作扫尾清零成效显著。加快攻坚步伐，每周六召开重点工作推进会，专题研究“扫尾”，实现6个项目的清零。界石浜东项目在2个月的奖励期内，实现93%的签约。严格执法优化环境。大力开展违法整治，持续规范城市管理。创新“1344”工作法，推动“一带四路一商圈”拆违。年内街道累计出动7000多人次，认定并拆除违建面积16194平方米，拆除率100%。

【社会建设】 2020年，沧浪街道(盘门历史文化片区)不断提升养老服务品牌。率先试行养老夜间照护援助计划，累计提供夜间照护服务43人1795人次。建设街道综合为老服务中心，构建苏州首家乐园主题老年生活综合体，开展家庭支持、志愿互助等特色养老服务。100多名养老顾问上岗，推动养老顾问服务模式全覆盖。不断提升民生服务品质。深入拓展建设街道、社区退役军人服务站，西美社区“幸福兵站”获评江苏省退役军人工作模范单位，也得到退役军人事务部高度认可。抓“六稳”促“六保”，“助业指导室”全覆盖，辖区全年登记就业率始终保持在96%以上。深入开展阳光扶贫走访，106户低保帮扶对象入户走访率达100%，同时为8类612户低保、边缘等困难人群发放慰问金109.49万元。网格治理体系创新完善。街道联动分中心和7个联动工作站全部实体化运作，107个基础网格

548名网格员全面落实到位。构建“六个一”工作体系，实现采集、处置、监管、执法的全链式衔接，构建起责任明确、资源整合、运作高效的基层党建、治理、服务“三融合”新格局。安全稳定局势有力夯实。持续深化“扫黑除恶”“331”“四类行业”治理成效，积极主动配合区安全生产第二巡查组做好18个专项行业领域整治，坚决守住了安全生产底线。通过“网格+警格”“春雷+亮剑”“法治+文创”不断提升社会治理的精度、力度和深度，辖区内未发生1起重大安全生产和社会维稳事故案件。全国人口普查精准高效。充分发挥社区、网格志愿者的作用，克服“进门难”“找人难”“填表难”问题，着力提高人口普查效率和数据质量。全年发动769名普查员，采取电子化方式开展现场普查登记，成功采集辖区10万多名居民的信息。

【党的建设】 2020年，沧浪街道（盘门历史文化片区）始终以改革创新的精神，全面推进党的建设新的伟大工程，将城市基层党建创新成果转化为促进发展的实际成效。基层党建在创新发展中得到深化。精心运筹党建书记项目，围绕“党建主阵地、行政综合体、百姓会客厅”，打造党群服务1号店，为党员群众提供全方位、一体化、便捷式的服务。深入探索“行动支部”工作法，深化“行动党小组”、社会组织管理3.0、“幸福兵站”等党建品牌接连上线。深化党建引领下的统战阵地建设，首家面向产业园企业的“侨之家”——鸿雁侨屋，多次接待省、市领导参观考察。队伍建设在学用结合中得到提升。建立源头培养、跟踪培养、全程培养相结合的素质培养体系，完善“墩苗”培养机制。扎实推进干部能力提升计划，打造街道“学习星期六——九九课堂”年轻干部能力提升培训班，结合街道经济发展、征收扫尾清零、党建引领、网格化治理等重点工作，促进干部在学习中实践、在实践中学习。以更新的理念创新探索。采用“线上+线下”模式，秉持“总部+分

2020年6月30日，沧浪街道举办“火红年代燃激情 先锋沧浪攀新高”庆祝建党99周年大会　　沧浪街道　供稿

公司”的理念，创新打造街道书记项目——党群服务1号店，形成政治功能引领、服务城市发展、团结凝聚群众的基层党建新格局。设立“红色细胞”城市基层党建研究中心和社区书记之家。紧扣“文化强区”，推出“红色沧浪，全域旅游”项目。围绕“党建引领、双向服务”打造退役军人服务品牌。强化廉政建设，注重抓早抓小，运用“第一种形态”谈话29人次；严肃执纪问责，党纪立案8起；以身边案例强化警示教育，开展作风建设年活动；加强自查，强化廉政教育，一体推进不敢腐、不能腐、不想腐体制机制；以铁的纪律，铸就崇廉向善的政治生态。

【《戤壁书》《小儒弄10号》获得省“五星工程奖”】 2020年8月，沧浪街道创作的舞蹈《戤壁书》、评弹与快板《小儒弄10号》获得第十四届江苏省“五星工程奖”。自2014年起，街道共有6部作品入围“五星工程奖”，之前入围的是《忆糖粥》《木刻春秋》《礼尚往来》《渔家傲》等4部作品。舞蹈《戤壁书》将苏州评弹文化中最具场面感和最接地气的场景搬上舞台，再现了苏州书场“蹭”书听的特殊文化现象。群舞《戤壁书》是沧浪街道文化站策划的“非遗三部曲”系列作品之一。“三部曲”为《忆糖粥》《木刻春秋》和《戤壁书》，连续3年获得苏州市“繁星奖”金奖。曲艺《小儒弄10号》根据社区真人真事

2020年6月25日，"吴地端午　云游江南"第十六届苏州端午民俗文化节举行　　沧浪街道　供稿

改编而成，整个作品采用苏州评弹与山东快板相结合的创新手法，是传统文化创新突破的一次试点，该作品也获得了苏州市第三届"繁星奖"曲艺比赛金奖。

【第十六届苏州端午民俗文化节】 2020年6月25日，沧浪街道围绕"吴地端午　云游江南"主题，成功举办第十六届苏州端午民俗文化节，并获央视中文国际频道《传奇中国节·端午节》栏目的专题报道。活动以"吴地端午　云游江南"互动推进，通过传统非遗手艺与时尚文创产品相结合，多角度、全方位展示吴地端午文化风采。同时邀请意大利和新加坡驻上海领事馆嘉宾参与，并向两国代表赠送由苏州著名画家沈民义领衔创作的《沧浪竞舟》主题画作。活动采用"线上线下"方式，连线海外苏州籍家庭，充分展示海外华人庆祝端午佳节的热闹场景，通过端午小程序，让更多海外友人、市民朋友参与端午活动，扩大端午民俗文化节的影响力。同时街道重视民间艺术保护工作，对非遗工作进行梳理，拍摄端午、舞龙灯、挑花担、花香鼓、中医脏腑调理等视频，为非遗工作留下宝贵的学习资料。

【疫情防控】 2020年，沧浪街道全力以赴，严守疫情防控一线。街道坚决贯彻落实上级决策部署，第一时间建立疫情防控工作指挥部，细分工作职能，梳理防控重点，形成值班、排查、处置、保障等一系列应急机制。组织全体街道干部，发动党员、居民志愿者，严格落实防控要求，实现"闭合式管理"。创新制定居家观察人员管理"八个到位"细则，做到"关爱三帮"。在做好疫情防控的前提下，率先启动复工复产，积极响应"苏惠十条"等政策，为90家创业企业提供1~2个月不等的免租期。针对疫情形势，街道进一步加强常态管控，按照"五有一网格"防控要求，完成辖区全部居民住宅、产业园、宾馆、公寓、餐饮店等场所的排摸，编制《沧浪街道疫情防控数据底册》《沧浪街道疫情防控网格分包方案》《人员转运衔接流程图》等，加强制度建设和责任落实。同时做好集中隔离场所储备、人员转运安排、防控应急演练等工作。　（王　鹰）

## 双塔街道·葑门历史文化片区

【概况】 双塔街道（葑门历史文化片区）东起东环路，与苏州工业园区接壤；西以人民路为界；南抵南环东路；北至干将东路。区域面积约7.95平方千米，户籍人口9.2万人。下设21个社区居委会、6个联合工作站，街道办公地址为十梓街463号。

辖区历史文化底蕴深厚，拥有8个全国重点文物保护单位和2处世界文化遗产，葑门横街是苏州市区内少数保存完好的集镇式城乡贸易中心，市井气息浓郁。辖区教育、医疗资源丰富，有苏州大学本部、苏州中学、苏州十中等院校及苏州大学附属第一医院等医院。年内，双塔街道人民调解委员会获得"全国模范人民调解委员会"、双塔市集获得"中国优秀创新商业品牌"、街道为民服务中心获得"江苏省工人先锋号"等荣誉称号。

【经济工作】 2020年，双塔街道（葑门历史文化片区）完成一般公共预算收入92010万元，其中房地产业完成预算收入38361万元，非房地产业完成预算收入53649万元。全年街道新增市场主体1004家，新增注册资本511393万元。结合子城文化特色，盘活存量资源，打造了“一带一路”产业园、海盛产业园、初心社等一批文化引育新平台。共有21人申报姑苏区科技创业领军人才项目，辖区高企申报完成16家，高企入培育库12家，精英周期间8个项目落地签约，发动辖区企业申报人才乐居工程补助128人次，科技紧缺人才获评5人。落实完成2019年度2个村级合作社经济发展政策扶持工作，联青股份合作社申报经营贡献奖励22.9万元，南园村薄弱村（合作社）申请扶持资金100万元。

【社会建设】 2020年，双塔街道（葑门历史文化片区）坚持把群众的幸福感、获得感作为工作的落脚点。完成里河综合为老服务中心、二郎巷综合为老服务中心项目建设，12个助餐点工程全部完成施工。开展援企稳岗工作，新增就业岗位4688个。以翠园新村项目为试点，探索出了“子城益家”物业党建品牌，通过党建引领，打造红色共享物业服务，更好地破解老旧小区物业管理难题。按照“三整合”工作要求，9月，街道升级原有子城在线大数据平台，开展审批服务综合执法一体化平台建设。以平台建设为载体，初步形成了“加强党的全面领导，审批服务一窗口，综合执法一队伍，基层治理一网格，指挥调度一中心”的1+4基层治理模式。

【城市建设】 2020年，双塔街道（葑门历史文化片区）全面开启了原沧浪区吴中东路北、冬青路西侧（建新村）地块、轨道交通6号线苏州大学站、光荣墩（一期）改厕搬迁、夏莲路北延工程、轨道交通5号线莫邪路站、保障房13号地块、原园林科研所用地综合改造、光荣墩（东环路）旧城区改建、陆家村、架空线土地项目配套配电房用地用房协议搬迁等12个扫尾清零项目以及二十间、青阳河南、青阳河北、肖金村、南环东路7号5幢、原液化气仓库周边地块、轨道交通6号线苏州大学站二期等7个新开项目。完成保障房13号地块项目、原园林科研所用地综合改造项目、架空线土地项目配套配电房用地用房协议搬迁项目、二十间项目的清零工作。实施工程类项目及服务类项目总数共84个，总投入约1676.5万元。街道联动分中心、长岛社区服务中心等2个区级实事项目基本完工。朱家弄小区等老新村改造工作进入收尾阶段。开展涉河“两违三乱”整治，完成对十全河东段城桥西侧200平方米违建、张思良巷南段100平方米违建的拆除和城湾村沿河300平方米垦种等整治工作。开展羊王庙河沧浪亭段水质提升工程。

9月底，在全区率先完成辖区73个住宅小区实行垃圾分类“三定一督”全覆盖的目标。查处未按规定分类投放生活垃圾，乱倒大件垃圾、建筑垃圾等案件333起，处罚金额共计2.54万余元。高标准打造相王弄区域内“331”整治样板房，并以此标准在全街道范围内进行标准化整改。拆除城中村防盗窗1000余扇、出租房隔断50间，移除违规使用煤气瓶200多个，查处“三合一”安全隐患场所10余处，拆除违建103处1000余平方米，规范电动车违规室内停放充电500多起，完成7个“331”挂牌隐患整改工作。对机动车违停开单35000多辆，驱赶取缔无证摊、占道经营6750处；查处非机动车乱停放1554起；拆除违建326处3649平方米；处置简易程序案件2399起，一般程序案件203起。全年各网格通过民生小事项目累计处理绿化修剪、基础设施维修、市容环境提升以及美丽楼道建设等205件关键“小事”。全年处置工单10577件，主动走访40014人。在网格队伍管理上，建立网格长“五维研判”机制以及基础网格分级分类分档绩效考核机制，创造性地举办了第一届“样板工单”大赛。打造

2020年6月28日，双塔街道在昆曲传承中心举行“七一”表彰会暨“聚力子城　红色营商”行动启动仪式

双塔街道　供稿

全新“网格+文旅融合”“网格+便民服务”“网格+红色管家”模式。

【党的建设】 2020年，双塔街道（葑门历史文化片区）夯实基础抓党建工作，不断提高基层治理水平。发挥党建在基层治理中的引领作用，夯实基层战斗堡垒，展现队伍先锋形象。以需求为导向，将支部建在网格上。实现了支部100%网格覆盖，加快向网格配资源、建队伍、做项目，发挥支部的带动引领作用，让党组织在基层工作、防疫工作中唱主角，使各类组织和广大群众始终在党的领导下行动。开设“学习星期六·子城优学院”——街道青年干部培训班，先后组织策划“三大法宝”实境教育等活动。选派“第一书记”赴社区锻炼，促进街道青年干部的成长成才。年内，选拔6名优秀社工走上社区书记岗位，6名优秀社工走上社区副书记岗位。

【为民服务中心获“江苏省工人先锋号”称号】 2020年4月，双塔街道为民服务中心获“江苏省工人先锋号”称号。近年来，双塔街道为民服务中心以深化“放管服”改革为契机，打造便捷高效的政务服务综合性窗口，中心以“一站式”服务方式致力打通群众办事的“最后一公里”，结合“子城在线”“综治联动中心”“全科社工”等互联网管理平台，建立纵向互通、全域覆盖的服务办理工作体系，实现群众办事“只进一扇门”“最多跑一次”。中心年接待办事人员5.2万余人次，办理事项3.53万余件，处理矛盾纠纷370余件，开展各类救助2100余人，获得了苏州市工人先锋号、江苏省文明单位等荣誉。

【特色工作】 2020年，双塔街道（葑门历史文化片区）举办“姑苏孔子文化节”系列活动，主动对接对标上海，启动“姑苏·嘉定”儒行文旅双城交流项目。街道演出的少儿评弹《吴地课堂》获第十四届江苏省“五星工程奖”。配合做好辖区文物保护工作和非遗传承工作，开展不可移动文物巡查工作，举办非遗学堂等一系列非遗传习活动，“文化双塔”的品牌效应不断显现。

“姑苏孔子文化节”举办　9月28日，第十四届“姑苏孔子文化节”在苏州文庙开幕。该届文化节以“崇文重教·子城新声”为主题，除了敬献三牢、进馔、奠帛、敬香、三鞠躬礼、敬献花篮、恭读祝文、敬献佾舞等传统祭孔仪式，还通过与嘉定孔庙进行跨地域合作，举办“姑苏·嘉定”儒行文旅交流发布会，发放200多张“姑苏·嘉定”文旅体验券，持券市民可以自由参加两地后续举办的国风直播、美食体验、经典诵读等多场活动，参观两地旅游景点。文化节当天线上线下参与文化节活动的观众达到22万人次。发布“姑苏八点半·子城来相伴”特色夜游线路，整条路线用徒步旅游的方式，带领市民和游客游览辖区景点、名人故居，穿插安排“碑刻拓片”“苏州码子算筹”等互动项目，边游边学，寓教于乐。

街道疫情防控　2020年，双塔街道全员参与扎牢疫情防线。组建防疫领导小组、工作专班，制定应急预案，全年累计为近500户隔离对象安装门磁，处理工单1200条，协助转运197人。聚焦重点场所开展检查，积极宣传防疫知识，接收、排查中高风险地区到苏人员近7000人。坚持守住社区防

2020年1月24日，双塔街道召开新型冠状病毒感染的肺炎疫情防控工作会议　　双塔街道　供稿

疫第一道关口，聚焦农贸市场、商场超市、餐饮单位等重点场所，定期开展问题隐患自查和系统性排查，深入开展健康知识普及，积极倡导文明健康的生活方式，自觉将疫情防控的“规定动作”内化为日常健康生活习惯，提高居民群众疫情防控意识。

（陈　洁）

## 虎丘街道·山塘历史文化片区

【概况】 虎丘街道（山塘历史文化片区）位于姑苏城区西北隅，东起护城河、西塘河，西临京杭大运河、苏虞张连接线，南依上塘河，北至京沪高速公路，面积12.42平方千米，户籍人口7.37万余人。2020年12月起街道下设9个综合职能机构，分别是综合处、组织人事处、财务和资产管理处、经济发展服务处、城市保护建设处、社会事业处、社会治理处、城市管理处、为民服务中心。下辖曹杨、红星等19个社区。

辖区人文特色汇聚，文化底蕴丰厚，有国家级景区留园、虎丘、山塘街，省级文保单位西园寺、五人墓、玉涵堂等5个，市级文保单位叶天士故居等15个；有苏州灯彩、国画颜料制作技艺和苏派盆景技艺3个国家级非遗项目，有姑苏区腊八民俗文化节、山塘园艺文化旅游节等特色文化活动。2020年，街道获得全省基层侨务工作优秀单位等6项省级荣誉和苏州市全民阅读先进单位等15项市级荣誉。

【经济建设】 2020年，虎丘街道（山塘历史文化片区）完成一般公共预算收入2.75亿元。招商引才成效显著，全年累计新增企业428家，注册资本35亿元，其中规模型企业161家，注册资本27亿元。创新招商模式，拟定街道招商合作管理办法，探索市场化机制，积极引进专业招商机构参与招商引才工作。对接全国各地优秀项目方，成功引进欧梯恩、扇形科技等一批科技文化类优质企业和项目18个。营商环境持续优化，开展“聚能新跨越　企航新征程”书记项目，建立街道领导挂钩重点企业服务机制，开展“夏送清凉”活动；做好减税降费、“苏惠十条”等政策宣传与解读工作，组织企业申报各类扶持资金446万元；做好经营性资产租金减免工作，减免共计220万元；结合“姑苏八点半”夜经济发展，开展“双12”购物节、腊八民俗文化节等系列活动，进一步促进文商旅融合。楼宇载体提优升级，芯谷产业园以光子芯片核心技术研发为基础，明确建设以数字科技为核心的高端产业园区；农学院围绕网络直播元素，建成5G+互联网短视频直播电商产业基地；精英产业园以科技创新为导向，重塑、活化本地科技文化元素，形成新的科技文化产业集聚和消费区；江南智造产业园融合文化与科技、移动互联网等业态，打造双创资源与产业资源紧密结合、文化创意与高新科技高度融合的产业基地。婚纱城入驻率达100%，结合虎丘地区原业态基础及服务业发展新模式，探索以婚庆产业为主，打造集研发设计、生产加工、销售物流等于一体的综合型产业基地。同时挖掘原制刷厂、医药集团、旅游财经学校、交通技校等空置载体，释放产业空间。资产管理有效加强，完善街道办事处2020年度预算系统控制，规范化预算资金申请、追加、使用流程。做好新庄农贸市场改造和管理模式转变。完成辖区4个合作社9600万元资金的国资委托计划。

【城市建设】 2020年，虎丘街道（山塘历史文化片区）完成西园路北冶坊浜一期河东、铜勺浜、两河一江姚家浜一期、虎丘综改12标段、虎丘首期启动区非住宅标段9个项目清零。重点项目加快推进，有序推进塔影园景区、虎丘老街项目建设。完成实事项目工程17个，涉及造价2300多万元，惠及周边居民2900多户。有序实施第2和3批架空线落地和配电房建设项目、起重机厂周边道路、运河堤防加固、轨道交通6号线03标、桐泾路北延项目。文物保护扎实开展，与辖区24家文保单位签订文物保护安全责任书，在7处文保单位、控保建筑安装了189个独立式光电烟感装置。市容环境逐步提升，对五龙桥畔侵占河滩达14年的“老大难”问题进行攻坚整治，对青山绿水浜婚纱印染污染河道问题开出全区第一张涉河罚单。结合文明城市复评迎检工作，组建“铲刀队”做好环境整治工作，开展山塘街综合整治行动，强力推进违法建设专项治理工作。垃圾分类“三定一督”完成率达100%。

2020年是新一届全国文明城市评选和复评年，街道建章立制，全员参与，成立虎丘街道2020年全国文明城市复评迎检工作专班，建立网格联动、定期例会、奖惩3大工作机制，先后召开文明城市复评迎检工作例会27次，编发17期创建工作简报，形成17期“红黑榜”，对社区、物业公司、保洁公司进行排名、通报。对标找差补短板，开展清单式管理，街道文明城市工作专班开出停车划线、公益广告点位、楼道垃圾清理、督查整改进度、背街小巷巡查5张清单，累计报送清单400余份。对辖区内店铺、宾馆开展“地毯式”排查。针对乱停车问题，施划机动车、非机动车停车线26000余米。建立机关志愿者“先锋助创”计划，建立“5+1+1”7支助创志愿行动队伍，对辖区内老旧小区、无物业小区、背街小巷等展开集中整治，先后参与志愿服务600余人次，清除垃圾、杂物数百吨。广泛宣传入人心，不断提高市民对文明城市创建的知晓率、参与度，在显著位置张贴文明城市公益广告宣传板约1500份，在小区出入口等人流量较大的区域设置电喇叭80个，逐户发放文明城市倡议书约5万份、文明宣传手册约5万份。

【社会建设】 2020年，虎丘街道（山塘历史文化片区）着力拓宽就业渠道，提供就业岗位2447个，走访困难失业家庭发放补助52户9.88万元，举办“遇见虎丘　梦创青春”大学生创新创业大赛，在江南智造产业园打造虎丘街道退役军人创业基地。精准帮扶困难群体，发放各类残疾人补贴97.8万元，走访失独人员179名，发放慰问金6.53万元，受理临时救助95户次，年前完成幸福亮居改造工程2户。优化公共服务供给，推进综合为老服务中心项目建设，打造“物业+养老”原居安老服务新模式，实现助餐服务高质量全覆盖。稳步推进行政审批事项“三整合”改革，建设新的虎丘街道为民服务中心。细致推进人口普查，在街道范围内共划分普查小区20个，募集普查指导员、普查员共计273名，召开业务培训及推进会10余次，紧扣时间节点，稳步推进入户调查及平台录入工作，按照市、区整体部署按时高效完成人口普查既定任务。

社会治理在创新实践中推陈出新。强化社会综合治理，扫黑除恶省风险平台系统在册风险企业共94家全部化解清零。加速推进网格化管理，完成街道联动分中心指挥大厅建设，建立健全网格化运行机制，全面推行网格化工作考核。创新社区治理品牌，以“红领美好、花睦虎丘”为民生目标，打造“海棠花红、玳玳花果、白兰花繁、栀子花和、茉莉花清”社区治理服务品牌，将虎丘的特色文化融入基层社会治理。筑牢安全生产防线，提前完成整改三级挂牌督办整改重大隐患15项，“331”挂牌督办4项，

2020年，“红领美好　花睦虎丘”社区治理服务品牌发布会暨网格化联动分中心揭牌仪式举行

虎丘街道　供稿

建立3个区域消防站，新增4个城中村微型消防站、18个社区微型消防点，引入专业第三方安全检查机构实现辖区生产企业全覆盖。安全生产执法起数同比上升100%，处罚金额同比上升24%。街道安监办被评为全市“安全生产执法工作先进集体”。

基层治理在改革探索中不断优化。加大力度深化重点领域改革，坚持“审批服务一窗口、综合执法一队伍、基层治理一网格、指挥调度一中心”的目标，创建高效职能机构，片区与街道实行“区政合一”和“六个统一”管理体制，综合设置9个职能机构，稳中求变地推动和促进基层改革。完善便民服务体系，建设新的虎丘街道为民服务中心，采取“前台综合受理、后台分类审批、窗口统一出件”的工作模式进行事项审批，实现“就近办、一次办、网上办”。强化规范网格管理，完成街道联动分中心指挥大厅建设，建立健全网格化运行机制，完成网格化联动工作站和基础网格的100%实体建站、实体运行、实位坐班。

【党的建设】 2020年，虎丘街道（山塘历史文化片区）落实意识形态工作，健全意识形态领域情况分析研判联席会议制度，深化“虎丘晨汇”制度，将意识形态列为中心组学习重点内容。夯实基层党建根基，组织开展基层党组织规范化培训、海棠匠心书记大讲堂，做好社区“两委”换届选举筹备工作，稳步推进3个合作社换届选举工作。推进各社区党员大会顺利召开，选举产生新一届基层党组织党委班子及纪委班子，提档升级“一社区一党建”品牌，打造4个先锋社区，硕房庄社区被评为区优秀先锋社区。加强一线队伍建设，创新性提出“社工暖心十条”，打造“七里学堂”虎丘街道社工成长计划，启动“学习星期六　虎丘蓄能日”干部能力提升班、街道青干班，开展股级干部理论知识“月月测”，通过“导师制”和“进社区、进大工程项目”探索新录用公务员培养机制。提升基层监督质效，落实社区“廉网”工程建设，成立17个社区居务监督委员会。办理违纪违法案件10件，运用“第一种形态”谈话19人次，运用容错纠错机制1件3人次，澄清正名1件。建设“人大代表之家”“有事好商量”工作载体，有效发挥代表、委员的作用。

【特色工作】 2020年，虎丘街道（山塘历史文化片区）成功举办第四届姑苏区腊八民俗文化节、第十届山塘园艺文化旅游节、第四届清风相伴全民阅读节活动，开展“金秋曲会　环萃虎丘——虎丘街道曲艺文化主题展活动”。疫情期间创作快板《抗击疫情做防范》等5个抗疫曲艺作品，并登上“学习强国”平台。第四届腊八民俗文化节回归本源，以“人间至味浓情腊八”为主题，分为“祈福腊·幸福感恩”“寻梦腊·美丽传承”“添运腊·情聚乐活”“过年腊·暖冬大爱”4大板块，推出“大咖”访谈、惊喜专车、创意施粥等56项特色节庆，以活态保护的方式，将民俗活动还节于民。

街道疫情防控　2020年，街道在全区率先制定全域范围封闭管理方案，对街道所辖12.42平方千米范围实施大包围管控。对辖区所有住宅小区采用分类管理模式，对所有外来车辆、进出人员创新提出“七步工作法”。重点人员排查“不漏一人”。划

2020年6月25日，虎丘花神苑开园仪式暨第十届山塘园艺文化旅游节开幕　　虎丘街道　供稿

细划小基础网格，发动全员参与网格管理，实行外来人员网格销号管理法，累计摸排管控重点地区到（返）苏人员1148户2764人，协调落实黄金假日宾馆为集中隔离点，接收不具备居家隔离观察条件人员125户170人。常态化疫情防控落细落实。指导各类场所有序复工复产，并对重点场所开展每日专项检查。及时跟进市、区指挥部要求，持续深化网格销号管理工作，及时落实重点地区到苏人员核酸检测、集中隔离。　（黄　赛）

## 苏锦街道·平江新城

【概况】 苏锦街道（平江新城）南至护城河，紧依古城；东至元和塘，毗邻苏州工业园区；北接相城区；西至虎丘湿地公园。常住人口8.8万人，其中户籍人口5.48万人。下辖13个社区及7个股份经济合作社。

经过15年的开发，辖区初步具备城市副中心形态和功能。城际铁路、轨道交通、高速公路、城市快速路汇聚。累计建成教育、体育、卫生、环卫、消防等配套设施43项，区政府以及市行政服务中心等政府机构相继入驻。建成商务商贸楼宇32座，商务办公面积约65万平方米。实施园林绿化景观项目35个，建成绿地面积约79万平方米，苏锦公园、平海路绿色走廊、英派斯健身馆等成为市民休闲健身的重要场所。年内，街道获得苏州市农村产权交易工作先进集体等荣誉。

【经济建设】 2020年，苏锦街道（平江新城）以“六稳六保”为抓手，抓紧复工复产，促进企业快速平稳步入经营正轨，全年完成一般公共预算收入8.34亿元，比上一年增加24.7%。抢抓北部经济区一体化创新发展新机遇，全力服务好北部经济区签约的重大

项目，助推京东智联云、讯众云通信、世禾医疗、中地数码等一批优质项目顺利落地，赋能区域高质量发展。不断增强自主招商的内生动力，紧紧围绕总部经济、生命健康、大数据等产业集群方向，洽谈对接众业集团、恒光大集团等成熟的总部企业，以及复地产发智慧蜂巢、芯蓝科技企业加速器、“谷”系列产业园等成长型的创新创业平台，引入专业投资和商业服务机构资源，开创招商工作新局面。持续优化营商环境，出台《平江新城经营性资产租金减免政策》，为6家中小微企业、11户个体工商户减免租金330.5636万元；打造“舒心锦囊”营商环境品牌，整合辖区资源，为企业提供人才公寓、政策解读、金融等服务；平江新城高端商务集聚区获评优秀市级服务业集聚区，工业互联网安全领域的马多贺项目实现市领军人才项目的历史突破，选送姑苏创新创业精英团队大赛决赛的5个项目包揽一、二、三等奖。

【城市建设】 2020年，苏锦街道（平江新城）开展食品、药品、特种设备安全领域专项整治，构建“三大底线”共治网络；开展安全隐患大排查大整治，开展建筑工地安全联盟互查互督，11处三级挂牌隐患全部整改完成；持续加大“331”火灾隐患排查整治行动力度，累计排查存在隐患的“9+1”场所988家，整改完成率100%；完成小餐饮合规化改造300家，完成率100%；完成出租房（群租房）合规化改造774套。构筑群防群治体系，探索实践铁路护路群防群治新思路，成立苏州市第一家护路工作驿站，创新打造护路工作站和驿站“站站结合”服务管理新模式；强化矛盾纠纷化解，及时处理平江生活广场等不稳定因素，辖区社会稳定基本面持续可控，全年共调解各类矛盾纠纷704起，涉及当事人1400余人，涉及调解金额4968万余元。以文明城市创建为契机，坚持“绣花”标准，精细化城市管理；以征收扫尾推动城市更新，全年完成居民4户、企业12户，轨道交通6号线苏锦站协议搬迁项目实现清零，进一步释放土地潜能；探索社会资源参与垃圾房建设和润家园垃圾分类智慧监管，提炼总结“4+2+5”垃圾分类三级巡查机制，适时推出小区“红灰榜”，完成住宅小区垃圾分类“三定一督”全覆盖；推进新塘工业园“散乱污”企业的“回头看”，共计搬迁或拆除企业208家；深化河长制，抓好河岸“两违三乱”整治，完成新莲河、石鱼桥浜、斜河浜、平门塘、西石曲浜5条美丽河道提升工程。推进老旧小区微改造，对和润家园部分建筑外立面、绿化景观、硬质铺装、雨污水井座等全面修复提升；完成苏锦一村196幢、197幢、300幢、301幢及谈埂上无物业小区环境综合改造及长效管理工作；推动翠园雅筑项目启动小区主干道改造工程，对原波浪形路面进行整体改造。

2020年6月，平江新城创业创新大赛举行

苏锦街道　供稿

【社会建设】 2020年，苏锦街道（平江新城）结合“1+4”改革经验及该地区实际情况，挂牌“一办七局一中心”，落实“三整合”各项改革任务；完成为民服务中心建设，建成一站式服务大厅，方便群众就近办；积分管理、社保、老龄、计生、工商行政审批等服务事项进驻服务大厅，减少群众“多头跑”；标准化设置服务窗口，服务中心包含11个综合服务窗口和4个全科服务窗口，新增3个公安窗口，实现“一窗受理、一窗通办”，确保窗口政策咨询和

办理业务的准确性、高效性。完成新天地家园北社区服务中心建设改造，启动苏锦二社区服务中心项目，进一步优化社区服务环境；通过房屋置换、扩大租赁面积、压缩办公场地，扩大苏锦二社区、汇翠社区居民活动空间；启动万达社区改造工程；启动助餐点建设，结合原有日间照料中心，实现助餐点全覆盖；启动苏锦综合为老服务中心建设，有2800平方米，打造集助餐、助浴、助学、助医、助娱和文化健身于一体的康养中心；探索农村集体经济发展路径，积极争取“一村二楼宇”项目政策落地，做好新塘汇邻中心项目主体变更事宜，加速项目推进；指导花锦、幸福、新塘3家股份经济合作社联合成立平台公司，为集体经济发展注入新的活力。创新社会治理模式，整合基层治理资源，以网格化管理、社会化服务、信息化支撑为方向，从网格队伍整合、机制体制优化和资源整合三大关键点切入，全面推进网格化管理工作；以“抓中间，促两头”的工作思路，合理设立4个网格化联动工作站，明确由党工委领导班子成员担任区域党委书记，由街道中层正职担任工作站站长，由优秀社区书记、“第一书记”、股级干部担任专职副站长。

【党的建设】 2020年，苏锦街道（平江新城）探索“产业园—社区”结对模式，推动双方在整合盘活区域资源、精准对接需求服务、形成惠民利民项目等方面互联互动；高品质打造先锋社区，精准选派“第一书记”助力先锋社区建设，有序建强党建服务阵地，不断推进先锋社区建设扩面提优。实现辖区社区挂职“第一书记”全覆盖，努力构建完善从基层一线培养选拔年轻干部的工作机制；扎实推进“奋进学院”青年干部培训班，加强优秀年轻干部队伍梯队建设，为新城提供更加坚强有力的思想政治保证和人才智力支撑。强化党风廉政建设，深化城市社区党风廉政标准化建设，打造“廉政书场”“微型廉书馆”“廉洁长廊”等具有区域特色的廉政宣教阵地；推进城市社区“廉网”工程建设，构建“一人一委一网”社区监督体系，强化对居务、基层干部廉洁履职等情况的日常监督；从作风建设入手，合力整治“慢、等、拖、推、蒙”不正之风，常态化开展疫情防控、征收拆迁、农村“三资”、安全生产营商环境等日常监督和专项监督。

“水岸家园海绵改造工程”获评2020年度苏州市海绵城市建设示范项目，新天地家园北社区党委获评苏州市先锋社区等荣誉。

【疫情防控】 2020年，苏锦街道（平江新城）慎终如始防疫情。突出重点分类施策，下好防疫“先手棋”。立足网格实际落实群访群控，调配31个行动支部参与小区值守，对35个物业小区实施封闭式管理全覆盖。首创楼宇防疫“五步法”、工地防疫“六步法”，为全区楼宇、工地防疫贡献了苏锦经验。有序推进复工复业，打赢发展“主动仗”。通过发放防疫物资、推广红外测温、无接触复工备案系统和疫情上报系统，规范复工流程，保障防疫复工“两手硬”，累计为1633家企业提供复工指导。始终坚持人民至上，打好防控“持久战”。集中开展重点消费品价格质量监管，重拳打击哄抬物价行为，对3起哄抬物价行为进行处罚，全力保障物价稳定；针对封闭式小区、楼宇产业园，开展小规模疫情防控演习，提高疫情应急处置能力；围绕小区、学校、娱乐场所、商业广场等重点领域、重点场所，持续做好疫情常态化防控。

（王佳蕾）

## 吴门桥街道·沧浪新城

【概况】 吴门桥街道（沧浪新城）位于姑苏区南部，与高新区、吴中区接壤，南端以新郭为界，紧临石湖，北至里双河，西起京杭运河，东接迎春路，辖区面积12.19平方千米，户籍人口16.1万人。街道办事处地址为长吴路188号，下辖29个社区和6个农村经济股份合作社。

辖区人文底蕴积淀深厚，有越城遗址、唐寅墓、横塘驿站等10处省、市级文保单位和控保建筑，有缂丝、苏派鸟笼制作技艺、剪（刻）纸等9项世界级、省级、区级非遗项目及5位非遗代表性传承人。交通网络四通八达，轨道交通2号、3号、4号线形成“一横两纵”格局，西环高架、南环高架交汇于此，有人民路、桐泾路等多条城市主要干道。公共服务配套日臻完备，有苏州市中医医院、社区卫生服务中心、各类诊所等55家医疗卫生机构，以及5所中学、11所小学和10所幼儿园。居民生活舒适便利，有汇邻中心、世茂广场2个商业综合体，大润发、沃尔玛等3家大型超市，苏南花卉市场、苏州茶叶市场等3个专业市场，友联、新康、盘溪等9个农贸市场。2020年，街道获得江苏省第四次全国经济普查优秀集体、苏州市全民阅读先进单位等荣誉。

【经济建设】 2020年，吴门桥街道（沧浪新城）完成一般公共预算收入71271万元。其中：房地产完成48840万元，占比68.53%；非房地产完成22431万元，占比31.47%。面对年初的疫情，街道制定“4321工作法”，推出“政企联系卡”，指导1117家企业12715名员工复工，协助企业申请疫情纾困资金180.68万元，各股份合作社自发减免租金204.55万元，推动辖区经济发展行稳致远。打造舒心营商环境，落实街道领导挂钩企业制度，开展定期走访，主动上门服务。积极组织小棉袄、狗尾草、中铁建成功申报市、区项目，并为企业落实各类扶持资金近3000万元。推进项目载体建设，深挖区域税收潜力，海胥澜庭、江湾雅园、景悦、斜港置业、永威5个在建重点项目有序推进。对接世茂、嘉凯城，协调推进世茂商圈、苏纶场商业体融入古城夜经济发展。

2020年7月31日，中国苏州创博会姑苏区分会场开幕式暨蓝·SPORT文化创意产业园开园仪式举行　李国清　摄

新建载体蓝·SPORT产业园正式开园，蓝·YOUNG创业工坊基本完成改造。加大招商引才力度，协调完成新东方全资子公司落地事宜，完成苏州环宇等成熟企业迁入工作，成功引进汇巨芯、阿兰朵等优质科技、文创企业。举办精英周双创洽谈会，落地项目8个。充分挖掘人才资源，举办“青创吴门·未来可期”创新创业大赛，组织申报第2批区级领军人才17名。加快布局文旅产业，聚焦大运河文化带建设，深挖吴门桥、横塘驿站、越城遗址等文化底蕴，跟进横塘驿站、渔家村后续保护开发，横塘驿站入选苏州“运河十景”。

【城市建设】 2020年，吴门桥街道（沧浪新城）坚持高标准建设、高水平管理，网格化治理纵深推进，全面提升城市宜居度。市容市貌大幅改善，做好违章拆除工作，合计拆除新老违建20604平方米、违章广告9637平方米。生态环境持续优化，做好空气污染、水污染防治工作，落实河长制，拆除沿河违建500多平方米，整治违规垦种8000多平方米，基本完成友新河段景观提升一期工程。完成辖区内87个居民小区垃圾分类“三定一督”模式全覆盖，建成水韵新苑等4个省级示范小区。安全隐患防治到位，检查企业（场所）7474家，发现隐患1684个，整改率为99.7%，顺利关停德合农副产品批发基地，11项三级挂牌督办重大事故隐患全部整改完成，“三合一”场所合规化改造率为100%，积极推进“331”“四类场所”“小化工”专项整治、省级食品安全示范城市创建、特种设备安全检查等工作。社会环境和谐稳定，推动扫黑除恶专项斗争取得全面胜利，制定长效机制建设工作方案。征收项目持续推进，解放新村1~13幢成套危旧房改造项目、西巴里南项目、京杭大运河苏州段堤岸加固工程项目等5年以上项目清零，“两河一江”环境综合整治项目完成2户，新郭港南项目完成5户，杨家浜桥和炒米浜地块6个新开项目全面启动。

【社会建设】 2020年，吴门桥街道（沧浪新城）坚持民生优先，将解决群众最直接、最现实的利益问题放在首位，不断增强老百姓的获得感、幸福感、安全感。科学开展疫情防控，发挥“网格化+大数据+铁脚板”优势，累计排摸相关人员约7000人，对其中3013人采取居家观察，264人采取集中观察，织密织牢防控安全网。兜牢民生底线，加大创就业帮扶力度，共实现失业人员再就业4677人，新增创业人员437人，通过创业提供就业岗位1702个，退伍回苏人员就业率达100%。做好特困、低保、残疾、困境儿童等特殊群体帮扶工作，完成困境儿童关爱之家整体改造工程。补足养老供给，构筑“3+X”高质量为老服务体系，打响“吴门颐养+”品牌，完成南环综合为老服务中心改扩建项目，完成19个助餐点建设，实现助餐服务29个社区全覆盖。优化社区服务，强化社工队伍建设，通过动员、培训提升社工持证率。推行非工作日预约服务制度，推进社区协商民主工作，其中大龙社区被评为2019年优秀项目。推进民生项目建设，完成盘溪老旧片区交通安防环境综合整治工程，协调推进福星小区一期、二期老新村改造综合整治工程。完成新郭社区办公用房，友联、梅亭社区服务中心改造项目。西环、大龙、盘溪、金塘农贸市场完成改造升级，姑香苑、友联、新康、多来美、南环市场改造工作有序推进。涵养精神文明，建好用好街道新时代文明实践所和29个社区文明实践站，举办第三届“石湖串月”中秋民俗文化节活动，线上开设云端阅读栏目并完成7期推送。

【党的建设】 2020年，吴门桥街道（沧浪新城）坚持党建引领，不断强化思想武装，持续巩固“不忘初心、牢记使命”主题教育成果。思想政治建设持续深入，班子成员带头讲好党课，开展中心组理论学习19次。落实基层党员冬训工作，坚持“停会不停学”，灵活运用“学习强国”平台、“亲水吴门”公众号，开辟“吴门云直播”实境课堂，制作7期《吴门名嘴说》栏目。组织队伍建设不断加强，扎实做好社区“两委”换届选举工作，及时选优配强社区骨干力量，提拔3名同志担任社区书记，提拔6名同志担任社区副书记，综合选派3名优秀机关工作人员至社区挂任“第一书记”。打造新城、新康2个“先锋社区”，着力整顿友联社区党总支，完成支部书记轮训工作，顺利开办第三届青干班。党建引领治理全面覆盖，助力疫情防控，结对29家市、区机关党员及街道、社区党员志愿者积极参与一线战“疫”。推动企业发展，完成“吴门先锋益企行”年度基层党建书记项目，建成“海棠蓝湾”区域党建工作站。增进民生福祉，全面开展116个党组织为民服务项目。维护民族团结，街道获评苏州市民族团结进步创建示范单位和外来少数民族服务示范点。聚焦中心工作，党员积极投身文明创建、垃圾分类、人口普查等工作，构筑“吴门共益”志愿服务体系，建立“全域积分兑换库”。

【“石湖串月”中秋民俗文化节】 2020年10月2—4日，第三届“石湖串月”中秋民俗文化节在新郭渔家村举行。此次活动为姑苏运河文化节的系列活动，围绕“赏吴门风雅　享姑苏繁华”主题，主要

2020年10月2—4日，第三届"石湖串月"中秋民俗文化节活动举行　　李国清　摄

活动内容包括匠心伴月非遗市集、渔家奉月文娱生活两大板块，展示了沉浸式苏式生活方式，创设出"城市里的山水田园"现场体验。此外，活动特别推出线上活动"云端逐月点亮石湖"，以"走月亮"的形式打造全新线上导览系统，展现渔家村、吴门桥、横塘驿站等文化地标。据数据显示，线上线下共有90多万人次体验"石湖串月"文化之旅。在活动开幕式上，姑苏运河文化研究中心揭牌成立，姑苏运河文化发布媒体共享平台启动。

【疫情防控】 2020年，面对突如其来的新冠肺炎疫情，吴门桥街道及时响应、科学防控，相关工作取得阶段性成果。织密防线、严守阵地。实施住宅小区封闭管理，对无物业小区、城中村等设置盘溪等3个大包围片区，累计投入4万人次进行24小时值班。细致排摸、主动出击。发挥"网格化+大数据+铁脚板"优势，开展地毯式排摸，累计排摸相关人员约7000人，对其中3013人采取居家观察，264人采取集中观察。精准施策，恢复秩序。力推"4321工作法"，推出"政企联系卡"，指导1117家企业、12715人复工，协助企业申请疫情纾困资金180.68万元，各股份合作社自发减免租金 204.55万元。辖区5所中学、10所小学、13所幼儿园全部复学。　　（周　琦）

## 白洋湾街道·金阊新城

【概况】 白洋湾街道（金阊新城）位于姑苏区西北部，东至虎丘湿地公园与相城区、平江新城相邻，南起僧塘圩港、金湾街、苏浒路、北环路一线，西接京杭大运河，北至黄花泾河，面积18.5平方千米。2020年，辖区常住人口约9.4万人（其中户籍人口约4.4万人，流动人口约5万人）。下辖张网、新渔、申庄3个村和路南、富强、金色里程、宝邻、南山、金筑、宝祥、和美、玉景湾、和泰、虎池苑、长青、领秀金品13个社区。

辖区资源丰富，历史文化气息浓郁，内有金阊新城文体中心、白洋湾公园、金阊新城体育公园等优质公共文体设施场地，汇集现代物流、科技创新、商贸等产业。街道保有姑苏区唯一山歌——白洋湾山歌，已保护整理500余首。

【经济工作】 2020年，白洋湾街道（金阊新城）经济发展质效稳步提升，全年完成一般公共预算收入2.59亿元，全社会固定资产投资实现18.39亿元，新增注册企业872家（净增381家），新增注册资本31.04亿元（净增13.86亿元）。招优商、引优资"助燃"发展。先后引进比特大陆、国科美润达医疗、一瑞生物等重点企业，举办了AI+医疗器械高端论坛、"红引智启"服务中心揭牌及2场姑苏云谷重点项目入园仪式等活动，助增微观主体活力。政企互动主动高效服务。落实领导干部挂钩服务企业制度，完成区、街道两级领导走访企业70余次；组织专业市场等专项座谈4次，建立重点企业微信群，组织企业参加财税培训、人才直通车以及各类为企服务活动共计20余次，常态化为企业帮办代办工商注册变更等服务。

【城市建设】 2020年，白洋湾街道（金阊新城）综合行政执法大队加强规范化建设，强基固本，综合治理，环境治理成效凸显。以抓好区域治理升级和推进长效管理机制为重点，深化网格化管理，全面提升区域形象。稳步推进网格管理。联动分中心投入试运行，构建“1+5+N”三级智能化指挥调度体系。全年受理各类工单32565个，完成处置31588个，处置率达97%。深入开展环境整治，积极推动小微执法、飓风行动，完成辖区市容环境和秩序十大整治项目，累计查处违章停车10056起，非机动车处罚474起，拆除违法建筑183处约15334平方米，拆除违章广告663处约16236.3平方米。住宅小区垃圾分类全覆盖，共涉及居民36054户。年内实现非住宅小区公共区域垃圾分类全覆盖。压降安全生产隐患，全面排查专业市场商户2963户，发现安全隐患527处，整改523处。按计划完成街道安全生产十大整治项目；实现15家市、区、街道三级挂牌隐患单位顺利摘牌。全面优化市场秩序。完成个体工商户登记1917家，完成企业登记2186家，市场主体新增率为16.27%。查处劣质口罩15万个以上，立案54件，结案46件，总计罚没款71万余元。深化大队规范化建设。制定《金阊新城综合行政执法大队制度汇编》，明确人员职责和规范装备使用、执法程序。实施“严管厚爱”工程，强化综合奖惩，提升队伍能力。

聚焦征收安置和项目建设工作，优化城市布局，为区域发展进一步腾出空间。紧扣“全面推进、突出重点、坚守底线”的原则，全力开展征收搬迁扫尾清零“攻坚战”。凝聚共识全员参与，成立18个攻坚小组，形成了领导包干、部门参与、责任到人的工作格局。细化目标任务、加强协调配合，针对重点项目挂牌督战，摸清底数，做好“一户一策”“户户清”。全年完成16个项目清零，完成9户居民、25家企业签约工作，释放土地2400余亩，15个5年以上项目完成清零。五药厂、贝斯特等企业签约完成，标志着江苏（苏州）国际铁路物流中心地块整体清零。虎殿路顺利通车，稳步推进台上路等项目，完成苏浒路绿化恢复工程。开展黄花泾等支流水质提升整治，积极做好汛期堤岸巡查和险情防范工作。

【社会建设】 2020年，白洋湾街道（金阊新城）精准切入民生服务重点，多元供给，以人为本，全方位提升社会服务水平。面对疫情造成的严重冲击，聚焦“六稳六保”，努力提高社会保障功能，助力新城高质量发展。聚力文明创建。制定“345”迎检要点，采用“大兵团+周末先锋”模式，自查、互查、抽查、巡查结合，建立周简报、月测评、静态指标双倍扣分和约谈机制，发动200名志愿者，落实15件“民生微实事”，组织文明城市创建宣传活动200余场，培育提升居民文明素养，激发创城活力。建设新时代文明实践所及5个实践站、1个实践点，推进325幢楼的“美丽楼道”建设。夯实载体建设。完成领秀金品社区揭牌，启用德善公益坊，实现社区协同治理新突破。创立民生服务“八点‘伴’”品牌，以小服务带动大民生。争创全国示范型退役军人服务站。提升社工队伍，新招23名社工，完成29名社工轮岗、调岗。设立“百川学院”，探索社工职业化体系建设。举办全科服务观摩活动，打造全科社工新常态。推进社保就业。组织4期“云招聘”，新增普通就业岗位1982个，新增大学生就业岗位1451个。组织84人参加职业技能培训。促进文化惠民，开展文化活动128场。组织开展“一路山歌”第二届白洋湾山歌文化节，推进公共文化服务数字化平台建设。完成第七次全国人口普查摸底，登记4万余户居民信息。

白洋湾街道（金阊新城）全力化解信访矛盾，化解各类纠纷894起。全年受理信访件3542件，办结3422件，办结率96.6%。积极推进平安建设，实现辖区铁路护路驿站全线覆盖。完成金筑、宝祥小区500余个监控探头安装。在机电五金城设立法律服务工作站，为企业提供法律服务。深入开展法治宣传。以《民法典》法治宣传为重点，依托13个法润民生群和4个法惠企业群，编辑、转发法治资讯13000余条。

【党的建设】 2020年，白洋湾街道（金阊新城）坚持党建引领，从严治党，强化作风，党建工作亮点纷呈。坚持以基层党建统领各项工作开展，强化监督执纪问责，为街道高质量发展提供坚强保障。扎实推进党组织建设。对57个党支部开展“体检”。完善“四步驱动”工作机制，提升基层党建规范化水平。落实“红引智启”服务中心载体建设及项目优化，指导63个社区党组织为民服务项目有序开展。推进干部平时考核，开展谈心谈话，建立完善知事识人体系和综合研判机制。全面开展“三整合”工作。制定“三整合”改革方案，明确分工，统筹实施，综合设置“一办七局一中心”。设置1个服务窗口，承接审批服务；整合1支全科执法队伍，实现1支执法队伍“全科”执法。落实意识形态工作责任。通过集体研讨、个人自学等形式提高理论学习质量，组织开展各类宣讲活动，强化党员干部理想信念教育，扎实推进意识形态工作在基层落地生根。运用“姑苏360”履责监管平台，报送履责记实信息1100余条。聚焦农村集体“三资”等工作开展专项督查。开展主动约谈9次，开出“监督建议书”2份，运用“第一种形态”开展谈话提醒2人次，批评教育3人次。查办信访举报问题线索7起，办结违纪违规案件5起，通报曝光2起形式主义、官僚主义典型案例。实施社区“廉网”工程，规范居务监督工作和社区“小微权力”运行。

【疫情防控】 2020年，白洋湾街道（金阊新城）慎终如始、多措并举推进防控工作，疫情防控成效显著。全面摸排不疏漏，全年共计开展“地毯式”摸

2020年10月29日，第二届白洋湾山歌文化节开幕式举办　　白洋湾街道　供稿

排9.5万余人，实行居家观察3761人，集中观察97人。有效管控稳妥处置，通过挂图作战、电子门禁和出入证等创新举措加强人员管控。设立集中医学观察点进行集中隔离和核酸检测。守住交通防线，高速公路西出口疏导点累计分流677车次1378人次。精准施策有序推进。实施“一企一策”，实现全区专业市场率先复工，有序推进企业、学校等复工复学。疫情防控常态管，严格做好“外防输入、内防反弹”常态化防控，进行全面督导检查。

三花集市　　白洋湾街道　供稿

**【“一路山歌”第二届白洋湾山歌文化节举办】** 2020年10月29日，“一路山歌”第二届白洋湾山歌文化节在虎丘湿地公园开幕，白洋湾山歌文化节围绕“新时代　新生活　新传承”这三“新”主题，线上线下同步推进。“新时代”主题包含开幕式和“时代文明新山歌”征集活动，“新生活”主题包含运河沿线吴地民俗文化沉浸体验和山歌微型人文纪录片拍摄放映，“新传承”主题包括运河文化利用与吴歌保护传承专家研讨会和云上山歌会活动。现场发布山歌节主题曲《你用山歌告诉我们》和山歌IP形象“山哥哥”与“花小妹”。苏报节气自然学校白洋湾实践基地揭牌成立。当日直播在线观看人数近30万人次。活动持续至11月底。（何　懿）

# 附 录

# 在区委二届十四次全体会议上的讲话

（2020年12月31日）

苏州市委常委、姑苏区委书记、苏州国家历史文化名城保护区党工委书记　黄爱军

同志们：

这次会议的主要任务是，高举习近平新时代中国特色社会主义思想伟大旗帜，全面贯彻党的十九大和十九届二中、三中、四中、五中全会以及中央经济工作会议精神，认真学习贯彻习近平总书记视察江苏重要讲话指示精神，落实省委十三届九次全会和市委十二届十一次全会的部署要求，回顾总结全区“十三五”时期发展和今年工作情况，研究部署“十四五”时期和明年重点工作任务，讨论并通过《关于制定姑苏区、保护区国民经济和社会发展第十四个五年规划和二〇三五年远景目标的建议》，动员全区各级党组织、广大党员和干部群众，进一步鼓舞昂扬斗志，彰显胆识魄力，锤炼过硬作风，为推动古城全面振兴，开启全面建设社会主义现代化新征程而不懈奋斗。下面，我根据区委常委会会议讨论的精神，向全会报告工作，并讲几点意见：

## 一、锐意进取接续奋斗，“十三五”时期发展取得显著成效

“十三五”时期是姑苏古城保护成果充分展现、经济实力稳步提升、城市品质明显优化、民生保障不断加强、党的建设纵深推进的五年。面对错综复杂的宏观环境、艰巨繁重的改革发展稳定任务特别是新冠肺炎疫情的严重冲击，全区上下坚持以习近平新时代中国特色社会主义思想为指导，深入贯彻习近平总书记对江苏、对苏州工作系列重要讲话精神，认真对照习近平总书记关于历史文化保护的重要指示批示精神，坚持稳中求进工作总基调，持续推进供给侧结构性改革，奋力推动姑苏高质量发展。“十三五”规划实施顺利，主要目标和任务即将完成。五年来取得的成绩集中体现在以下方面：一是古城保护取得新成效。推动出台《苏州国家历史文化名城保护条例》等地方性法规和配套技术导

则，古城54个街坊控规修编和40个街坊城市设计编制完成。工作体制机制进一步理顺，与古城保护相关的67项市级行政权力有序承接，机构改革和街道合并稳步开展，新设拙政园等5个历史文化片区管理办公室，古城保护和管理大数据中心正式建成，姑苏古城保护与发展基金创新设立。平江片区重点功能区保护修缮等连片改造项目正式启动，虎丘综改、山塘街保护性修复等工程有力推进，中张家巷河成为新中国成立以来古城内第一条恢复的河道。旅游市场环境净化提升，一批民俗文化品牌和文旅精品线路备受青睐，“非遗三部曲”原创舞蹈连续三届获省“五星工程奖”，园林版浸入式昆曲《浮生六记》享誉中外，获评省级全域旅游示范区。二是经济发展迈上新台阶。主要经济指标稳中有进，地区生产总值、一般公共预算收入分别突破800亿元、60亿元大关，全社会固定资产投资、社会消费品零售总额较“十二五”时期分别增长34.3%和24.2%，服务业增加值占地区生产总值比重达93.1%。古城首个产业空间布局规划制定出台，蓝·芳华、联实大厦等一批特色产业园（楼宇）成功打造，新增亿元楼宇6幢。科技创新和招商引资取得突破，华贸中心、阅文集团、讯众通信等一批重点项目落地见效，新增总部型企业10家。创新北部经济区发展，苏州信创产业学院挂牌成立，大院大所合作迈出实质性步伐。全区高新技术企业数量、软件和信息服务业收入较“十二五”时期翻番。观前、石路、南门等传统商圈提档升级步伐加快，在全市率先开展“姑苏八点半”夜经济工作，连续举办三届苏州国际设计周，“双塔市集”“繁华姑苏”等一批文化品牌成功打造，获评“国家文化新经济开发标准试验区”“中国商旅文产业发展示范区”。三是环境品质实现新提升。深入开展“263”“331”“两扫”“两小”“四类行业”综合整治等行动，违法建设、违规停放、店招店牌、交通秩序等专项整治成效显著，主要路段常态化达到“可席地而坐”标准，201个老旧小区、200条背街小巷、77个城中村完成环境提优，辖区内露天烧烤等对环境影响大的行业全部取缔，城市品质大幅改善。征收搬迁成果喜人，累计完成175个项目，腾退土地9125亩，金阊医院、解放新村等难点工作取得突破，有力保障了轨道交通等市、区两级重点工程建设。安全生产形势稳定向好，实现生产安全事故起数和亡人数“双下降”。生态环境持续优化，PM2.5、空气优良天数比例等指标总体向好，水功能区水质达标率100%，黑臭水体全部消除。社会文明程度指数逐步提升，助力苏州市蝉联全国文明城市荣誉称号。四是民生福祉达到新水平。城镇居民人均可支配收入达6.6万元，年均增长7%，累计新增就业岗位33万个。公共服务水平稳步提升，“虚拟养老”模式在全国推广，“苏式教育”“医养融合”等工作走在省市前列，新建、改扩建14所小学和幼儿园，实现80岁以上老人“家庭医生”签约全覆盖。民生“关键小事”扎实办好，累计开展危旧房改造等109个实事项目，全区38个农贸市场升级改造即将完成，408座公厕新改建和2239座样板垃圾亭提标改造顺利竣工，“10分钟养老服务圈”“10分钟文化圈”“10分钟体育圈”基本建成。东西部扶贫协作和“五方挂钩”工作取得阶段性成效。星级美好社区和美好指数体系建设加快构建，网格化治理模式创新推进，建成区城市运行联动指挥中心，成功创建第三批全国社区治理和服务创新实验区。平安姑苏、法治姑苏建设扎实推进，治安、刑事案件大幅下降，扫黑除恶专项斗争实现“治根”“治本”。军民融合发展深入推进，实现省双拥模范区“七连冠”，获全省唯一“全面停止军队有偿服务工作先进单位”国家级荣誉称号。五是党的建设开创新局面。深入开展“两学一做”学习教育和“不忘初心、牢记使命”主题教育，政治意识和政治规矩不断强化。推进党建引领服务中心任务“一线争先，一体行动”，率先推动“行动支部”建设，建成区级理想信念空间、党史陈列展示馆和一批基层初心驿站，基层党组织的组织力有效提升。完善干部综合分析研判体系，围绕攻坚落实创新要求出台干部队伍建设专门意见，深入实施“三个一线”工程，年轻干部锻炼培养力度不断加大。自觉主动接受省委第八巡视组开展巡视，大力推动形式主义、官僚主义集中整治，健全完善鼓励激励、容错纠错、能上能下“三项机制”，制定出台“1+4+N”年度综合考核系列文件，常态化开展“姑苏好干部”评定，党员干部干事创业精气神有效提振。

二、攻坚克难承压奋进，今年经济社会发展取得来之不易成绩

今年是“十三五”规划收官之年。区委常委会在以习近平同志为核心的党中央坚强领导下，认真落实省委、市委的决策部署，坚持观大势、聚合力、作表率，主动适应国内外疫情防控和经济运行新形势，在准确识变、科学应变、主动求变中战胜挑战、化危为机，全区经济社会发展交出来之不易的成绩单。全年预计实现地区生产总值802亿元，同比增长0.1%；预计实现一般公共预算收入63.8亿元，同比增长0.3%；预计实现固定资产投资237亿元，同比增长0.1%。重点突出以下几个方面：突出坚决维护核心。区委常委会召开44次会议第一时间传达学习习近平总书记重要讲话精神和最新指示批示，持续兴起全区学习宣传贯彻党的十九届五中全会精神热潮，组织各级中心组专题学习50次，开展宣讲40场，覆盖3600余人次。一体推进《习近平谈治国理政（第三卷）》和“四史”学习教育，真正以党的创新理论滋养初心、引领使命。突出落实重点任务。深入贯彻习近平总书记视察江苏重要讲话指示精神，按照市委提出的“践行总书记‘勾画现代化目标’殷殷嘱托，努力建设社会主义现代化强市”的部署要求和省委常委、市委书记许昆林调研姑苏区的具体要求，先后赴上海、广东等地区考察学习、开拓思路，研究制定历史文化名城保护“十四五”规划和姑苏区古城保护与更新三年行动计划，召开专题会议部署推进10余项重点工作，一批难点问题集中攻克。突出科学精准防控。按照“外防输入、内防反弹”要求，深化落实“大数据+网格化+铁脚板”工作机制，创新实施“小区严封闭、片区大包围”，做实联防联控、群防群控。集中隔离点建设、入境人员接驳转运、进口冷链食品监管、防控应急演练、防疫物资储备等工作有力有序，保持患者零病亡、医护零感染，疫情防控工作取得阶段性成果。企业复工复产有序推进，专业市场、商贸、餐饮等服务业在全市率先恢复营业。突出全力冲刺收官。在今年受疫情影响全区经济下行压力加大的背景下，扎实做好“六稳”工作，全面落实“六保”任务，建立全区经济运行协调保障机制和区、街道挂钩联系制度，主动出招、挖掘潜力，加快主要经济指标的企稳回升。加大助企纾困政策力度，常态化开展重点企业走访，逐步恢复市场主体信心，累计为中小企业和个体工商户减免租金和兑现扶持近2亿元。突出主动谋划对接。把加强顶层设计和坚持问计于民统一起来，精心编制好区“十四五”规划纲要，围绕全区发展定位等重点问题深入调研、反复论证，召开12次会议征求各方面意见和建议120条。加速融入长三角一体化发展等国家战略，加快学习、对接、服务、融入上海，以上海黄浦区为主要对标借鉴对象，积极顺应“沪苏同城化”发展趋势，喜马拉雅、中联投等4个沪苏合作项目正式落地，各条线、各街道常态化交流合作机制初步构建，为未来五年发展开好局、起好步厘清思路、奠定基础。

一年来，区委常委会统筹改革发展稳定各方面工作，注重分析新形势、研究新情况、解决新问题，主要做了以下工作：

一是在保护更新中持续彰显古城魅力。政策支撑日益完善，启动分区规划和城市更新规划研究，历史城区保护补偿补助工作指导意见制定出台，与国家开发银行在城市更新等方面开展金融合作，姑苏古城保护与发展基金首期募资14亿元。完成19

类4000余个保护对象首次普查工作，首份名录正式形成。重点工程加快推进，平江片区重点功能区保护修缮进展迅速，完成钱伯煊故居等19处院落收储，一期总搬迁率达84%，32号街坊第三期搬迁正式启动，大成殿古城保护展示馆顺利竣工。启动名人故居名录梳理，完成陶氏宅院、曹沧州祠等古建老宅保护修缮工程。文化旅游深度融合发展，大运河文化带姑苏段建设加快推进，"姑苏运河文化节"系列民俗活动成功举办，古城文化魅力持续彰显。

二是在转型升级中稳步提升发展质效。着力促投资，桃花坞等36个省、市、区三级重点项目有序推进，区级项目储备达220个。举办线上线下招商推介，中建科工、中信出版、京东智联云、比特大陆等企业成功落地，阿里本地生活、腾讯文娱等项目正式启动，新增500万元以上规模型企业同比增长42.1%。着力促消费，依托"双12苏州购物节""姑苏八点半"活动效应，主要商业体销售额较去年同期增长迅猛，观前商圈获评省级夜间文旅消费集聚区。着力促转型，制定出台全区文化产业发展三年行动计划，15个产业园完成改造升级。北部经济区"一区四园"规划落地，数字经济、信创产业有力推进，载体建设势头良好，累计引进企业110家，总注册资本23.1亿元，其中1亿元以上企业6家。着力优环境，在全市率先成立区级营商服务中心，构建"直通车、联动轴、服务网"三级服务闭环机制，在23个产业园创新提供"全链式"审批服务1000余次，民营企业家沙龙反映问题解决率实现100%，实现省"质量奖"企业和国家知识产权优势企业"零的突破"。高层次人才礼遇暂行办法正式出台，全年新增人才落户2679人，入选省乡土人才"三带"计划30人，市级人才计划163人。

三是在攻坚克难中全面优化城市形象。自11月中旬开始，大力开展"靓丽姑苏"违法建设专项治理，以"一环三路两片区"沿线周边和全区重点工程项目为试点，拆除小园楼、西北街等区域违法建设9.3万平方米。征收搬迁成效显著，62个项目实现清零，其中虎殿路、西巴里地块、自由村等5年以上项目清零35个，实现交地3300亩，比上年增长108%，超额完成2000亩年度目标任务，项目清零数量和交地亩数均创历史新高。城市风貌持续优化，绿化景观提升工作三年行动计划加快实施，里河片等5个老旧片区"优+"工程全部完成，十全河等5条河道背街水巷面貌明显改善，170余条街巷完成架空线整治。垃圾分类有序实施，"三定一督"小区覆盖率达100%，21个厨余垃圾终端处置点建成投用。全力以赴打赢蓝天、碧水、净土保卫战，空气质量首次达到国家Ⅱ级标准，省考断面优III比例达100%，中央、省环保督察交办信访件全部办结销号。

四是在固本强基中均衡发展民生事业。就业形势平稳向好，全年新增就业岗位5.8万个，大学生就业1.6万人，援助困难群体就业3995人。社会保障有力落实，全年新增参保8.3万人，困难群体做到应保尽保。公共服务持续做优，江乾路小学等10所学校开工建设，公办小学集团化办学实现全域覆盖。新建、改扩建5家社区卫生服务机构、8家综合为老服务中心、8个日间照料中心和50个社区助餐点。惠民实事有序推进，17个农贸市场改造完成，40个"智慧菜篮子"社区服务网点投入运营，23座公厕实施改建维护，首批55个惠民"平价菜摊""1元菜""特价菜"投放力度不断加大。以推进省级食品安全示范区建设为抓手，优化食品安全监管模式，凤凰街等重点区域明厨亮灶率达100%。

五是在多元共治中保持社会大局稳定。基层"三整合"改革顺利完成，统筹街道党政机构和所属事业单位职责，综合设置9个职能机构，属地管理主体责任和配合责任清单制定出台。围绕"五个一点"推出社区"美好指数"，社区治理和服务创新"六项能力"明显加强。区级城市运行联动指挥平台正式启用，建立民生小事快速处置机制。区法院、区检察院主动服务和保障全区经济社会发展大局，圆满通过“七五”普法终期评估验收，全面依法治区扎实推进。中央扫黑除恶督导“回头看”反馈意见整改和“六清”行动扎实开展，社会治安整治专项行动卓有成效，信访形势整体平稳。双拥工作成效显著，“心心向戎”退役军人工作品牌持续深化。围绕房屋安全、火灾防控等18个行业领域，深入开展安全生产专项整治，集中消除德合水果市场等114处重大隐患，安全隐患整改率达100%。第七次全国人口普查工作有序推进，摸底登记核查工作全面完成。

六是在全面从严中不断加强党的建设。严格落实意识形态工作责任制，社科类社会组织意识形态工作逐步健全。区级新时代文明实践中心和融媒体中心建成运行。启动火红年代干事创业主题奋斗年，5大类43个项目全部完成，干事创业激情不断激发。基层党建全面加强，社区“两委”集中换届规范有序开展，22个先锋社区、26个规范化社区、15个产业园党建示范点完成建设，8个软弱涣散党组织全部整顿到位。监督执纪精准有效，省委巡视反馈问题得到全面整改，开展3轮常规巡察和1轮危化品安全生产专项巡察，做到重点领域专项和协同监督全覆盖。作风建设持续巩固，城市社区“廉网”工程和“姑苏廉洁文化生态圈”加快推进。截至目前，运用监督执纪“四种形态”处理314人次，其中第一、第二种形态278人次，占比88.5%。“惩腐筑廉”行动持续深化，共立案119件119人，涉及科级干部12件12人，采取留置措施7人，移送司法机关13人，给予党纪政务处分99人，挽回经济损失586.2万元。

按照地方党委开展“一报告两评议”工作要求，在此专门报告一年来干部选拔任用工作情况。2020年，区委紧扣中心工作，加强干部综合分析研判力度，不断规范领导干部和公务员管理，启动“三个一线”工程暨百名干部实践锻炼计划，深入开展对标借鉴上海黄浦区、传承弘扬苏州“三大法宝”专项实践锻炼，创新推进“学习星期六”姑苏干部能力提升计划，统筹调训208名干部，不断提升干部政治素养和专业能力。全年共召开干部人事调整事项会议15次，涉及干部486人次，平级重用8人，提拔131人，晋升职级44人，平级交流82人次。

这些成绩是在新冠肺炎疫情和外部宏观形势错综复杂、发展任务异常繁重的情况下取得的，实属来之不易，令人鼓舞。全区各部门、各单位、各方面都为此付出了艰辛努力。一年来，区委常委会高度重视自身建设，严守党的政治纪律和政治规矩，深入开展调查研究，坚持集体学习制度，不断增强“四个意识”、坚定“四个自信”、坚决做到“两个维护”，区委全面领导能力进一步提高。区委领导体制和工作机制不断完善，区人大及其常委会积极履职尽责，围绕全区中心工作深入开展调研，在全市率先对优化营商环境专项工作开展评议。区政府严格按照区委决策部署要求，狠抓各项工作落实落地。区政协紧扣全区发展大局，全面开展“有事好商量”协商议事工作，推动政协协商与基层协商有效衔接，获得省政协主要领导批示肯定。区委统战部完善大统战工作格局，创新打造“同心”服务联盟项目，“石榴籽工程”获评全省统战工作实践创新成果。工会、共青团、妇联等群团组织的桥梁纽带作用充分展现，区工商联连续五年获评全国“五好”工商联。党管武装水平进一步提高。全区广大党员干部职工以“功成不必在我”的精神境界和“功成必定有我”的使命担当，在统筹推进常态化疫情防控和经济社会发展“双胜利”中做出积极贡献。在此，我代表区委常委会，向在座的同志们和全区广大党员干部群众致以衷心的感谢和崇高的敬意！

### 三、聚势谋远务实笃行，谱写姑苏区“十四五”发展新篇章

党的十九届五中全会将“十四五”规划与二〇三五年远景目标统筹考虑，描绘了我国进入新发展阶段的宏伟蓝图。党的十九届五中全会闭幕

不久，习近平总书记视察江苏并做出一系列重要指示，为我们谋划“十四五”发展提供了强大的思想武器和行动指南。省委全会对学习贯彻工作做出了全面系统的部署，指出总书记为我们描绘的“强富美高”宏伟蓝图是管根本、管全局、管长远的，在实现第一个百年奋斗目标阶段，集中体现在高水平全面建成小康社会上；步入实现第二个百年奋斗目标的新阶段，则要体现在“争当表率、争做示范、走在前列”上。这是我们推进现代化建设的总纲领、总命题、总要求，是谋划未来发展的重大战略指引和根本行动遵循。省委希望苏州把“可以勾画”的目标真实展现出来，打造向世界展示社会主义现代化的“最美窗口”。市委全会明确提出要勇当“争当表率、争做示范、走在前列”时代先锋，奋力开启社会主义现代化强市建设崭新篇章。我们要按照中央和省委、市委的最新要求，以“争当表率、争做示范、走在前列”的实际行动，奋力打造苏州“最美窗口”中的“最靓景致”，谱写“十四五”时期姑苏发展的崭新篇章。

纵观大势，我们面临的机遇千载难逢，不容错失。党的十九届五中全会深入分析了当前和今后一个时期我国发展环境面临的深刻复杂变化，提出要“统筹中华民族伟大复兴战略全局和世界百年未有之大变局”，做出了“我国发展仍然处于重要战略机遇期”的重大判断。习近平总书记视察江苏时强调，要全面把握新发展阶段的新任务新要求，坚定不移贯彻新发展理念、构建新发展格局。我们要深刻认识到，大变局势必带来大变革，大变革必然孕育大机遇。党的十八大以来，习近平总书记多次强调文化自信的重要性，对历史文化遗产保护提出一系列重要指示批示，中央和省委、市委也对文化建设高度重视、大力支持，这为我们加快建设历史文化名城保护示范区带来了更多机遇；当前长三角一体化发展、“一带一路”、长江经济带等国家战略和大运河文化带建设等重大工程的推进，为我们在更大范围内整合高端要素资源创造了更多有利条件；在“双循环”新发展格局下，中央坚持扩大内需的这一战略基点也为姑苏区旅游、商贸、批发零售等优势行业提供了更多政策利好；文化强国、教育强国、健康中国等远景战略目标的提出，为姑苏区文化、教育、医疗等特色领域指明了更多发展路径。姑苏正临破局之机、正当开局之时，只要我们牢牢抓住发展主动权，强化机遇意识用好有利条件和积极因素，形成最强比较优势，未来五年必将成为姑苏大有可为的黄金发展期。

放眼未来，我们担负的使命光荣艰巨，不容退让。市委对姑苏的发展高度关注、倾力支持。省委常委、市委书记许昆林多次调研姑苏工作，反复强调要把传承保护古城、提升城市风貌、擦亮文化名片作为重中之重。苏州市“十四五”时期经济社会发展主要目标明确了基本建成国家历史文化保护示范区的重大任务，体现了市委对姑苏的殷切期许。我们要深刻认识到，期望带来了更高的要求，关心代表着更大的鞭策。推动党的十九届五中全会和习近平总书记视察江苏重要讲话指示精神落地生根，对姑苏而言，就是要坚决扛起“硬核”担当，把高标准、高质量、可持续要求贯穿历史文化名城保护和更新全过程，用精品思维和“绣花”功夫建成品质高、产业强、环境优、人文兴的魅力古城，使产业跟上发展需要、环境满足人民期待、风貌匹配城市气质，加快展现具有鲜明姑苏特点的社会主义现代化现实模样。

审视自身，我们面临的问题客观存在，不容回避。经过“十三五”时期的不懈奋斗，姑苏各方面发展取得了长足进步，但古城整体保护的成效还不够显著，优质历史文化资源的利用转化还不够充分；经济总量小、发展基础弱、产业层次低的基本面还没有彻底改变，主要经济指标增速在全市排名靠后；群众关心的民生问题尚未得到根本解决，体制机制不畅、空间资源不足、人口结构不优等瓶颈制约亟待破题。我们要深刻认识到，弱项背后是增长潜力，短板意味着提升空间。要始终坚持问题导向、目标导向和效果导向，向创新要动力，以改革激活力，深化与各兄弟县级市（区）的实质性合作，全面对标上海、深圳、南京、杭州等先进城市，尤其是学习借鉴同为中心城区的上海黄浦区在传统商业转型、新经济新业态导入、历史建筑保护更新等方面的成功经验，精准做好两地资源嫁接、优势互补，进一步拉长长板、筑牢底板、补齐短板，推动各方面工作全面进步、全面过硬。

“十四五”时期是我国全面建成小康社会、实现第一个百年奋斗目标之后，乘势而上开启全面建设社会主义现代化国家新征程、向第二个百年奋斗目标进军的第一个五年。姑苏“十四五”时期发展要紧紧围绕习近平总书记描绘的总目标、总任务奋斗前行，严格贯彻落实国家和省、市“十四五”规划要求，按照市委提出的“创新之城、开放之城、长三角重要中心城市、人文之城、生态之城、宜居之城、善治之城”的最新要求，重点向三个方面目标迈进。一是立足优势、融入大局，打造高质量核心功能城区。“文化强区”全面建成，文化产业成为支柱产业，文化软实力和贡献度大幅提升，“江南文化”品牌标识度充分彰显，大运河文化带姑苏段成为“最最精华的一段”，以文化人、以文兴城作用充分发挥，加快建设更高水平的人文城区。服务功能充分发挥，全面对接长三角一体化发展、“一带一路”、长江经济带等国家战略，积极顺应“沪苏同城化”发展趋势，教育、医疗、商业、交通等配套有力服务全市发展，现代服务业助力“苏州制造”的功能有效发挥。综合实力显著增强，产业层次和能级持续提升，营商环境实现最优，以北部经济区为新增长极，数字经济等新业态新模式培育壮大，观前、石路、南门三大商圈实现特色化跨越发展，消费环境达到国内领先水平。二是景城一体、文旅融合，打造高标准全域旅游城区。围绕苏州市建设世界级旅游景区和世界旅游目的地城市的目标，“大景区”管理模式成功打造，古城保护项目纵深推进，重点路段绿化美化提标升级，传统风貌肌理和街巷特色得到彰显，城区形象面貌和环境品质迈上更高台阶。以创建国家全域旅游示范区为引领，古城新城统一规划，城区景区一体布局，城市管理科学化、精细化、标准化、智能化水平显著提升。旅游供给实现更高质量，将“吃住行游购娱”六要素全方位融入景观营造、绿化提升、交通组织、消费场景、旅游产品、旅游线路中，旅游服务质量和专业化水平不断提升，姑苏旅游对外影响持续扩大，“东方水城”“人间天堂”金字招牌进一步擦亮。三是以人为本、共建共享，打造高品质宜居生活城区。公共服务均衡化基本实现，教育、医疗、养老、文化、体育和社会救助等公共服务体系更加健全，实现更加充分、更高质量就业，为民服务水平全面提升，建设更高水平的宜居城区，打造更具品质、更有温度、更富内涵的人民城市。社会治理现代化基本实现，党组织领导的自治、法治、德治相结合的基层治理体系基本形成，平安姑苏、法治姑苏建设深入推进，发展安全保障更加有力。生活环境舒适化基本实现，以“整洁一点、有趣一点、便利一点、温馨一点、安全一点”为特征的“美好社区”建设深入推进，老旧小区改造全部完成，存量违建全面清零，剩余城中村整治全面研究启动，群众获得感、幸福感、满意度更强。

## 四、高点定位全面推进，奋力实现“十四五”良好开局

明年是实施“十四五”规划、开启全面建设社会主义现代化国家新征程的第一年，也是我们党成立100周年。所有工作都要围绕开好局、起好步来展开。做好明年工作，必须以习近平新时代中国特色社会主义思想为指导，全面贯彻党的十九大和十九届二中、三中、四中、五中全会以及中央经济工作会议精神，落实省委十三届九次全会和市委十二届十一次全会部署要求，围绕“强富美高”总目标，

把握“争当表率、争做示范、走在前列”总要求，坚持稳中求进工作总基调，立足新发展阶段，贯彻新发展理念，构建新发展格局，以推动高质量发展为主题，以深化供给侧结构性改革为主线，以改革创新为根本动力，以满足人民日益增长的美好生活需要为根本目的，坚持系统观念，巩固拓展疫情防控和经济社会发展成果，更好统筹发展和安全，继续做好“六稳”工作、落实“六保”任务，努力保持经济运行在合理区间，积极顺应“沪苏同城化”发展趋势，高标准、高质量推动古城保护和更新工作取得新进步，加快实现古城全面振兴，确保“十四五”开好局，全面建设社会主义现代化起好步，以优异成绩庆祝中国共产党成立100周年。

区委、区政府考虑，明年经济社会发展主要预期目标是：地区生产总值增长6%以上，一般公共预算收入增长5%以上，全社会固定资产投资增长10%以上，社会消费品零售总额增长6%左右，城镇居民人均可支配收入高于地区生产总值增速。

做好明年工作，要立足全局、突出重点，着力抓好以下五个方面：

一要着力加快古城振兴新进程。把古城作为“大景区”来规划和建设，既要精心保护好，又要开发利用好，加快建设古今辉映的历史文化名城。做实体制机制保障。全力配合开展《苏州历史文化名城保护三年滚动计划》实施，加快制定分区规划和城市更新规划，出台实施《苏州古城传统民居保护修缮导则》等配套政策，开展国家文物保护利用示范区创建，保障历史街区更新、历史建筑活化利用等工作有序推进。大力引入社会力量参与古城保护，强化闲置资源的高效盘活和城市资产的整体运营，加快推动与国家开发银行等各类平台的实质性合作，用好姑苏古城保护与发展基金，探索项目带动、资本运作、多元保护的新模式。做优片区改造项目。坚持整体保护、全面保护的原则，加快推动平江片区重点功能区保护修缮、虎丘综改、七里山塘全线贯通进程。以32号街坊等片区改造为突破，明确特色主题，加快端善堂潘宅等首批10处名人故居腾迁和保护修缮工作。在完成保护对象普查的基础上，展示“三元坊”等一批古牌坊、古桥梁、古井等各类历史街区文化遗存。加快打造大儒巷、丁香巷等一批吴地水乡特色街巷，再现古城传统人文景致。做精江南文化品牌。按照全市“江南文化”品牌塑造三年行动计划的要求，加强水文化、园林文化等资源的挖掘、宣传和利用，不遗余力做好昆曲、评弹、苏工苏作等的保护传承，持续提升文化的受众面和滋养度。高标准推进大运河文化带建设，突出“运河十景”中“姑苏六景”的策划打造，推进“横塘驿站”规划建设进程，加强“枫桥夜泊”景区内容策划，联动开展运河两岸风貌综合整治提升，把大运河文化带姑苏段建设成为“最最精华的一段”。依托苏州国际设计周等知名文化展示品牌，吸引更多海内外艺术家、设计师集聚姑苏，助力打造独具东方文化魅力的世界设计之都。做靓文旅融合名片。紧扣“吃住行游购娱”六要素，加快国家全域旅游示范区创建，推动出台城市民宿相关政策，建设嘉佩乐、汇张思、姑苏小院等一批高端精品酒店，真正用苏式精致生活体验留住游客。做好景区内容“增值”文章，加快通过完善景点配套、开发文创产品、丰富运营内容，不断提升游客体验。保持高压整治旅游市场态势不放松，加快营造放心满意的旅游消费新环境。

二要着力增强经济发展新动能。坚持从供给侧和需求侧同向发力，用文化赋能优势产业，用科技迭代传统行业，力争区域经济发展取得新突破。推动支柱产业更具实力。贯彻落实好全市数字经济和数字化发展推进大会要求，推动中信出版集团长三角总部落地，加快与喜马拉雅、小红书、哔哩哔哩等互联网知名企业合作，推进动漫游戏、苏工苏作、街巷社区等5大领域的智能化改造和数字化转型，确保到明年年底全区文化产业贡献翻番。紧盯央企、沪企、上市公司和“瞪羚”企业，实施数字文化产业精准招商，确保全年引进重点数字文化企业或功能性总部不少于10家。出台特色产业园招商配套政策，重点引进一批专业服务企业，完善国资产业园招商运营考核一体化机制，支持民营产业园腾笼换凤，确保建成15个数字文创产业园。着力强化创新的核心地位和支撑作用，聚焦新技术、新产业、新业态、新模式，积极引链、强链、补链、扩链，推动北部经济区整体功能再提升、载体项目再提质、招引企业再提速，加快打造产业发展生态圈和姑苏经济贡献新增长级，确保全年引进总部类、行业领先型企业不少于10家，打造新兴产业集群1~2个。推动传统商圈更富特色。发挥好消费的基础性作用，放大“双12苏州购物节”“姑苏八点半”活动效应，加快三大传统商圈提档升级，建立夜间经济发展协调机制，全力构筑“消费福地”。突出传统风貌延续、老字号传承创新和中高端特色商贸集聚引流，进一步提升观前商圈商业氛围和消费体验，重点加强广告标牌亮化、配套设施完善、休憩场所建设，进一步调优商业业态、延长营业时间、重塑商业场景，将观前商圈打造成为全市商业标杆。以华贸中心开业运营为契机，全面实施石路商圈改造升级，整合盘活周边历史建筑和闲置载体资源，积极引进大品牌、大商业、大设计，进一步优化功能布局、提升整体档次，力争将石路商圈打造为古城区乃至全市最高端、消费力最强的商务商业区。加快南门商圈整体策划，实施水产市场搬迁，推动半导体总厂地块改造升级，依托金地中心等项目建设，积极招引一批首开店、旗舰店、“网红”店入驻，精心打造兼具文化特色和产出效益的现代化商圈。推动营商环境更加舒心。探索推进要素市场化改革，引导土地、劳动力、资本、技术等各类要素协同集聚。围绕企业用地难题，推动建立区级产业用地企业库，探索具有突破性、示范性的配套政策，助力企业打通发展瓶颈。健全各级领导挂钩联系重点项目协调推进制度，以足量的优质投资来优化产业结构、促进产业转型升级。深化行政审批制度改革，完善产业园“全链式”审批服务，提高企业注册、投融资和贸易等方面法治化和便利化水平。修订出台区领军人才、文化人才配套扶持保障和企业引才激励措施，完善人才乐居保障体系，吸引更多的人才落户姑苏，全力打造“创业者乐园，创新者天堂”。

三要着力实现人居环境新提升。立足现代元素与历史文化相融共生，不断推动城市空间拓展、品质提升和功能完善，加快打造更加宜居的魅力古城。城市管理突出常态长效。按照“分期推进、划片施治，治理一片、规范一片”的原则，推进违法建设专项治理，严格落实限期拆除，形成可防可控、零容忍、零增长的违法建设常态监管机制，确保明年年底累计完成拆除违法建设不少于20万平方米。建立“四类行业”综合整治“回头看”制度，加快开发常态化监管平台。继续打好污染防治攻坚战，系统提升水环境整体水平，实施重点河道沿岸环境整体治理，精准做好清淤排污和雨污分流，确保全区70%的河道达到高质量管护标准。绿化提升突出优质高效。以打造国内一流古城景观绿化为目标，组建绿化智库，聘请专业团队，紧密结合城区风貌和古典园林，完善城市绿地系统规划，高标准制定实施全区绿化景观提升工作三年行动计划。突出重要路段、重要节点、重要出入口，完成干将路等6条主次干道和西美巷等3个口袋公园的绿化建设，提高人民路等道路周边约70万平方米绿地的养护标准，加快打造一批体现苏州古城风貌、江南文化特点的绿化空间。项目推进突出有力见效。强势推进征收搬迁扫尾清零，全力保障桐泾路北延等市级重点工程建设，全年实现清零项目不少于30个，启动5年以上项目力争全部清零，交地不少于1500亩。落实好全市地下空间专项规划，统筹使用现有人防、轨道交通等地下空间，梳理利用零星地块，增设一批公建配套，完成100条道路架空线整治和入地工程，实现城市地下空间高效集约开发利用。交通整治突出工作实效。强化道路交通管理的现代化、人性化、智能化、精细化水平，深挖社会停车资源，推广错时停车共享，建立机关单位和背街小巷夜间开放停车模式，以智能化停车系统辅助解决停车难问题。加强市、区两级衔接，规划研究拓宽道路和疏通交通堵点的可行性办法，尽快打通“断头路”和“瓶颈路段”，有效提升城市的运转秩序和效率。

四要着力推动民生事业新进步。深入贯彻落实“人民城市人民建，人民城市为人民”理念，主动回应民生期盼、坚决兑现民生承诺，让人民群众获得感、幸福感、安全感更加充实、更有保障、更可持续。切实兜牢民生底线。更大力度实施就业优先政策，深化打造“乐业姑苏”品牌，强化失业状况动态监测分析，精准实施高校毕业生、退役军人等群体就业援助，确保全年新增就业岗位5万个，其中大学生就业岗位1万个，城镇失业人员再就业人数1万个。建立常态化、精准化企业用工服务渠道和重点企业专人联系制度，为劳动者提供“来苏首站，返乡末站”的闭环就业服务。完善社会保障制度，全年新增社保参保不少于6万人，实施低保专项治理，打好根治欠薪攻坚战，鼓励发展民间捐赠、慈善事业、志愿行动等方式济困扶弱。切实优化公共服务。全面提高教育品质，实施区级百年老校传承发展系列工程，完成胥台、平齐实验幼儿园建设，启动金星小学等5所学校建设，出台教师发展规划，优化集团化办学模式，争创省级义务教育优质均衡发展区。大力推进基层医疗体系建设，加快培育全科医生队伍，完成3家社区卫生服务机构提档升级。深化居家养老服务内涵，新建、改扩建8个综合为老服务中心，完成养老、托育健康服务综合体建设。切实办好为民实事。坚持把旧区改造作为最大的民生、最大的发展，全面研究推进剩余10个城中村的改造，积极破解政策、资金、房源、队伍等瓶颈，妥善处置历史遗留问题，对条件成熟的力争早启动、早见效。积极实施危旧房改造，推动钟楼新村等危房解危工程取得实质性进展。做好既有多层住宅增设电梯工作，进一步改善人民群众的居住条件和生活环境。完成10个农贸市场全面改造，实现惠民“平价菜摊”“全覆盖、可持续、保重点”目标。依托省级食品安全示范区建设，加压开展食品安全放心工程“十大攻坚行动”，加大生猪保供力度，让百姓的“菜篮子”“米袋子”“果盘子”放心有保障。加快“厕所革命”进程，打造一批设施齐全、功能完备的一类及以上公厕。加强农村“三资”管理，促进村级集体经济持续健康发展。

五要着力构建社会治理新体系。按照共建共治共享的理念，不断提升行政效率，健全防范化解重大风险体制机制，加快推进社会治理体系和治理能力现代化。加快基层社会治理创新。按照“五个一点”的要求，深入推进“美好社区”建设，打造一批社区治理和服务创新工程，建设一批特色文化品牌社区和服务集成示范社区。健全社区工作者激励保障机制，不断完善社区工作者职业体系。全面推进市域社会治理现代化试点工作，深化基层网格化治理，建强区联动指挥中心和街道联动分中心，打造“管用网格”“多维网格”“智慧网格”，真正实现“第一时间发现问题、最快速度解决问题”。加快智慧城市建设进程。围绕“一网通用”“一网通办”“一网统管”目标，加快5G、物联网、大数据中心等新型基础设施建设。加强政务信息资源汇聚管理，推动重点领域公共数据开放和应用创新，推进区级城市生活服务总入口研发上线，优化城市运行指挥平台，通过大数据、云计算、人工智能等技术推动城市管理手段、管理模式、管理理念创新，从数字化到智能化再到智慧化，让城市更聪明一些、更智慧一些。加快平安法治姑苏建设。始终把维护国家政治安全放在首位，筑牢人民安全防线，严厉打击各类违法犯罪活动，加强矛盾纠纷排查化解，确保社会大局安定有序。树立全生命周期管理理念，落实常态化疫情防控举措，毫不松懈抓好“外防输入、内防反弹”各项工作，不断加强基层公共卫生体系建设。扎实推进全面依法治区，积极谋划“八五”普法开局。全面落实安全生产“三年大灶”专项行动任务，做好消防安全各项工作，提升安全生产监管和应急救援能力，坚决防范遏制重特大安全事故发生，助力苏州争创省级安全发展示范城市。

五、坚持全面从严治党，为推动姑苏高质量发展提供坚强政治保证

实现“十四五”时期顺利开局起步必须坚持党的全面领导，认真落实新时代党的建设总要求，充分调动一切积极因素，广泛团结一切可以团结的力量，形成推动发展的强大合力。

一要以铸魂补钙强身为根本坚定政治信仰。坚持“知其然、知其所以然、知其所以必然”，更加深入地学习贯彻习近平新时代中国特色社会主义思想，更加彻底地用新思想解放思想、统一思想，切实解决“理解不深入、行动跟不上、落实缺乏创造性”的问题。完善区委常委会、中心组常态化集体学习制度，持续深入研学体悟党的十九届五中全会精神和习近平总书记视察江苏重要讲话指示精神。广泛开展“四史”学习教育，深入挖掘开发红色教育资源，精心策划庆祝中国共产党成立100周年活动。牢牢把握意识形态工作主导权、主动权，常态化开展意识形态责任制专项检查，严格落实网络意识形态和网络安全工作责任制。

二要以党的全面领导为统领凝聚多方共识。完善党委研究经济社会发展战略、定期分析经济形势、研究重大方针政策的工作机制。充分发挥党委总揽全局、协调各方的领导核心作用，支持人大及其常委会依法行使职权，支持政府依法行政，支持区政协围绕团结和民主两大主题履行职能。鼓励引导各民主党派、工商联、无党派人士等更多参与全区中心工作，统筹做好民族、宗教、侨务等工作，更好地发挥工会、共青团、妇联等群团组织和各类社会组织的桥梁纽带作用。用心用情做好老干部工作。加强党管武装和双拥共建工作，争创省双拥模范区“八连冠”。

三要以攻坚落实创新为导向锻造干部队伍。按照习近平总书记提出的“七种能力”要求，加快构建“361”立体化知事识人体系，提升选人用人科学化、精准化水平。常态化开展主题奋斗年，深化“学习星期六”品牌打造，持续开展“三个一线”工程挂职和对标借鉴专项实践，实施年轻干部精准式培养，举办第1期“青苗班”。发挥好综合考核“指挥棒”作用，研究出台“四个挂钩”运用实施办法，坚持考人与考事相结合，平时考核与综合考核同步开展，以工作考绩推动发展增效。

四要以夯实基层基础为重心构筑战斗堡垒。深化推进党建引领服务中心任务“一线争先，一体行动”，发挥基层党组织“主轴”效应，加强“行动支部”建设，提升党建服务实体经济和产业发展水平。完善城市基层党建整体提升计划，高标准建设“海棠花红”先锋阵地，启用区级党群服务中心，加快打造全区党员干部的精神地标。高质量完成社区“两委”集中换届，选优配强基层党组织带头人，健全“区街共管”机制，持续推进基层党组织标准化、规范化建设。

五要以正风肃纪反腐为保障净化政治生态。紧盯“关键少数”，督促“一把手”发挥好率先垂范的“头雁效应”，持续推进定责、履责、考责、问责，促进管党治党主体责任、监督责任和职能部门监管责任贯通联动、一体落实。用好省、市、区履责记实平台和市“衡镜”政治生态监测系统，加强政治生态的动态监测和分析研判。构建一体推进“三不”的有效机制，围绕重点工作强化监督执纪。实现该届区委巡察工作全覆盖，扎实做好“后半篇文章”。推动形式主义、官僚主义问题整改工作制度化、常态化，严防“基层减负年”已整改问题反弹回潮。深化城市社区党风廉政标准化建设，提升“姑苏廉石”廉

洁文化品牌影响力,持续巩固发展风清气正的良好政治生态。

同志们,让我们更加紧密地团结在以习近平同志为核心的党中央周围,在习近平新时代中国特色社会主义思想指导下,在中央和省委、市委的坚强领导下,知重负重敢争先,勇担使命不畏难,为苏州在全面建设社会主义现代化新征程中走在前列,在"强富美高"新江苏建设再出发中争做先行者排头兵做出新的更大贡献,以优异成绩庆祝中国共产党成立100周年!

# 政府工作报告

## ——2021年1月13日在区二届人大五次会议上

代区长　沈志栋

各位代表:

现在,我代表姑苏区人民政府,向大会报告工作,请予审议,并请区政协各位委员和其他列席人员提出意见。

### 一、"十三五"时期和2020年工作回顾

"十三五"时期,区政府坚持以习近平新时代中国特色社会主义思想为指导,在区委的正确领导和区人大、政协的监督支持下,紧紧围绕打造历史文化名城"硬核"目标砥砺前行,古城保护切实加强,区域经济平稳发展,改革创新深入推进,人民生活日益改善,较好地完成了"十三五"主要目标任务,为未来发展打下良好基础。

五年来,我们聚焦有机更新,古城保护持续推进。古城保护体系不断完善,推动出台《苏州国家历史文化名城保护条例》等地方性法规,完成古城54个街坊控规修编和40个街坊城市设计,建成古城保护和管理大数据中心。虎丘综改、桃花坞等项目有力推进,历史文化名城保护和提升六大工程深入实施,平江片区重点功能区保护修缮全面启动。文旅融合品牌持续擦亮,"非遗三部曲"原创舞蹈连续三届获省"五星工程奖",新增省级非遗代表性项目3项、代表性传承人7人,园林版浸入式昆曲《浮生六记》享誉中外,观前街获评首批省老字号集聚街区。有效净化旅游市场秩序,打造双塔市集等一批"打卡"胜地,获评省级全域旅游示范区。

五年来,我们调优产业结构,发展质效稳步提升。主要指标稳中有进,全区地区生产总值累计完成3656亿元,年均增长5.8%;一般公共预算收入累计完成290.7亿元,年均增长1.5%;全社会固定资产投资、社会消费品零售总额较"十二五"时期分别增长35.1%和24.2%,服务业增加值占地区生产总值比重达93.1%。产业能级有力提升,全区产业空间布局规划制定实施,8个重点示范产业园成功打造,新增6幢亿元楼宇。招商引资成效显著,华贸中心等一批重点项目落地集聚,拥有国家高新技术企业96家,累计新增注册资本500万元以上企业1.4万家,引进总部型企业20家。顺利举办3届苏州国际设计周,推出"繁华姑苏"特色IP,获评"国家文化新经济开发标准试验区""中国商旅文产业发展示范区"。人才战略深入实施,新增省双创人才2人、市姑苏领军人才11人、重点产业紧缺人才340人。

五年来,我们深化改革创新,内生动力日益增强。古城保护体制机制进一步理顺,有序承接67项市级行政权力,调整完善区、街两级机构职能,新设5个历史文化片区管理办公室,率先在全省市辖区层面推进综合行政执法体制改革,8个领域460

项行政处罚事项和14项行政强制措施相对集中。稳步深化“放管服”改革，权力清单制度有力推进，加快融入长三角政务服务“一网通办”和江苏政务服务“一张网”，“互联网+政务服务”向基层延伸。教育、环卫、医疗卫生体制改革持续深化。深入推进供给侧结构性改革，完成214家企业落后产能去化。强化政府债务风险预警管理，政府债务规模由“十二五”末的9.69亿元压降至4.87亿元。

五年来，我们统筹城市建管，人居环境显著改善。全力奋战“两扫”“两小”行动，主要路段常态化达到“可席地而坐”标准，完成201个老旧小区、200条背街小巷、77个城中村环境提优，累计完成175个征收（拆迁）项目，腾退土地9125亩。实施危旧房解危改造、居民家庭改厕扫尾、老住宅小区综合整治，完成57条道路维修，主次干道架空线入地率达77%。全面开展“263”“331”“四类行业”综合整治等行动，小餐饮行业等环境顽疾得到有效治理。生态环境持续改善，PM2.5指标值、优良空气达标率、水环境质量、主要污染物排放削减率等约束性指标全部达到省、市考核要求。安全生产形势持续稳定，实现生产安全事故起数和死亡人数“双下降”。文明城市创建顺利通过复评验收，助力苏州市蝉联全国文明城市荣誉称号。

五年来，我们增进民生福祉，社会事业快速发展。累计新增就业岗位33万个，城镇居民人均可支配收入达6.6万元。按照“五个一批”要求，完成38个农贸市场提档升级，新建社区“智慧菜篮子”运营网点200处。持续完善学前教育和小学教育体系，建成小学、幼儿园14所，有力推进民办园转公办园和普惠园，10个教育集团组建完成，获评“全国义务教育发展基本均衡区”“全国社区教育示范区”。养老服务体系日趋完善，80周岁以上老人“家庭医生”签约“愿签尽签”，“虚拟养老”模式在全国推广。城市社区文体活动设施实现全覆盖，“10分钟文化圈”“10分钟体育圈”全面建成。军民融合发展深入推进，实现省双拥模范区“七连冠”，获全省唯一“全面停止军队有偿服务工作先进单位”国家级荣誉称号。基层社会治理创新发展，网格化治理模式初见成效，成功创建全国社区治理和服务创新实验区。组织实施第四次全国经济普查和第七次全国人口普查两大国情国力调查。推进东西部扶贫协作和南北挂钩工作，助力贵州铜仁江口县脱贫出列。

各位代表，2020年是“十三五”规划收官之年。去年以来，面对国内外疫情防控和经济运行新形势，全区上下深入贯彻落实党的十九大和十九届二中、三中、四中、五中全会及习近平总书记系列重要讲话精神，认真落实省委、市委、区委决策部署，主动适应经济发展新常态，统筹做好稳增长、促改革、调结构、惠民生、防风险各项工作，较好地完成了既定目标任务。

1. 坚持慎终如始，疫情防线扎实筑牢。始终把人民群众生命安全和身体健康摆在最核心位置，疫情防控扎实开展。截至目前，姑苏区连续337天无新增病例报告，报告病例全部治愈出院。成立疫情防控领导小组和指挥部，贯彻“外防输入、内防反弹”工作要求，深化落实“大数据+网格化+铁脚板”机制，严把汽车站、火车站等交通防疫卡口，严守大包围片区，严管封闭小区，积极构建联防联控、群防群治的严密防线。突出科学精准防控，入境人员接驳转运、进口冷链食品监管、集中隔离点建设、防疫物资储备等工作有力开展。组织开展疫情防控应急演练80余次，突发性公共卫生事件应急处置能力切实提升。大力推动复工复业，有效落实“苏惠十条”“服务业惠十条”等政策，常态化开展重点企业走访，市场主体信心恢复提振，累计为中小企业、个体工商户减免租金和兑现扶持近2亿元。

2. 坚持规划引领，古城保护步伐加快。首次开展分区规划暨城市更新规划，区历史文化名城保护“十四五”规划编制总体完成，历史城区保护补偿补助工作指导意见制定出台，观前地区管理办法启动修订。完成首次19类4000多个保护对象普查，梳理发布首份保护名录。平江片区重点功能区保护修缮进展迅速，完成20处院落收储，一期搬迁率达87%，大成殿古城保护展示馆主体建设全部完成，中张家巷河道恢复及景观提升工程全面竣工。正式承接文物保护修缮审批，完成横塘驿站、中张家巷29号修缮保护，启动名人故居梳理，完成陶氏宅院、曹沧州祠等古建老宅保护修缮工程。创新设立姑苏古城保护与发展基金，首期募资14亿元。项目化推进大运河文化带建设，10条夜游、研学游等文旅融合精品线路反响热烈，古城文化特色和魅力不断彰显。

3. 坚持创新增效，经济运行持续复苏。扎实做好“六稳”工作，全面落实“六保”任务，推动主要指标企稳回升，全年预计完成地区生产总值802亿元，增长0.1%；实现一般公共预算收入63.8亿元，增长0.3%；预计完成全社会固定资产投资237亿元，增长0.1%；预计实现社会消费品零售总额822亿元。积极融入长三角一体化发展国家战略，主动顺应“沪苏同城化”发展趋势，喜马拉雅等4个沪苏合作项目正式落地。5大类36个重点项目顺利实施，区级项目储备达220个。举办线上线下招商推介，中建科工、中信出版、腾讯文娱等企业和项目成功落地。先行启动“姑苏八点半”夜经济工作，精心推出碧凤坊美食广场、潮流市集等52个项目，全面推广“线下购物无理由退货”制度，持续推进“双12苏州购物节”，主要景点、街区人流量和主力商场营业额显著回升。文化产业加快布局，制定出台全区文化产业发展三年行动计划，蓝·SPORT、星辉1976等15个产业园完成改造升级。北部经济区创新发展正式启动，围绕数字经济、信创产业等领域累计引进企业110家，总注册资本23.1亿元，其中亿元以上企业6家。营商环境持续优化，出台实施区级优化营商环境创新行动2020和规范政商交往“10+10”清单，设立全市首个区级营商环境服务中心，举办4期企业家沙龙活动。构建姑苏高层次人才礼遇体系，入选市级人才计划163人。

4. 坚持重点突破，城市面貌显著改善。以“一环三路两片区”沿线周边和全区重点工程项目为试点，大力开展“靓丽姑苏”违建专项治理，累计拆除违建10.3万平方米。里河片等5个老旧片区“优+”工程、十全河等5条河道综合整治全部完成。垃圾分类全面铺开，21个厨余垃圾处置点建成使用，“三定一督”小区覆盖率达100%。全力攻坚征收扫尾，62个项目实现清零，其中西巴里北等5年以上项目清零35个，完成交地超3300亩，项目清零数量和交地亩数均创历史新高。以18个行业领域为重点，深入推进安全生产专项整治行动，集中消除德合水果市场、相王弄等114处重大隐患。全面打赢蓝天、碧水、净土保卫战，空气质量首次达到国家Ⅱ级标准，省考断面水质优Ⅲ比例和水功能区达标率均达100%，中央、省环保督察交办信访件全部办结销号。

5. 坚持惠民利民，社会事业不断进步。坚持保就业、保基本民生、保市场主体，新增就业岗位5.8万个，其中大学生就业岗位1.6万个，援助困难群体就业岗位3995个，支持成功自主创业2389人，退役军人就业率实现100%。积极落实稳岗减负政策，减免社会保险费33.1亿元，惠及企业3.6万余家、参保人员38万余人。江乾路小学等10所学校开工建设，建成劳动路实验小学、沧浪新城第四实验小学。新建、改扩建社区卫生服务机构5家和综合为老服务中心8家，新增日间照料中心8个、助餐点50个，“10分钟养老服务圈”构建完成。惠民实事有序推进，17个农贸市场改造完成，40处“智慧菜篮子”社区服务网点投入运营，全区23个农贸市场设置“平价菜摊”。全力打造省级食品示范城市，学校食堂等重点区域明厨亮灶率达100%。创新社会治理机制，区级城市运行联动指挥平台正式启用，建立民生小事快速处置机制，深入开展社区治理与服务创新发展五大行动，创新推出社区“美好指数”，22

个先锋社区、26个规范化社区完成建设，规范有序开展社区“两委”换届。深化依法治区实践，推动全区信访维稳工作关口前移，被国家信访局评为“三无”县（市、区）。平安姑苏建设成效显著，群众安全感达99%，位列全市第二。

6.坚持对标对表，自身建设持续加强。持续推动全面从严治党向纵深发展，严格落实意识形态工作责任制，积极投身“硬核”姑苏火红年代干事创业主题奋斗年，干事创业精气神得到有力提振。基层“三整合”改革初显成效，“集中高效审批、强化监管服务、综合行政执法”的治理架构基本建成。扎实推进依法行政，自觉接受区人大及其常委会的法律监督和区政协的民主监督，全年办理人大代表建议149件、政协提案303件，满意率达100%。编制2020年度区级重大行政决策目录，20个重大行政决策项目实行全程网上公开运行。落实“谁执法谁普法”普法责任制，圆满通过“七五”普法终期评估验收。规范行政执法行为，行政执法公示、执法全过程记录、重大执法决定法治审核制度全面落实。积极化解行政争议，规范行政诉讼和行政复议行为，行政诉讼中机关负责人出庭率达100%，在全省率先成立法治化营商环境观察团，法治政府基本建成。坚决贯彻落实中央八项规定精神，累计压减一般性支出等各类经费6004万元。进一步加强审计监督，完成100个政府投资项目竣工结算审计，核减7831万元，平均核减率14.3%。

各位代表，过去的五年，我们取得了来之不易的成绩，积累了弥足珍贵的经验。这是全区人民在区委的正确领导下，勠力同心、接续奋斗的结果；是区人大及其常委会法律监督、工作监督的结果；是区政协民主监督、参政议政的结果；是区监委监督监察的结果；是各民主党派、工商联、无党派、人民团体和社会各界人士热忱支持、团结协作的结果。在此，我代表区政府，向辛勤工作在各条战线上的同志们，向区人大代表、政协委员，离退休老领导、老同志，各民主党派、工商联、无党派、人民团体和社会各界人士，驻区解放军和武警官兵，以及所有参与、支持和关心姑苏发展的各界朋友，表示衷心的感谢并致以崇高的敬意！

在总结成绩的同时，我们也清醒地看到，发展中还存在着一些不容忽视的矛盾和问题。主要表现在：外部形势复杂严峻，新冠肺炎疫情带来的影响尚未完全消除；老城区历史遗留问题突出、基础设施薄弱现状仍然存在，整体景观风貌与中心城区的地位还不相匹配；科技创意、特色商贸、文化旅游等产业竞争力还不强，头部企业还不多，对区域经济贡献度有待提高；人口结构不优，社会治理现代化的任务依旧艰巨；政府职能转变还不到位，少数干部的担当意识和能力水平有待进一步提升。对此，我们一定高度重视，采取有效举措，认真加以解决。

二、“十四五”时期主要目标和工作要求

从今年开始，将进入第十四个五年规划时期，区政府紧紧围绕党的十九大和十九届二中、三中、四中、五中全会精神，按照国家、省、市“十四五”规划要求和区委《关于制定姑苏区、保护区国民经济和社会发展第十四个五年规划和二〇三五年远景目标的建议》，编制了《姑苏区、保护区国民经济和社会发展第十四个五年规划纲要和二〇三五年远景目标（草案）》。《纲要（草案）》已印发给大家，请一并予以审议。

“十四五”期间，姑苏区将坚决扛起“硬核”担当，把高标准、高质量、可持续要求贯穿历史文化名城保护和更新全过程，用精品思维和“绣花”功夫建成品质高、产业强、环境优、人文兴的魅力古城，使产业跟上发展需要、环境满足人民期待、风貌匹配城市气质，加快展现具有鲜明姑苏特点的社会主义现代化现实模样。主要目标是：地区生产总值年均增长5%~6%，人均地区生产总值达11万元，文化产业增加值占地区生产总值比重达25%，居民人均可支配收入增长率与地区生产总值增长同步，每年新增就业岗位数5万个。

要实现以上目标，主要任务是：

一是打造高质量核心功能城区。全面建成“文化强区”，文化产业成为支柱产业，“江南文化”品牌标识度充分彰显。大力发展创意经济、IP经济、授权经济，助力“苏州制造”品牌提升附加值。出台落实长三角一体化发展等国家战略的具体方案，顺应“沪苏同城化”发展趋势，每年导入10家长三角文旅、金融、科创等领域头部企业、品牌企业。综合实力显著增强，产业层次和能级持续提升，以北部经济区为新增长极，打造数字经济等新业态新模式，培育1~3个区域竞争力强并具有国际影响力的数字经济龙头企业。加快传统商圈转型升级，观前、石路、南门三大商圈实现特色化跨越发展，每年招引50家首开店、旗舰店、品牌店、“网红”店，打造更多具有文化特色和产出效益的现代化商圈，确保商贸业一般预算收入保持两位数增长，占比稳定在30%以上。

二是打造高标准全域旅游城区。围绕苏州建设世界级旅游景区和世界旅游目的地城市的目标，开展1~2个重点区域的“大景区”管理运营模式示范，全面完成平江片区重点功能区保护修缮、七里山塘全线贯通、虎丘综改等重点项目。完善市、区、街三级文物和历史建筑保护机制，深入开展名人故居梳理保护、历史街区文化遗存展示、绿化景观提升等工程，打造一批苏式传统民居老宅、吴地水乡特色街巷示范项目。以创建国家全域旅游示范区为引领，推动古城总体城市设计、古城新城统一规划、城区景区一体布局，城市管理科学化、精细化、标准化、智能化水平显著提升。打造“漫游姑苏”旅游品牌，依托古建老宅等历史建筑，建设一批苏式精品酒店，实现更高质量旅游供给。将“吃住行游购娱”六要素全方位融入景观营造、绿化提升、交通组织、消费场景、旅游线路中，旅游服务质量和专业化水平不断提升，“东方水城”“人间天堂”金字招牌进一步擦亮。

三是打造高品质宜居生活城区。持续健全教育、医疗、养老、文化、体育和社会救助等公共服务体系，实现更加充分、更高质量就业，义务教育入学率与毕业率达100%，每千名老人拥有各类养老床位数45张以上，公共服务均衡化基本实现。持续完善城市功能配套，围绕10余个重点片区、5条主次干道、120余条街巷开展整治提升，改造完成100个老旧小区，全面清零存量违建，全面研究启动10个剩余城中村整治。社会治理现代化基本实现，党组织领导的自治、法治、德治相结合的基层治理体系基本形成。深入推进平安姑苏、法治姑苏建设，群众安全感力争达到100%。以“整洁一点、有趣一点、便利一点、温馨一点、安全一点”为特征的“美好社区”建设深入推进，生活环境舒适化基本实现。

三、2021年主要工作任务

今年是实施“十四五”规划、开启全面建设社会主义现代化国家新征程的第一年，也是中国共产党成立100周年，做好今年的工作意义重大。根据中共姑苏区委二届十四次全会部署，今年政府工作的总体要求是：以习近平新时代中国特色社会主义思想为指导，全面贯彻党的十九大和十九届二中、三中、四中、五中全会以及中央经济工作会议精神，落实省委、市委、区委全会部署要求，围绕“强富美高”总目标，把握“争当表率、争做示范、走在前列”总要求，坚持稳中求进工作总基调，立足新发展阶段，贯彻新发展理念，构建新发展格局，以推动高质量发展为主题，以深化供给侧结构性改革为主线，以改革创新为根本动力，以满足人民日益增长的美好生活需要为根本目的，坚持系统观念，巩固拓展疫情防控和经济社会发展成果，更好统筹发展和安全，继续做好“六稳”工作、落实“六保”任务，努力保持经济运行在合理区间，积极顺应“沪苏同城化”发展趋势，高标准、高质量推动古城保护和更新工作取得新进步，加快实现古城全面振兴，确保“十四五”开好局，全面建设社会主义现代化起好步，以优异成绩庆祝中国共产党成立100周年。

今年经济社会发展主要预期目标是：地区生产总值增长6%以上，一般公共预算收入增长5%以上，全社会固定资产投资增长10%以上，社会消费品零售总额增长6%左右，城镇居民人均可支配收入增长高于地区生产总值增速。

对照上述目标要求，重点做好五项工作：

**（一）在古城更新上焕发新活力。充分利用历史文化名城保护示范区资源优势，以更高自觉、更大合力加强传承保护，擦亮古城名片。**

1. 以更高标准完善顶层设计。学习借鉴广州、福州等地保护更新先进工作经验，进一步完善符合姑苏特色的保护框架。更新保护理念。坚持整体保护，把古城作为“大景区”来规划和建设，更多采用修旧如旧和“微改造”，实施历史街区、历史地段、历史建筑等历史元素的成片保护，统筹做好片区功能提升、人居环境改善、交通组织优化等内容。坚持活化利用，充分挖掘古城历史文化资源，大力引入社会力量参与古城保护，让旧厂房、老公房、低效土地用起来、动起来，推动新业态培育和人气商气集聚，为古城发展提供持续动力。夯实制度体系。持续完善《苏州国家历史文化名城保护条例》配套办法、技术标准及配套政策，在《苏州市国土空间总体规划（2035）》的基础上，编制完成分区规划暨城市更新规划、古城保护与更新三年行动计划、9处历史地段保护规划。综合集成古城保护各类规划与设计成果，积极向“多规合一”迈进。破解瓶颈难题。探索优化古建老宅、传统民居修缮利用政策，围绕土地性质变更、结构改造、消防审批等问题开展研究，形成符合古城实际的修缮实施路径。加快管线入地技术规范创新，在共同管沟等技术方案上实现突破，推动综合管线的统一规划、统一建设和统一管理。

2. 以更大力度推进保护项目。把保护风貌与更新形象相结合，全力抓好重点工程。突出整体带动。以古城保护与更新三年行动计划为引领，坚持“整体推动，全面展示”原则，对32个任务子项分批细化制定实施清单，排定具体内容、实施主体和年度目标，狠抓项目化推进，形成规划一批、建设一批、滚动发展的良好局面。突出成片保护。高水平推进五卅路片区保护更新，抓好中共苏州独立支部旧址及周边红色资源的挖掘利用。大力开展平江片区和32号街坊整体改造，进一步完善基础设施建设，加快实施居民腾迁，完成大成殿古城保护展示馆布展及周边环境整体提升。加快山塘四期保护性修复工程，加速渔家村项目二期建设，完成考古博物馆主体工程。突出点线结合。聚焦资源转化利用，启动洪钧故居等10处成熟院落的保护修缮，同步做好配套文化项目植入和运营，为古城注入更多文化元素。加快展示古牌坊、古桥梁、古井等各类历史街区文化遗存，实施胥门城墙南段保护性修复，完成大儒巷、丁香巷等特色街巷打造。

3. 以更实举措做亮文化品牌。讲好姑苏故事，提升姑苏“最苏州”、苏州“最江南”标识度。注重文化引领。大力弘扬社会主义核心价值观，深入实施文艺精品创作工程，推出10个以上原创文艺作品，实现文艺精品获市级以上奖项不少于15个。秉持国际化思维，探索世界古城保护论坛、国际非遗中心落户姑苏的路径，推动优秀传统文化走出国门，放大姑苏文化品牌影响。依托新时代文明实践中心和融媒体中心，加强新时代公民道德建设，不断巩固群众性精神文明创建成果。深化文旅融合。促进沪苏文化交流合作，组织各类文化剧团赴上海巡演不少于10场次。引进嘉佩乐、汇张思等一批高端精品酒店，推出“耦遇·魅力苏州”等12条个性化旅游线路。完善旅游行业信息数据库，持续加强旅游市场监管，全面净化旅游环境。致力文脉传承。恢复泰伯祭祀文化大典，规划建造泰伯文化博物馆。加快山塘街玉涵堂非遗展馆建设，加强非遗老字号创新和推广，推动更多苏工苏作走向市场。抓好运河文化发掘、遗产保护等工作，推动“水韵古城”大运河国家文化公园建设，突出“运河十景”中“姑苏六景”的策划打造，提升姑苏大运河民俗文化活动品质，加快把大运河文化带姑苏段建设成为“最最精华的一段”。

**（二）在经济发展上培育新动能。牢牢把握“十四五”开局之年的关键时期，紧扣“六稳”工作持续跟进，聚力“六保”任务重点攻坚，保持区域经济稳中向好。**

1. 能级跃升强发展。优化产业空间层次，加快塑造特色产业，形成高能级、广辐射、高效益的现代化服务经济体系。抢抓国家战略机遇。全面参与“一带一路”建设，全力推动江苏（苏州）国际铁路物流中心项目，积极培育跨境电商。推进长江经济带发展，加快构筑绿色产业链，大力引进培育生态环保、绿色节能等产业。紧抓长三角一体化发展战略机遇，精准做好沪苏两地资源嫁接、优势互补，有效承接上海优质人才、项目、资金等资源外溢，加快形成同城效应。调优产业结构布局。优化双城两翼、产业园区、楼宇载体三个层次空间布局，注重古城核心区和北部经济区统一规划、联动布局、互补发展，古城加快存量盘活，重点发展“文化+创意”“文化+旅游”“文化+商贸”，新城加快增量优化，重点发展数字经济、口岸经济、总部经济，努力形成两翼齐飞格局。贯彻落实全市数字经济和数字化发展推进大会精神，牢牢把握产业数字化大趋势，利用互联网新技术、新应用对传统产业进行全方位、全角度、全链条改造，提高全要素生产率，努力打造北部经济区数字经济产业园，数字经济核心产业增加值达到200亿元。狠抓重点项目推进。发挥区级项目储备库关键作用，推动40个区级重点项目建设，加强桃花坞二期等省、市重点项目的跟踪保障。聚焦数字经济、科技研发等重点领域开展精准招商，围绕中国电子等已落地项目进一步强基补链，引进不少于10家总部类企业，力争打造1~2个新兴产业集群。

2. 文化赋能促发展。对照落实文化产业转型三年行动计划，推动文化底色成为文化亮色，全力打造“文化强区”。提升产业体量。找准数字经济赋能文化产业发展方向，加快传统文化产业智能化改造和数字化转型。新增文化重大合作项目不少于10个、文化上市入库企业2家、文化规上企业不少于120家，确保到今年年底全区文化产业贡献翻番。突出融合发展。与喜马拉雅、小红书、哔哩哔哩等重点企业合作，集聚展示江南文化、水城文化和园林文化等优质资源，将姑苏文化与前沿科技、游戏动漫、有声街区等要素相融合，不断提升产业核心竞争力。出台特色产业园招商配套政策，重点引进一批专业服务企业，完善国资产业园招商运营考核一体化机制，支持产业园“腾笼换凤”，全年打造M+金狮“校园里”等文化产业园不少于17个。促进商圈转型。放大“双12苏州购物节”活动效应，加快三大传统商圈提档升级，全力构筑“消费福地”。着力提升观前商圈商业氛围和消费体验，重点加强广告标牌亮化、配套设施完善、休憩场所建设，进一步调优商业业态、延长营业时间、重塑商业场景，将观前商圈打造成为全市商业标杆。以华贸中心开业为契机，建立前街高端商业、后街生活配套的模式，盘活周边历史建筑和闲置载体资源，进一步激发石路商圈消费活力。加快南门商圈整体策划，统筹推进水产市场搬迁、半导体总厂地块改造升级、金地中心项目建设，争取早日出进度、出形象。

3. 环境提优保发展。围绕“苏州最舒心”营商环境服务品牌，构建姑苏特色营商服务机制。优化企业服务。推动建立区级产业用地企业库，着力破解企业用地难题。深化“放管服”改革，加快产业园“全链式”审批、“一张网”平台延伸，提高企业注册、投融资、贸易便利化水平。深化人才引育。修订出台区领军人才、文化人才配套扶持保障政策和企业引才激励措施，实施更具竞争优势和本土特色的人才计划，引育市级以上人才不少于100人。高品质打造人才公寓，完善乐居保障体系。做优高校院所“姑苏日”、猎聘会等平台，助力企业招引青年人才和高端紧缺人才。构建全区联动的“一站式”服务体系，提高人才服务便捷度。强化金融支撑。做好金融资源嫁接，用好姑苏古城保护与发展基金、中信赋苏基金、大运河文化基金，深入对接国开行、国开金融，不断加大金融支撑实体经济力度。转变国资监管方式，深化与市国资集团合作交流，继续放大国有资本潜在价值。

**（三）在城市品质上展现新提升。按照“城市客厅”标准，加快推动古城空间拓展、品质提升和功能完善，打造有颜值、有质感、有温度的宜居环境。**

1. 持续加强城市管理。以更高标准扮美扮靓城市形象。深化违建专项治理。按照“属地主责、部门联动、试点先行、以点带面”的要求，确保到今年年底累计拆除违建不少于20万平方米，逐步形成可防可控、零容忍、零增长的违建常态化监管机制。开展无违建社区创建活动，打造2~3处无违建示范区。加大市容管控力度。完成三香片等第三批交通安防工程，启动实施网师片等第四批交通安防工程。完成54个小区、83条街巷的“两小”综合整治。全面落实市容环卫责任区制度，高效开展乱涂乱贴专项整治。建立“四类行业”综合整治“回头看”制度，用好常态化监管平台，全面提升“四类行业”管理水平。加快“厕所革命”进程，打造10座设施齐全、功能完备的一类及以上公厕。优化古城交通体系。扎实推进道路交通大整治大提升行动，探索建立古城区域差别化管理和隐患排查整改长效机制，研究城市交通堵点疏通措施，尽快打通“断头路”和瓶颈路段，年内完成交通设施标准化率、交通信号联网率、交警勤务布警密度达100%。整合停车资源，加快完善“P+R”模式，持续推广“路内泊位智能化无人值守系统”和错时停车共享，建立机关单位和背街小巷夜间开放停车模式。

2. 加速推进城市更新。实现城市整体形象、功能提升和居民生活环境改善的有机结合。持续攻坚征收扫尾。继续用好征收搬迁“红黑榜”和“曝光台”，落实“区领导督办、部门领导领办、挂职干部协办、街道主办”的工作机制，重点保障桐泾路北延、轨道交通等市级重点工程建设，确保今年实现清零项目不少于30个，其中启动5年以上项目力争全部清零，实现交地不少于1500亩。整合利用地下空间。落实好全市地下空间专项规划，高效使用现有人防、轨道交通等地下空间，增设一批立体停车库等公建配套，统筹布局城市交通枢纽、商业设施、开放空间等功能要素。完成约100条道路架空线整治和入地工程，实现地下空间高效集约利用。全面提升绿化景观。推动城市绿化由绿色向彩色发展、由平面向空中延伸、由封闭管理向开放共享发展，强调古城显古、新城显新，注重园林景观外移，加快打造传统与现代交融并举的绿化格局。围绕重要路段、重要节点、重要出入口，先行完成6条主次干道和3个口袋公园绿化建设，提升前塘河等滨河绿地绿化水平。探索新增垂直绿化和屋顶绿化，做好“见缝插绿、见缝造景”等工作。充分调动社会力量参与绿化建设的积极性，激活城市绿化“多元管护”。

3. 严格压实环保责任。全面落实“美丽苏州”建设任务，实现“天蓝、水清、岸绿、景美”目标。深化开展大气污染防治。严格落实“点位长”制度，更新大气污染源排放清单，围绕重点敏感区域，深入开展挥发性有机物治理、移动源大气污染防治。科学制定实施碳排放达峰行动方案，实现减污降碳协同效应。巩固提升水环境质量。继续紧盯省考、市控断面水质达标建设，不断提升京杭运河水质，充分发挥水质自动监测系统效能，准确掌握辖区河道水质现状。加大涉水环境问题整改力度，实施重点河道沿岸环境整体治理，精准做好清淤排污和雨污分流，确保全区70%的河道达到高质量管护标准。倡导低碳绿色生活方式。构建绿色低碳循环发展体系，实施绿色技术研发重大项目和示范工程。以清洁低碳能源为切入点，调整能源结构，发展循环经济，促进生产、流通、消费过程的减量化、再利用、资源化。在中街路、西美巷2个片区试点开展街巷零星楼宇垃圾分类移动收集。

**（四）在民生福祉上展现新水平。及时回应群众期盼，切实解决民生痛点，全力做好基础性、兜底性民生建设，不断提升服务精准化、精细化水平。**

1.织牢织密社会保障网络。牢固树立“人民城市人民建，人民城市为人民”理念，着力解决好人民群众“急难愁盼”的现实问题。持续抓实疫情防控。克服麻痹思想、松劲心态，毫不放松抓好“外防输入、内防反弹”工作，着重做好涉外和大型活动疫情防控，坚决守住冬春季疫情防线。坚持人、物、环境同防，加强对进口冷链食品全面检测、预防性消毒、全链条监管，落实重点人群“应检尽检”，随时做好应对突发状况的准备。拓宽就业创业渠道。深化打造“乐业姑苏”工作品牌，加强对失业人员的监测和形势预判，抓好退役军人、高校毕业生等重点群体就业创业，实现困难群体“应援尽援”。确保新增就业岗位5万个，其中大学生就业岗位1万个，城镇失业人员再就业人数1万人。完善创业孵化平台管理，提高创业成功率，扶持自主创业2000人，引领大学生创业150人。加大扶贫帮困力度。深化“一户一档一策”精准帮扶，加强救助供养、大病救治、医疗互助、困难群众生活兜底等保障，实施低保专项治理，关注残疾人、孤寡老人等特殊群体，对低收入家庭实行消费性价格减免和补贴政策，构建覆盖全民的分层救助框架。新建6个街道儿童“关爱之家”，实现街道全覆盖。托牢社会保障底线。打造姑苏社保云平台，加快整合“一件事”办理流程，实施全民参保计划，全年新增社保参保不少于6万人。推动建立企业职工工资正常增长机制和支付保障机制，严格执行最低工资标准，深入推行工资集体协商制度，打好根治欠薪攻坚战。

2.着力优化公共服务供给。补齐短板，夯实基础，切实增强群众品质生活获得感。教育质量再提高。建成胥台、平齐实验幼儿园，启动金星小学等5所学校建设。实施百年老校传承发展系列工程，优化集团化办学运行模式，争创省义务教育优质均衡发展区。积极引入市场资本，加大投入力度，扩大省、市优质幼儿园比例。医养融合再深化。健全基层医疗体系，完成3家社区卫生服务机构提档升级，加快打造数量充足、质量优良的全科医生队伍。加强社会人文关怀和心理疏导，完善心理健康管理服务网络。新建、改扩建8家综合为老服务中心，持续做优“虚拟养老”特色品牌，试点“物业+养老”模式，构建老年友好型社区。完成辖区首家养老、托育健康服务综合体建设，建成3家普惠性婴幼儿照护服务机构。民生项目再加速。全面完成“五个一批”提质改造任务，有序推进10家农贸市场新建、改造进程，实现惠民“平价菜摊”全覆盖、可持续、保重点。积极做好既有多层住宅增设电梯工作，优化完善增梯工作全流程。建成区级体育公园1个，新建健身步道15千米。

3.创新提升社会治理水平。把市域社会治理现代化作为切入点，深入推进社会治理创新，构建富有活力的社会治理和服务体系。深化网格化应用管理。建强区联动指挥中心和8个街道联动分中心，加快打造“管用网格”“多维网格”“智慧网格”“民意网格”，加强专兼职网格员队伍建设，实现“小事不出网格、大事不出社区”。注重网格化管理实战演练和磨合，建立突发事件快速响应、高效处置内部循环。提高社区治理能力。高质量完成社区“两委”换届，完善社区工作者职业体系，进一步健全社区工作者激励保障机制。加强“美好社区”建设，全面实行“微自治”实践，大力推行“院落自治”“楼宇自治”，新建、改扩建11家社区综合服务中心，推进“一社区一品牌”特色建设，构建一批服务集成的示范社区。推动平安姑苏建设。重点开展集中治理重复信访、化解信访积案专项工作，全面落实领导包案，确保信访工作走在省、市前列，力争蝉联“三无”县（市、区）称号。严厉打击各类违法犯罪活动，加强矛盾纠纷排查化解。高标准推进安全生产“三年大灶”专项行动，强化安全生产应急管理信息化和基层安监机构能力建设，狠抓隐患排查治理，确保事故起数和死亡人数“双下降”，较大以上事故“零发生”，助力苏州争创省级安全发展示范城市。

**（五）在政府建设上体现新成效。以新的姿态、新的作风、新的作为，不断提高执政为民、依法行政、从严治政水平，在数字化转型中推动政府自身建设再上新台阶。**

1. 着力打造有为政府。始终树立知责明责、尽责担责、敬责畏责的工作意识，坚持“以我为主”，持续激发干事创业热情。持续推动基层“三整合”改革成效落地，进一步完善街道职能机构、派驻机构设置，规范工作运行机制。坚持正向激励与督查问责相结合，全面创新激励干事担当制度体系，加大容错纠错、澄清正名、查处诬告陷害工作力度，为勇于改革创新者撑腰，为敢于担当者鼓劲。建立健全考核指标准入、退出机制，科学制定年度综合考核指标体系，研究出台“四个挂钩”运用实施办法，树立“重实绩”的鲜明导向。

2. 着力打造法治政府。自觉接受人大及其常委会的法律监督和政协的民主监督，认真听取民主党派、工商联、无党派人士和人民团体的意见、建议。坚持常态化开展政府常务会议学法，严格落实重大行政决策程序，完善决策专家咨询库，持续巩固法治政府建设成果。规范行政执法行为，提高行政复议和行政应诉工作质量，回应群众关切，促进行政争议实质性化解。以“八五”普法开局为抓手，统筹街道层面法治工作，推进法治工作有效参与基层治理。坚持以公开为常态、不公开为例外，加大行政权力公开透明运行和政府信息公开力度，建立规范性文件备案审查工作机制，主动接受各方监督，及时回应社会关切。

3. 着力打造数字政府。围绕“一网通用”“一网通办”“一网统管”工作目标，加快推进政府数字化转型，努力争创全市数字政府建设的标杆。依托古城保护和管理大数据中心二期项目建设，强化基础支撑，完善数据要素，聚焦应用创新，健全安全体系。推进姑苏城市生活服务总入口研发上线，与“苏周到”App无缝对接，以企业群众办成“一件事”为抓手，切实解决企业群众办事的痛点堵点问题。重点打造智慧政务平台，推进政府内部数据共享、业务协同和流程再造，实现跨层级、跨系统、跨部门、跨业务的协同管理服务。优化城市运行联动指挥平台，精准掌握城市运行质态，以大数据创新提升政府科学决策能力、城市运营管理能力、社会治理响应能力。

4. 着力打造廉洁政府。严格落实区政府党风廉政建设主体责任，认真查找“四风”尤其是官僚主义、形式主义新表现，深入开展“清风行动”，切实加强对权力集中、资金密集、资源富集部门的监督，一体推进不敢腐、不能腐、不想腐的体制机制。建设节约型政府，日常公用经费压减20%，严控“三公经费”支出，优化财政支出结构，用好财政专项资金管理办法，提高资金使用效率，把更多公共资源集中用于经济发展和改善民生，以铁的纪律、铁的规矩，实现干部清正、政府清廉、政治清明。

各位代表，同志们！新的一年，使命光荣，催人奋进。让我们更加紧密地团结在以习近平同志为核心的党中央周围，高举习近平新时代中国特色社会主义思想伟大旗帜，在中共姑苏区委的坚强领导下，永葆初心、牢记使命，乘风破浪、扬帆远航，全心全意投入到古城全面振兴的工作中去，为苏州在全面建设社会主义现代化新征程上走在前列，在“强富美高”新江苏建设再出发中争做先行者、排头兵做出新的更大贡献，以优异成绩庆祝中国共产党成立100周年！

# 组织机构及负责人名录

## 姑苏区、保护区组织机构及负责人名录

（截至2020.12.31）

中国共产党苏州市姑苏区委员会、中国共产党苏州国家历史文化名城保护区工作委员会

书　　记　黄爱军

副书记　徐　刚

常　　委　张文彪　徐文祥　季　珉　薛　宏　谢　强　华建男　徐　本　姜纪文　张　玮　陆文明　王　瑜

苏州市姑苏区人民代表大会常务委员会

主任、党组书记　郦小萍

副主任　华　丽　谈岳良　李　洁　吴佩民　张友民

党组成员　谈岳良　李　洁　吴佩民　张友民　陈　浩　阙建良

苏州市姑苏区人民政府、苏州国家历史文化名城保护区管委会

区长候选人、主任　沈志栋

党组书记　徐　刚

副区长　张文彪　薛　宏　单　杰　李　忠　马景亮　雷　波　陈　浩（挂职）

党组成员　张文彪　薛　宏　谢　强　徐　本　李　忠　马景亮　雷　波　杨青松

副主任　张文彪　薛　宏　单　杰　李　忠　马景亮　雷　波

中国人民政治协商会议江苏省苏州市姑苏区委员会

主　　席　蔡炳锋

党组书记　相　炎

副主席　朱依东　欧阳睿　曹　源　张　广　唐文武

党组成员　张　广　唐文武　华建文

秘书长　华建文

姑苏区纪委、保护区纪工委，监察委员会

书记、主任　张　玮

副书记、副主任　荣曙文　孙建雄

纪委常委、纪工委委员　张霁虹　刘朝晖　黄　翊　单　巍

监察委员会委员　刘朝晖　黄　翊　赵　栋　陆　续

办公室主任　张丽娜

办公室副主任　宋华俊　韩广睿

纪检监察干部管理监督室副主任　熊　融
党风政风监督室主任　朱莺华
信访室主任　周　莹
信访室副主任　吴　庆
第一审查调查室主任　张一星
第二审查调查室主任　夏　明
第二审查调查室副主任　柯　键
第三审查调查室副主任　洪铭权　顾筑家
第四审查调查室主任　蔡哲斌
第五监督检查室主任　杨德仁
第六监督检查室（区监委第一派出监察员办公室）主任　许　新
第六监督检查室（区监委第一派出监察员办公室）副主任　沈　阳
第七监督检查室（区监委第二派出监察员办公室）主任　杨恒弟
第七监督检查室（区监委第二派出监察员办公室）副主任　李　峰
案件监督管理室（监督审查技术室）主任　陈丽君
案件审理室副主任　黄艳虹
第一派驻纪检监察组组长　顾一梅
第一派驻纪检监察组副组长　刘　涛
第二派驻纪检监察组组长　陆建华
第二派驻纪检监察组副组长　赵　玲
第三派驻纪检监察组组长　戴书甫
第三派驻纪检监察组副组长　雷保蕊
第四派驻纪检监察组组长　高伟清
第四派驻纪检监察组副组长　章燕飞
第五派驻纪检监察组组长　朱　创
第五派驻纪检监察组副组长　葛　芹
第六派驻纪检监察组组长　邵一兵
第六派驻纪检监察组副组长　王广莲
第七派驻纪检监察组组长　尹　云
第七派驻纪检监察组副组长　姚文婷
第八派驻纪检监察组组长　王广奎
第八派驻纪检监察组副组长　肖　琛

### 姑苏区、保护区人民法院

院长、党组书记　杨晓春
副院长　徐　侃　徐海根　丁树庆　曹黎丰
党组副书记　徐　侃
党组成员　丁树庆　顾　军

### 姑苏区、保护区人民检察院

检察长、党组书记　徐　翔
副检察长　吴　宁　卫　弘　赵建华　施　健
党组副书记　吴　宁
党组成员　卫　弘　赵建华　顾　晔

### 姑苏区人武部

部长　姜纪文

## 姑苏区委、保护区党工委工作机构及直属单位

### 姑苏区、保护区党政办公室

主任、党组书记　谢　强
副主任　叶映红　沈　彦　孙俊麒　邱　炜
党组成员　叶映红　沈　彦　孙俊麒　邱　炜　顾一梅
信访局局长　叶映红
综合一处副处长　金　琪
综合二处副处长　张一丹
综合三处处长　周　良
综合三处副处长　吴晓红
督查处处长　王文怡
督查处副处长　黄家骏
秘书处副处长　沈蕾音　陆亚莹　卞慧亚
行政处处长　俞　晓
行政处副处长　叶　芊
对外交流处处长　顾蓓蓓

对外交流处副处长　石佳恺
机关事务管理处处长　夏祯铨
机关事务管理处副处长　袁洪滨　金　晶
机要保密处处长　许　婷
机要保密处副处长　郭志坚　刘智明
政策研究处（改革处）处长　彭绍磊
政策研究处（改革处）副处长　沈建华
信息处处长　孙　霞
信息处副处长　刘德富
信访处处长　黄埔樵
信访处副处长　杨　奕
大数据管理处处长　吕　俊
大数据管理处副处长　薛　岚　方时励
档案处处长　张红兰
档案处副处长　罗　红　周柯宏
姑苏区机关事务管理中心主任　成园园
姑苏区政务信息中心主任　来晓蓉

## 姑苏区委、保护区党工委组织部

部　　长　陆文明
副 部 长　李　顺　屈大庆　许　顺　黄　波
　　　　　胡　玺
区级机关党工委书记、纪工委书记　许　顺
非公有制企业和社会组织党工委书记、纪工委书记　许　顺
党建工作领导小组办公室专职副主任　陈　希
老干部局局长　屈大庆
办公室主任　陈先冬
干部处处长　李　涛
综合干部处处长　陈　希
综合考核处处长　陈　希
公务员管理处处长　周　泳
组织处（非公有制企业和社会组织工作委员会办公室）处长　汪　明
党员教育管理处处长　刘　佳
人才工作处处长　顾敏莎
老干部工作处处长　贺　蒙

## 姑苏区委、保护区党工委宣传部

部　　长　王　瑜
副 部 长　胡　群　王沁诚　徐　词
精神文明建设指导委员会办公室主任　王沁诚
互联网信息办公室专职副主任　周　娴
办公室主任　倪　黎
创建办公室主任　浦　杰
新闻宣传处处长　杨竹一
理论文化处（出版管理处）处长　左　昀
互联网信息处处长　吴芃芃

## 姑苏区委、保护区党工委统一战线工作部

部　　长　季　珉
副 部 长　潘　文（兼）　黄　河　刘　勇
　　　　　杜　琴
台湾工作办公室主任　黄　河
侨务办公室主任　黄　河
民族宗教事务局局长　刘　勇
办公室主任　杜　琴
业务处（侨台事务处）处长　李　琴
民族宗教事务处处长　杨雄林

## 姑苏区委、保护区党工委政法委员会

书　　记　徐文祥
副 书 记　宋　颖　谢叶虎　周　晶
区国家安全办公室主任　薛　芳
办公室主任　赵善浩
执法监督处处长　戴　辉
综合治理工作处处长　李　希
维稳指导处（反邪教协调处）处长　翁伟星

姑苏区委、保护区党工委机构编制委员会办公室
主　　任　李　顺
副 主 任　杨　雪　万立涛
综合处（监督检查处）处长　崔少婧
行政机构编制处处长　杨　佶
区机构编制效能管理中心（事业单位信用管理中心）副主任　孙　寅　何亚伟

姑苏区委巡察工作办公室
主　　任　孙建雄
专职副主任　李　征　袁　立
综合协调处处长　李克克

姑苏区委巡察组
第一巡察组专职组长　张霁虹
专职副组长　王佳芸　袁荣华
巡察组组长　陆惠忠
专职副组长　张　玮　庄小琴
第三巡察组专职组长　濮　兵
第三巡察组专职副组长　王　菊
第三巡察组专职副组长　钱文杰

姑苏区委党校
校　　长　陆文明
常务副校长　黄新国
副 校 长　王　未

姑苏区档案馆
馆　　长　张红兰
副 馆 长　罗　红

## 姑苏区人大常委会工作机关

办公室
主　　任　阙建良
副 主 任　周子川　李玉强

研究室
副 主 任　邓　辉

人事代表联络工作委员会
主　　任　季晓云
副 主 任　朱守春

监察和司法工作委员会
主　　任　徐　皓

财政经济工作委员会
主　　任　胡京伟

城建环保工作委员会
主　　任　吴纪明
副 主 任　丛　玮

教科文卫工作委员会
主　　任　刘　苏

外事民宗侨台工作委员会
主　　任　谢竹茂

代表议案建议工作委员会
主　　任　林晓冬
副 主 任　邓　辉

## 姑苏区人民政府、保护区管委会工作机构及直属单位

姑苏区、保护区古城保护委员会
主　　任　朱依东
副主任、党组副书记　黄依群

副主任、党组成员　朱　敏
办公室主任　周江红
办公室副主任　李　斌
规划保护处处长　王永法
规划保护处副处长　赵临风
项目管理处处长　梁瀚千
项目管理处副处长　张金林
综合协调处处长　薛　衡
综合协调处副处长　吴　霞

姑苏区、保护区城市管理委员会
主任、党组书记　杨青松
副 主 任　祝　郡　徐燕英　高　立　黄保华
党组成员　祝　郡　徐燕英　高　立　黄保华
　　陆建华　朱留军
综合行政执法局副局长　黄保华
办公室副主任　惠启蒙　李萌萌　顾景炎
市容管理处处长　沈晓鸣
市容管理处副处长　吴毅军
市政管理处处长　朱留军
环境卫生管理处处长　陈　进
环境卫生管理处副处长　姚荣来
执法管理处处长　张文渊
执法管理处副处长　朱　军
法制处处长　刘　锋
法制处副处长　薛永辉
监督考核处处长　颜　旋
监督考核处副处长　缪　颖
火车站地区协调处处长　吕巧明
火车站地区协调处副处长　毕京新　赵永忠
姑苏区城市管理行政执法直属大队副大队长
　　陆晓东　龚佑军　朱　颖
姑苏区城市管理行政执法机动督查大队副大队长
　　孟　毅　吴　平
苏州火车站地区城市管理行政执法大队大队长
　　黄　斌
姑苏区环境卫生管理所所长　陈　进
姑苏区环境卫生管理所副所长　周　怡　张　虹
姑苏区道路停车和地下管线管理站副站长　孙念平
　　刘根男

姑苏区、保护区住房和建设委员会
主任、党组书记　徐　本
副主任、党组成员　颜维强　张　旻　储　健
办公室主任　张海州
办公室副主任　闫明光　蒋　飞
财务管理处处长　胥　健
财务管理处副处长　丁海涛
公房管理处处长　陆启鑫
公房管理处副处长　任　榴
住房保障处（物业管理处）处长　黄潇虹
住房保障处（物业管理处）副处长　许　侃
公用事业处（园林绿化办）处长　胡水松
公用事业处（园林绿化办）副处长　成介明
建设管理办公室（重点项目处）主任　张红莲
建设管理办公室（重点项目处）副主任　刘　伟
建筑管理处处长　史亚明
建筑管理处副处长　史　皓
征收与补偿管理处处长　吴佳兵
征收与补偿管理处副处长　陈　阚
法制处（信息处）处长　李静蓉
水务处（节约用水办公室、河长制改革处）处长
　　丁支农
水务处（节约用水办公室、河长制改革处）副处长
　　赵志刚
人防处处长　朱　伟
人防处副处长　郑永忠
燃气管理办公室主任　郭晓宇
燃气管理办公室副主任　陈育樑
姑苏区房屋征收与补偿办公室主任　储　健

姑苏区房屋征收与补偿办公室副主任　吴佳兵
孙明霞
许正卫
姑苏区房屋征收与补偿中心主任　陈　阚
苏州市直属房屋所所长　顾旭东
苏州市直属房屋所副所长　范　芊　唐　瑛
姑苏区建设工程质量安全监督站站长　张　俭
姑苏区建设工程质量安全监督站副站长　朱　郁
顾　钧
周　星
姑苏区建设管理中心主任　史　皓
姑苏区建设管理中心副主任　陆　潼　倪　荣
姑苏区住房保障和物业管理中心主任　黄潇虹
姑苏区住房保障和物业管理中心副主任　陈　枫
杨新星
苏州市市政设施管理处处长　陈建华
苏州市市政设施管理处副处长　钱　宇　蒋亚东
张益民　李　俊
徐原根
苏州市市政设施管理处总工程师　蒋亚东
姑苏区绿化管理站站长　项卫东
姑苏区绿化管理站副站长　滕芳芳　邓文娴

## 姑苏区、保护区教育体育和文化旅游委员会

主任、党组书记　王伟民
副主任、党组成员　裴　泓　华建新　谢　芳
区委、党工委教育工委书记　王伟民
区委、党工委教育工委委员　裴　泓　华建新
谢　芳　王　依
区人民政府教育督导室主任　王伟民
区人民政府教育督导室副主任　董徐行　孙义发
人事处处长　钟　鸣
人事处副处长　沈　勤
发展规划与财务处处长　周春芳
发展规划与财务处副处长　史　鑫
义务教育处处长　唐丽艳
学前教育与社会教育处处长　张　磊
学前教育与社会教育处副处长　王卫东
教育督导处处长　王　依
教育督导处副处长　吴建红
体育处处长　高伟芳
文化事业处（非物质文化遗产处）副处长　陈　娟
夏永庆
文化与旅游管理处处长　莫佳娴
文化与旅游管理处副处长　杨占武
景区开发管理处处长　赵　勤
姑苏区文化馆馆长　施　政
姑苏区文化馆副馆长　周　巍
姑苏区图书馆馆长　沈文虹

## 姑苏区、保护区发展和改革局

局长、党组书记　王正茂
副　局　长　沈婷艳　徐寄洪　戴　亚
党组副书记　沈婷艳
党组成员　戴　亚
办公室主任　王玠桦
综合规划处（政策研究室、经济体制改革处）处长
张　燕
固定资产投资处（项目管理处）处长　孙黎锋
社会与经济发展处（农村工作处）处长　包　杰
资源节约与环境保护处处长　徐　昱
服务业发展处处长　袁　敏
金融工作处处长　舒锦峰
价格管理处处长　韩文生

## 姑苏区、保护区经济和科技局

局长、党组书记　葛宇东
副　局　长　朱剑雯　郁华强　张　杰　刘　君
党组成员　朱剑雯　郁华强　张　杰
信息化办公室主任　朱剑雯

商务局局长　张　杰
办公室主任　丁　宇
科技处处长　高　峰
工业和信息化处处长　李旭东
企业服务处处长　邢　晰
招商处处长　张　璐
综合管理处处长　吴敬明
文化产业处处长　朱　磊
姑苏区招商服务中心副主任　杨　扬　周　韬　周勇俊

## 姑苏区、保护区民政和卫生健康局

局长、党组书记　钱艳虹
副局长　沈林林　金建华　宁咏梅　费　颖　朱纯玉　贾成宝　王　佶
党组成员　沈林林　宁咏梅　费　颖　朱纯玉　贾成宝　王　佶
办公室主任　胡月领
基层政权与社区建设处处长　王钧卿
社会事务处处长　虞　帆
社会组织处处长　吴为公
社区卫生与医政处（中医处）处长　李曼芸
疾控与妇幼处处长　许　佳
监督与法制处（职业健康监管处）处长　别　别
信息化处处长　徐珊珊
老龄服务处处长　宓惠宏
家庭救助处处长　张　芸
应急保障处（安全生产监督管理处）处长　倪延群
姑苏区卫生监督所所长　宓惠宏
姑苏区卫生监督所副所长　仲伟波　沈明亚　顾勤明
姑苏区疾病预防控制中心主任　周伟华
姑苏区疾病预防控制中心副主任　肖知明　宋　琪　詹斌秉
姑苏区社区卫生管理中心主任　高瑜璋

## 姑苏区、保护区司法局

局长、党组书记　黄　慧
副局长　杨宏明　顾东怀　黄洪平　刘　皓　邵晓敏
党组成员　杨宏明　顾东怀　黄洪平　刘　皓
办公室（信息处）主任　袁　伟
法治宣传教育处处长　许　为
基层工作处处长　言　昆
律师公证管理处处长　赵　琴
社区矫正安置帮教处处长　黄志农
法制处处长　刘　杰
依法治区工作处处长　钱文忠
法律援助中心主任　杨明法

## 姑苏区、保护区财政局［国有（集体）资产监督管理办公室］

局长、党组书记　颜　晓
副局长　郁伟民　王　俊　张钰林　胡　洁
党组成员　郁伟民　王　俊　王广奎　胡　洁
国有（集体）资产监督管理办公室主任　颜　晓
国有（集体）资产监督管理办公室副主任　郁伟民
办公室主任　叶　涵
综合预算处（护税协税办公室）处长　朱　勇
政府采购监管处处长　董　利
教科文行社保处处长　马　芸
经建企业处处长　徐颖霞
绩效管理监督处处长　徐建华
资产管理处处长　朱晋苏
国资发展处处长　袁建峰
姑苏区国库支付中心主任　沈　斌
姑苏区国库支付中心副主任　方映红　徐　健
姑苏区财政稽查大队大队长　张　军
姑苏区财政投资项目评审中心主任　余　静

姑苏区、保护区人力资源和社会保障局

局长、党组书记　明　岚

副局长、党组成员　徐　露　杨桂荣　周跃洲　邓仕海

办公室主任　潘恬甜

就业促进与市场管理处处长　薛　梅

人才开发与职业能力建设处处长　王　斌

社会保险处处长　孙　豪

劳动关系协调处处长　陈小武

姑苏区社会保险基金管理中心主任　孙　豪

姑苏区社会保险基金管理中心副主任　周沛隽　周　峰　高　斌

姑苏区劳动保障监察大队副大队长　刘峥嵘

姑苏区劳动人事争议仲裁院院长　鲍祎军

姑苏区人力资源管理服务中心主任　侯　峰

姑苏区人力资源管理服务中心副主任　刘　军　夏艳洁　赵书勤

姑苏区、保护区审计局

局长、党组书记　吴　斌

副 局 长　沙亚萍　徐　彬　金一帆

党组成员　徐　彬　金一帆

办公室主任　王　力

财政金融审计处处长　平　华

行政事业与资源环境审计处处长　葛恒余

固定资产投资审计处处长　姜爱萍

法规综合处（企业审计处）处长　柏苏洋

姑苏区、保护区市场监督管理局

局长、党组书记　蒋献忠

副 局 长　张　刚　王丹东　刘志明　何建邦　金　岚

党组成员　张　刚　王丹东　刘志明　何建邦　金　岚　许文吉

办公室主任　刘书军

人事教育处处长　陈为扬

法制处处长　吴　挺

食品安全综合协调处处长　于丽丽

食品安全监管处处长　高　瑜

药品医疗器械监管处（保健食品化妆品监管处）处长　张　懿

市场主体监管处（商标广告监管处）处长　陆伟民

市场合同监管处（网络商品交易监督管理处）处长　韦　萍

质量管理与监督处处长　王友俊

标准计量处处长　盛　驯

特种设备安全监察处处长　陈　薇

消费者权益保护处（投诉举报中心）处长　曹学东

知识产权处处长　肖丽芳

价格监督检查处处长　黄昌友

市场监管执法大队大队长　金金荣

火车站分局局长　许文吉

火车站分局副局长　周　晔　郑　巍

观前分局局长、娄门分局局长　王寅钰

石路分局局长、桃花坞分局局长、金阊分局局长　万　红

沧浪分局局长　端木斌

双塔分局局长　秦旭东

留园分局局长、虎丘分局局长　白金龙

苏锦分局局长　赵文进

吴门桥分局局长、友新分局局长　李维嘉

白洋湾分局局长　张　弘

姑苏区市场监督稽查大队大队长　孟卓琳

姑苏区、保护区行政审批局

局长、党组书记　翟晓萍

副局长、党组成员　万泰喜　陈　祥　黄雪峰

办公室（督查处、安全生产监督管理处）主任

刘晓骊

综合审批一处处长　刘　莹

审批制度改革处（政策法规处）处长　丁雄伟

政务服务指导处（信息化处）处长　陈　豫

姑苏区、保护区退役军人事务局

局长、党组书记　郑　云

副局长、党组成员　赵德刚　徐学龙　朱明华

办公室主任　徐骏杰

双拥优抚处处长　李建群

安置与就业培训处（权益保障处）处长　周　恒

姑苏区、保护区应急管理局

局长、党委书记　周马林

副 局 长　黄　平　李　斌　赵　斌　郭永贵　张万银

党组成员　李　斌　赵　斌　郭永贵　张万银

办公室（政策法规处）主任　程晓峰

应急救援处（应急救援指挥中心）处长　杨春红

安委办综合协调处（安全生产综合监管处）处长　张雪风

巡查督查处处长　张雪风

安全生产基础处处长　王劲松

危险化学品管理处处长　潘　欣

姑苏区安全生产监察大队大队长　倪汝钦

姑苏区、保护区统计局

局长、党组书记　王正茂

副局长、党组成员　宋　娟　汪　浩

办公室主任　徐　文

统计处处长　壮　辉

姑苏区综合调查队副队长　赵建树　丁　萍

苏州市观前地区综合管理办公室

主　　任　游　奕

副 主 任　郑苏冰　陈益民

姑苏区社会综合治理联动中心

主任、党组书记　周　亮

副 主 任　田言笑　孟　彦　李　希（兼）

党组成员　田言笑　孟　彦

## 姑苏区政协工作机构

办公室

主　　任　华建文

副 主 任　陈　威　魏海斌

研究室

主　　任　华建文

副 主 任　魏海斌

提案委员会

主　　任　李美祖

副 主 任　商克凡

经济科技委员会

主　　任　邹金福

社会事业委员会

主　　任　朱　琰

古城保护委员会（城乡建设委员会）

主　　任　张日金

文化文史委员会

主　　任　许培强

联络委员会

主　　任　高卫东

副 主 任　余赫香

## 人民团体

### 姑苏区总工会

主席、党组书记　杜金生

副主席、党组成员　朱　坚　李富康

### 共青团姑苏区委员会

书　　记　娄子琛

副 书 记　龚霄鹏　饶　珠

### 姑苏区妇女联合会

主席、党组书记　赵　莉

副主席、党组成员　罗佳怡　姚颖泉

### 姑苏区残疾人联合会

理事长、党组书记　金　云

副理事长　王重民　张劲松

党组成员　王重民　张劲松　王钧卿

### 姑苏区科学技术协会

主席、党组书记　郭明祥

副 主 席　沙　菲

党组成员　沙　菲　高　峰

### 姑苏区文学艺术界联合会

主席、党组书记　张卫新

副 主 席　周国红

党组成员　周国红　左昀

### 姑苏区归国华侨联合会

主席、党组书记　王敏荣

副 主 席　朱襄昆

党组成员　朱襄昆　杜　琴

### 姑苏区工商业联合会

主　　席　宫长义

党组书记　潘　文

副 主 席　潘　文　孔颖琛

党组成员　孔颖琛　杜　琴

### 姑苏区红十字会

会　　长　尤培东

常务副会长、党组书记　石冬青

副 会 长　石　标

党组成员　石　标　朱纯玉　李曼芸

## 街　道

### 平江街道（拙政园历史文化片区管理办公室）

片区办主任、党委书记，街道党工委书记　杨国栋

街道办事处主任　夏寒寒

片区办（街道）党（工）委副书记　夏寒寒　王　琰　赵　彦（公安）

片区办副主任　夏寒寒　王　琰　柏　翔　陈文伟

片区办党委委员　胡红卫　柏　翔　陈文伟　何国兵　游　奕

街道党工委委员　胡红卫　柏　翔　陈文伟　何国兵　游　奕　刘　磊　叶　雯

街道党工委政法书记　赵　彦

街道党工委宣传委员　刘　磊

街道党工委组织委员、统战委员　叶　雯

片区办（街道）纪（工）委书记　何国兵

片区办（街道）纪（工）委副书记　李可染

街道人大工委主任　胡红卫

街道人大工委副主任　陈顺龙

街道政协工委主任　王　琰

综合处（宣传处、城市集成指挥中心）处长　刘　磊

组织人事处（党建工作办公室）处长　叶　雯
财务和资产管理处处长　王志铭
城市保护建设处处长　王志斌
经济发展服务处处长　张瑞栋
社会事业处处长　吴育波
社会治理处处长　田鑫军
城市管理处（综合行政执法局、安全生产监督管理办公室）处长　程　勇
拙政园历史文化片区为民服务中心（退役军人服务站）主任　夏寒寒
拙政园历史文化片区为民服务中心（退役军人服务站）副主任　吴育波　张英缨　许　玲
拙政园历史文化片区综合行政执法大队大队长　柏　翔
拙政园历史文化片区综合行政执法大队副大队长　程　勇　王寅钰　陈小男　陆　涛

金阊街道（阊门历史文化片区管理办公室）

片区办主任、党委书记，街道党工委书记　杨　跃
街道办事处主任　韩晓庆
片区办（街道）党（工）委副书记　韩晓庆　王　静　钱海平（公安）
片区办副主任　韩晓庆　王　静　吴　刚　金晓奕　包晓华
片区办党委委员　吴　刚　朱海坤　汤志学　金晓奕　包晓华
街道党工委委员　吴　刚　朱海坤　汤志学　金晓奕　包晓华　姚建华　陈若馨
街道党工委政法书记　钱海平
街道党工委宣传委员　姚建华
街道党工委组织委员、统战委员　陈若馨
片区办（街道）纪（工）委书记　汤志学
片区办（街道）纪（工）委副书记　戈　奕
街道人大工委主任　朱海坤
街道政协工委主任　王广成
综合处（宣传处、城市集成指挥中心）处长　姚建华
组织人事处（党建工作办公室）处长　陈若馨
财务和资产管理处处长　倪　亮
经济发展服务处处长　曹　叶
城市保护建设处处长　钱春明
社会事业处处长　陈竹君
社会治理处处长　马尚群
城市管理处（综合行政执法局、安全生产监督管理办公室）处长　许　文
阊门历史文化片区为民服务中心（退役军人服务站）副主任　陈竹君　管莉军　钱亚敏
阊门历史文化片区综合行政执法大队副大队长　万　红　李　锋　庞玉峰　高钰敏　张鸣泽

沧浪街道（盘门历史文化片区管理办公室）

片区办主任、党委书记，街道党工委书记　陈宇操
街道办事处主任　张　卫
片区办（街道）党（工）委副书记　张　卫　章云丽　吴震中（公安）
片区办副主任　张　卫　章云丽　张　艳　王小荣　赵　戈
片区办党委委员　曹永良　樊志明　王小荣　赵　戈
街道党工委委员　曹永良　樊志明　王小荣　赵　戈　陈付霜　张一然
街道党工委政法书记　吴震中
街道党工委宣传委员　陈付霜
街道党工委组织委员、统战委员　张一然
片区办（街道）纪（工）委书记　樊志明
片区办（街道）纪（工）委副书记　周进修
街道人大工委主任　曹永良
街道人大工委副主任　陈建平

街道政协工委主任　章云丽
综合处（宣传处、城市集成指挥中心）处长　陈付霜
组织人事处（党建工作办公室）处长　张一然
经济发展服务处处长　吴　涛
城市保护建设处处长　周立帆
社会事业处处长　施　丹
社会治理处处长　马立新
城市管理处（综合行政执法局、安全生产监督管理办公室）处长　杜青山
盘门历史文化片区为民服务中心（退役军人服务站）主任　张　艳
盘门历史文化片区为民服务中心（退役军人服务站）副主任　施　丹　朱勤农　罗瑾华　冯毅斌
盘门历史文化片区综合行政执法大队大队长　赵　戈
盘门历史文化片区综合行政执法大队副大队长　杜青山　端木斌　吴增强　姚少杰

## 双塔街道（葑门历史文化片区管理办公室）

片区办主任、党委书记，街道党工委书记　许建荣
街道办事处主任　何　强
片区办（街道）党（工）委副书记　何　强　孙强生　苏爱军（公安）
片区办副主任　何　强　孙强生　朱亚琴　刘　伟　杜　云
片区办党委委员　朱亚琴　孙维青　刘　伟　王存新　杜　云
街道党工委委员　朱亚琴　孙维青　刘　伟　王存新　杜　云　顾司琪　袁　方
街道党工委政法书记　苏爱军
街道党工委宣传委员　顾司琪
街道党工委组织委员、统战委员　袁　方
片区办（街道）纪（工）委书记　王存新
片区办（街道）纪（工）委副书记　滕嵘嵘
街道人大工委主任　孙维青
街道政协工委主任　孙强生
综合处（宣传处、城市集成指挥中心）处长　顾司琪
组织人事处（党建工作办公室）处长　袁　方
财务和资产管理处处长　王　洁
城市保护建设处处长　马　正
社会事业处处长　项峻彦
城市管理处（综合行政执法局、安全生产监督管理办公室）处长　董　超
葑门历史文化片区为民服务中心（退役军人服务站）副主任　项峻彦　苏家蓉　曹　磊　顾苏逸
葑门历史文化片区综合行政执法大队大队长　刘　伟
葑门历史文化片区综合行政执法大队副大队长　董　超　秦旭东　蔡钧晖　余　润　韩海棣

## 虎丘街道（山塘历史文化片区管理办公室）

片区办主任、党委书记，街道党工委书记　侯丽萍
街道办事处主任　高　立
片区办（街道）党（工）委副书记　高　立　陈　青　杨成栋（公安）
片区办副主任　高　立　陈　青　孙步霖　喻立志　孙大权
片区办党委委员　孙步霖　王小平　喻立志　孙大权　夏玮杰
街道党工委委员　孙步霖　王小平　喻立志　孙大权　夏玮杰　金裕民　缪　华
街道党工委政法书记　杨成栋
街道党工委宣传委员　金裕民
街道党工委组织委员、统战委员　缪　华
片区（街道）纪（工）委书记　夏玮杰
片区（街道）纪（工）委副书记　马　骋

街道人大工委主任　王小平
街道政协工委主任　王苏宁
综合处（宣传处、城市集成指挥中心）处长　金裕民
组织人事处（党建工作办公室）处长　缪　华
财务和资产管理处处长　朱文婷
经济发展服务处处长　邵　勇
城市保护建设处处长　方　卉
社会事业处处长　高兆娟
社会治理处处长　周国英
城市管理处（综合行政执法局、安全生产监督管理办公室）处长　潘伟俊
山塘历史文化片区为民服务中心（退役军人服务站）主任　孙步霖
山塘历史文化片区为民服务中心（退役军人服务站）副主任　高兆娟　陆建明　周　洁　顾伟林　陆小娟
山塘历史文化片区综合行政执法大队大队长　孙大权
山塘历史文化片区综合行政执法大队副大队长　白金龙　潘伟俊　刘茂海

## 苏锦街道（平江新城）

新城（街道）党工委书记　蒋　鹏
新城（街道）党工委副书记　方　芳　戴晨飞　王建根（公安）
街道办事处主任　方　芳
管委会副主任　方　芳　王意钢　陈　澜　侍柱著
新城党工委委员　王意钢　陈　澜　黄利平　陈旭松　侍柱著　孙　超
街道党工委委员　王意钢　陈　澜　黄利平　陈旭松　侍柱著　孙　超　王晓刚　刘宝荣
街道党工委政法书记　王建根
街道党工委宣传委员　王晓刚
街道党工委组织委员、统战委员　刘宝荣
新城（街道）纪工委书记　黄利平
副书记　潘道鸿
街道人大工委主任　陈旭松
街道政协工委主任　戴晨飞
党政办公室（宣传办公室、城市集成指挥中心）主任　王晓刚
组织人事局（党建工作办公室）局长　刘宝荣
财务和资产管理局局长　崔胜杰
建设局局长　杨森达
社会事业局局长　陈敏娜
社会治理局局长　卢　刚
城市管理局（综合行政执法局、安全生产监督管理办公室）局长　杨　峰
平江新城为民服务中心（退役军人服务站）主任　孙　超
平江新城为民服务中心（退役军人服务站）副主任　陈敏娜　刘　燕
平江新城综合行政执法大队大队长　王意钢
平江新城综合行政执法大队副大队长　杨　峰　赵文进　李晓龙

## 吴门桥街道（沧浪新城）

新城（街道）党工委书记　范剑军
新城（街道）党工委副书记　倪　俊　李　静　陆志洪（公安）
管委会（街道）主任　倪　俊
管委会（街道）副主任　黄为一　费国方　朱　丹　陈国佐
新城党工委委员　吴同祥　费国方　朱　丹　陈国佐　顾卫明
街道党工委委员　吴同祥　费国方　朱　丹　陈国佐　顾卫明　翁欢欢　贺慧芸

街道党工委政法书记　陆志洪
街道党工委宣传委员　翁欢欢
街道党工委组织委员、统战委员　贺慧芸
新城（街道）纪工委书记　吴同祥
街道人大工委主任　顾卫明
街道政协工委主任　曹　俊
党政办公室（宣传办公室、城市集成指挥中心）主任　翁欢欢
组织人事局（党建工作办公室）局长　贺慧芸
财务和资产管理局局长　张华健
经济发展服务局局长　王梦丹
建设局局长　臧新军
社会事业局局长　丁艳玲
社会治理局局长　彭晓红
城市管理局（综合行政执法局、安全生产监督管理办公室）局长　朱忠元
沧浪新城为民服务中心（退役军人服务站）主任　朱　丹
沧浪新城为民服务中心（退役军人服务站）副主任　丁艳玲　季善爱　朱　雯
沧浪新城综合行政执法大队大队长　费国方
沧浪新城综合行政执法大队副大队长　朱忠元　李维嘉　王　奕　李　勇

## 白洋湾街道（金阊新城）

新城（街道）党工委书记　范洪根
新城（街道）党工委副书记　袁硕旻　杜　蔚　顾金根（公安）
街道办事处主任　袁硕旻
管委会副主任　袁硕旻　陈建花　曹文明　胡金华
新城党工委委员　高　勇　吴立新　陈建花　胡金华
街道党工委委员　高　勇　吴立新　陈建花　胡金华　戴　悦　钱晓云
街道党工委政法书记　顾金根
街道党工委宣传委员　戴　悦
街道党工委组织委员、统战委员　钱晓云
新城（街道）纪工委书记　吴立新
新城（街道）纪工委副书记　衣学成
街道人大工委主任　高　勇
街道政协工委主任　吴祝龙
党政办公室（宣传办公室、城市集成指挥中心）主任　戴　悦
组织人事局（党建工作办公室）局长　钱晓云
财务和资产管理局局长　范友根
经济发展服务局局长　陈建花
建设局局长　王成勇
社会事业局局长　韩龙妹
社会治理局局长　李宝华
金阊新城为民服务中心（退役军人服务站）主任　袁硕旻
金阊新城为民服务中心（退役军人服务站）副主任　费金华　范晓英　朱晓峰　张越琦
金阊新城综合行政执法大队大队长　胡金华
金阊新城综合行政执法大队副大队长　张　弘　陆冠宏　丁建涛

（李　涛）

# 荣誉和人物

## 全国信访工作“三无”县(市、区)

【苏州市姑苏区】 2020年4月2日,经国家信访局审定,姑苏区获全国信访工作“三无”县(市、区)称号。

近年来,姑苏区以习近平新时代中国特色社会主义思想为指导,坚持和发展新时代“枫桥经验”,夯实基层基础,压实工作责任,创新方式方法,严格落实信访矛盾化解责任,最大限度地把问题解决在基层,维护群众合法权益和社会大局稳定,信访综合考核成绩名列大市范围前茅。 (王旭峰)

## 全国文明单位

【苏州市姑苏区人民检察院】 2020年11月,姑苏区人民检察院获第六届全国文明单位称号。自2012年姑苏区检察院成立以来,该院蝉联省级文明单位称号,并先后获评全国检察文化建设示范院、全省检察机关先进集体、江苏省扫黑除恶专项斗争成绩突出集体等省部级以上荣誉,系统内部涌现出全省政法系统“忠诚卫士”、苏州市五一劳动奖章获得者等一批先进个人。全院上下紧盯目标不动摇、履行职责不懈怠、管好队伍不放松,聚焦全国文明单位争创目标,取得了检察业务和文明创建“双提升”的良好成效。

主要事迹:一是强化文明理念引领。该院成立八年来,立足自身实际,坚持高点定位,摒弃“甘于平庸、小进即满”的错误想法,明确项目化推进重点工作,对全年任务进行细化分解,确保每一项工作都能按时、高质量完成。持之以恒,形成不断“反思自我、超越自我”的良好习惯,先后获得全国检察文化建设示范院、全省廉政文化示范点、全省法治文化示范点等荣誉。二是努力践行文明司法。区检察院打造全省首个办案中心、为民服务中心“双中心制”模式检察院,全面保障办案公正、规范、安全、高效。积极探索公开听证制度,让检察权运行在阳光下,2020年举行公开听证案件9件。1起交通肇事案件作为全国首批检察互联网直播公开听证案例在中国检察听证网站全程直播,得到最高检、省检察院领导充分肯定,该案件同时入选省院第三期《公告》案例。主动开发律师远程阅卷系统,为律师提供远程阅卷服务。三是培育文明道德风尚。常态化开展文明创建,提供优质检察产品。积极推动古城墙保护立法，融入大运河文化带保护建设，促进“七狸山塘”“网红”旅游经济发展，相关做法被文物主管部门总结为文物保护“姑苏模式”。推出未成年人模拟法庭、“姑苏护蕊”儿童防性侵项目、未成年人法治教育“云课堂”等品牌项目，入选全市首批也是唯一以未成年人法治教育为主题的新时代文明实践示范点。聚焦群众关切，运用区块链技术打造“法眼识动物”微信平台，解决野生动物识别难的问题，推动野生动物保护步入社会共治阶段，相关做法得到全国政协委员的推介，先后登上“学习强国”平台和全国中小学生网课平台。四是提升文明服务水平。疫情发生后，全体在职党员下沉社区网格，积极参与社区人员管控疏导、宣传教育等工作600多人次，成立疫情防控突击队，先后组织12名干警奔赴防控一线，获评2020年姑苏区“优秀一线抗疫突击队”。营造法治营商环境，坚持依法保障企业权益和促进企业守法经营并重，积极开展走访调查，制发检察建议，解决涉企矫正对象经营性外出请假难的现状；同时联合区工商联，建立全市首个法治营商检企联盟，全力助推企业复工复产，服务“六稳”“六保”发展大局。切实履行社会责任，成立党员志愿服务团队，推出“三微普法”“检力护企”“多元化司法帮扶”等志愿项目，帮助社区群众解决门牌号码与公安编号不一致、违规停车占用消防通道等“老大难”问题。院集体获评苏州市无偿献血促进奖。与泗洪县山头村实施跨区域结对共建，从普法宣传、基层党建、爱心援助等方面助力其提前脱贫“摘帽”。

（丁　进）

## 全国模范职工小家

【苏州第五建筑集团有限公司人事部工会】 2020年，苏州第五建筑集团有限公司人事部工会被中华全国总工会评为全国模范职工小家。多年来，该公司人事部工会以“围绕人才促发展，构建和谐五建”为主题，在工作上大力开展创建模范职工小家的活动，通过管理团队凝聚力、向心力和战斗力的提高，使得“职工小家”与“公司大家”共同发展。

主要事迹：一是重民主管理，兴和谐小家。严格落实职工代表大会制度及民主管理监督制度。及时按照《职工代表大会条例》的规定，组织职工代表参加公司职代会，会后及时召开工会会议，充分听取代表广大一线员工的心声，竭力协调解决员工关心的热点问题。让员工参政议政，充分行使自己的合法权利。认真落实企务公开制度，按公司企务公开实施办法及时对项目应公开的事项进行公开，对各项关系到职工切身利益的事宜，项目工会广泛征求意见，民主决策，最大限度地维护职工的合法权益。二是凝心聚力、关爱员工，造温暖小家。该公司人事部工会本着“家和万事兴”，员工家庭和谐才有企业大“家”和谐的建家方针，切实关心职工生活，不管哪个部门的职工遇到困难，人事部工会始终竭尽全力为他们排忧解难，消除疑问、疑虑和后顾之忧，保持了人才队伍的稳定，增强了整个部门的团队凝聚力、向心力和战斗力。三是开展丰富多彩的活动，丰富文化生活，创建团结小家。积极参加公司组织的送温暖、送清凉、足球比赛、篮球比赛、技能竞赛等各类活动。夏天，人事部工会及时为职工宿舍安装电扇、空调，并设专人在施工现场发放盐汽水及防暑药品，真正将工会的清凉送到每位员工心里。结合工作实际，组织职工参加“十一乒乓球赛”“中秋节包饺子”“项目图书角”“周末篮球赛”“爱国主义电影集体看”等活动，丰富职工的生活，增强职工队伍的团结稳定。四是注重培养职工的学习热情，创建学习型小家。公司人事部每年组织在职人员培训达300余人次，办理各类岗位证书近百本，各类职称证、资格证书50余本，基本实现人人持证上岗。同时在职教队伍建设方面，建立健全师资力量，督促职工参加继续教育讲座和学历教育，拓展知识面，为了满足企业教育培训工作的发展，不断加大培训投资力度，为职工素质提高创造良好的学习机会。五是重维权帮扶，营造和谐小家。延续“家”内涵，哪位职工有特殊困难，工会组织第一个开展关爱帮助互动；有心存误会的务工人员来人事部讨说法，工会委员第一个出面协调，耐心讲解；小到常备的“工会医药箱”，大到“务工人员业余学校”，人事部工会时刻将职工权益放在第一位，真正将温暖小家营造到每一位职工心里。（施　婷）

## 全国模范人民调解委员会

【姑苏区双塔街道人民调解委员会】 2020年12月，姑苏区双塔街道人民调解委员会获全国模范人民调解委员会称号。近年来，双塔街道人民调解委员会在街道党工委、办事处的领导下，在上级司法行政部门的指导关心下，坚持和发展“枫桥经验”，勇于实践、敢于创新，筑牢纠纷化解“第一道防线”。近三年，化解各类纠纷2822件，其中复杂疑难纠纷223件，有力维护了辖区社会稳定。2016年获评江苏省人民调解委员会规范化建设示范点，2018年被评为全省优秀基层劳动争议调解组织。

主要事迹：一是强化调解阵地建设，延伸人民调解工作网络。双塔街道人民调解委员会进驻街道公共法律服务中心，设有办公室、谈心室、档案室、接待大厅、人民调解室、私密接待室以及远程调解室、室外调解平台等专属调解功能室，并与区人社局、区退役军人事务局联合成立劳动争议调解中心、老兵调解室，通过“敞开式”“便民式”“阳光式”调解服务，实现“面对面”“背靠背”调解以及视频联络、远程调解等功能有机统一。建立“街道—社区—网格”三级调解网络。建成“横到边、纵到底”“防、控、调、处”全覆盖、全流程的人民调解工作网络。打造“小巷评理”调解品牌，街道调委会始终坚持“调防结合、预防为主”的人民调解方针，运用“大院说理”“板凳会议”“名家说法”等多种群众喜闻乐见的形式，推动建立群众参与社会矛盾纠纷化解的人民调解工作法，通过加强纠纷源头治理、综合治理，把矛盾纠纷化解在基层萌芽状态。推出“共享人民调解”，与苏州广播电视总台苏州生活广播（FM96.5）知名栏目《金乡邻》合作，推出“共享人民调解”，借助电波献“声”的方式在充分保护当事人隐私的前提下，展现依法调解的过程，为街道调委会开辟了新的工作渠道，极大提高了人民调解工作的社会影响力。二是强化调解员队伍建设，提高队伍的调解能力和综合素质。加强规范化建设，坚持依法依规开展人民调解工作。街道调委会一直将抓队伍素质和工作规范摆在首位，调解员严格按照人民调解工作规范开展纠纷排查化解工作，近三年，人民调解员无违规违纪行为发生。在全区率先统一专兼职调解员和调解志愿者着装，更加规范、专业地开展人民调解工作。积极编写人民调解案例，为调解员开展调解提供参考。街道调委会4份卷宗、3个案例分别入选苏州市优秀卷宗和典型案例。开展定期培训，提升调解员知识水平和调解技巧。自2017年起，街道年均投入5万元购买社会组织服务，组织培训项目，对街道调委会的人民调解员和人民调解志愿者进行法律法规、调解技巧和调解文书制作等系统培训，为调处化解各类社会矛盾纠纷夯实基础。引入律师志愿者，提升队伍专业化水平。街道调委会引入辖区6家律师事务所的律师作为人民调解志愿者，对调解员在重大疑难复杂矛盾纠纷、征地拆迁纠纷调解过程中涉及的法律法规适用、调解协议起草提供指导，提高调解员队伍的专业性。在法院前置案件调解中，调解员经指导一次性达成34件人民调解协议，并获姑苏区人民法院裁定司法确认。三是强化纠纷排查化解，切实维护辖区和谐稳定。认真开展矛盾纠纷排查化解工作。2017~2019年,街道调委会共开展矛盾纠纷排查370余次,化解各类纠纷2822件,其中复杂疑难纠纷223件,无1起因调处不及时或调处不当,引发群体性纠纷和民转刑案件。着力化解辖区重大矛盾纠纷。华东地区最大玉石原石市场所在地——相王玉器城涉及商户170户,业主150多户,其中新疆维吾尔族商户近100户。该玉器城产权、经营、租赁群体性纠纷持续十多年,街道调委会积极搭建调解平台,促进各方通过法律途径解决矛盾,有效维护了市场稳定,多次获得区委、区委政法委领导认可。积极服务疫情防控和经济复苏“双胜利”。疫情期间,街道调委会主动作为,深入社区、企业对合同履行、劳资关系等矛盾纠纷苗头重点排查,及时为疫情期间房屋租赁、劳动争议纠纷等提供服务。疫情期间成功化解47件涉企民商事纠纷,涉及当事人100余人、金额80余万元。积极参与非诉讼纠纷解决机制建设。街道调委会积极参与其中,成为姑苏区人民法院首批非诉分流试点单位,通过“人民调解+司法确认”,实现柔性化解和刚性裁判互补,让辖区群众有了更多可供选择的解纷方式。(陈　洁)

## 全国最美家庭

【范文贤家庭】 2020年,范文贤家庭被中华全国妇女联合会评为全国最美家庭。古语云:“道德传家,十代以上,耕读传家次之,诗书传家又次之,富贵传家不过三代。”范氏家族就是以道德传家为主线传承家规家训。范文贤家庭以范氏家训家规为修身之道,注重家庭和睦的价值追求,睦邻友好、守望互助的仁爱要求。

主要事迹:范文贤是范仲淹二十九代世孙,其父以经营丝绸为业,膝下五子女,范文贤排行第三。范氏家族自有家史以来始终注重严谨的家教、正派的家风,族人自小接受范氏家族的家规家训:忠孝为先,仁义为本,读书为上,守法为高,姐妹和睦,家和万事兴。始终积善行德,宽以待人,守规循法,淡泊名利。范文贤自幼接受家风家训的教诲和熏陶,从小养成了诚实守纪、勤奋和善的品格。作为一名老三届知青,在农村生活了七年半,农村的艰苦岁月,锻炼了范文贤健康的体魄,养成了其坚韧不拔、吃苦耐劳的精神,为后期工作的进步夯实了基础。在家规家训的熏陶下,他从一名普通的工人很快晋升到厂级领导,随后又得到社会的认可,先后当选两届市人大代表、成为两届市政协委员。范文贤热心公益,退休后仍然不忘发挥余热,着手建起苏州市知青文化研究会,为苏州市知青搭建起沟通交流的平台,营造良好的社会氛围,多次为时间久远失去联系,或病残知青寻找到亲人和故友。熟悉范文贤的人都知道,范文贤乐于助人,特别热心肠,他还将家里的一部分书册献给会馆,作为范氏子孙的贡献,让范仲淹的思想品德发扬光大,让更多的人了解和学习范氏家训,养成良好的家风习惯。（张国兰）

## 全国先进工作者

【刘嫣静】 女,1974年12月出生,汉族,中共党员,中小学高级教师,苏州市姑苏区特殊教育学校党支部书记。近年来,她先后获得全国五一巾帼标兵、全国三八红旗手、江苏省劳动模范、江苏省优秀共产党员、江苏省最美人物、江苏好人、江苏省优秀教育工作者等称号。2020年11月24日,在全国劳动模范和先进工作者表彰大会上,刘嫣静获2020年全国先进工作者称号。

主要事迹:2002年,28岁的刘嫣静主动放弃优越的工作,毅然选择特殊教育。十八年来,刘嫣静用实际行动诠释了爱与责任，与智力障碍孩子之间发生了许许多多平凡而感人的故事，也成了特教战线的一个先进典型。她爱生如子，用母亲般的爱温暖情绪不能自控的学生，用超乎寻常的忍耐力照顾生活不能自理的学生，用坚韧不拔的意志力疏导胆小自闭的学生。学生们都亲切地喊她“老师妈妈”。她坚持进行教学改革与实践，积极探索适合中重度智力障碍学生的课程模式，先后担任全国培智学校义务教育课程标准评审组专家、全国培智学校义务教育实验教科书编写组成员。她以母亲的大爱和教师的责任默默守护特殊学生，给折翼天使插上了逐梦的翅膀！从首创学前教育康复班，到建立智力障碍少年职业教育基地，她的助残兴教之路没有终点。刘嫣静说，自己虽然没有“桃李满天下”的喜悦，但是让折翼天使生活得更有尊严，这种难得的幸福，意义更大。

（魏姝航）

# “姑苏八点半”赋能古城文化优势

城运与文运相牵，城脉同文脉相连。古城文化，是一个国家历史名城的根脉所系和精髓所在。历史上伟大的城市，无一不是在古城文化熏陶中延绵强大起来的。古城也总是将它自带的各种器物、建筑、符号、语言、风俗习惯等城市痕迹的文化印记传递给后生晚辈们。一座拥有属于自己的文化的城市，就拥有了得天独厚的发展资源及未来前景。

苏州，之所以拥有“人间天堂”美誉，登上中国首批24座国家历史文化名城（1982）和国家首个历史文化名城保护示范区（2012）之榜，就在于其拥有吴文化的发祥地、诸多远古文化遗址、被列为世界文化遗产的古典园林，还有平江路、同德里等古建老宅、古街小巷和当代“三大法宝”、国家高新技术产业基地等，“有料、有种、有趣”的文化底蕴架构起延续2500年历史的深邃、丰厚、博大、创新的城市文脉故事。由泰伯带来的中原文化和土著文化结合而生的“吴文化”，滋养和延绵了兼具开放性与包容性的苏州城市品格。由“张家港精神”“昆山之路”和“园区经验”联袂打造的“三大法宝”，培育和塑造了以创新为第一动能、以拼搏为第一姿态、以实干为第一生命的新时代苏州精神。古城文化既需传承保护，更要赋能创新。传承与保护并举、创新与赋能共舞，是苏州“做实做亮历史文化名城”，让“白发苏州”焕发新时代青春容颜的历史过程及其发展大势。“姑苏八点半”赋能古城文化，既有实质性的内容，亦承带方法论的意义。只有在传承保护的基础上，不断地赋能创新古城文化的生活气息和表达语境，才能将其嵌入市民的心灵与思想、理智与情感的精神世界，从而真正进入日常百姓生活。

“姑苏八点半”作为一项集文旅、消费与休闲，全市域、一体化赋能古城文化的品牌，是苏州迄今最前卫的举市智慧工程，它不仅关乎城市经济，更关乎市民生活；不仅关乎企业商家，更关乎消费者利益；不仅关乎社会治理，更关乎宜人秩序；不仅关乎本土市域利益，更关乎人类共同体命运。在这个意义上说，源自三区合并的“物理拼盘”，催生于思想再解放、开放再出发、目标再攀高的“化学反应”，瞄准于“现代国际大都市、美丽幸福新天堂”

建设目标的“硬核”工程,“姑苏八点半”属于苏州,属于中国,也属于全人类。作为一项构筑人脉、提质消费和激发活力的共享发展工程,文旅、科技、安全构筑“姑苏八点半”赋能古城文化的三维向度。其中,文旅融合是功能拓展赋能,科技支撑是创新硬核赋能,安全舒心是治理效能赋能。

文旅融合是“姑苏八点半”赋能古城文化的功能拓展。依循我国社会主要矛盾转化为人民日益增长的美好生活需要和不平衡不充分的发展之间的矛盾所隐含的“价值逻辑”,即在社会主要矛盾转化过程中,人民对文化和旅游所持有的一种精神性价值追求,将成为推动社会经济发展进步的主体性消费能力。文化和旅游的融合既是需求端的消费升级,也为供给侧改革提供了一条可行路径。当游客消费从欣赏美景转向体验生活,传统的以山水景观为代表的旅游资源和以非遗文博为代表的文化资源,就亟待焕新激活转化为一系列可体验的消费性文化产品,从而实现游客从“到此一游”到“在此停留”的目的地转向。“姑苏八点半”的“夜show、夜游、夜食、夜购、夜娱、夜宿”主题项目,不仅为文旅融合提供了基础的生活消费场域,而且,还直接提供了文旅融合所必需的旅游产品和文化服务资源,使古城文旅资源“统起来、用起来、火起来”,有效塑造了新时代国家级全域旅游示范区、国家文化和旅游消费示范城市的现代性开放形象。

科技支撑是“姑苏八点半”赋能古城文化的创新硬核。客观而言,古城文化的本质特征在于“民间多方叙事”。特别是“互联网 +”时代,古城文化的解读方法、传播平台和认同向度与“民间多方叙事”相互交织,形成了对古城文化认同的社会技术性难度。再说信息化时代,古城文化已不再是唯一的知识权威。伴随城市现代化生活资料、生活方式的勃兴,市民对古城文化的认同性和信任度呈消解或下滑态势。据此,任何试图单纯依靠传统文化知识来解读、传承、保护古城文化的方法都不现实了。因此,如何应对古城文化可能消失的风险,已经不仅仅是历史学家、文化学者们的使命,也需要科学家们的广泛参与和科学技术的强力支撑。科技支撑为“姑苏八点半”赋能古城文化提供了一系列创新智能手段。疫情后,作为苏州城市名片,入选国家级非遗名录的农历四月十四“轧神仙”民间狂欢节,就靠信息公开、知识普及、行为问责的“云逛街”“云课堂”等七大“云”主题活动,成功地把“轧神仙”传统节日从线下搬到线上,吸引了120多万人次上线“轧闹猛”。“轧神仙”传统节日的现代虚拟版升级成功证明,“健全科技支撑体制”是“姑苏八点半”赋能古城文化的创新实力,也是古城文化现代化的重要内容。

安全舒心是“姑苏八点半”赋能古城文化的治理效能。由企业商家、消费客户和市域管理协同经营的“姑苏八点半”品牌项目,其治理效能的最大障碍来自不同利益主体诉求差异而产生的各种利益藩篱。“安全舒心—连接一切—赋能于人”,构筑以人员流动、产品多款、服务多样、信息公开为特征的“姑苏八点半”赋能古城文化治理效能的社会共同体新形态、新格局。

(摘自2020年5月19日《苏州日报》)

## 苏州古城社区治理“标准化建设”进行时

作为全国唯一的国家历史文化名城保护区,姑苏区既是苏州的中心城区也是老城区。85.1平方千米土地,拥有常住人口110.7万,流动人口超过三分之一,面临着人口结构“穷老外”(困难群众、老年人、外来人口）、社会治理“老大难”（基础设施老、服务压力大、基层治理难）的困境。面对短板和挑战，必须不断推进社区治理创新，提升社区治理水平。从去年开始，姑苏区开展了“美好社区”创建。今年，姑苏区从“整洁一点”“有趣一点”“便利一点”“温馨一点”“安全一点”五个维度出发，用一套“美好指数”体系量化和具象化所有人对社区生活的亲身感知，以及所有人在社区中的付出，而这也标志着苏州古城的社区建设进入了“标准化时代”。

那么，如何评定社区美好不美好？如何引领居民共同创造更美好的社区？9月1日，姑苏区发布上半年“美好社区”美好指数：92.58分！比去年上半年提高了6.58分。这个分数被称为“美好指数”，其背后是一套全方位的测量体系，不仅让“美好社区”“有料”，更让广大群众“有感”。

## 生活细节到处透着“小美好”

“美好社区”是什么样？落到具体生活中，社区居民最有发言权。昨天，记者跟随家住三元三村的陆莲芳，体验了一天的生活。

上午10点，忙完一堆家务事，陆莲芳来到刚刚改造一新的运河社区党群服务中心，和老姐妹们一起排练舞蹈。舞蹈室在四楼，可乘电梯直达，80多平方米的场地显得很宽敞，还安装了一面大镜子，比起专业的舞蹈房一点也不逊色。“为了给居民提供更多活动场地，社区党群服务中心在改造时考虑到了很多细节。”金阊街道运河社区党委书记赵奕燕告诉记者，原本，社区二楼和三楼都是办公场所，现在社区工作人员办公全部集中到了一楼，把楼上三层空间腾出来让给居民，除了四楼的舞蹈室，还增设了儿童游乐园、咖啡吧、书画区等，周一到周五安排有不同的课程，比如瑜伽、朗诵、葫芦丝、戏曲、合唱等，居民们可以选择感兴趣的活动参加。新装的电梯更是让居民们拍手叫好。“以前到社区参加活动，爬楼太吃力了。现在有了电梯，上下楼很方便，我们也更爱往社区跑了。”陆莲芳说。

中午11点半，排练完舞蹈，陆莲芳打电话回家，喊上老伴一起去新开的滨河日间照料中心吃午饭。滨河日间照料中心离得不远，走路10分钟就能到。进门后，三菜一汤热腾腾地端上桌，大排、肉末茄子、空心菜和鸡蛋汤，总共花了12元。“这里的饭菜味道很好，而且每天不重样。白天儿女们都上班了，中午就我和老伴两个人在家，来这里吃饭省时省力。”陆莲芳一边吃饭，一边向记者介绍，日间照料中心楼上有活动室和休息室，提供助浴、理发、采耳、扦脚、代购等生活服务，特别方便。滨河日间照料中心开业两周时间，已经有60多位老人前来登记就餐。

下午，陆莲芳和老伴在小区里悠闲地散步，顺便去马路对面的三元二村农贸市场买菜，准备给下班回家的儿女们烧一桌丰盛的晚餐。“一个多月前，三元二村农贸市场完成改造，和以前比可是大变样了。”走进农贸市场，整体空间宽敞明亮，各类摊位整洁有序，蔬菜、肉类、水果等琳琅满目。陆莲芳和老伴逛得起劲，很快手上就拎了不少菜。记者留意到，农贸市场内增设了便民服务台、顾客休息区、垃圾分类收集点等区域，绿植随处可见，苏式顶灯、饰窗等特色鲜明，还安装了中央空调。

“如今，社区建设越来越好，我们的生活也越来越方便，如果要我打分，肯定是一个高分。”从农贸市场回来，陆莲芳遇到了正在巡逻的网格员，聊起社区的种种变化，忍不住“点赞”。

## “五个一点”就是社区建设“小目标”

陆莲芳一天的生活，是姑苏区“美好社区”建设成果的一个缩影。

社区是社会的“细胞”，涉及百姓生活的点滴小事。2018年，姑苏区以高分通过第三批全国社区治理和服务创新实验区验收，在社区治理体系建设和服务模式创新方面进行了积极探索，形成了具有姑苏特色的社区治理之路，在省内乃至全国走在了前列。

“实验区”的牌子拿到手，接下来该怎么做？2019年，为巩固“实验区”创建成果，姑苏区启动“姑苏区社区治理与服务创新发展五大行动”，其中，“美好社区创建行动”成为引领核心。同年，姑苏区推出“星级美好社区评比”，更加注重环境优美指标，更加注重居民协同参与，更加注重群众的幸福感、获得感。

去年以来，姑苏区在“美好社区”建设中开足马力，完成9个社区用房达标建设、18个特色社区打造，深入推进8个社区协商民主建设示范项目，完善社区工作者职业化发展体系；构建以街道综合为老服务中心、社区日间照料中心、社区助餐点为主渠道，社会化助餐为补充的社区养老服务体系；建设首批8个综合为老服务中心，在全市率先试点养老顾问制度，打造了全市首家“社区食堂”。

“至今，‘美好社区评比’是姑苏区唯一保留的以区委、区政府名义对社区进行表彰的综合性考核。”姑苏区民政和卫生健康局局长钱艳虹介绍，姑苏区构建《姑苏区美好社区创建活动评估指标体系》，围绕“整洁一点”“有趣一点”“便利一点”“温馨一点”“安全一点”的居民诉求，通过“部门评价+居民评价”“客观指标+主观指标”和“统计数据+问卷调查”三个“双重评价”的综合指标体系，一方面依托部门，结合测评指标形成客观指数，另一方面立足居民感知，结合问卷调查形成主观评价，综合体现美好社区的创建成效。

今年，姑苏区再次优化调整评估指数，主观指标从39个细化到51个，客观指标从15个细化到22个。“所谓民生小事，是与群众密切相关、体量较小、资金量不大，但由于职责不明、处办流程较长而形成的民生问题，以及各类社区公共服务需求和突发性问题。”姑苏区社会综合治理网格化联动机制领导小组办公室专职副主任沈彦表示，73项指标是服务而不是形式。今年，姑苏区紧扣“第一时间发现问题，最快速度解决问题”目标，从群众最关心、最迫切、最直接的民生小事着手，不断深化社区治理能力和网格化管理成效。至8月底，全区启动民生小事项目121个，处置各类应急事项45个，共使用民生小事应急资金214.5万元。

**“标准化”是基层社会治理创新的“小理想”**

“美好社区”建设聚焦“办好群众大大小小的事”，以绣花般的精细精准加强社区综合服务能力建设，让更多群众在家门口、于细微处体会生活“质感”、感受姑苏“温度”。

“2020年上半年，‘美好社区’美好指数具有总分显著提升、特色更加明显、主观指标得分首次高于客观指标等特点，这说明居民的获得感、幸福感、安全感、认同感得到了显著提升。”钱艳虹介绍，其中，“安全一点”无论是客观指标，还是主观指标，得分均大幅提升，从87.15分提高到95.37分，在所有维度中的得分最高，显示了人民群众对于社区防控、群体帮扶、安全应对等方面工作的高度肯定；“便利一点”数据从83.64分提高到93.20分，排在五个维度的第二位，综合反映出社区设施、政务服务、社区养老、网格服务、农贸市场提升改造等方面工作得到了居民的高度肯定；“整洁一点”“温馨一点”主观感受指数一举超过客观评价，既反映了前期的老旧小区改造、街巷整治和公厕更新等建设成果，又显示了老人、残疾人等困难群众保障水平以及社区民主协商等方面的发展成果。

对此，作为姑苏区社区建设专家顾问团的成员，第三届全国基层政权建设和社区治理专家委员会成员，华中师范大学政治学研究院教授、博士生导师陈伟东表示，姑苏区“美好社区”的创建方案和评价指标体系是系统的、完整的，结果是美好的。“从指数变化的情况，我们可以看见创建活动是成功的，评价指标体系是可行的。”他表示，星级“美好社区”创建和评价，为解决社区治理中出现的问题，提供了姑苏方案和可借鉴的经验。

“‘美好社区’美好指数体系，是站在人民的立场定位和设计的，充分体现了以人民为中心的思想和新的发展理念，让姑苏发展有温度，群众生活有质感。”民政部政策研究中心科研处处长兼社会调查中心主任王有华认为，“五个一点”代表五个维度，涵盖了居民工作生活的方方面面，将其细化、量化、实化，三级指标让群众看得见、摸得着、接地气，同时，这个指标也是开放式的，可以根据居民群众需求和工作实际不断调整完善。王有华表示，姑苏区“美好社区”美好指数评估工作成效显著，体现了创建成效，也提升了社区治理和服务创新的质量与高度。“这是姑苏区推进社区建设标准化的一个亮点。”王有华说。

**编辑手记**

每一项指标都是服务

“73项指标是服务而不是形式。”——姑苏区说得好！

党的十九届四中全会《决定》提出，健全党组织领导的自治、法治、德治相结合的城乡基层治理体系。自治是指在基层实行群众自治。居民委员会和村民委员会是基层治理的重要力量，直接面向人民群众、直接服务人民群众。法治在基层治理中不单指遵守法律条文，也包括遵守村规民约、公共秩序等一整套规则体系，还包括在做群众工作和解决矛盾纠纷时树立法治观念，运用好法治思维和法治手段。德治是指强化道德教化作用，引导群众向上向善，结合时代要求对基层社会的道德规范进行创新。“三治”缺一不可：德治缺失，会导致治理成本大幅提高；自治或法治缺失，基层社会秩序就难以维持，因而不能把“三治”割裂开来。

而姑苏区的“五个一点”，看似简单，实际上是将“三治”的功能更好地结合在一起，综合发挥作用。建立在“五个一点”理念上的“标准化建设”，更是系统工程，73项细化指标也与党建、政法、宣传、教育、综治、农业农村等部门和工作都有关系，需要科学设置管理体制与组织架构，理顺政府与社会的关系，统筹社会各方面力量，把各项指标融入党委、政府及其部门的全部基层治理工作中。当前，基层治理的创新做法很多，我们期待姑苏区将其中的有益做法进行总结、提升，进一步创新“三治”结合的有效载体。

（摘自2020年9月24日《苏州日报》）

## 织好历史文化名城保护更新“双面绣”

近日，习近平总书记在江苏考察时，对江苏提出了“争当表率、争做示范、走在前列”的要求，体现了党中央在新征程上对江苏的殷切期许。

苏州市委深入贯彻落实习近平总书记视察江苏重要指示精神，明确提出了“践行总书记‘勾画现代化目标’殷殷嘱托，努力建设社会主义现代化强市”的部署要求。姑苏区作为苏州“一核四城”战略之“核”，坐拥2500多年历史的姑苏古城，是全国唯一的国家历史文化名城保护区。市委高度重视姑苏区历史文化名城的保护与发展，主要领导多次就古城的保护更新、景观风貌提升、文化产业升级等工作进行研究部署。

对于姑苏而言，推动总书记重要讲话指示精神和市委部署要求落地生根，就是要把高质量、高标准、可持续发展要求贯穿古城保护与更新的全过程，为全国历史文化名城保护工作做出新的表率和示范。我们将全面融入长三角一体化发展国家战略，积极顺应“沪苏同城化”发展趋势，立足资源禀赋、汲取先进经验、加强改革创新，用精品思维和“绣花”功夫建设品质高、产业强、环境优、人文兴的魅力古城，以争当表率、争做示范的实际行动，奋力书写走在前列的“姑苏答卷”。

### 01 聚焦“最江南”，打造近悦远来的魅力古城

习近平总书记高度重视历史文化保护工作，提出要突出地方特色，更多采用“微改造”的“绣花”功夫，对历史文化街区进行修复。

姑苏古城历来是世人看苏州、读苏州、品苏州的最重要窗口，是江南水乡的一张靓丽名片。近年来，我们坚持整体保护古城，《苏州国家历史文化名城保护条例》等地方性法规推动出台，“吴中第一名胜”虎丘地区综合改造取得突破性进展，“中国历史文化名街”山塘街保护性修复进展过半，最具古城韵味的平江片区重点功能区保护修缮扎实推进，中张家巷河成为新中国成立以来古城内第一条恢复的河道。我们强力推进“靓丽姑苏”违法建设专项治理，仅今年第四季度就拆违3万平方米，有效推动了古城风貌保护和安全隐患消除。我们持续深入开展环境卫生综合整治、征收搬迁扫尾清零等专项行动，城中村、背街小巷等环境顽疾得到有效治理，主要路段常态化达到“可席地而坐”标准，黑臭河道全部消除。

下一步，我们将按照“让城市留住记忆，让人们记住乡愁”的要求，持续深化整体保护和活态保护，全面对标借鉴上海、北京等先进城市和地区的成功经验，不断擦亮“东方水城”“人间天堂”的金字招牌。

一是以传统风貌肌理勾勒“古城之韵”。着力完善集整体保护、多元投入、项目储备、绩效评估、考核奖励等环节于一体的“一揽子”制度体系，积极推动古城有机更新。计划利用2~3年时间全面完成平江片区保护修缮、七里山塘全线贯通、虎丘地区综合改造等重点项目。同步深入开展名人故居梳理保护、历史街区文化遗存展示、绿化景观提升等三大工程，打造一批苏式传统民居老宅、吴地水乡特色街巷，实现架空线全面整治入地、背街水巷风貌整体提升，做到“一街一特色、一巷一品牌”，切实保护古城传统风貌景致和空间肌理，高标准做好城市绿化的规划设计和建设管养，尽早实现古城景观“旧貌换新颜”。

二是以靓丽城市品质彰显“古城之秀”。按照“城市客厅”标准，巩固扩大“两扫”“两小”综合整治工作成果，实现启动5年以上征收搬迁项目清零。全面推进“靓丽姑苏”违法建设专项治理行动，力争三年内拆除全部存量违法建设，坚决遏制新增违建。持续完善城市功能配套，围绕10余个重点片区、5条主次干道、120余条街巷试点开展整治提升，综合实施危旧房解危改造、老旧片区交通安防、居民家庭改厕、老住宅小区整治等工程，加快农贸市场、垃圾亭、城市公厕的提标升级，逐步提升古城城市品质。

三是以优良生态环境诠释“古城之美”。贯彻落实“美丽江苏”“美丽苏州”各项工作部署，深化生态环境综合治理、系统治理、源头治理，进一步加强生态环境系统保护修复。常态化开展餐饮服务、废旧物资回收、五金加工、农副产品交易等“四类行业”专项综合整治，对不适宜古城发展的低端落后业态进行挤压和清理。全面推进垃圾分类，加快构建分类投放、收集、运输和处理的良性循环，确保于年内实现全覆盖。打好大气、水、土壤污染防治攻坚战，严格落实“河长制”，加快水污染防治重点工程项目进程，全面提升生态环境质量，做到水体清澄、空气清新，让“美”在姑苏无处不在。

### 02 聚焦“最现代”，打造生机蓬勃的活力古城

习近平总书记在考察江苏时强调，要坚持把发展经济着力点放在实体经济上，围绕产业基础高级化、产业链现代化，发挥协同联动的整体优势，全面塑造创新驱动发展新优势。

保护和发展是辩证统一的关系，古城的发展离

不开产业的支撑，关键要立足自身实际，找准“绿水青山”和“金山银山”之间的转化路径。近年来，我们依据姑苏自身特点推动产业转型升级，引进华贸中心、中信出版、中国电子等一批具有较强辐射力的重点项目，建成了蓝·芳华等一批主题鲜明的特色产业园区，成功举办三届苏州国际设计周，获评“中国商旅文产业发展示范区”“国家文化新经济开发标准试验区”。我们加快古城文旅融合，浸入式昆曲《浮生六记》等一批品牌享誉中外，获评国家古城旅游示范区和省级全域旅游示范区。我们打造文旅消费盛宴，率先启动“姑苏八点半”夜经济工作，积极融入“双12苏州购物节”，观前、石路、南门三大商圈同步启动，各大商超、综合体单日销售总额同比增长150%，观前地区获评省级夜间文旅消费集聚区。今年，姑苏区地区生产总值、公共预算收入和固定资产投资预计实现正增长，在疫情影响巨大而深刻的背景下，这对于服务业占比超过90%的主城区来说实属不易。

下一步，我们将坚持以亩产论英雄、以质效配资源，紧抓长三角一体化发展战略机遇，主动借力上海的城市能级、示范效应和产业带动能力，用创新赋能传统产业转型，用改革推动新兴产业集聚，加速推进产城融合，激活高质量发展的新引擎。

一是推动文化资源“创新转化”。充分发挥历史文化资源丰富、历史人文积淀深厚的优势，全力打响“江南文化”品牌。推进“文化强区”建设，推动“文化+科技”“文化+旅游”“文化+商业”融合发展，力争明年底实现文化产业占地区生产总值比例贡献翻番。营造文化经济新生态，围绕动漫游戏、影视传媒、创意设计等数字文化产业的细分行业，大力发展IP经济、授权经济。加快全域旅游发展，开发一批具有较强交互性、体验性的特色文旅融合产品，策划一批具有话题度、视觉感的“网红爆款”和“流量活动”。深入推进大运河文化带姑苏段建设，全面完成苏州“运河十景”中“姑苏六景”的打造，挖掘弘扬“轧神仙”、吴地端午、石湖串月等运河民俗文化，努力将姑苏段建设成为大运河文化带中“最最精华的一段”。

二是推动产业集群“能级跃升”。围绕产业载体优化升级、新型产业创新发展、古城新城协同发展等要求，继续加快产业基础高级化、产业链现代化进程。依托老旧厂房、古建老宅等优质资源，加大新业态、新经济的培育力度，加快星辉1976等产业园改造升级步伐，强化科技赋能和项目引领，大力发展以文创设计、科技创新、技术服务为主的新型都市产业。以古城以北34.5平方千米的北部经济区创新发展为抓手，系统整合并有效激活产业基础和空间资源，精准招引一批龙头企业和总部项目，着力打造数字经济、口岸经济、总部经济、信创经济等四个产业功能园区，推动物联网、互联网等新兴产业快速发展，助力古城传统产业向信息化、智能化、数字化转型。

三是推动传统商圈“蝶变新生”。瞄准国内外顶尖水平，积极借鉴上海黄浦区在商圈打造、数字化推动传统企业转型升级上的先进经验，加大传统商圈的转型力度，推进观前商圈老字号和传统商业的提档升级，促进石路商圈现代和文化深度融合，加快南门商圈“苏式精品生活”元素的策划打造，积极招引一批首开店、旗舰店、品牌店、“网红”店、特色餐饮店入驻，加快打造更多兼具文化特色和产出效益的现代化商圈。深化与喜马拉雅、小红书、哔哩哔哩等一批互联网头部企业的合作，引导商圈内的传统行业向高端化、定制化、品牌化方向发展，加快推出一批特色“网红”品牌和“拳头”产品。

### 03　聚焦“最舒适”，打造和乐和美的宜居古城

习近平总书记在考察江苏时要求，要加大就业、教育、社保、医疗投入力度，促进便利共享。

姑苏古城之所以独特，在于其至今依然是苏州的城市核心，发挥着完整的政治、经济、文化、社会等现代城市功能。只有始终坚持以人为本，将古

城保护成效与本土生活宜居相结合，才能真正打造“活的古城”。近年来，我们始终坚持党建引领，聚力办好群众大大小小的事，“苏式教育”“虚拟养老”等民生服务工作走在全省乃至全国前列。我们着眼打通城市治理“最后一公里”，深入开展星级“美好社区”建设，创新网格化治理模式，将各类执法力量、服务资源最大限度靠近基层、贴近群众，实现第一时间发现问题、最快速度解决问题，获评“全国社区治理和服务创新实验区”“全国和谐示范城区”。

下一步，我们将把“人民城市人民建，人民城市为人民”理念贯穿全过程，积极探索具有姑苏特色的社会治理创新之路，真正实现群众生活更加整洁一点、有趣一点、便利一点、温馨一点、安全一点。

一是对标社区建设水平的“尺码”。持续深化“全国社区治理和服务创新实验区”建设，对照居民群众对美好生活的新期盼，客观衡量社区整体建设水平，进一步完善“美好指数”指标体系。聚焦社区居民自治管理、社区服务精准供给等“六项能力”，高质量开展社区居委会、网格化联动工作站、各类为民服务载体、社区联合工作站、卫生服务中心等“五大支柱载体”建设。扎实推进社区公共事务“民事民议民决民办”，推动基层整合审批服务执法力量改革落地生根，进一步为基层减负、放权、赋能，加快构建简约、高效、便民的基层管理体系，让居民获得感更强、安全感更有保障、幸福感更可持续。

二是增强民生保障能力的“砝码”。坚持把保就业、保基本民生、保市场主体等“六稳六保”重点任务抓紧抓实，积极采取稳岗减负举措，加强对失业人员的监测和形势预判，开展困难群体精准化帮扶，发挥社会救助兜底保障作用，加快构建覆盖全民的分层救助体系。牢牢抓住人民群众最关心、最直接、最现实的利益问题，全力做好基础性、兜底性民生实事项目建设，扩大优质公共服务供给，在打造教育服务强引擎、卫生服务共同体、养老服务新地标等方面探索新模式、拓展新路子。

三是解锁社会治理效能的“密码”。持续推进党建引领服务中心任务“一线争先，一体行动”，发挥街道“大工委”、社区“大党委”统筹资源、联动攻坚的作用，构建“大党建+大融合+大治理”工作格局。完善网格化治理模式，扎实推进网格、联动站、数据库、平台的建设，运营好区城市运行联动指挥平台，推动社会治理基础数据资源一体化采集、一张网共享、一站式服务，将社区网格打造成采集信息、发现风险的“第一触角”，化解矛盾、消除隐患的“第一阵地”，便民利民、解决问题的“第一窗口”，群众自治、多元参与的“第一平台”。大力开展交通秩序整治提升，以道路交通管理的现代化、智能化、精细化提升城市的运转秩序和效率，让百姓更有安全感和获得感。

（摘自2020年12月15日《北京西路瞭望》，作者黄爱军，系苏州市委常委、姑苏区委书记、苏州国家历史文化名城保护区党工委书记）

表10-1　2020年姑苏区主要经济指标

| 指标 | 单位 | 累计完成 | 同比增幅 |
|---|---|---|---|
| 一、地区生产总值 | 亿元 | 819.90 | 0.02% |
| #服务业增加值 | 亿元 | 757.80 | -0.6% |
| 服务业增加值占比 | | 92.4% | -0.7% |
| 二、一般公共预算收入 | 亿元 | 63.81 | 0.3% |
| #税收收入 | 亿元 | 56.42 | -3.2% |
| 一般公共预算支出 | 亿元 | 71.62 | 20.8% |
| 三、净增注册资金 | 亿元 | 248.62 | 44.7% |
| 净增企业数 | 家 | 2269 | 86.6% |
| 四、规模以上工业总产值 | 亿元 | 40.77 | -6.2% |
| 五、社会消费品零售总额 | 亿元 | 829.21 | -4.1% |
| #限额以上 | 亿元 | 365.70 | -9.5% |
| 六、全社会固定资产投资额 | 亿元 | 236.86 | 0.03% |
| #房地产投资额 | 亿元 | 123.20 | -33.7% |

表10-2　2020年姑苏区一般公共预算收入

| 指标 | 累计完成（亿元） | 同比增幅 |
|---|---|---|
| 一般公共预算收入 | 63.81 | 0.3% |
| 1.按街道分 | | |
| 平江街道（拙政园片区） | 5.63 | -24.9% |
| 金阊街道（阊门片区） | 7.44 | 4.5% |
| 沧浪街道（盘门片区） | 5.65 | -1.6% |
| 双塔街道（葑门片区） | 9.2 | -2.5% |
| 虎丘街道（山塘片区） | 2.75 | -19.8% |
| 苏锦街道（平江新城） | 8.34 | 24.7% |
| 吴门桥街道（沧浪新城） | 7.13 | -19.3% |
| 白洋湾街道（金阊新城） | 2.59 | -24.5% |

续表

| 指标 | 累计完成（亿元） | 同比增幅 |
| --- | --- | --- |
| 街道小计 | 48.72 | -6.6% |
| 2.按税种分 | | |
| 税收收入 | 56.42 | -3.2% |
| 增值税 | 24.04 | -0.6% |
| 其中：国内增值税 | 8.09 | -13.4% |
| 改征增值税 | 15.95 | 7.4% |
| 企业所得税（40%部分） | 9.14 | -4.4% |
| 个人所得税（40%部分） | 6.24 | 2.7% |
| 城市维护建设税 | 3.42 | 3.1% |
| 房产税 | 3.43 | -19.9% |
| 印花税 | 0.74 | 4.5% |
| 土地使用税 | 0.45 | -12.5% |
| 土地增值税 | 8.8 | -6.4% |
| 环境保护税 | 0.1 | -12.4% |
| 其他税收收入 | 0 | -96.5% |
| 非税收入 | 7.39 | 39.3% |

表10-3 2020年姑苏区工业统计

| 指标 | 累计完成（亿元） | 同比增幅 |
| --- | --- | --- |
| 规模以上工业总产值 | 40.77 | -6.2% |
| 1.按街道分 | | |
| 平江街道（拙政园片区） | 0.81 | -1.9% |
| 金阊街道（阊门片区） | 0 | — |
| 沧浪街道（盘门片区） | 32.66 | -6.9% |
| 双塔街道（葑门片区） | 4.69 | -3.5% |
| 虎丘街道（山塘片区） | 0 | — |
| 苏锦街道（平江新城） | 0.98 | 10.8% |
| 吴门桥街道（沧浪新城） | 0.64 | 9.1% |
| 白洋湾街道（金阊新城） | 0.99 | -17.4% |
| 2.新兴产业产值 | 0.81 | -1.9% |
| 新兴产业产值占规上工业比重 | 1.99% | — |

表10-4 2020年姑苏区贸易统计

| 指标 | 累计完成（亿元） | 同比增幅 |
| --- | --- | --- |
| 1.社会消费品零售总额 | 829.21 | -4.1% |
| # 限额以上企业合计 | 365.70 | -9.5% |
| （1）按街道分 | | |
| 平江街道（拙政园片区） | 82.84 | -15.6% |
| 金阊街道（阊门片区） | 30.30 | -6.4% |
| 沧浪街道（盘门片区） | 13.76 | -19.3% |

续表

| 指标 | 累计完成（亿元） | 同比增幅 |
| --- | --- | --- |
| 双塔街道（葑门片区） | 212.15 | -7.6% |
| 虎丘街道（山塘片区） | 1.61 | -19.6% |
| 苏锦街道（平江新城） | 2.96 | 39.5% |
| 吴门桥街道（沧浪新城） | 21.10 | -1.5% |
| 白洋湾街道（金阊新城） | 0.98 | 43.9% |
| （2）按行业分 | | |
| 批发业 | 8.45 | 2.6% |
| 零售业 | 335.96 | -10.5% |
| 餐饮业 | 19.14 | 8.1% |
| 住宿业 | 2.15 | -28.1% |
| 2.限额以上批发零售业商品销售额 | 1196.12 | -0.2% |
| 3.限额以上住宿餐饮业营业额 | 26.00 | -6.9% |

表10-5　2020年姑苏区投资、房地产统计

| 指标 | 累计完成 | 同比增幅 |
| --- | --- | --- |
| 全社会固定资产投资（亿元） | 236.86 | 0.03% |
| #房地产开发投资（亿元） | 123.20 | -33.7% |
| 1.按街道分（亿元） | | |
| 平江街道（拙政园片区） | 11.45 | -70.1% |
| 金阊街道（阊门片区） | 23.40 | 1.8% |
| 沧浪街道（盘门片区） | 20.20 | 220.6% |
| 双塔街道（葑门片区） | 21.80 | 152.2% |
| 虎丘街道（山塘片区） | 22.23 | -40.1% |
| 苏锦街道（平江新城） | 36.57 | -23.9% |
| 吴门桥街道（沧浪新城） | 22.40 | -21.8% |
| 白洋湾街道（金阊新城） | 18.39 | 15.7% |
| 2.房地产开发及销售面积（万平方米） | | |
| 房屋施工面积 | 587.01 | 2.9% |
| #住宅 | 350.20 | 1.7% |
| 房屋新开工面积 | 103.82 | -20.6% |
| 房屋竣工面积 | 58.13 | -26.7% |
| #住宅 | 36.33 | -44.2% |
| 商品房销售面积 | 79.43 | -31.1% |
| #住宅 | 55.80 | -39.4% |

（张云芳）

# 索 引

## 说 明

一、本索引采用内容分析法编制，按索引款目首字的汉语拼音字母（同音字按声调）顺序排列，音节、音调相同按总笔画数从少到多排列（笔画数相同则按笔画顺序排列）。首字相同，则比较第二字，方法同前，依次类推。

二、索引款目后的数字表示内容所在的页码，数字后的a、b分别表示该页码的左、右栏。

三、大事记、统计资料、附录等未编索引。

### A



### B



### C

## D

## H



## J

## K



## L

## M



## N



## P



## Q

## R



## S

## T

## W



## X

## Y



## Z